Stephan Hufnagel

Dogmatik der Haftung und Grenzen der Leitungsmacht durch unbezifferten Nachteilsausgleich im faktischen Aktienkonzern

PL ACADEMIC RESEARCH

Bibliografische Information der Deutschen Nationalbibliothek
Die Deutsche Nationalbibliothek verzeichnet diese Publikation in der Deutschen Nationalbibliografie; detaillierte bibliografische Daten sind im Internet über http://dnb.d-nb.de abrufbar.

Zugl.: Passau, Univ., Diss., 2016

D 739
ISSN 0531-7312
ISBN 978-3-631-67159-7 (Print)
E-ISBN 978-3-653-06527-5 (E-PDF)
E-ISBN 978-3-631-69675-0 (EPUB)
E-ISBN 978-3-631-69674-3 (MOBI)
DOI 10.3726/ 978-3-653-06527-5

PL Academic Research ist ein Imprint der Peter Lang GmbH.
Peter Lang – Frankfurt am Main · Bern · Bruxelles · New York · Oxford · Warszawa · Wien

Diese Publikation wurde begutachtet.

www.peterlang.com

Dogmatik der Haftung und Grenzen der Leitungsmacht durch unbezifferten Nachteilsausgleich im faktischen Aktienkonzern

Europäische Hochschulschriften

European University Studies

Publications Universitaires Européennes

Reihe II **Rechtswissenschaft**

Series II Law

Série II Droit

Band/Volume **5875**

Meiner Mutter Ingrid Hufnagel und
meinem Großvater Oswald Hanke

Vorwort

Die Juristische Fakultät der Universität Passau hat die vorliegende Arbeit im Sommersemester 2016 als Dissertation zur Erlangung des Grades eines Doktors der Rechtswissenschaft angenommen. Die Arbeit befindet sich auf dem Stand von Mai 2015.

Mein herzlicher Dank gebührt meinem akademischen Lehrer und Doktorvater Professor Dr. Holger Altmeppen. Er hat mich als Student, wissenschaftlicher Mitarbeiter und Doktorand stets gefördert. Bei der Themenwahl und Bearbeitung der Dissertation gewährte er mir große Freiheiten, die ich sehr zu schätzen wusste. Professorin Dr. Dörte Poelzig danke ich für die Erstellung des Zweitgutachtens.

Zutiefst verbunden bin ich Dr. Cäcilie Lüneborg und Dr. Ralf Thume für die gründliche Durchsicht des Manuskripts sowie Johanna Heidrich für ihre jederzeitige und uneingeschränkte Unterstützung. Nicht genug danken kann ich schließlich meiner Mutter Ingrid Hufnagel und meinem Großvater Oswald Hanke. Sie haben mich auf meinem Weg stets begleitet und mich zu jeder Zeit und auf jede erdenkliche Weise gefördert. Ihnen ist diese Arbeit gewidmet.

München, im Juli 2016

Inhaltsübersicht

Inhaltsverzeichnis

Einleitung: Problemstellung und Untersuchungsgegenstand

50 Jahre nach Erlass der Regelungen über verbundene Unternehmen und die Verantwortlichkeit bei Fehlen eines Beherrschungsvertrages (§§ 311 ff. AktG) ist das Recht des sogenannten „faktischen Konzerns" weiterhin nur selten Gegenstand höchstrichterlicher Rechtsprechung. Gleichwohl widmet das rechtswissenschaftliche Schrifttum diesem Themenkomplex nach wie vor hohe Aufmerksamkeit, was in Anbetracht seiner enormen praktischen Relevanz nicht verwundert. Weil eine Vielzahl der deutschen Aktiengesellschaften in einen Unternehmensverbund integriert ist und steuerrechtlich dem Abschluss eines Beherrschungsvertrages nicht mehr die vormalige Bedeutung zukommt, wird bereits der „Abschied vom Vertragskonzern" und die „Renaissance des faktischen Konzerns" ausgerufen.[1]

In dieses Bild fügen sich die Entscheidungen mehrerer Gerichte betreffend die Verantwortlichkeit eines faktisch über eine AG herrschenden Unternehmens ein.[2] Die Konzerngeschäftsleiter betreiben, ohne dass ein Beherrschungsvertrag abgeschlossen worden ist, Konzernpolitik und leiten den Unternehmensverbund im Sinne der von ihnen festgelegten Konzernstrategie, was die Vollziehung von Umsetzungsmaßnahmen auf Ebene faktischer abhängiger Unternehmen erforderlich macht. Das Risiko der Benachteiligung von abhängigen Unternehmen ist bekannt, und um nicht in die Haftung zu geraten, werden Nachteilsausgleichsvereinbarungen geschlossen, die sicherstellen sollen, dass eine den Anforderungen der §§ 311 ff. AktG entsprechende Kompensation erfolgt. Dies stellt sich insofern als problematisch dar, als dass einer abhängigen AG durch teilweise strukturändernde Maßnahmen möglicherweise nicht bezifferbare Nachteile auferlegt werden, deren Zulässigkeit fraglich ist, weil kein bezifferter Ausgleich erfolgen kann. Ein Ausweg könnte in der Anerkennung nicht quantifizierter Ausgleichsleistungen liegen.

Während der II. Zivilsenat des BGH in einer Entscheidung einen solchen unbezifferten Nachteilsausgleich anerkannt hätte,[3] lehnten die selben Richter 13 Monate später eine unbezifferte Ausgleichsgestaltung als nicht zulässig ab.[4] Im Schrifttum

---

1 *Hommelhoff/Lächler*, AG 2014, 257, 263 f.; vgl. zum Wegfall des Erfordernisses eines Beherrschungsvertrages zur Erzielung steuerrechtlicher Organschaft *Emmerich*, in Emmerich/Habersack, § 291 Rn. 5 f.

2 Vgl. etwa BGH, Urteil vom 31. Mai 2011 – II ZR 141/09, BGHZ 190, 7 sowie BGH, Urteil vom 26. Juni 2012 – II ZR 30/11, ZIP 2012, 1753.

3 BGH, Urteil vom 31. Mai 2011 – II ZR 141/09, BGHZ 190, 7, 16–18 Tz. 24–27.

4 BGH, Urteil vom 26. Juni 2012 – II ZR 30/11, ZIP 2012, 1753, 1756 Tz. 22–25.

herrscht keine Einigkeit, ob überhaupt und wenn ja, in welchen Fällen und auf welche Art und Weise, ein Ausgleich von nicht bezifferten Nachteilen in Betracht kommt.[5]

Damit gerät das faktische Aktienkonzernrecht in das Blickfeld gleichsam von Rechtsprechung, Rechtswissenschaft und gesellschaftsrechtlich beratenden Rechtsanwälten. Die Beratungspraxis wird vor die Aufgabe gestellt, den Geschäftsleitern Wege aufzuzeigen, wie sie einen Unternehmensverbund leiten und konzernintegrative Maßnahmen unter Vermeidung von Ersatzansprüchen durchführen können, ohne dass der Abschluss eines Beherrschungsvertrages notwendig wäre.

Dabei handelt es sich um eine Rechtsfrage, die sich von derjenigen unterscheidet, die unter dem Stichwort „qualifiziert faktischer" Konzern bis heute diskutiert wird.[6] Inhaltlich geht es in jenem Zusammenhang um die als unmöglich propagierte Nachteilsfeststellung wegen nicht mehr isolierbarer Einzelmaßnahmen im faktischen Unternehmensverbund aufgrund zu hoher Leitungsdichte. Im hier zu untersuchenden Kontext hingegen sollen individuell isolierbare Geschäftsvorfälle im Mittelpunkt stehen. Die Ursache der bestehenden Unsicherheit hinsichtlich der Quantifizierung von Nachteilen rührt also nicht daher, dass die Zuordnung von Nachteilen zu einzelnen Leitungsmaßnahmen misslingt, sondern daher, dass die in Frage stehenden singulären Maßnahmen eine so große Komplexität und prognostische Unsicherheit bezüglich ihrer vermögensrelevanten Auswirkungen in sich tragen, dass sie für sich betrachtet das Funktionieren der §§ 311 ff. AktG auf die Probe stellen.

Zur einzelfallbezogenen Quantifizierung eines Nachteils wird im Rahmen dieser Studie auf betriebswirtschaftliche Kalkulationsprinzipien Bezug genommen.[7] Aufgrund des juristischen Schwerpunktes und der Vielzahl der in Betracht kommenden Sachverhaltskonstellationen werden nur einige der relevanten Methoden genannt. Auf die eingehende Darstellung der Funktionsweise wird ebenso verzichtet wie auf die Prüfung der Geeignetheit, im Einzelfall eine Quantifizierung durch methodengerechte Annäherung an einen Marktpreis zu erreichen. Im Vordergrund soll die rechtliche Frage der Ausgleichsfähigkeit nicht quantifizierter Nachteile stehen. Aus dem gleichen Grunde bleiben auch einige Problemkreise, die im Zusammenhang mit dem Ausgleich unbezifferter Nachteile diskutiert werden, ausgespart. Dazu gehören etwa die mitunter breit diskutierten Tatbestandsmerkmale der §§ 311, 317 AktG, die nicht unmittelbar den Nachteilsausgleich und die dafür wesentlichen Merkmale Nachteil, Ausgleich und Schaden betreffen. Hierzu sei auf die umfangreichen Kommentierungen zum Aktienkonzernrecht verwiesen. Auch das Konkurrenzverhältnis der §§ 311 ff. AktG zu anderen aktienrechtlichen Instituten, wie dem Beschlussmängel- oder Kapitalerhaltungsrecht, wird nur kursorisch angesprochen. Im Hinblick

---

5 Tendenziell großzügig bezüglich der Legitimität des Ausgleich unbezifferter Nachteile etwa *Wirth*, in Liber Amicorum M. Winter, S. 775, 780 f.; *Arnold/Gärtner*, in FS Stilz, S. 7, 17–20; zurückhaltend hingegen *H.-F. Müller*, in Spindler/Stilz, § 311 Rn. 52; *ders.*, in FS Stilz, S. 427, 436 f.; eingehend zum Schrifttum unter § 9.

6 Jüngst monografisch *Nitsche*, Nachteilszufügungen, passim; vgl. zur Frage der Relevanz des „qualifiziert faktischen" Aktienkonzerns auch die Nachweise in Fn. 796.

7 Hierzu unter § 7.

auf den Gegenstand dieser Arbeit, der in der Darstellung der Dogmatik der Haftung und der Grenzen des unbezifferten Nachteilsausgleichs liegt, würde eine eingehende Befassung mit weiteren Aspekten, die den Schutz der abhängigen AG betreffen, den Rahmen dieser Untersuchung sprengen.

Die Auseinandersetzung mit der Problematik des Ausgleichs unbezifferter Nachteile soll auf der Darstellung der Dogmatik der Haftung im faktischen Aktienkonzern basieren. Hierzu werden zunächst die historischen wie systematischen Grundlagen des Aktienkonzernrechts aufgearbeitet (1. Kapitel). Sodann erfolgt eine eingehende Würdigung der elementaren Tatbestandsmerkmale Nachteil, Ausgleich und Schaden im Sinne von §§ 311 ff. AktG (2. Kapitel), denn im Schrifttum herrscht keine Einigkeit, wie der Rechtsgrund der Verantwortlichkeit und insbesondere der im Mittelpunkt stehende Nachteilsbegriff zu verstehen und haftungsdogmatisch einzuordnen sind. Nach einer kritischen Auseinandersetzung mit den grundlegenden Fragen des Haftungsregimes bei Fehlen eines Beherrschungsvertrages erfolgt eine darauf aufbauende Befassung mit den auch in den neueren Entscheidungen des BGH aufgetretenen Problemen des unbezifferten Nachteilsausgleichs, wobei sich zeigen wird, dass die dogmatische Erfassung der Verantwortlichkeit auch die Grenzen der Ausgleichsmodalitäten determiniert (3. Kapitel).

1. Kapitel: Grundlagen des Rechts der verbundenen Unternehmen

§ 1 Die Konzerngefahr

A. Die Begriffe „Konzern“ und „verbundene Unternehmen“ im Aktiengesetz

Nach der rechtsformneutralen Definition in § 18 Abs. 1 Satz 1 Hs. 1 AktG stellt der Konzern eine Unternehmensgruppe dar, die sich dadurch auszeichnet, dass ein Unternehmen[8] eines oder mehrere andere Unternehmen einheitlich leitet. Damit stellt jene Norm im Ersten Buch des Aktiengesetzes das Bindeglied zwischen dem Recht der verbundenen Unternehmen, das im Dritten Buch mit Regelungen bedacht worden ist, und dem sogenannten Konzernrecht dar.

Es ist dies das Konzernrecht, das Gegenstand unzähliger rechtswissenschaftlicher ebenso wie betriebswirtschaftlicher Publikationen ist, obschon es nur einen

---

8 §§ 311 ff. AktG bieten Schutz vor Einfluss durch „Unternehmen“. Dieser Begriff soll hier nicht näher untersucht werden, da im Zusammenhang mit unbezifferten Nachteilsausgleichskonstellationen regelmäßig Rechtsträger beteiligt sind, deren Unternehmenseigenschaft unstrittig sein wird. Darunter fallen insbesondere auch Gebietskörperschaften, vgl. *Emmerich*, in Emmerich/Habersack, § 15 Rn. 16–32; *Bayer*, in MünchKommAktG, § 15 Rn. 38–44. Die Rechtsprechung folgt einem teleologischen Unternehmensbegriff, vgl. grundlegend BGH, Urteil vom 13. Oktober 1977 – II ZR 123/76, BGHZ 69, 334, 335–346; siehe auch BGH, Urteil vom 3. März 2008 – II ZR 124/06, BGHZ 175, 365, 368 Tz. 10; umfangreiche Nachweise zur Rechtsprechung finden sich bei *Emmerich*, in Emmerich/Habersack, § 15 Rn. 10 in Fn. 13–16. Die Literatur folgt dem im Grundsatz, vgl. *J. Vetter*, in K. Schmidt/Lutter, § 15 Rn. 32; *Bayer*, in MünchKommAktG, § 15 Rn. 10; *Schall*, in Spindler/Stilz, § 15 Rn. 11; *Koppensteiner*, in KK-AktG, § 15 Rn. 10; *Fett*, in Bürgers/Körber, § 15 Rn. 6; *Franz*, in Wachter, § 15 Rn. 3; *Koch*, in Hüffer, § 15 Rn. 9; *Hirschmann*, in Hölters, § 15 Rn. 4. Zu Einzelheiten, insbesondere der Bestimmung von herrschendem und abhängigem Unternehmen unter Zugrundelegung des teleologischen/zweckbezogenen Unternehmensbegriffes, vgl. *Bayer*, in MünchKommAktG, § 15 Rn. 12–48; *J. Vetter*, in K. Schmidt/Lutter, § 15 Rn. 30–74; *Schall*, in Spindler/Stilz, § 15 Rn. 11–17; *Hirschmann*, in Hölters, § 15 Rn. 4–10; *Grigoleit*, in Grigoleit, § 15 Rn. 17–30; *Franz*, in Wachter, § 15 Rn. 4–14; *Fett*, in Bürgers/Körber, § 15 Rn. 6–23. Nach derzeitigem Stand der Diskussion geht die grundsätzliche Überlegung – simplifiziert beschrieben – mehr und mehr dahin, dass jeder Rechtsträger, der nicht Privataktionär ist, als Unternehmen im Sinne der Regelungen über verbundene Unternehmen eingeordnet werden sollte und nicht umgekehrt danach gefragt werden sollte, wann ein Rechtsträger Unternehmen ist. Einzelheiten und Schlussfolgerungen sind weiterhin Gegenstand einer Diskussion im Schrifttum, der hier nicht weiter nachgegangen werden soll und bezüglich derer auf die Nachweise in dieser Fn. verwiesen sei.

Teilbereich des Rechts der verbundenen Unternehmen darstellt. Mittelpunkt der Diskussion ist das Konzernrecht gleichwohl nicht ohne Grund. Die Ursache liegt in den weiteren Sätzen von § 18 Abs. 1 AktG, die dazu führen, dass verbundene Unternehmen sehr häufig auch Konzernunternehmen sind. Nach Satz 2 wird unwiderlegbar vermutet,[9] dass ein Konzern besteht, wenn ein Beherrschungsvertrag abgeschlossen oder ein Unternehmen in das andere eingegliedert ist. Für die Praxis ist Satz 3 von noch größerer Bedeutung, da auch im Falle der Abhängigkeit eine – im Unterschied zu Satz 2 widerlegbare[10] – Vermutung normiert ist. Wann ein Unternehmen von einem anderen abhängig ist, kann §§ 16 und 17 AktG entnommen werden. Nach § 17 Abs. 1 AktG bedarf es dazu des beherrschenden Einflusses eines Unternehmens auf ein anderes. § 17 Abs. 2 AktG vermutet, dass ein in Mehrheitsbesitz stehendes Unternehmen von dem an ihm mit Mehrheit beteiligten Unternehmen abhängig ist, wobei nach § 16 Abs. 4 AktG auch mittelbarer Anteilsbesitz berücksichtigt wird.

Die sogenannte Konzernvermutung ergibt sich folglich – für den Fall, dass kein Beherrschungsvertrag abgeschlossen worden und eine Gesellschaft nicht eingegliedert worden ist – aus §§ 16 Abs. 1 und Abs. 4, 17, 18 Abs. 1 Satz 3 AktG, besteht also aus zwei Vermutungen, die der Abhängigkeit nach § 17 Abs. 2 AktG und die der Konzernierung nach § 18 Abs. 1 Satz 3 AktG. Beide Vermutungen können widerlegt werden,[11] was in der Praxis offenbar selten gelingt.[12]

Es gilt zu bedenken, dass für die den Gegenstand dieser Untersuchung bildenden §§ 311 ff. AktG das Vorhandensein eines Konzerns und damit die Vermutung des § 18

9 Allgemeine Meinung, siehe nur *Koch*, in Hüffer, § 18 Rn. 17; *Emmerich*, in Emmerich/Habersack, § 18 Rn. 20; *Schall*, in Spindler/Stilz, § 18 Rn. 25; *Bayer*, in MünchKommAktG, § 18 Rn. 44.

10 Allgemeine Meinung, siehe nur *Koch*, in Hüffer, § 18 Rn. 18 f.; *Emmerich*, in Emmerich/Habersack, § 18 Rn. 20, 23 f.; *Schall*, in Spindler/Stilz, § 18 Rn. 27; *Bayer*, in MünchKommAktG, § 18 Rn. 46, 48.

11 Allgemeine Meinung, siehe nur *Emmerich*, in Emmerich/Habersack, § 17 Rn. 35–41; § 18 Rn. 23 f.; vgl. auch die Nachweise in Fn. 9.

12 *Emmerich*, in Emmerich/Habersack, § 17 Rn. 38; § 18 Rn. 24; vgl. zur Widerlegung der Vermutung der Abhängigkeit auch *Geßler*, DB 1965, 1691, 1696. Zur Widerlegung der Vermutung des § 17 Abs. 2 AktG durch einen sogenannten „Entherrschungsvertrag", der in der Praxis das häufigste Mittel zur Verhinderung oder Beseitigung der Abhängigkeitsfolgen darstellt und von der Rechtsprechung anerkannt ist (vgl. OLG Düsseldorf, Beschluss vom 30. Oktober 2006 – I-26 W 14/06 AktE, 26 W 14/06 AktE, AG 2007, 170, 172; OLG Köln, Urteil vom 24. November 1992 – 22 U 72/92, NJW-RR 1993, 804, 805; LG Mainz, Urteil vom 16. Oktober 1990 – 10 HO 57/89, AG 1991, 30, 32), eingehend *Larisch/Bunz*, NZG 2013, 1247; vgl. auch *Emmerich*, in Emmerich/Habersack, § 17 Rn. 37, 42–44; *Bayer*, in MünchKommAktG, § 17 Rn. 99–112; *Schall*, in Spindler/Stilz, § 17 Rn. 52; *Fett*, in Bürgers/Körber, § 17 Rn. 30, 32; *J. Vetter*, in K. Schmidt/Lutter, § 17 Rn. 60–65; *Koppensteiner*, in KK-AktG, § 17 Rn. 109–117; *Franz*, in Wachter, § 17 Rn. 30; *Krieger*, in MünchHdbAG, § 68 Rn. 61 f.; gegen die Zulässigkeit derartiger Verträge *Hüttemann*, ZHR 156 (1992), 314, 324–329.

Abs. 1 Satz 3 AktG keine Rolle spielen, obgleich in diesem Zusammenhang meist vom Recht des „faktischen Konzerns“ gesprochen und geschrieben wird. §§ 311 ff. AktG sind anwendbar, sobald eine AG oder eine Kommanditgesellschaft auf Aktien von einem Unternehmen abhängig ist. Diesen Rechtsträgern gleichgestellt ist die Societas Europaea mit Satzungssitz in Deutschland,[13] auch wenn fortan nur die abhängige AG erwähnt wird. Die Anwendbarkeit auf eine abhängige GmbH wird hinsichtlich des Nachteilsausgleichssystems heute nicht mehr vertreten.[14]

Nur wenn beide Vermutungen eingreifen, liegt auch ein (Unterordnungs-)Konzern vor, so dass nur dann von einem „faktischen Konzern“ im Gegensatz zum

---

13 Mittlerweile wohl allgemeine Meinung, vgl. *Schäfer*, in MünchKommAktG, Art. 9 SE-VO Rn. 4; *Altmeppen*, in MünchKommAktG, Anh. Art. 9 SE-VO Rn. 35–40; *Habersack*, in Emmerich/Habersack, Einl. Rn. 45 f.; § 311 Rn. 13; *H.-F. Müller*, in Spindler/Stilz, § 311 Rn. 3 f.; *J. Vetter*, in K. Schmidt/Lutter, § 311 Rn. 10; die dogmatische Begründung für die Gleichbehandlung ist umstritten, vgl. dazu die zuvor Genannten; gegen die Anwendung der §§ 311 ff. AktG auf eine abhängige SE noch *Hommelhoff*, AG 2003, 179, 183 (dagegen zutreffend *Altmeppen*, in MünchKommAktG, Anh. Art. 9 SE-VO Rn. 14–18); mittlerweile hat sich *Hommelhoff* der herrschenden Ansicht angeschlossen, vgl. *Hommelhoff/Lächler*, AG 2014, 257, 265–267.

14 Für die analoge Anwendbarkeit der §§ 311 ff. AktG auf die abhängige GmbH plädierten *Rowedder*, ZGR-Sonderheft 1986, 20, 29–33; *Bälz*, AG 1992, 277, 303–306; grundsätzlich für eine analoge Anwendbarkeit, allerdings explizit unter Ausklammerung der Möglichkeit des gestreckten Nachteilsausgleichs, *Kropff*, in FS Kastner, S. 279, 296–299; *ders.*, in FS Semler, S. 517, 536–539. Gegen die analoge Anwendbarkeit BGH, Urteil vom 16. September 1985 – II ZR 275/84, BGHZ 95, 330, 340; BGH, Urteil vom 17. September 2001 – II ZR 178/99, BGHZ 149, 10, 16; aus der Literatur *Koch*, in Hüffer, § 311 Rn. 53; *H.-F. Müller*, in Spindler/Stilz, Vor §§ 311–318 Rn. 21; *Leuering/Goertz* in Hölters, § 311 Rn. 20; *Koppensteiner*, in KK-AktG, Vorb. § 311 Rn. 34; *J. Vetter*, in K. Schmidt/Lutter, § 311 Rn. 11; *Zöller/Beurskens*, in Baumbach/Hueck, Anh. Konzernrecht Rn. 5, 76, 80; *Koppensteiner/Schnorbus*, in Rowedder/Schmidt-Leithoff, § 52 Anh. Rn. 57; *Weller*, in Bork/Schäfer, Anh. § 13 Rn. 46; *Kessler*, in Saenger/Inhester, Anh. § 13 Rn. 49; *Maul*, in Gehrlein/Ekkenga/Simon, Anh. § 13 Rn. 7; *Fichtelmann/Koch*, in HK-GmbH, Kap. II Konzernrecht Rn. 8; vgl. auch *Altmeppen*, in MünchKommAktG, Vor § 311 Rn. 78–81; *Emmerich*, in Scholz, Anh. § 13 Rn. 12, 68, 75; *Lutter/Hommelhoff*, in Lutter/Hommelhoff, Anh. § 13 Rn. 39; *Tröger*, Treupflicht, S. 158; *Lutter*, ZGR 1982, 244, 260 f.; zur partiellen Anwendbarkeit der §§ 311 ff. AktG – soweit sie nicht den hier relevanten Nachteilsausgleich betreffen – vgl. *Altmeppen*, in MünchKommAktG, Vor § 311 Rn. 80 f.; *dens.*, in Roth/Altmeppen, Anh. § 13 Rn. 141; *Liebscher*, in MünchKommGmbHG, Anh. § 13 Rn. 371 f.; *Habersack*, in Emmerich/Habersack, Anh. § 318 Rn. 6, 23; *Lutter/Hommelhoff*, in Lutter/Hommelhoff, Anh. § 13 Rn. 15; *Verse*, in Henssler/Strohn, Anh. § 13 GmbHG Rn. 50 f.; zur Anwendbarkeit der §§ 311 ff. AktG auf eine Einmann-GmbH vgl. *Servatius*, in Michalski, Syst. Darst. 4 Rn. 26, 367, 402–407; siehe auch *Emmerich*, in Scholz, Anh. § 13 Rn. 75.

Vertrags- und Eingliederungskonzern gesprochen werden sollte.[15] Aus Gründen der einfacheren Darstellung und einheitlichen Terminologie sollen jedoch im Rahmen dieser Abhandlung mit „faktischer Konzern" bezeichnete Unternehmensverbindungen auch solche sein, die nicht einheitlich geleitet werden – inwiefern bei diesen Unternehmensverbindungen Probleme um die Nachteilszufügung und ihres Ausgleichs entstehen, sei dahingestellt.

B. Die Konzerngefahr im Spannungsfeld zwischen Schutzzweck- und Konzernorganisationslehre

Das Konzernrecht intendiert eine Konfliktlösung zu unternehmen, der es im Falle der Unabhängigkeit einer Gesellschaft nicht bedarf. Es handelt sich um ein rechtsformneutrales Problem, das sich im Falle der AG in spezifischer Weise aktualisiert, ist die AG doch ein klassischerweise als Publikumsgesellschaft ausgestalteter Verband, der durch einen erhöhten Streubesitz seiner Anteile geprägt ist.[16] Veranschaulichend ist die Bezeichnung als Société Anonyme in verschiedenen französischsprachigen Ländern, der die Zusammenhanglosigkeit der Verbandsmitglieder verdeutlicht.[17] Der Tendenz zur Unternehmenskonzentration[18] muss bei der AG deshalb auf besondere Art und Weise begegnet werden.

Die Reaktion des Gesetzgebers folgte dementsprechend durch Implementierung von Spezialvorschriften, die die Regelungen zur normtypischen AG ergänzen. Normtypisch ist eine AG, die das Aktiengesetz primär im Auge hat, deshalb, weil eine Unternehmensverbindung im Sinne der §§ 15 ff., 291 ff., 311 ff. AktG nicht besteht. Die Gesellschaft ist „eigenständig" und damit „nicht verbunden" im Sinne des Aktiengesetzes, wenn und weil sie sich aufgrund ihres eigenen Willens betätigt und eigene Interessen verfolgt.[19] Prononciert zu Tage tritt dieser Befund bei der Betrachtung der Unabhängigkeit des Vorstands der AG im Vergleich zur Rechtsstellung der Geschäftsleiter von Gesellschaften mit beschränkter Haftung oder Personengesellschaften. Während Letztere in erheblichem Maße den Einwirkungsrechten der Gesellschafter unterliegen, welche im Wesentlichen die Geschicke der Gesellschaft bestimmen, soll der Vorstand der AG frei von jeglicher Einflussnahme entscheiden können (§ 76 AktG).[20]

---

15 *Emmerich/Habersack*, Konzernrecht, S. 1. Der Gleichordnungskonzern (§ 18 Abs. 2 AktG) ist ein Sonderfall, da keine Abhängigkeit eines Unternehmens von einem anderen besteht.

16 *Emmerich/Habersack*, Konzernrecht, S. 11; *Kropff*, Begründung, S. 14; *Fleischer*, in Festsymposium Kropff, S. 26.

17 Siehe etwa Art. L225-1 des französischen code de commerce.

18 Hierzu im historischen Teil unter § 2.

19 Vgl. DJT-Konzernrecht, S. 37 zu den Merkmalen „Eigenwille" und „Eigeninteresse" zur Beschreibung einer „eigenständigen" Gesellschaft.

20 Näher unter § 1 C.

Interessengegensätze im Bereich der normtypischen AG wird durch entsprechende Instrumentarien begegnet und drohende Nachteile aufgrund der Verfolgung von Individualinteressen durch eine konsequente Aufgabentrennung der Organe bereits institutionell versucht zu unterbinden.[21] So darf es etwa keine rechtswidrigen Ausschüttungen an Aktionäre geben (§§ 57, 62 AktG) und der durch die Hauptversammlung bestellte Aufsichtsrat hat sich der Geschäftsleitung zu enthalten (§ 111 AktG). Die Gefahren der Kompetenzüberschreitung sind insofern nicht spezifisch konzernrechtlicher Natur, doch sind sie im Falle des Vorhandenseins einer Unternehmensverbindung nicht außer Acht zu lassen. Alle Vorkehrungen zum Schutz der juristischen Person AG gelten grundsätzlich auch im Falle der Abhängigkeit von einem anderen Unternehmen.[22]

Unter der Voraussetzung der Unternehmensverbindung drohen weitere Gefahren bezogen auf Eigenwille und Eigeninteresse des abhängigen Unternehmens. Das Recht der verbundenen Unternehmen regelt die Fragen der gesellschaftsrechtlichen Zulässigkeit und der Voraussetzungen der Entstehung von Unternehmensverbindungen, der Schranken der Ausübung von Herrschaftsmacht sowie der Auswirkungen auf die Verfassung des herrschenden Unternehmens und der abhängigen AG.[23] Denn erst das Hinzutreten von Interessen, die nicht mit denen der AG und ihrer einzig auf das Wohl „ihrer" AG achtenden Aktionäre übereinstimmen, kann zu einem Interessenkonflikt führen, der als Konzerngefahr beschrieben wird. Der Gesetzgeber des Aktiengesetzes von 1965 sah einen möglichen Interessengegensatz darin, dass ein Aktionär neben den Interessen der AG weitere, für die abhängige AG potenziell nachteilige, unternehmerische Interessen verfolgen könne.

Jedenfalls ein wesentlicher Aspekt der Regelungen über verbundene Unternehmen liegt folgerichtig in dem Schutz derjenigen Gesellschaft, deren Eigeninteresse von ihr fremden Interessen überlagert sein könnte.[24] Die Möglichkeit der Beherrschung einer AG soll nicht dazu führen, dass Partikularinteressen einzelner Verbandsmitglieder, und seien es Mehrheitseigner, die abhängige AG zu ihrem Nachteil dominieren. Durch Schutz von Eigenwille und Eigeninteresse der Gesellschaft sind nicht nur Belange der Gesellschaft um ihrer selbst willen bewahrt, denn es werden damit einhergehend mittelbar Minderheitsaktionäre und Gläubiger geschützt.[25] Die

---

21 *Emmerich/Habersack*, Konzernrecht, S. 11 f.

22 Auf das genannte Beispiel der Kapitalbindung bezogen, muss für das Vorliegen eines Vertragskonzerns klargestellt werden, dass nach § 291 Abs. 3 AktG die allgemeinen Kapitalerhaltungsvorschriften nicht gelten, wegen der Verlustausgleichspflicht gemäß § 302 AktG jedoch ein dies kompensierender Schutzmechanismus implementiert und so die Finanzverwaltung im Unternehmensverbund (Cash Pooling) privilegiert wird, vgl. statt aller *Altmeppen*, in MünchKommAktG, § 291 Rn. 229–229c.

23 DJT-Konzernrecht, S. 37; *Habersack*, in Emmerich/Habersack, Einl. Rn. 1.

24 *Habersack*, in Emmerich/Habersack, Einl. Rn. 1; *Strohn*, Verfassung, S. 16–19; *Streyl*, Doppelmandate, S. 84.

25 *Streyl*, Doppelmandate, S. 84 f.; *Nitsche*, Nachteilszufügungen, S. 28 f.; *Ekkenga*, AG 2013, 181, 182.

Fokussierung auf jene Aspekte mit korrespondierenden Sanktionen ist die Betonung der Seite der Reaktion auf die Konzerngefahr, die die Problematik vorwiegend aus der Sicht der abhängigen AG analysiert. Sie wird als „klassische Schutzzwecklehre" beschrieben.[26]

Dem gegenüber stehen Ansätze zur Förderung von Konzerninteressen. Die Perspektive wechselt zu der eines Konzerngeschäftsleiters, der von Interessen Einzelner, die nicht mit der Konzernstrategie harmonieren, möglichst frei gehalten werden soll.[27] Verfolgt wird von den Vertretern dieser „Konzernorganisationslehre"[28] die Etablierung eines „rechtsqualitativ eigenständige[n] Konzernrecht[s]".[29] Dies beinhaltet eine Konzernverfassung, die eine Konzernleitung im „Gesamtinteresse" unter Zurückstellung von Einzelinteressen anstrebt.[30]

Die Diskussion um den Dualismus der beiden Betrachtungsweisen ist eine grundlegend rechtspolitische und schweift mitunter in Überlegungen de lege ferenda ab.[31] Für die Auslegung des positiven Rechts und damit auch für diese Untersuchung kann weder die eine noch die andere Sichtweise Ergebnisse determinieren.[32] Hier soll die Darstellung der Problematik die grundlegende Konfliktlage veranschaulichen, der sich die handelnden Personen bei ihrer Entscheidungsfindung ausgesetzt sehen. Der Disput über die Reichweite von Herrschaftsmacht reicht zurück bis zur

---

26 Ob dies als „tendenziell ‚konzernfeindlich'" bezeichnet werden sollte (so *Ekkenga*, AG 2013, 181, 182), scheint fraglich. Um die Unterschiede zur „Konzernorganisationslehre" (dazu sogleich) zu verdeutlichen, mag die Umschreibung herangezogen werden; vgl. zum Dualismus von Legalisierung von Leitungsmacht und Schutztendenzen auch *Strohn*, Verfassung, S. 15 f. sowie *Habersack*, in Emmerich/Habersack, § 311 Rn. 1–3.

27 Für die Umschreibung von Konzerninteressen ist der Begriff „Gruppeninteresse" geläufig, vgl. *Ekkenga*, AG 2013, 181, 182.

28 Vgl. etwa *Mülbert*, Aktiengesellschaft, S. 17–36; *Lutter*, in FS Westermann, S. 347; *dens.*, in Konzernrecht aus der Konzernwirklichkeit, S. 225; aus der jüngeren Literatur siehe *Teichmann*, ZGR 2014, 45, 63–65; *dens.*, AG 2013, 184, 189–197; *Hommelhoff*, ZIP 2013, 2177, 2182 f.; *Ekkenga*, AG 2013, 181, 182 f.; *Hommelhoff/Lächler*, AG 2014, 257, 263 f.; tendenziell so auch *Habersack/Schürnbrand*, NZG 2004, 689, 691 f. sowie *Renner*, ZGR 2014, 452, 459 f.; vgl. zum Konzernorganisationsrecht auch *Altmeppen*, in MünchKommAktG, § 311 Rn. 21, 384–398; *Nitsche*, Nachteilszufügungen, S. 29; *K. Schmidt*, in FS Lutter, S. 1167.

29 *Hommelhoff*, in Konzernrecht aus der Konzernwirklichkeit, S. 107, 109.

30 *Ekkenga*, AG 2013, 181, 183. Dafür wird teilweise der Anglizismus „enabling law" verwendet, vgl. etwa *Hommelhoff*, ZIP 2013, 1645, 1649 f.; *dens.*, ZIP 2013, 2177, 2182 f.

31 *Emmerich/Habersack*, Konzernrecht, S. 8: „Grundsatzdebatte"; vgl auch *K. Schmidt*, JZ 1992, 856, 858–861.

32 Für den Vertragskonzern zutreffend ist der Befund von *Hommelhoff/Lächler*, AG 2014, 257, 263, wonach die §§ 291 ff. AktG „Förder- und Schutzrecht in gleicher Weise" darstellen. Ob dies auf den faktischen Unternehmensverbund übertragen werden sollte (so *Hommelhoff/Lächler*, a.a.O.), darf bezweifelt werden.

Entstehung von Kartellen und Konzernen[33] und soll in seiner historischen Dimension sogleich genauer betrachtet werden. Es bleibt die Erkenntnis, so viel sei vorweggenommen, dass das geschriebene deutsche Konzernrecht im Aktiengesetz von 1965 keine klaren Aussagen dazu enthält, inwiefern es bei der abwehrenden Schutzrichtung bleibt und in welcher Hinsicht eine Konzernorganisation mit Herrschaftsmacht geschaffen und gebilligt worden ist, die als grundsätzlich der Förderung von Gruppeninteressen zugänglich anzusehen ist. Es bestehe heute – fast 50 Jahre nach seiner Normierung –, so heißt es fast resignierend, ein „diffuses Regelungsgeflecht, das dem Normadressaten keine klare Richtung [vorgebe]".[34]

C. Grundzüge der Leitungsmacht in der normtypischen AG und im Unternehmensverbund

Nach § 76 Abs. 1 AktG leitet der Vorstand die Gesellschaft unter eigener Verantwortung. Dabei agiert er als Treuhänder der Vermögensinteressen der Aktionäre und ist einzig dem Interesse der AG verpflichtet.[35] Nur ausnahmsweise sind die Aktionäre berufen, über Geschäftsführungsangelegenheiten abzustimmen. Entweder, weil der Vorstand sie dazu auffordert (§§ 111 Abs. 4 Satz 3, 119 Abs. 2 AktG), oder weil ihnen eine ungeschriebene Kompetenz zusteht.[36] Ein Weisungsrecht der Aktionäre gegenüber dem Vorstand, wie es das GmbH-Recht für die Gesellschafterversammlung kennt und wie es früher der Generalversammlung gegenüber dem Leitungsorgan der AG oblag, ist mit Einführung des Aktiengesetzes 1937 abgeschafft worden. Die damit statuierte Zentrierung der Leitungsmacht beim Vorstand wurde seitdem beibehalten.[37]

Diese Zuständigkeitsordnung in der AG wird auch bei Vorhandensein eines Mehrheitsaktionärs nicht verändert.[38] Von Gesetzes wegen gewährt ist den Aktionären

---

33 Dazu *Spindler*, Recht und Konzern, S. 41–52, 75–94. Zur historischen Entwicklung des Konzernrechts sogleich unter § 2.

34 *Ekkenga*, AG 2013, 181, 183.

35 *Spindler*, in MünchKommAktG, § 93 Rn. 24 f.; *Fleischer*, in Spindler/Stilz, § 93 Rn. 114; *E. Vetter*, ZHR 171 (2007), 342, 344; *Kropff*, DB 1967, 2147.

36 Richtungsweisend war in dieser Hinsicht die „Holzmüller"-Entscheidung des BGH, Urteil vom 25. Februar 1982 – II ZR 174/80, BGHZ 83, 122; vgl. zu dieser und anderen ungeschriebenen Hauptversammlungskompetenzen die ausführliche Kommentierung von *Kubis*, in MünchKommAktG, § 119 Rn. 31–104.

37 *Altmeppen*, ZIP 1996, 693, 693 f.; vgl. auch *Kropff*, in Festsymposium Kropff, S. 70, 72, wonach die als „Führerprinzip" bezeichnete eigenverantwortliche Leitungsmacht des Vorstands eigentlich hätte abgeschafft werden sollen, mit zunehmender Beratungsdauer aber schließlich beibehalten worden ist.

38 BGH, Urteil vom 1. Dezember 2008 – II ZR 102/07, BGHZ 179, 71, 79 Tz. 14; *Würdinger*, in GroßkommAktG, § 318 Anm. 1; *Spindler*, in MünchKommAktG, § 76 Rn. 40; *Altmeppen*, in MünchKommAktG, § 311 Rn. 441 f., 462; *Koch*, in Hüffer, § 76 Rn. 47, 52; *Fleischer*, in Spindler/Stilz, § 76 Rn. 102; *H.-F. Müller*, in Spindler/Stilz, § 311 Rn. 62; *Oltmanns*, in Heidel, § 76 Rn. 16; *Bürgers/Israel*, in Bürgers/Körber, § 76 Rn. 27;

das Recht, in der Hauptversammlung die Mitglieder des Aufsichtsrats (jedenfalls die Anteilseignervertreter) zu wählen (§ 119 Abs. 1 Nr. 1 AktG). Die nach dem Willen des Mehrheitsaktionärs ausgewählten Aufsichtsratsmitglieder entscheiden ihrerseits über die Besetzung des leitungsbefugten Vorstands (§ 84 Abs. 1 Satz 1 AktG).[39] Auch im Verhältnis von Aufsichtsrat und Vorstand existiert hingegen kein Weisungsrecht.

Hält ein herrschendes Unternehmen sämtliche Anteile einer AG, gehört es zweifellos zur Aufgabe des Geschäftsleiters der Obergesellschaft, die Beteiligung an der abhängigen AG zu verwalten. Im hiesigen Zusammenhang geht es jedoch nicht um die Beteiligungsverwaltung, sondern darum, dass Geschäftsleitungsmacht auf Ebene der Untergesellschaft ausgeübt wird, indem jene Geschäftsleiter entsprechend der Konzernpolitik instruiert werden, so dass „funktionell Unternehmensleitung" betrieben wird.[40]

Obgleich nicht rechtlich verankert, kann kaum in Abrede gestellt werden, dass eine faktische Macht des Mehrheitsaktionärs besteht, seinen Willen entsprechend gegenüber dem Vorstand der abhängigen AG durchzusetzen.[41] Anders lassen sich die gesetzlichen Vermutungen von §§ 16 Abs. 1 und Abs. 4, 17 Abs. 2, 18 Abs. 1 Satz 3 AktG nicht erklären; sie bilden vom Gesetzgeber vorgefundene Realität normativ ab.

Obschon die Zuständigkeitsordnung in der abhängigen AG nicht beeinflusst wird, der Vorstand demnach weiterhin zur eigenverantwortlichen Geschäftsleitung berechtigt und verpflichtet (§§ 76, 93 AktG) bleibt,[42] was insbesondere impliziert, jede Einflussnahme auf ihre Rechtmäßigkeit im Hinblick auf §§ 311 ff. AktG überprüfen zu müssen, kann die Fähigkeit des Konzerngeschäftsleiters, Geschicke der verbundenen Unternehmen betriebswirtschaftlich betrachtet als Einheit zu lenken, nicht ausgeblendet werden. Hintergrund und Motiv der häufig im Einvernehmen erfolgten Einflussnahme ist, dass notfalls der Aufsichtsrat ein Vorstandsmitglied abberufen kann (§ 84 Abs. 3 AktG), was der Mehrheitsaktionär als herrschendes Unternehmen

---

Eckert, in Wachter, § 76 Rn. 21; *Rothley*, in Wachter, § 311 Rn. 34; *Koppensteiner*, in KK-AktG, § 311 Rn. 139; *Weber*, in Hölters, § 76 Rn. 55; *Bödeker*, in Henssler/Strohn, § 311 AktG Rn. 35; *Kropff*, in Semler/Volhard, § 28 Rn. 43; *Strohn*, Verfassung, S. 5 f.; *M. R. Theisen*, Konzern, S. 200; *Scheffler*, in FS Goerdeler, S. 469, 477 f.; *Mestmäcker*, in FS Kronstein, S. 129, 141; *Kropff*, DB 1967, 2147, 2151; *U. H. Schneider*, BB 1981, 249, 250 f.; *Leo*, AG 1965, 352, 356; *K. Schmidt*, JZ 1992, 856, 861; aA, für die Verdrängung der eigenverantwortlichen Leitungsmacht im Falle der Ausgleichsbereitschaft von nachteiligen Maßnahmen, *Rehbinder*, Konzernaußenrecht, S. 236 f.; zur Leitungsmacht siehe auch die Nachweise in Fn. 66.

39 *J. Wilhelm*, Kapitalgesellschaftsrecht, Rn. 967, 1269.

40 *U. H. Schneider*, BB 1981, 249, 250; vgl. zum faktischen GmbH-Konzern insofern auch *dens.*, in FS Hoffmann-Becking, S. 1071, 1073.

41 *Altmeppen*, Haftung S. 56; *Fischbach*, Haftung, S. 153; *Kropff*, Begründung, S. 407 f.; *E. Vetter*, ZHR 171 (2007), 342, 344, 347.

42 Vgl. etwa *Habersack*, in Emmerich/Habersack, § 311 Rn. 77 f.; *Beck*, Konzern 2012, 301, 306 f.; *Habersack/Schürnbrand*, NZG 2004, 689, 691 f. sowie die Nachweise in Fn. 38.

mittelbar durchzusetzen vermag, weil jener ansonsten das Aufsichtsratsmitglied abberuft.[43] Aufgrund dieser faktischen Macht findet sich der Vorstand der abhängigen AG häufig in einer treffend als Dilemma beschriebenen Lage: Einerseits ist und bleibt er dem Interesse der abhängigen AG verpflichtet, andererseits wird er auch ohne ausdrückliche Einflussnahme des herrschenden Aktionärs dessen Interessen mitberücksichtigen, jedenfalls wenn er sich zwischen der Bevorzugung entweder des Interesses „seiner" AG oder desjenigen des herrschenden Unternehmens entscheiden muss und die Entscheidung eine Partei notwendigerweise benachteiligt.[44]

Trotz dieser faktischen Leitungsmacht ist zu betonen, dass sie auf einvernehmlichem Handeln mehrerer Geschäftsleiter unterschiedlicher Rechtsträger beruht.[45] Mangels Weisungsrecht und Folgepflicht ist der Konzerngeschäftsleiter auf die Kooperation des Vorstands der abhängigen Gesellschaft angewiesen.[46] Insofern sind beide Gesellschaften rechtlich gleichberechtigte Partner.[47] Der Vorstand der abhängigen AG hat Einflussnahmen der herrschenden Gesellschaft auf ihre Verträglichkeit mit §§ 311 ff. AktG hin zu prüfen und gegebenenfalls einen Ausgleich zu verlangen. Sofern er keine Bedenken hegt, ist er berechtigt, die Wünsche des herrschenden Unternehmens umzusetzen. Diese Berechtigung schlägt gleichwohl nie in eine Pflicht um; auch zur eigenverantwortlichen Überprüfung der Zweckmäßigkeit veranlasster Entscheidungen ist und bleibt der Vorstand der abhängigen AG verpflichtet.[48] Insofern ist ihm „Garantiefunktion" bezüglich der Wahrung des Eigeninteresses seiner Anstellungskörperschaft zugeschrieben worden.[49] Andererseits droht die Haftung

43 § 84 Abs. 3 S. 2 AktG: Bei Vertrauensentzug durch die Hauptversammlung kann der Vorstand abberufen werden; vgl. auch *Strohn*, Verfassung, S. 5 f.; zur Macht des Aufsichtsrats vgl. auch *Wälde*, DB 1972, 2289, 2292, der sogar so weit gehen will, den Aufsichtsrat nach § 317 Abs. 3 AktG in die Haftung zu nehmen, was von der ganz herrschenden Meinung zu Recht ebenso abgelehnt wird, wie die analoge Anwendbarkeit der Haftungsnorm auf den Aufsichtsrat, vgl. *Habersack*, in Emmerich/Habersack, § 317 Rn. 23; *Altmeppen*, in MünchKommAktG, § 317 Rn. 103; *J. Vetter*, in K. Schmidt/Lutter, § 317 Rn. 36; *Koch*, in Hüffer, § 317 Rn. 13; *H.-F. Müller*, in Spindler/Stilz, § 317 Rn. 15.

44 *E. Vetter*, ZHR 171 (2007), 342, 344 f.; vgl. auch *K. Schmidt*, JZ 1992, 856, 861.

45 Die Problematik der personalen Verflechtung in nicht unternehmensvertraglich verbundenen Unternehmen bleibt ausgeblendet. Sie ist Gegenstand eigenständiger – teils monografischer – Abhandlungen, vgl. etwa *Streyl*, Doppelmandate, passim; weitere Nachweise bei *Koch*, in Hüffer, § 311 Rn. 21 f. sowie bei *Spindler*, in MünchKommAktG, § 76 Rn. 48–53.

46 Vgl. *Streyl*, Doppelmandate, S. 85; *Schlieper*, Leitungsintensität, S. 63–67; *Luchterhandt*, ZHR 133 (1970), 1, 9; *E. Vetter*, ZHR 171 (2007), 342, 345, 347.

47 *Flume*, BGB AT I/2, S. 124. Teilweise wird daraus gefolgert, dass eine Innengesellschaft bürgerlichen Rechts vorliege, vgl. dazu § 4 C II 3 und die Nachweise in Fn. 580.

48 *U. H. Schneider*, BB 1981, 249, 251.

49 *Streyl*, Doppelmandate, S. 84–86, 115 f. im Anschluss an *Flume*, BGB AT I/2, S. 121–124; vgl. auch *J. Wilhelm*, Rechtsform, S. 222–243.

nach §§ 93, 318 AktG, wenn die Interessen der abhängigen AG verletzt werden und zu einem Schaden führen.

D. Überblick: Die Reaktion auf die Konzerngefahr durch das Aktiengesetz

Der Schutz der abhängigen AG ist de lege lata im Falle der unternehmensvertraglich legitimierten Einflussnahme grundsätzlich anders ausgestaltet als ohne jene Grundlage.[50]

I. Die Rechtslage im „Vertragskonzern"

Das Recht der verbundenen Unternehmen gestattet es, die Leitung eines Unternehmens auf ein anderes Unternehmen zu übertragen. Nötig ist dazu der Abschluss eines Beherrschungsvertrages (§ 291 Abs. 1 Satz 1 Alt. 1 AktG). Dem herrschenden Unternehmen wird die Leitung des Unternehmensverbundes mittels verbindlicher, im Sinne folgepflichtiger Weisungen auch zum Nachteil der abhängigen Gesellschaft ermöglicht (§ 308 AktG).[51] Damit greift eine Ausnahme vom Grundsatz der eigenverantwortlichen Leitungsmacht des Vorstandes der dann vertraglich abhängigen Gesellschaft ein.[52] Der Vorstand der abhängigen AG ist verpflichtet, den Weisungen nachzukommen, wenn sie nicht offensichtlich nicht den Belangen der herrschenden Gesellschaft oder einem konzernverbundenen Unternehmen dienen.[53] Gleichzeitig bringt diese Variante dem Geschäftsleiter der abhängigen Gesellschaft die Sicherheit, für die Befolgung einer verbindlichen Weisung (§ 308 Abs. 2 AktG) nicht haftbar zu sein (§ 310 Abs. 3 AktG).[54] Damit wird der Anwendungsbereich des § 76 AktG für den Fall der Weisungsausübung eingeengt. Soweit es keine Weisungen gibt, bleibt es aber bei der Leitungsmacht und Leitungspflicht des Vorstands der abhängigen Gesellschaft.[55] Andernfalls besteht für das herrschende Unternehmen „rechtliche Leitungsmacht".[56] Die Wirkung, die der Abschluss eines Beherrschungsvertrages mit sich bringt, wird auch daran deutlich, dass dieser den Vorstand der (abhängigen)

---

50 Mangels der im Vergleich zur unternehmensvertraglich und faktischen Unternehmensverbindung praktischen Relevanz bleibt die Möglichkeit der Eingliederung (§§ 319–327 AktG) im Rahmen dieser Untersuchung im Folgenden unerwähnt.

51 Möchte die herrschende Gesellschaft jeglichen Gewinn der abhängigen Gesellschaft erhalten, kann zusätzlich oder isoliert ein Gewinnabführungsvertrag (§ 291 Abs. 1 Satz 1 Alt. 2 AktG) abgeschlossen werden.

52 *Spindler*, in MünchKommAktG, § 76 Rn. 45; *Altmeppen*, ZIP 1996, 693, 693 f.

53 *Spindler*, in MünchKommAktG, § 76 Rn. 45; vgl. zu den Grenzen des Weisungsrechts *Altmeppen*, in MünchKommAktG, § 308 Rn. 146–148; *Habersack*, in Emmerich/Habersack, § 308 Rn. 52–53c.

54 *E. Vetter*, ZHR 171 (2007), 342, 347 f.

55 *Spindler*, in MünchKommAktG, § 76 Rn. 45.

56 *Geßler*, DB 1965, 1691, 1692.

Gesellschaft entmachtet und deshalb zur außerordentlichen Kündigung seines Anstellungsvertrages sowie zur Niederlegung seines Amtes als Organmitglied der nunmehr nicht mehr unabhängigen Gesellschaft berechtigt.[57] Derartige Folgerungen zieht die Abhängigkeit eines Unternehmens nicht nach sich.

Als Korrelat dazu übernimmt das herrschende Unternehmen gemäß § 302 Abs. 1 AktG jeden während der Vertragsdauer entstandenen Jahresfehlbetrag der abhängigen AG. Die Geschäftsleiter des herrschenden Unternehmens müssen zudem bei der Weisungserteilung die Sorgfaltspflicht eines ordentlichen und gewissenhaften Geschäftsleiters beachten, um nicht persönlich in die Haftung zu geraten (§ 309 Abs. 2 AktG). Das herrschende Unternehmen haftet widrigenfalls gesamtschuldnerisch mit ihnen nach § 309 Abs. 1 AktG. Für die Vorstände der abhängigen AG normiert § 310 Abs. 1 Satz 1 AktG eine gesamtschuldnerische Haftung für pflichtwidrige Handlungen.[58]

Aus §§ 304, 305 AktG[59] wird ersichtlich, dass der Gesetzgeber den Schutz der abhängigen Gesellschaft nicht nur um ihrer selbst willen und damit zum Schutze ihrer Gläubiger, sondern auch im Interesse der außenstehenden Aktionäre vorgesehen hat. Ihnen wird ein Ausgleich oder eine Abfindung dafür zugestanden, dass die AG, an der sie sich beteiligt haben, nicht mehr unabhängig ist und folglich nicht mehr – ohne Fremdeinfluss ausgesetzt zu sein – im Eigeninteresse wirtschaften kann.

II. Die Rechtslage im „faktischen Konzern“

Häufig ist der Abschluss jener Unternehmensverträge nicht gewollt. Der Gesetzgeber hat sich für den Fall der faktischen Unternehmensverbindung (§ 311 AktG) für eine andere Lösung des Konzernkonflikts entschieden. Wesentlich ist, dass es kein Weisungsrecht des herrschenden Unternehmens gibt.[60] Gleichwohl wird in der Literatur häufig der Begriff der Weisung verwendet, wenn es um die Einflussnahme eines herrschenden Unternehmens geht. Weil eine Weisung eine Folgepflicht des Adressaten impliziert[61] und diese ohne Abschluss eines Beherrschungsvertrages nicht existiert, sollte der Weisungsbegriff auf solche Einflussnahme beschränkt verwandt werden, die sich im Rahmen des Beherrschungsvertrages bewegt. Im faktischen Konzern bleibt es bei der dezentralen Unternehmensleitung durch dazu auf den einzelnen Konzernebenen bestellte Organe. Gleichwohl besteht für die Außenseiter die Gefahr der Einflussnahme auf die abhängige AG und ihre Organe

---

57 *Spindler*, in MünchKommAktG, § 84 Rn. 198, 204; *E. Vetter*, ZHR 171 (2007), 342, 348 f.

58 Überblicksartig *Emmerich/Habersack*, Konzernrecht, S. 434 f.

59 Vgl. zum Ausgleich nach § 304 AktG *Emmerich/Habersack*, Konzernrecht, S. 359–381 und zur Abfindung nach § 305 AktG a.a.O., S. 381–416.

60 *Habersack*, in Emmerich/Habersack, Einl. Rn. 6; *J. Wilhelm*, Kapitalgesellschaftsrecht, Rn. 1269; *Emmerich/Habersack*, Konzernrecht, S. 470 f.; *Lutter*, in FS Goette, S. 289, 294.

61 Vgl. *Streyl*, Doppelmandate, S. 85; *Schlieper*, Leitungsintensität, S. 63–67; *Luchterhandt*, ZHR 133 (1970), 1, 9; *E. Vetter*, ZHR 171 (2007), 342, 345, 347; *U. H. Schneider*, BB 1981, 249, 256.

durch den Mehrheitsaktionär. Die unverbindliche Einmischung eines herrschenden Aktionärs ist nicht schlechthin verboten, eine Folge- oder Rechtfertigungspflicht des Vorstands der AG ist den §§ 311 ff. AktG allerdings nicht immanent.[62] Der Gesetzgeber hat sich dagegen entschieden, den Abschluss eines Unternehmensvertrages als einzig legitimes Mittel der Einflussnahme auf eine AG zu erzwingen und die nicht näher beschriebene „Veranlassung" hingenommen.[63]

Gibt es nun einerseits keine nicht-vertraglich vermittelte rechtliche Leitungsmacht zugunsten des herrschenden Unternehmens,[64] beantwortet das Gesetz in §§ 311 ff. AktG aber dennoch die Frage, wann eine gleichwohl erfolgte Einflussnahme nicht rechtswidrig ist, stellt dies einen Mehrheitsaktionär vor das Problem des im faktischen Unternehmensverbund Erlaubten. Ein generelles Verbot der Intervention scheint nicht zu existieren. Folglich muss es Fälle geben, in denen Konzernleitung möglich ist. Der Zustand ist als „faktische Leitungsmacht" im Unterschied zur durch §§ 308 f. AktG und den Beherrschungsvertrag vermittelten „rechtlichen Leitungsmacht" beschrieben worden.[65] Das herrschende Unternehmen ist stets auf die Kooperation des Vorstands der abhängigen Gesellschaft angewiesen, der „Weisungen" nicht nachkommen muss, sondern nach § 76 AktG seine abhängige Gesellschaft unter Drohung von Schadensersatzansprüchen im Falle des Verstoßes (§ 93 AktG) eigenverantwortlich leitet.[66]

§ 311 Abs. 1 AktG verbietet es einem herrschenden Unternehmen, eine von ihm abhängige Gesellschaft zu einem nachteilhaften Geschäft zu veranlassen oder anderweitig zu benachteiligen. Wenn diese Nachteile nicht bis zum Ende des Geschäftsjahres ausgeglichen werden oder der abhängigen Gesellschaft nicht ein entsprechender Anspruch auf Gewährung von die Nachteile kompensierenden Vorteilen eingeräumt wird, ist das herrschende Unternehmen der abhängigen Gesellschaft zum Schadensersatz nach § 317 Abs. 1 Satz 1 AktG verpflichtet. Die Geschäftsleiter, die die abhängige Gesellschaft zu dem Rechtsgeschäft oder der Maßnahme veranlasst haben, haften nach § 317 Abs. 3 AktG neben dem herrschenden Unternehmen als

62 *Emmerich/Habersack*, Konzernrecht, S. 464; *Geßler*, DB 1965, 1729.

63 *Habersack*, in Emmerich/Habersack, § 311 Rn. 2; vgl. § 2 C.

64 *Habersack*, in Emmerich/Habersack, Einl. Rn. 6.

65 *Geßler*, in FS Westermann, S. 145, 151; *ders.*, DB 1965, 1691, 1692; *ders.*, DB 1965, 1729.

66 *Habersack*, in Emmerich/Habersack, § 311 Rn. 43; *H.-F. Müller*, in Spindler/Stilz, § 311 Rn. 40; *Leuering/Goertz*, in Hölters, § 311 Rn. 56; *Emmerich/Habersack*, Konzernrecht, S. 470 f., 494; *Altmeppen*, Haftung, S. 56 f., 63 f.; *Geßler*, in FS Westermann, S. 145, 156 f.; *Ulmer*, in FS Hüffer, S. 999, 1001–1003, *Geßler*, DB 1965, 1729; aA *Luchterhandt*, ZHR 133 (1970), 1, 12, der meint, der Vorstand der abhängigen AG schulde nur die Berichtspflicht des § 312 AktG und nicht die Sorgfalt gemäß § 93 AktG. Für den Fall, dass eine Nachteilsvereinbarung pflichtgemäß getroffen worden ist, vgl. auch *Koppensteiner*, in KK-AktG, § 311 Rn. 145; *Geßler*, in FS Westermann, S. 145, 157; *E. Vetter*, ZHR 171 (2007), 342, 362.

Gesamtschuldner. Der Schadensersatzanspruch bedingt also einen veranlassungsbedingten Nachteil des abhängigen Unternehmens.[67]

Der nach § 312 AktG zu erstattende Abhängigkeitsbericht durch das abhängige Unternehmen soll als Kontrollinstrument dienen. Es sind Rechtsgeschäfte und Maßnahmen im Unternehmensverbund mit Informationen zu den jeweiligen Vor- und Nachteilen und potenziellen Ausgleichsleistungen aufzulisten. Am Schluss des Berichts hat der Vorstand zu erklären, ob die AG benachteiligt worden und ob ein Ausgleich vorgenommen worden ist (§ 312 Abs. 3 AktG). Der Bericht unterliegt der Prüfung durch den Aufsichtsrat (§ 314 AktG) und den Abschlussprüfer (§ 313 AktG). Zudem besteht die Möglichkeit der Sonderprüfung nach § 315 AktG.[68]

E. Resümee

Durch §§ 311 ff. AktG wird keine rechtlich durchsetzbare Leitungsmacht vermittelt, so dass es bei der dezentralen Verantwortlichkeit der Leitungsorgane bleibt. Gleichwohl implizieren die Normen die Möglichkeit der Einflussnahme des herrschenden Unternehmens auf die Geschäftsleitung der abhängigen Gesellschaft, weil sie jene nicht undifferenziert verbieten. Der hierdurch eröffnete Spielraum bietet Anlass, von einer faktischen Konzernleitungsmacht im nicht-vertraglich legitimierten Unternehmensverbund auszugehen. Dazu verhält sich die „Konzernorganisationslehre", die den §§ 311 ff. AktG nicht nur ein Schutzsystem, sondern darüber hinaus die Verankerung von gruppenweiter Leitungsmacht entnimmt. Schutzinteressen der Minderheitsaktionäre und Gläubiger sind durch diese Konzerngefahr bedroht und sind vor Partikularinteressen des herrschenden Unternehmens entsprechend zu schützen, weil keine pauschale Vorabsicherung (§§ 302, 304, 305 AktG) erfolgt.

Dieser Grenzbereich zwischen grundsätzlich verbotener und praktisch dennoch stattfindender Konzernleitung im faktischen Unternehmensverbund, insbesondere durch grenzenloses „Erkaufen" von Konzernleitungsmacht durch unbezifferte Zusage eines Nachteilsausgleichs, soll im Folgenden, unter Berücksichtigung der hierzu ergangenen neueren Rechtsprechung und vor dem Hintergrund der Dogmatik der Haftung, näher untersucht werden.

§ 2 Historische Entwicklung des Konzernrechts

Dreh- und Angelpunkt des Rechts der verbundenen Unternehmen ist im Falle der faktischen Beherrschung der schadensersatzbewährte Nachteilsausgleich. Halten sich die Beteiligten an die Vorgaben, die das Aktienkonzernrecht ihnen hinsichtlich des Nachteilsausgleichs macht, wird die Einflussnahme auf die Geschäftsleitung des abhängigen Unternehmens durch das herrschende Unternehmen nicht sanktioniert.

---

67 *Emmerich/Habersack*, Konzernrecht, S. 511–514.

68 Überblicksartig *Emmerich/Habersack*, Konzernrecht, S. 464 f.; vgl. zu den Aufgaben und Wirkungen des Berichtssystems *K. Schmidt*, JZ 1992, 856, 859.

Insbesondere für das Verständnis der Regelung zum gestreckten Nachteilsausgleichs bedarf es einer historischen Aufarbeitung, weil sie einen Kompromiss darstellt, der nur in seiner historischen Entwicklung und vor dem Hintergrund der damaligen Rechtslage erläutert und verstanden werden kann, um darauf aufbauend Schlüsse für die hier gegenständliche Problematik der Ausgleichsfähigkeit unbezifferter Nachteile ziehen zu können.

A. Die Rechtslage vor 1937

Die Rechtsform der AG wurde geschaffen, da Einzelpersonen und personalistisch geprägte Handelsgesellschaften wie die Offene Handelsgesellschaft und die Kommanditgesellschaft nicht der passende Rechtsträger waren, um kapitalintensive Großprojekte zu finanzieren. Zudem sollte die persönliche Haftung angesichts des finanziellen Risikos etwa bei dem Bau von Eisenbahnen vermieden werden. Als kapitalistische Weiterentwicklung der Einzelfirma und der Personenhandelsgesellschaften stellt die AG den Akteuren einerseits die Möglichkeit eines Kapitalsammelbeckens dar, andererseits kann das Haftungsrisiko der Aktionäre begrenzt werden.[69]

Das Allgemeine Deutsche Handelsgesetzbuch vom 31. Mai 1861[70] (ADHGB) behandelt ausschließlich die unabhängige AG. Regelungen als Reaktion auf die Konzerngefahr finden sich dort ebenso wenig wie in dem Gesetz betreffend die Kommanditgesellschaften auf Aktien und die Aktiengesellschaften vom 11. Juni 1870[71] – womit der Übergang vom Konzessions- zum Normativsystem verbunden war[72] –, der Aktienrechtsnovelle 1884[73] oder dem Handelsgesetzbuch vom 10. Mai

---

69 Vgl. zur Historie der AG die ausführlichen Darstellungen in Aktienrecht im Wandel, Bd. 1; vgl. auch *Habersack*, in MünchKommAktG, Einl. Rn. 14–89; *Rathenau*, Aktienwesen, S. 8 f. (mit Darstellung ähnlicher Ursachen für die Schaffung der französischen Société Anonyme).

70 Der Bundestag empfahl den einzelnen Regierungen des Deutschen Bundes die Einführung des ADHGB. Ihm selbst fehlte die Gesetzgebungskompetenz. Gesetz des Norddeutschen Bundes wurde das ADHGB durch Bundesgesetz vom 5. Juni 1869 (BGBl. des Norddeutschen Bundes, S. 379). Durch Reichsgesetz vom 16. April 1871 (RGBl. S. 63) wurde es Reichsgesetz, durch Gesetz vom 22. April 1871 (RGBl. S. 87) auch in Bayern. Zur Historie vgl. *K. Schmidt*, Handelsrecht, § 2 II 2; *Brüggemann*, in GroßkommHGB, Einl. Rn. 18 f. sowie eingehend *Pahlow*, in Aktienrecht im Wandel, Bd. 1, S. 237–286.

71 BGBl. des Norddeutschen Bundes, S. 375.

72 Vgl. *Dettling*, Entstehungsgeschichte, S. 50 f.; *Flechtheim*, Strukturwandlungen, S. 5; eingehend zur Aktienrechtsnovelle vom 11. Juni 1870 *Lieder*, in Aktienrecht im Wandel, Bd. 1, S. 318–387.

73 Gesetz betreffend die Kommanditgesellschaften auf Aktien und die Aktiengesellschaften vom 18. Juli 1884, RGBl. S 123. Vgl. die ausführliche Darstellung von *Hofer*, in Aktienrecht im Wandel, Bd. 1, S. 388–414.

1897.[74] Grenzen der Einflussnahme des Mehrheitsaktionärs wurden lediglich durch die Generalklauseln gesteckt. Unterhalb der Schwellen der Sittenwidrigkeit und der sittenwidrigen vorsätzlichen Schädigung waren der Mehrheitsherrschaft keine Grenzen gesetzt.[75] Die Organhaftung spielte wegen der diese ausschließenden Weisungsrechte der Generalversammlung gegenüber der Verwaltung ebenfalls noch keine Rolle.[76] Dies alles freilich zu einer Zeit, in der es einer gesetzgeberischen Reaktion auf Konzernierung in der Wirtschaft noch nicht bedurfte. Kartelle wie Konzerne begannen sich erst zu etablieren.[77]

Mangels legislativer und judikativer Kautelen und aufgrund von steuerlichen Privilegien[78] entstanden in Deutschland nach dem 1. Weltkrieg immer größere Unternehmensverbünde.[79] Das rechtswissenschaftliche Schrifttum war bemüht, den Konzern als die auch aus volkswirtschaftlicher Sicht präferierte Organisationsform durchzusetzen.[80] Fortan schlossen Unternehmen Verträge miteinander, die als historische Ursprünge der heute in §§ 291 f. AktG normierten Unternehmensverträge angesehen werden können. Sie wurden jedoch durchweg als schuldrechtliche Verträge eingeordnet, obschon sie mitunter bereits Weisungsrechte eines Unternehmens begründeten.[81]

Daneben begann eine Diskussion über das Bestehen eines das Gesellschaftsinteresse überragenden Konzerninteresses. Die Überlegung lautete, dass ein Mehrheitsaktionär nicht haftbar gemacht werden könne, wenn eine die einzelne Gesellschaft

---

74 RGBl. S. 219; vgl. die ausführliche Darstellung von *Pahlow*, in Aktienrecht im Wandel, Bd. 1, S. 415–439.

75 *Dettling*, Entstehungsgeschichte, S. 55; *Altmeppen*, in Aktienrecht im Wandel, Bd. 2, S. 1027, 1032 f.; vgl. jedoch die Ausführungen von *Kronstein*, Abhängige juristische Person, passim, mit einer Konturierung des Begriffs der Abhängigkeit sowie daraus abzuleitenden Folgerungen.

76 *Dettling*, Entstehungsgeschichte, S. 55.

77 *Flechtheim*, Strukturwandlungen, S. 5, 12: „Es handelt sich bei Kartellen und Konzernen nicht um neue Erscheinungen. Sie waren den Gesetzgebern von 1884 und 1896 zweifellos wohl bekannt. Aber die Wirtschaft war noch nicht von ihnen durchzogen und noch nicht durch sie determiniert. Der Gesetzgeber des Aktienrechts glaubte ihnen keine Beachtung schuldig zu sein. Das Gesetz selbst kennt sie nicht"; ähnlich zur Entstehung von Konzernen bereits *Rathenau*, Aktienwesen, S. 22: „Das Unternehmen erweitert sich zur Gruppe, zum Konzern"; vgl. auch *Dettling*, Entstehungsgeschichte, S. 50–52; *Spindler*, in Aktienrecht im Wandel, Bd. 1, S. 440–569.

78 Den steuerlichen Aspekten soll in dieser Arbeit nicht weiter nachgegangen werden. Vgl. dazu im Einzelnen *Mestmäcker*, Verwaltung, S. 287–302; *Altmeppen*, in Aktienrecht im Wandel, Bd. 2, S. 1027, 1031; *dens.*, in MünchKommAktG, Einl. §§ 291 ff. Rn. 10 f.; *Spindler*, in Aktienrecht im Wandel, Bd. 1, S. 440, 516–542.

79 *Rasch*, Konzernrecht, 5. Aufl. 1974, S. 5; *Altmeppen*, in Aktienrecht im Wandel, Bd. 2, S. 1027, 1034.

80 *Dettling*, Entstehungsgeschichte, S. 58 f.

81 *Kronstein*, Abhängige juristische Person, S. 46–59; *Dettling*, Entstehungsgeschichte, S. 62–64; *Spindler*, in Aktienrecht im Wandel, Bd. 1, S. 440, 542–550.

benachteiligende Maßnahme nur dem Konzerninteresse diene.[82] Begründet wurde die Macht der Majorität mit anderweitigen Vorteilen für Untergesellschaften, die die Eingliederung in den Konzern mit sich bringe.[83] Während die Idee durchaus prominente Sympathisanten hatte,[84] war die herrschende Auffassung der Meinung, es

---

82 Vgl. *Haußmann*, Tochtergesellschaft, S. 58: „Es ist eine unvermeidliche Begleiterscheinung und Folge der Konzernbildung und des modernen Effektenkapitalismus, daß das Interesse des Einzelaktionärs in Konfliktsfällen hinter dem Interesse der Mehrheit, oder besser gesagt, hinter dem Interesse einer weiter ausblickenden, die Interessen der Untergesellschaft unter anderen Gesichtspunkten berücksichtigenden Mehrheit zurücktreten muß"; dazu auch schon *ders.*, Unternehmenszusammenfassungen, S. 152 f.; bereits 1917 formulierte *Rathenau* (Aktienwesen, S. 30): „Was die Frage des Minderheitenschutzes angeht, so ist abgesehen vom Fall der Rechtsverletzung, der nicht nur die Minderheit, sondern auch die Mehrheit betrifft, nur der seltene, gegen Treu und Glauben streitende Fall zu berücksichtigen, wo eine gewissenlose Mehrheit in gesellschaftsfremdem oder feindlichem Interesse Vorteile sucht, indem sie z.B. gegen Sondervorteile das Unternehmen an seine Konkurrenten auszuliefern trachtet. Bleiben die Zwecke auf das gemeinsame Gesellschaftsinteresse beschränkt, so muß, so unsozial dies klingen mag, die einfache oder satzungsgemäß qualifizierte Mehrheit entscheiden"; ähnlich auch *Voß*, Revision, S. 37: „Gewiß läßt sich nicht verschweigen, daß die Verwaltung der Aktiengesellschaft und mit ihr die Mehrheitsgruppe der Aktionäre ohne allzu große Schwierigkeiten eine Politik treiben kann, die berechtigte Interessen der Minderheit verletzt. Aber man darf nun auf Grund dieser Tatsache nicht etwa dazu übergehen, den einzelnen Aktionär und die Minderheit als besonders schutzbedürftig hinzustellen. Ausschlaggebend sind allein die Interessen der Gesellschaft und nicht so sehr die Interessen der Aktionäre, geschweige denn des einzelnen Aktionärs"; vgl. auch *Dettling*, Entstehungsgeschichte, S. 64 f.; *Altmeppen*, in Aktienrecht im Wandel, Bd. 2, S. 1027, 1036 f.

83 Vgl. etwa *Haußmann*, Tochtergesellschaft, S. 56: „Hier ist vorerst zu prüfen, welche Vorteile oder auch Nachteile die Tochtergesellschaft unter Berücksichtigung der Gesamtsituation von der Zugehörigkeit zu dem betreffenden Konzern hat. Es kann sich im Rahmen der verschiedensten Rechtsbeziehungen finanzieller oder wirtschaftlicher Art herausstellen, daß ein Geschäft zwischen einer Mutter- und einer Tochtergesellschaft, isoliert betrachtet, für die Letztere nachteilig scheint, daß aber die Vorteile, welche die Zugehörigkeit zu dem Konzern in anderer Hinsicht, unter Umständen auch in ideeller Hinsicht (standing usw.) bieten, so groß sind, daß die Nachteile eines Einzelgeschäfts, wenn ohne dasselbe die sonstigen Vorteile der Konzernzugehörigkeit der Untergesellschaft entgehen oder fortfallen könnten, auch vom Interessenstandpunkt der Tochtergesellschaft aus betrachtet, gerechtfertigt erscheinen können".

84 Vgl. etwa *Hachenburg*, Beziehungen, S. 44, 50: „Die Möglichkeit, daß die Einzelgesellschaft zugunsten der Gesamtheit Opfer bringt, folgt aus dem Wesen des Zusammenschlusses"; *Haußmann*, Unternehmenszusammenfassungen, S. 153: „der Minderheitsbeteiligte muß [...] sich damit abfinden, daß der Zweck des Ganzen dem Zweck des Teilbetriebs vorgehen muß, oder zum mindesten einen maßgeblichen Einfluß gewinnt"; *dens.*, Tochtergesellschaft, S. 53–69; *Geiler*, Strukturwandlungen, S. 52, 71 f., 82 f., der zwar eine Verantwortlichkeit des Mehrheitsaktionärs

bedürfe für einen solchen Eingriff des Abschlusses eines Interessengemeinschaftsvertrages und dieser müsse eine Abfindungsleistung für die Minderheitsgesellschafter vorsehen.[85]

Die unternehmensverbundgünstigen Tendenzen wurden begleitet von einer zurückhaltenden Rechtsprechung des Reichsgerichts.[86] Die hohe Hürde des Verstoßes gegen die guten Sitten wurde selten gerissen, so dass es meist bei einer Billigung der Herrschaft des Großaktionärs blieb. Nur vereinzelt wurde der Aktionärsmehrheit eine Pflicht auferlegt, auch die Interessen der Aktionärsminderheit zu berücksichtigen.[87]

Die Aktienrechtsnovelle von 1931[88] enthielt sodann zwar einzelne Regelungen mit Konzernbezug, welche sich jedoch überwiegend auf Rechnungslegungsvorschriften beschränkten.[89] Die Diskussion um das „Konzerninteresse" und ein damit

---

bei vorsätzlicher Schädigung der Gesellschaft unter eigensüchtigem Missbrauch der Mehrheitsstellung fordert, in „volkswirtschaftlich rationell[em]" Handeln aber keine Eigensucht der Majorität sieht (S. 82). Selbst bei eigensüchtigem Handeln sei aber ein Nachteilsausgleich denkbar, der eine Haftung ausscheiden lasse (S. 82 f.).

85 *Flechtheim*, Strukturwandlungen, S. 5, 33 f.; *Buchwald*, Strukturwandlungen, S. 89, 102 f.; vgl. auch *Dettling*, Entstehungsgeschichte, S. 64 f.; vgl. zum Interessengemeinschaftsvertrag auch *Spindler*, in Aktienrecht im Wandel, Bd. 1, S. 440, 542–547.

86 Vgl. *Altmeppen*, in Aktienrecht im Wandel, Bd. 2, S. 1027, 1036 f.; *Dettling*, Entstehungsgeschichte, S. 68–70 mit Nachweisen zu einzelnen Entscheidungen des Reichsgerichts, in denen der Maßstab der Sittenwidrigkeit herangezogen worden ist, um die Herrschaft des Mehrheitsaktionärs zu begrenzen.

87 Vgl. die von *Altmeppen*, in Aktienrecht im Wandel, Bd. 2, S. 1027, 1037 exemplarisch herangezogene Entscheidung des Reichsgerichts, Urteil vom 31. März 1931 – II 222/30, RGZ 132, 149. Auch das in diesem Zusammenhang häufig erwähnte Urteil des Reichsgerichts vom 23. Oktober 1925 – II 575/24, RGZ 112, 14 offenbart, dass ein Gefühl für die „Konzerngefahr", wie sie heute verstanden wird, noch nicht entwickelt worden war. Denn mehr als zaghafte Hinweise auf eine berechtigte Interessenberücksichtigung der Minderheit durch die Mehrheit ist den Entscheidungen in diesem Zeitraum noch nicht zu entnehmen. Der Schutz der Gläubiger der abhängigen Gesellschaft war noch wenig ausgeprägt und sollte erst später in den Vordergrund treten; vgl. auch *Rathenau*, Aktienwesen, S. 30 (mit dem in Fn. 82 bereits wiedergegebenen Zitat).

88 Verordnung des Reichspräsidenten über Aktienrecht, Bankenaufsicht und über eine Steueramnestie vom 19. September 1931 (RGBl. I S. 493); eingehend hierzu *Engelke/Maltschew*, in Aktienrecht im Wandel, Bd. 1, S. 570–618.

89 Die Steuergesetzgebung hat durch § 6 Nr. 8 KStG in der Fassung des Körperschaftssteuergesetzes vom 30. März 1920 (RGBl. S. 393) auf Sachverhalte reagiert, die sich durch Unternehmensbeteiligungen ergaben. Vgl. dazu und zu anderen steuergesetzlichen Vorschriften mit Konzernbezug, auf die hier nicht näher eingegangen wird, *Rasch*, Konzernrecht, 5. Aufl. 1974, S. 12 f. Das Privatrecht folgte erst ein Jahrzehnt später mit den Vorschriften über Aktienrecht im Ersten Teil der Verordnung des Reichspräsidenten über Aktienrecht, Bankenaufsicht und über eine Steueramnestie vom 19. September 1931 (RGBl. I S. 493), namentlich mit §§ 226, 240a, 246 Abs. 1, 260a, 261a, 261d HGB. Vgl. hierzu *Rasch*, Konzernrecht, 5. Aufl. 1974, S. 13 und eingehend *Engelke/Maltschew*, in Aktienrecht im Wandel, Bd. 1, S. 570, 580–594. Zu

einhergehendes Schädigungsprivileg sollten erst im Aktiengesetz von 1937 durch den Gesetzgeber aufgegriffen werden.

B. Das Aktiengesetz vom 30. Januar 1937

Das Aktiengesetz vom 30. Januar 1937[90] enthält an einzelnen Stellen Bestimmungen zum Konzernrecht.[91] Eine vollständige Normierung, die auf eine legislative Wertung hinsichtlich der Legitimität der Ausübung von Leitungsmacht im Konzerninteresse schließen lassen könnte, findet sich allerdings nicht.[92] Bedeutsamste Änderung war sicherlich – nicht ohne Relevanz für das Konzernrecht – die mit der Gesetzeseinführung einhergehende Kompetenzverschiebung zu Gunsten der Verwaltung, die mit einer daran anknüpfenden Verantwortlichkeit einherging. Nach § 70 Abs. 1 AktG 1937 oblag es der Verwaltung, die Gesellschaft eigenverantwortlich zu leiten.[93] Das bis dato bestehende Weisungsrecht der Generalversammlung wurde abgeschafft.[94] Damit unterscheidet sich die AG bis heute grundlegend von der GmbH, die – aufgrund ihres personalistischen Ursprungs – ein Weisungsrecht der Gesellschafterversammlung

§ 226 Abs. 4 HGB in der Fassung vom 19. September 1931 vgl. auch *Altmeppen*, in Aktienrecht im Wandel, Bd. 2, S. 1027, 1034–1036; *Dettling*, Entstehungsgeschichte, S. 70 f. Zutreffend wird konstatiert, dass damit zwar auf die wirtschaftliche Notlage reagiert worden ist, nicht jedoch auf die Konzerngefahr durch potenzielle Schädigungen zu Lasten der abhängigen Gesellschaft. Gleichwohl werden die Normen von 1931 als „erste[n] ‚konzernrechtliche' Regelung[en] überhaupt" (so *Altmeppen*, in Aktienrecht im Wandel, Bd. 2, S. 1027, 1035 zu § 226 Abs. 4 HGB) bezeichnet werden können, wenn diese als erste Reaktion auf konzerntypische Gefahren für Außenseiter verstanden werden.

90 RGBl. I S. 107; vgl. die Darstellung von *Bayer/Engelke*, in Aktienrecht im Wandel, Bd. 1, S. 619–669.

91 Vgl. zu diesen Neuerungen *Altmeppen*, in Aktienrecht im Wandel, Bd. 2, S. 1027, 1038; *Dettling*, Entstehungsgeschichte, S. 75; kursorisch auch *Bayer/Engelke*, in Aktienrecht im Wandel, Bd. 1, S. 619, 667; *Geßler*, DB 1965, 1691.

92 *Habersack*, in Emmerich/Habersack, Einl. Rn. 17; *Altmeppen*, in MünchKommAktG, Vor § 311 Rn. 9; *Rasch*, Konzernrecht, 5. Aufl. 1974, S. 13 f., 153; in diesem Sinne auch *Schmölder*, JW 1930, 2617, 2629 zum Entwurf eines Gesetzes über Aktiengesellschaften und Kommanditgesellschaften auf Aktien, der betont, dass die Lösung von Konflikten durch Zulassung der „Verfolgung gesellschaftsfremder Sondervorteile" in Konzernverhältnissen der Rechtsprechung von Fall zu Fall überlassen bleibe; dagegen hatte *Flechtheim* (Strukturwandlungen, S. 5, 39–43) schon 1928 zu Bedenken gegeben, dass Konzernsachverhalte nicht hinreichend über die bürgerlich-rechtlichen Generalklauseln zu lösen seien, sondern spezifische aktienrechtliche Vorschriften erforderlich machten (S. 43).

93 § 70 Abs. 1 AktG 1937 lautet: „Der Vorstand hat unter eigener Verantwortung die Gesellschaft so zu leiten, wie das Wohl des Betriebs und seiner Gefolgschaft und der gemeine Nutzen von Volk und Reich es fordern".

94 Vgl. *Bayer/Engelke*, in Aktienrecht im Wandel, Bd. 1, S. 619, 647 f.

kennt.[95] Wenn und weil die Gesellschafter der Geschäftsführung Weisung erteilen können, ist die GmbH prädestiniert als Konzernbaustein.[96] Dieses Merkmal der Konzernoffenheit[97] haftet der AG seit der Kompetenzverschiebung hin zur Verwaltung durch das Aktiengesetz von 1937 nicht mehr an.

Abgesehen von der Schwächung der Generalversammlung war das Gesetz von Zurückhaltung hinsichtlich der Regelung unmittelbar konzernrechtlicher Fragen geprägt.[98] Die Regelungen im Aktiengesetz von 1937 werden gleichwohl als ein „Höhepunkt konzerngünstiger Rechtssetzung" bezeichnet.[99]

Anknüpfungspunkte dieser Prämisse sind §§ 101 Abs. 1,[100] 197 Abs. 2 Satz 1 AktG 1937.[101] Demnach ist das Streben nach gesellschaftsfremden Sondervorteilen durch einen vorsätzlich sein Stimmrecht ausübenden Aktionär (§ 197 Abs. 2 Satz 1 AktG 1937) genauso mit einer Schadensersatzpflicht belegt wie das vorsätzliche Ausüben von Einfluss auf die Gesellschaft durch einen Dritten, welches zu einem Schaden der Gesellschaft oder ihrer Aktionäre führt (§ 101 Abs. 1 AktG 1937).[102]

---

95 Zum Weisungsrecht der Gesellschafter der GmbH vgl. *Altmeppen*, in Roth/Altmeppen, § 37 Rn. 3–9, 12; *Stephan/Tieves*, in MünchKommGmbHG, § 37 Rn. 115–122; *Zöllner/Noack*, in Baumbach/Hueck, § 37 Rn. 20 f.; *U. H. Schneider*, in FS Hoffmann-Becking, S. 1071, 1074–1083; zum Wesen der GmbH als im Grunde als Personengesellschaft ausgestalteter Verband, der nur zur Erreichung der Haftungsbeschränkung als juristische Person verfasst worden ist, was sich heute noch anhand des im Vergleich zur AG dispositiven Charakters der gesetzlichen Regelungen zeigt, vgl. *Flume*, BGB AT I/2, S. 61 f.; *Roth*, in Roth/Altmeppen, Einl. Rn. 1 f.; *Altmeppen*, in Roth/Altmeppen, § 13 Rn. 1; *Fleischer*, in MünchKommGmbHG, Einl. Rn. 7.

96 *Fleischer*, in MünchKommGmbHG, Einl. Rn. 47.

97 *Fleischer*, in MünchKommGmbHG, Einl. Rn. 47; *Lutter/Hommelhoff*, in Lutter/Hommelhoff, Anh. § 13 Rn. 1.

98 *Dettling*, Entstehungsgeschichte, S. 77. Dies freilich zu einer Zeit, als ein Großteil der Aktiengesellschaften in Konzernen verbunden war, vgl. *Geßler*, DB 1965, 1691 mit Fn. 3 und 4 unter Berufung auf Angaben des Statistischen Reichsamtes aus den Jahren 1927 und 1930, wonach zwei Drittel bzw. 75% des Nennkapitals der deutschen Aktien an Konzernen beteiligt waren.

99 *Dettling*, Entstehungsgeschichte, S. 77.

100 § 101 Abs. 1 AktG 1937 lautet: „Wer zu dem Zwecke, für sich oder einen anderen gesellschaftsfremde Sondervorteile zu erlangen, vorsätzlich unter Ausnutzung seines Einflusses auf die Gesellschaft ein Mitglied des Vorstands oder des Aufsichtsrats dazu bestimmt, zum Schaden der Gesellschaft oder ihrer Aktionäre zu handeln, ist zum Ersatz des daraus entstandenen Schadens verpflichtet".

101 § 197 Abs. 2 Satz 1 AktG 1937 lautet: „Die Anfechtung kann auch darauf gestützt werden, daß ein Aktionär mit der Stimmrechtsausübung vorsätzlich für sich oder einen Dritten gesellschaftsfremde Sondervorteile zum Schaden der Gesellschaft oder ihrer Aktionäre zu erlangen suchte und der Beschluß geeignet ist, diesem Zweck zu dienen".

102 *Dettling*, Entstehungsgeschichte, S. 78; *Altmeppen*, in Aktienrecht im Wandel, Bd. 2, S. 1027, 1038 f.; *Bayer/Engelke*, in Aktienrecht im Wandel, Bd. 1, S. 619, 655 f.

Diese Verbote wurden hinsichtlich einer Handlung im Interesse des Konzerns[103] überlagert durch die §§ 101 Abs. 3[104], 197 Abs. 2 Satz 2 AktG 1937.[105] Die Ausübung von Einfluss führte nämlich nicht zu einer Ersatzpflicht, wenn er benutzt wurde, um einen Vorteil zu erlangen, der schutzwürdigen Belangen dient. In der amtlichen Begründung heißt es dazu, dass damit auch „Konzerninteressen" berücksichtigt werden könnten.[106] Von einem Zurücktreten der Unternehmensinteressen aufgrund eines diese überragenden Gesamtkonzerninteresses ging – unter Berufung auf die Gesetzesbegründung – auch ein Teil der Literatur aus.[107]

Im Laufe der Diskussion wurde dieser prinzipielle Konzernvorrang jedoch zunehmend in Frage gestellt und überwiegend nur noch abgeschwächt interpretiert.[108] Jedenfalls wenn Außenseiter auf Ebene der benachteiligten abhängigen Gesellschaft oder konzernfremde Gläubiger vorhanden waren, wurde ein „angemessener

---

103 § 15 Abs. 1 Hs. 1 AktG 1937 definiert rechtlich selbständige Unternehmen, die sich unter einheitliche Leitung aus wirtschaftlichen Zwecken zusammengefasst haben, als Konzern und einzelne Unternehmen als Konzernunternehmen (Hs. 2). Abs. 2 enthält eine unwiderlegbare Vermutung der Konzernierung, wenn ein rechtlich selbständiges Unternehmen auf Grund von Beteiligungen oder sonst unmittelbar oder mittelbar unter dem beherrschenden Einfluss eines anderen Unternehmens steht.

104 § 101 Abs. 3 AktG 1937 lautet: „Die Ersatzpflicht tritt nicht ein, wenn der Einfluß benutzt wird, um einen Vorteil zu erlangen, der schutzwürdigen Belangen dient".

105 § 197 Abs. 2 Satz 2 AktG 1937 verweist auf § 101 Abs. 3 AktG 1937; vgl. zu dessen Wortlaut die vorige Fn.

106 Die amtliche Begründung des Aktiengesetzes 1937 ist abgedruckt bei *Klausing*, Aktiengesetz, S. 87; vgl. zu den zu berücksichtigenden „Konzerninteressen" auch *Dettling*, Entstehungsgeschichte, S. 78; *Altmeppen*, in Aktienrecht im Wandel, Bd. 2, S. 1027, 1038 f.; *Bayer/Engelke*, in Aktienrecht im Wandel, Bd. 1, S. 619, 655 f.; *Möhring*, in FS Schilling, S. 253, 259 f.

107 *Baumbach/Hueck*, Aktiengesetz, 6. Aufl. 1949, § 101 Anm. 4; *von Godin/Wilhelmi*, 1937, § 101 Anm. 6; *Teichmann/Koehler*, 2. Aufl. 1939, § 101 Anm. 2g; *Schlegelberger/Quassowski*, § 101 Anm. 10; *Friedlaender*, Konzernrecht, S. 137; einschränkend *Ritter*, Aktiengesetz, 2. Aufl. 1939, § 101 Anm. 2b, der verlangt, dass die abhängige Gesellschaft jedenfalls mittelbar von den Konzernvorteilen profitieren müsse. Darüber hinaus seien Konzerninteressen nicht zu berücksichtigen (Anm. 5); vgl. auch *Altmeppen*, in MünchKommAktG, Vor § 311 Rn. 9; *Koppensteiner*, in KK-AktG, Vorb. § 311 Rn. 1; *Linsmann*, Ausgleichsanspruch, S. 4.

108 Bei *von Godin/Wilhelmi*, 2. Aufl. 1950, § 101 Anm. 6, heißt es etwa, die Bestimmung des § 101 Abs. 3 AktG 1937 gebe „mehrfach Rätsel auf". Es sei unklar, ob der Gesetzgeber tatsächlich einen kompensationslosen Zugriff auf die Interessen und Rechtspositionen der abhängigen AG habe zulassen wollen. Im Ergebnis wird eine Einflussnahme bei Vorhandensein von außenstehenden Aktionären und Gläubigern nur gegen Ausgleichsleistung anerkannt. In der 1. Auflage der Kommentierung von 1937, vgl. Fn. 107, fehlte diese Einschränkung noch.

Ausgleich" für die Einflussnahme verlangt.[109] Dieser Gedanke greift die in der Literatur schon zuvor geführte Diskussion um die Folgen der Herrschaftsausübung durch die Majorität auf.[110] Die Eingriffsmöglichkeit und die potenziell damit korrespondierende Entschädigungspflicht sollten Anknüpfungspunkt für die Reformüberlegungen des Konzernrechts im Aktiengesetz von 1965 werden.[111]

Diese zunehmend differenzierte Betrachtung änderte jedoch nichts am grundsätzlich konzernfreundlichen Umfeld deutscher Rechtssetzung und Rechtsprechung. Dem stand ein Aktiengesetz gegenüber, das hinsichtlich der das Konzernrecht betreffenden Regelungen als „zum Teil unklar, zum Teil sich widersprechend"[112] bezeichnet wurde.

C. Das Aktiengesetz vom 6. September 1965

Im Nachkriegsdeutschland waren die alliierten Siegermächte bestrebt, die Entflechtung der deutschen Unternehmensverbünde voranzutreiben, um jegliche Machtkonzentration zu verhindern.[113] Die Folgen der freien Machtentfaltung waren vor dem Hintergrund der nationalsozialistischen Gräueltaten in diesem wirtschaftlichen Umfeld Anreiz zur Gegensteuerung, obschon sich die Siegermächte auf die grundsätzliche Fortführung der Privatwirtschaft einigten.[114]

Ziel war die Herstellung von freiem Wettbewerb der in Privateigentum stehenden Unternehmen. Unter diesem Einfluss wurden Konzerne ebenso wie Kartelle

---

109 *von Godin/Wilhelmi*, 2. Aufl. 1950, § 101 Anm. 6; *Schmidt/Meyer-Landrut*, in GroßkommAktG, 2. Aufl. 1961, § 101 Anm. 8; *Filbinger*, Mehrheitsherrschaft, S. 60–62, 131–133; *Rasch*, Konzernrecht, 2. Aufl. 1955, S. 100 f., 107 f.; *Duden*, BB 1957, 1230, 1232; *Würdinger*, DB 1957, 961, 963; *Pleyer*, AG 1959, 39, 40; vgl. auch *Ballerstedt*, DB 1957, 837, 839 mit Fn. 13; ohne einen Ausgleich zu fordern hingegen *Teichmann/Koehler*, 3. Aufl. 1950, § 101 Anm. 2g (Abwägung erforderlich, inwieweit Konzerninteressen schutzwürdige Belange einzelner Gesellschaften überragen, keinesfalls sei jede Schädigung von Konzerngesellschaften im Gesamtinteresse zulässig); ähnlich auch bis zur 12. Aufl. 1965 *Hueck*, in Baumbach/Hueck, Aktiengesetz, 12. Aufl. 1965, § 101 Anm. 4; für weitere Nachweise vgl. auch *Linsmann*, Ausgleichsanspruch, S. 3 f.; *Brachvogel*, Leitungsmacht, S. 15–17; *Altmeppen*, in MünchKommAktG, Vor § 311 Rn. 10; *Koppensteiner*, in KK-AktG, Vorb. § 311 Rn. 1.

110 Vgl. die Nachweise in Fn. 84 und 85.

111 *Linsmann*, Ausgleichsanspruch, S. 4; *Kropff*, in Aktienrecht im Wandel, Bd. 1, S. 670, 866 f.

112 So *Geßler*, DB 1965, 1691.

113 *Altmeppen*, in Aktienrecht im Wandel, Bd. 2, S. 1027, 1040; siehe auch *Rasch*, Konzernrecht, 5. Aufl. 1974, S. 6 unter Hinweis auf „Gesetze Nr. 56/78 der amerikanischen und britischen Militärregierung von 1947 über das ‚Verbot der übermäßigen Konzentration deutscher Wirtschaftskraft'".

114 *Dettling*, Entstehungsgeschichte, S. 83 f.

überwiegend kritisch betrachtet.[115] Der Konzentrationsprozess wurde jedoch nur kurzfristig unterbrochen. Schon Anfang der 1950er Jahre war eine neue Welle der Unternehmenskonzentration in Gang gesetzt.[116] Es begannen Diskussionen, die nach Vorarbeiten der Rechtswissenschaft[117] einen Referentenentwurf eines Aktiengesetzes hervorbrachten, der sich der Problematik des Konzernrechts annahm, ohne die Unternehmenskonzentration bekämpfen zu wollen.[118]

I. Der Referentenentwurf eines Aktiengesetzes vom 7. Oktober 1958

Der am 20. Oktober 1958 vorgestellte Referentenentwurf eines Aktiengesetzes vom 7. Oktober 1958[119] schuf eine normativ legitimierte Möglichkeit, Leitungsmacht im Konzern auszuüben. Notwendig war nach der Konzeption des auf umfangreichen Vorarbeiten beruhenden Entwurfs[120] jedoch der Abschluss eines Unternehmensvertrages, den § 270 Abs. 1 Nr. 5 RefE als „Vertrag, durch den eine Aktiengesellschaft [...] sich in den wesentlichen Fragen der Geschäftsführung den Weisungen eines anderen unterwirft", beschrieb und der entsprechend den Erläuterungen zum Referentenentwurf[121] fortan als „Weisungsvertrag" bezeichnet wurde.[122] Er sollte als „Ordnungsinstrument" dienen, um die Konzentration von Unternehmen greifbar

---

115 Dass es trotz der kritischen Einstellung zur Unternehmenskonzentration durch Konzerne und Kartelle nicht zu ihrer rigorosen Unterbindung kam, mag auch an den eigenen Erfahrungen der Alliierten gelegen haben. So heißt es, die „Versuche in den Vereinigten Staaten, bestimmte Wege zur Herbeiführung von Zusammenschlüssen unmöglich zu machen, haben in ihrem geschichtlichem Verlaufe erwiesen, daß die maßgebenden Persönlichkeiten, wenn die Notwendigkeit für sie gegeben erschien, wenig Schwierigkeiten erfahren haben, an Stelle der alten eine neue Form ausfindig zu machen, um das Verbot zu umgehen", *Balfour-Komitee*, S. 131.

116 *Rasch*, Konzernrecht, 5. Aufl. 1974, S. 6 f.

117 Zu den Einflüssen der durch die wirtschaftsrechtliche Abteilung des 42. Deutschen Juristentags 1957 eingesetzten Studienkommission auf die Gesetzgebung, vgl. *Kropff*, in Aktienrecht im Wandel, Bd. 1, S. 670, 867 f.; vgl. zu den Vorarbeiten auch *Rautmann*, in Aktienrechtsreform, S. 159, 159–161. Eine ausführliche Darstellung und Analyse der unterschiedlichen wirtschaftspolitischen Strömungen und ihrer Auffassungen zur Konzerngefahr findet sich mit umfassenden Nachweisen bei *Dettling*, Entstehungsgeschichte, S. 89–131.

118 RefE-Erl., S. 387; *Kropff*, in Aktienrecht im Wandel, Bd. 1, S. 670, 868; vgl. auch *Flume*, Referentenentwurf, S. 19; *Strohn*, Verfassung, S. 5 f.

119 Referentenentwurf eines Gesetzes über Aktiengesellschaften und Kommanditgesellschaften auf Aktien (Aktiengesetz), veröffentlicht durch das Bundesjustizministerium mit erläuternden Bemerkungen zum Referentenentwurf.

120 Eingehend zu den Vorarbeiten und Diskussionen im Vorfeld des Referentenentwurfs *Dettling*, Entstehungsgeschichte, S. 132–211 mit umfangreichen Nachweisen; siehe auch die Nachweise in Fn. 117.

121 RefE-Erl., S. 390 f.

122 Vgl. *Altmeppen*, in Aktienrecht im Wandel, Bd. 2, S. 1027, 1041 f.; vgl. zum Weisungsvertrag auch *Rautmann*, in Aktienrechtsreform, S. 159, 169–174.

zu machen.[123] Korrespondierend mit dem dadurch begründeten Weisungsrecht des herrschenden Unternehmens wurde der Außenseiter- und Gläubigerschutz auf Ebene der abhängigen Gesellschaft ebenso umfangreich ausgestaltet, namentlich durch eine Dividendengarantie (§ 280 Abs. 1 Satz 2, Abs. 2 Satz 2 Hs. 1 Alt. 2 RefE) oder Abfindung (§ 281 Abs. 1 Satz 1 Alt. 1 RefE) zugunsten der Minderheitsaktionäre, eine Verlustausgleichspflicht des herrschenden Unternehmens gegenüber der abhängigen AG (§ 278 Abs. 1 S. 2 RefE) sowie eine Pflicht, die gesetzliche Rücklage aufzufüllen (§ 276 Nr. 3 RefE).[124]

Die Verfasser des Referentenentwurfs sahen ihre Aufgabe vor allem darin, auf die Praxis zu reagieren. Dort waren Verträge, durch die sich Aktiengesellschaften der Leitung eines anderen unterstellten, an der Tagesordnung.[125] Hintergrund war zuvörderst die Erzielung steuerlicher Organschaft. Dem wollten die Entwurfsverfasser aufgrund der „Verbreitung im Wirtschaftsleben“ nicht entgegenwirken, sondern sicherstellen, dass eine tragfähige rechtliche Grundlage geschaffen werde.[126] Immerhin normierte § 70 Abs. 1 AktG 1937[127] die eigenverantwortliche Leitungsmacht des Vorstands der abhängigen Gesellschaft. Diese Leitungsmacht wurde faktisch mittels verschiedener Vertragsgestaltungen ausgehebelt, weil auf die Ebene des anderen Vertragsteils verlagert. In den Augen der Entwurfsverfasser war auf diese Macht der Weisungen ausübenden Gesellschaft mit einer entsprechenden haftungsrechtlichen Verantwortung zu reagieren.[128] Eine solche fehlte bisher, weil

123 *Flume*, Referentenentwurf, S. 19.

124 Vgl. auch *Altmeppen*, in Aktienrecht im Wandel, Bd. 2, S. 1027, 1041 f.; *Dettling*, Entstehungsgeschichte, S. 220–222.

125 RefE-Erl., S. 387, 390 f.

126 Die Intention wird in folgendem Absatz der Erläuterungen zum Referentenentwurf deutlich: „Der Entwurf kann an dieser Strukturwandlung nicht vorübergehen. Er kann sie allerdings auch nicht rückgängig machen wollen. Jeder Versuch, der aktienrechtlichen Zuständigkeitsordnung, namentlich in konzernmäßigen Bindungen, wieder unter allen Umständen Wirklichkeitswert zu verschaffen, würde – abgesehen davon, daß seine wirtschaftspolitische Berechtigung dahingestellt bleiben muß – an der Macht der Tatsachen scheitern. Es kann nicht Aufgabe des Aktienkonzernrechts sein, den Konzern als solchen zu bekämpfen, ebensowenig allerdings, ihn in allen seinen Rechtsfragen umfassend zu regeln. Gesellschaftsrechtlich unumgänglich ist es aber, wenn nicht wesentliche Grundsätze des Aktienrechts für konzernverbundene Unternehmen überhaupt aufgegeben werden sollen, daß solche Unternehmensverbindungen rechtlich erfaßt und durchsichtig gemacht, daß die Aktionäre und Gläubiger gegen die mit ihnen verbundenen Gefahren und Nachteile besser geschützt und daß Leitungsmacht und Verantwortlichkeit in Einklang gebracht werden“, RefE-Erl., S. 387; vgl. auch *Flume*, Referentenentwurf, S. 19; *Hengeler/Kreifels*, in Aktienrechtsreform, S. 11, 38 f.; *W. Schmidt*, AG 1960, 29, 29–32.

127 Vgl. Fn. 93 zum Wortlaut der Norm.

128 „Leitungsmacht und Verantwortlichkeit [sollten] in Einklang gebracht werden“, vgl. RefE-Erl., S. 387.

die weisungserteilenden Personen der weisungsberechtigten Gesellschaft keine Organe der abhängigen Gesellschaft waren.

Die aufgrund Weisungsvertrages ausgeübte Konzernleitungsmacht war nach Ansicht der Verfasser des RefE der angestrebte Organisationszustand im Konzern. Ihr Ziel war, den Abschluss eines Unternehmensvertrages zwingend herbeizuführen.[129] Ohne Abschluss des Leitungsmacht vermittelnden Weisungsvertrags war – und das war der wesentliche Gedanke des Referentenentwurfs – jegliche Einflussnahme durch Aktionäre verboten und entsprechend zu sanktionieren.[130] Damit wurde ein unumstößliches Schädigungsverbot verfolgt. Die als Erfolgshaftung ausgestalteten Sanktionen, die bei gleichwohl erfolgter Beeinflussung drohten, wurden als „drakonisch"[131] bezeichnet und sollten dezidiert sicherstellen, dass ein Weisungsvertrag abgeschlossen wurde.[132] Vorgesehen war eine gesamtschuldnerische Haftung der handelnden Personen und des herrschenden Unternehmens sowie seiner gesetzlichen Vertreter für schädliche „Weisungen" (§§ 284 Abs. 1,[133] 285 Abs. 1 RefE[134]).[135]

---

129 RefE-Erl., S. 387 f.; vgl. auch *Kropff*, in Aktienrecht im Wandel, Bd. 1, S. 670, 872; *Altmeppen*, in Aktienrecht im Wandel, Bd. 2, S. 1027, 1041; *dens.*, ZHR 171 (2007), 320, 322 sowie *Möhring*, in FS Schilling, S. 253, 260 unter Hinweis auf die Begründung des Regierungsentwurfs, abgedruckt bei *Kropff*, Begründung, S. 388, 408; vgl. des Weiteren *Dettling*, Entstehungsgeschichte, S. 222–228; DJT-Konzernrecht, S. 45; *Flume*, Referentenentwurf, S. 20; *Rautmann*, in Aktienrechtsreform, S. 159, 189 f.

130 RefE-Erl. S. 386–398, 408–410; kritisch zur Einengung der Möglichkeiten der Vertragsgestaltung von verbundenen Unternehmen: Spitzenorganisationen, Denkschrift RefE, S. 76–78; vgl. auch DJT-Konzernrecht, S. 39: „Die sich aus einer Abhängigkeit ergebenden Gefährdungen lassen sich nicht dadurch beseitigen, daß Abhängigkeitsverhältnisse verboten werden; Fakten lassen sich nicht verbieten".

131 So mehrfach *Flume*, Referentenentwurf, S. 20–23; vgl. auch *W. Schmidt*, AG 1960, 29.

132 Vgl. die Nachweise in Fn. 129.

133 § 284 Abs. 1 RefE lautet: „Wer als gesetzlicher Vertreter oder als Inhaber eines herrschenden Unternehmens oder wer als Angestellter im Auftrag eines herrschenden Unternehmens eine abhängige Aktiengesellschaft oder Kommanditgesellschaft auf Aktien, ohne daß das herrschende Unternehmen auf Grund eines Unternehmensvertrags berechtigt ist, in den wesentlichen Fragen der Geschäftsführung Weisungen zu erteilen, durch Weisungen zu einer Maßnahme der Geschäftsführung bestimmt, ist der Gesellschaft zum Ersatz des ihr daraus entstehenden Schadens verpflichtet. Er ist auch den Aktionären der Gesellschaft zum Ersatz des von ihnen daraus entstehenden Schadens verpflichtet, soweit sie, abgesehen von einem Schaden, der ihnen durch Schädigung der Gesellschaft zugefügt worden ist, geschädigt worden sind".

134 § 285 Abs. 1 RefE lautet: „Neben den Ersatzpflichtigen nach § 283 und § 284 haften die Mitglieder des Vorstands und des Aufsichtsrats der Gesellschaft als Gesamtschuldner, wenn sie unter Verletzung ihrer Pflichten gehandelt haben; sie haben nachzuweisen, daß sie die Sorgfalt eines ordentlichen und gewissenhaften Geschäftsleiters angewandt haben".

135 RefE-Erl., S. 409; vgl. dazu auch *Altmeppen*, in Aktienrecht im Wandel, Bd. 2, S. 1027, 1042, mit dem Hinweis auf die fehlende gesetzliche Grundlage für „verbindliche

Der Umstand, dass die Folgen von Weisungen nicht vorhersehbar gewesen waren, war nach der Konzeption des Referentenentwurfs unbeachtlich.[136] Eines Verschuldens bedurfte es ebenfalls nicht, um für „Weisungen" haftbar zu sein.[137]

Vehemente Kritik an dieser Erfolgshaftung, die dem System des Zivilrechts widerspreche, kam unter anderem von den Spitzenorganisationen der gewerblichen Wirtschaft, die die Regelung in der Entwurfsfassung als „unbefriedigend" und „unannehmbar" betitelten.[138] Auch von anderer Seite wurde der Entwurf scharf kritisiert.[139] *Hengeler* und *Kreifels* beispielsweise erkannten in der „bedenklich[en]" Bestimmung eine „Zufallshaftung".[140] *Flume*, der die Ausgestaltung als „unerträglich" ansah,[141] zeigte auf, dass die Haftungsnorm nicht in die bestehende Rechtsordnung einzuordnen sei.[142] Zudem wurde hinterfragt, ob es wirtschaftspolitisch erstrebenswert sei, jegliche Zusammenarbeit zwischen Konzernunternehmen zu unterbinden.[143]

Weisungen" außerhalb des Weisungsvertrages. Die Verfasser des Referentenentwurfs verlangen explizit eine verbindliche Weisung (vgl. hierzu den Wortlaut von § 284 Abs. 1 RefE in Fn. 133), ohne ihre (tatsächlich nicht vorhandene) rechtliche Grundlage zu erläutern, vgl. RefE-Erl., S. 409: „Verantwortlich ist, wer die Gesellschaft durch Weisungen zu einer Maßnahme der Geschäftsführung bestimmt. Vorausgesetzt wird eine Weisung; ein für den Vorstand unverbindlicher Ratschlag genügt ebensowenig wie gutachtliche Äußerungen von Mitgliedern des Aufsichtsrats. Der Begriff wird allerdings sinngemäß auszulegen sein; er umfaßt auch die in die Form einer unverbindlichen Empfehlung gekleideten Weisungen"; der Weisungsbegriff wurde als „nicht zu umgrenzen" kritisiert, vgl. *Flume*, Referentenentwurf, S. 22–24; kritisch auch *Rautmann*, in Aktienrechtsreform, S. 159, 169–171; zur Haftung nach § 284 RefE vgl. *dens.*, in Aktienrechtsreform, S. 159, 192–196.

136 RefE-Erl., S. 409; kritisch dazu Spitzenorganisationen, Denkschrift RefE, S. 78 f.

137 RefE-Erl., S. 409; vgl. auch *Kropff*, in Aktienrecht im Wandel, Bd. 1, S. 670, 871 f.

138 Spitzenorganisationen, Denkschrift RefE, S. 78 f.

139 Ausführlich *Dettling*, Entstehungsgeschichte, S. 244–264; siehe auch *Flume*, Referentenentwurf, S. 20–26; *Kropff*, in Aktienrecht im Wandel, Bd. 1, S. 670, 872–875; *Möhring*, in FS Schilling, S. 253, 260; *Altmeppen*, ZHR 171 (2007), 320, 323; *Hengeler/Kreifels*, in Aktienrechtsreform, S. 11, 38–40; vgl. auch *Rautmann*, in Aktienrechtsreform, S. 159, 192–196, der abschließend nahezu konsterniert feststellt: „Die Frage der Haftung bei Erteilung von Weisungen kann nicht als gelöst angesehen werden"; Reaktionen auf den RefE zusammenfassend Spitzenorganisationen, Denkschrift RefE, S. 74–79; *W. Schmidt*, AG 1960, 29, 29–32.

140 *Hengeler/Kreifels*, in Aktienrechtsreform, S. 11, 39.

141 *Flume*, Referentenentwurf, S. 31.

142 *Flume*, Referentenentwurf, S. 22.

143 Vgl. Spitzenorganisationen, Denkschrift RefE, S. 78 f.: „Man sollte vielmehr von dem Gedanken ausgehen, daß auch für Weisungen ohne Unternehmensvertrag ein anerkennenswertes wirtschaftliches Interesse vorliegen kann, weil eine gewisse Zusammenarbeit von Unternehmensleitungen in lockerer Form ohne so weitgehende Bindungen, wie sie durch Unternehmensverträge geschaffen werden, wirtschaftlich sinnvoll ist"; *Flume*, Referentenentwurf, S. 20 f. und *Hengeler/Kreifels*, in Aktienrechtsreform, S. 11, 39 gaben zu bedenken, dass der Entwurf,

Des Weiteren – das bestätigt die heutige Konzernleitung von faktischen Unternehmensverbindungen in der Praxis –, bedarf es keiner verbindlichen „Weisungen", um eine Unternehmensgruppe zu führen. Die angestrebte Pönalisierung[144] führte mutmaßlich mit dazu, dass sich Geschäftsleiter von Konzernunternehmen auch heute noch häufig im „rechtlichen Halbdunkel" bewegen, wenn sie eine Konzernstrategie im häufig allseitigen Interesse und Einvernehmen verfolgen.[145] Die in diesem Zusammenhang erwähnten „Kamingespräche"[146] der Geschäftsleiter beschreiben anschaulich, dass es in der Praxis nicht um dokumentierte und erzwingbare Konzernstrategien geht, sondern um die konzerninterne Abstimmung, die nicht unbedingt sofort publik gemacht, geschweige denn rechtlich verbindlich durchgesetzt können werden soll. Des Weiteren kommen aus Reihen der Großaktionäre in der Praxis häufig „sachkundige Ratschläge", die durch die Referentenentwurfsfassung mutmaßlich unterbunden worden wären.[147] Die aufkommende Kritik führte wohl mit dazu, dass der Referentenentwurf mit dem Regierungsentwurf nicht mehr viel gemein hatte.[148]

II. Der Regierungsentwurf eines Aktiengesetzes vom 13. Juni 1960

Auch der Regierungsentwurf eines Aktiengesetzes vom 13. Juni 1960[149] unterschied zwischen vertraglich legitimierter Leitungsmacht (§§ 280 ff. RegE) und rein tatsächlich bestehender Abhängigkeit (§§ 300 ff. RegE).[150] Nur erstere sollte das herrschende Unternehmen berechtigen, der abhängigen Gesellschaft – auch für sie nachteilige – Weisungen zu erteilen. Ohne Beherrschungsvertrag sollte das herrschende Unternehmen keine Leitungsmacht durch verbindliche Weisungen ausüben dürfen.[151]

---

indem er den Abschluss von Unternehmensverträgen forcierte, zu mehr Konzentration führen würde.

144 § 284 RefE wurde als „zivilrechtliche Strafnorm" (Spitzenorganisationen, Denkschrift RefE, S. 79; *Flume*, Referentenentwurf, S. 22) und „Strafnorm trotz ihres zivilrechtlichen Gewandes" (*Flume*, Referentenentwurf, S. 21) bezeichnet.

145 *Altmeppen*, in Aktienrecht im Wandel, Bd. 2, S. 1027, 1042.

146 Siehe etwa *Kropff*, in Aktienrecht im Wandel, Bd. 1, S. 670, 875.

147 *Hengeler/Kreifels*, in Aktienrechtsreform, S. 11, 40.

148 Ob es nun der Widerstand der Wirtschaft war, der zum Umdenken führte (so *Dettling*, Entstehungsgeschichte, S. 266, 359), oder ob die Entwurfsverfasser aus Gründen des Minderheitenschutzes von der Erfolgshaftung für Weisungen abrückten (so *Kropff*, in Aktienrecht im Wandel, Bd. 1, S. 670, 875), sei dahingestellt.

149 BT-Drs. III/1915, S. 4–91 mit Begründung auf S. 92–263, abgedruckt bei und hier zitiert nach *Kropff*, Begründung.

150 Die Regelungen zur Eingliederung, die der Regierungsentwurf in §§ 308 ff. RegE mit sich brachte, und die heute in §§ 319 ff. AktG zu finden sind, spielen für diese Arbeit und die Praxis keine Rolle und sollen nur der Vollständigkeit halber erwähnt sein.

151 *Rasch*, Konzernrecht, 5. Aufl. 1974, S. 154; vgl. auch DJT-Konzernrecht, S. 44 zur damit einhergehenden zweiteiligen Regelung.

Unter der Überschrift „Verantwortlichkeit bei Fehlen eines Beherrschungsvertrags" in § 300 Abs. 1 RegE[152] wurde der Leitsatz aufgestellt, dass ein herrschendes Unternehmen seinen Einfluss auf die abhängige Gesellschaft nicht dazu ausüben dürfe, nachteilige Rechtsgeschäfte oder Maßnahmen zu veranlassen. Ein Vorrang des Konzerninteresses wurde damit abgelehnt.[153] Mit dem Regierungsentwurf sollte der Meinungsstreit, der unter Geltung von § 101 Abs. 3 AktG 1937 geherrscht hatte,[154] dahingehend entschieden werden, dass eine Benachteiligung einer abhängigen Gesellschaft im Konzerninteresse nur dann zulässig sei, wenn vorab ein Ausgleich für außenstehende Aktionäre geleistet werde.[155] Diese Vorabsicherung sollte mit der Möglichkeit des Beherrschungsvertrags, wie § 280 RegE ihn vorsah, geschaffen werden.[156]

Für den Fall, dass ein solcher Vertrag nicht abgeschlossen wird, sollte ein Schädigungsverbot zum Schutze der abhängigen Gesellschaft gelten.[157] Dieses Verbot sollte die einheitliche Leitung im faktischen Unternehmensverbund jedoch nicht ausschließen.[158] In der Begründung zum Regierungsentwurf folgt eine vage gehaltene Passage, die diesen Grundsatz – im Vergleich zum Referentenentwurf – entscheidend aufweicht: Es wird als „Verdeutlichung" bezeichnet, dass vom herrschenden Unternehmen veranlasste Maßnahmen oder Rechtsgeschäfte, die zu einem Nachteil des abhängigen Unternehmens geführt haben, durch mit den Nachteilen zusammenhängende Vorteile wieder ausgeglichen werden können.[159] Es sei aber unklar, wie weit der allgemein schadensersatzrechtliche Grundsatz der Vorteilsausgleichung reiche, so dass sich die Entwurfsverfasser gezwungen sahen, zu konkretisieren, welche Vorteile die zugefügten Nachteile kompensieren könnten. Die grundsätzliche Berücksichtigung von Vorteilen zu Gunsten des Einfluss ausübenden herrschenden

152 § 300 Abs. 1 RegE lautet: „Besteht kein Beherrschungsvertrag, so darf ein herrschendes Unternehmen seinen Einfluß nicht dazu benutzen, eine abhängige Aktiengesellschaft oder Kommanditgesellschaft auf Aktien zu Rechtsgeschäften oder Maßnahmen zu veranlassen, die für sie nachteilig sind, es sei denn, daß die Nachteile durch Vorteile ausgeglichen werden".

153 *Kropff*, Begründung, S. 407 f.

154 Siehe § 2 B mit dem Wortlaut von § 101 Abs. 3 AktG 1937 in Fn. 104.

155 Vgl. auch DJT-Konzernrecht, S. 64.

156 Vgl. *Kropff*, Begründung, S. 407–410.

157 Zum Schädigungsverbot heißt es wörtlich: „Der Entwurf verbietet daher dem herrschenden Unternehmen, das keinen Beherrschungsvertrag abgeschlossen hat, die abhängige Gesellschaft zu nachteiligen Rechtsgeschäften oder Maßnahmen zu veranlassen. Dieses Verbot ist umfassend." (*Kropff*, Begründung, S. 408); vgl. zur weiterhin uneingeschränkten materiellen Geltung des Schädigungsverbots auch *Altmeppen*, in MünchKommAktG, § 311 Rn. 35; *dens.*, in Aktienrecht im Wandel, Bd. 2, S. 1027, 1047; *Geßler*, in FS Westermann, S. 145, 151; *Kropff*, NJW 2009, 814, 816.

158 DJT-Konzernrecht, S. 65.

159 *Kropff*, Begründung, S. 408.

Unternehmens folge bereits aus Treu und Glauben.[160] In § 300 Abs. 2 RegE[161] standen die beachtlichen Vorteile unter zwei Bedingungen: Sie müssen erstens auf einem Vertrag beruhen und zweitens mit dem nachteiligen Rechtsgeschäft als wirtschaftlich einheitliches Geschäft erscheinen.[162]

Abgelehnt wurde ein Modell, das es erlaubt hätte, das abhängige Unternehmen auf anderweitige Vorteile zu verweisen, die es aus dem Beherrschungsverhältnis erlangt hat oder zukünftig erlangen werde. Dies sei praktisch undurchführbar und angesichts der potenziellen Vielzahl von in Frage kommenden Vorteilen nicht zu überprüfen.[163] Im Übrigen wurde betont, dass der Nichtausgleich mit Verantwortlichkeiten der Geschäftsleiter einhergehe, so dass es einer klaren Grenzziehung bedürfe.[164] Zukünftige Entwicklungen seien auch deshalb nicht heranzuziehen, da es ansonsten einer Beurteilung der künftigen Konzernpolitik auch auf Ebene der abhängigen Gesellschaft bedürfe.[165] Hintergrund ist, dass die Geschäftsleiter der abhängigen Gesellschaft die fraglichen Geschäfte vornehmen müssten und jedes einzelne Geschäft hätten daraufhin beurteilen müssen, ob es aufgrund der verfolgten Konzernpolitik künftige Vorteile verspreche. Dies sei den verantwortlichen Personen aber nicht möglich.[166] Zudem könne der veranlassende Geschäftsleiter der herrschenden Gesellschaft einwenden, er habe Vorteile aus dem Konzernverhältnis für das abhängige Unternehmen erwartet, die gleichwohl nicht eingetreten seien, was nicht zu widerlegen sei, so dass „die subjektiven Voraussetzungen eines Schadensersatzanspruchs kaum je zu beweisen" wären.[167] Unter Berufung auf diese Argumentation wurde es auch nicht als sinnvoll erachtet, einen Nachteilsausgleich innerhalb einer gewissen Zeitspanne zu legalisieren, zumal jeder gewählte Zeitraum „willkürlich" sei.[168] Durch die gewählte Form der Nachteilsausgleichung sei eine überprüfbare Ausgleichsregelung für die Praxis

---

160 *Kropff*, Begründung, S. 408; vgl. dazu auch Spitzenorganisationen, Stellungnahme RegE, S. 43; *Dettling*, Entstehungsgeschichte, S. 282; *Altmeppen*, ZHR 171 (2007), 320, 323.

161 § 300 Abs. 2 RegE lautet: „Vorteile im Sinne des Absatz 1 sind nur Vorteile aus einem Vertrag, der mit dem nachteiligen Rechtsgeschäft oder der nachteiligen Maßnahme so eng zusammenhängt, daß sie wirtschaftlich als ein einheitliches Geschäft anzusehen sind"; vgl. zum Wortlaut von Absatz 1 Fn. 152.

162 *Kropff*, Begründung, S. 409.

163 *Kropff*, Begründung, S. 409; zustimmend die Mehrheit der Studienkommission des Deutschen Juristentages, vgl. DJT-Konzernrecht, S. 44–46. Eine Minderheit der Kommission hatte Bedenken gegen die eng gehaltene Fassung des Regierungsentwurfs geäußert. Die Betrachtung jedes Einzelgeschäfts führe dazu, dass einheitliche Leitung unmöglich werde (S. 45).

164 *Kropff*, Begründung, S. 409; *Dettling*, Entstehungsgeschichte, S. 283.

165 *Dettling*, Entstehungsgeschichte, S. 283.

166 *Kropff*, Begründung, S. 409.

167 *Kropff*, Begründung, S. 409; die Verfasser des Regierungsentwurfs gingen folglich von einer verschuldensabhängigen Haftung aus; so auch *Dettling*, Entstehungsgeschichte, S. 280 f. mit Fn. 23; tendenziell auch *Geßler*, in FS Kunze, S. 159, 168–170.

168 *Kropff*, Begründung, S. 409; *Dettling*, Entstehungsgeschichte, S. 283 mit Fn. 33.

geschaffen, da die in Betracht zu ziehenden Vorteile überschaubar und für jedes einzelne Geschäft isoliert zu beurteilen seien.[169]

Der Nachteilsausgleich, der die Einhaltung des Schädigungsverbots zum Schutze der abhängigen Gesellschaft und ihrer Minderheitsaktionäre und Gläubiger sicherstellen sollte,[170] warf die Frage auf, wie Nachteil und Ausgleich auf ihre Kongruenz überprüft werden können. Die Beweisschwierigkeiten eines Ausgleich suchenden Aktionärs wurde von den Entwurfsverfassern gesehen.[171] In §§ 301–305 RegE wurde deshalb ein besonderer Abhängigkeitsbericht normiert.[172] Der Vorstand der abhängigen AG sollte potenziell nachteilhafte Geschäfte in diesem Bericht aufführen und ihre Vor- und Nachteile für die Gesellschaft benennen (§ 301 Abs. 1 RegE[173]). Damit wäre er regelmäßig gezwungen, sich mit den Geschäften im Unternehmensverbund auseinanderzusetzen, wodurch das Eigeninteresse der abhängigen Gesellschaft gewahrt bleiben würde.[174] Den Aktionären sollte dieser Bericht dennoch „nicht zugänglich gemacht werden".[175] Aus Geheimhaltungsinteressen sollte die Ordnungsmäßigkeit durch die Überprüfung von Aufsichtsrat (§ 303 RegE) und Abschlussprüfer (§ 302 RegE) gewährleistet werden.[176] Nach § 304 RegE konnte auf Antrag eines jeden Aktionärs eine Sonderprüfung anberaumt werden, wenn über nachteilhafte

169 *Kropff*, Begründung, S. 409.

170 Vgl. die Nachweise in Fn. 157.

171 *Kropff*, Begründung, S. 409; *Altmeppen*, in Aktienrecht im Wandel, Bd. 2, S. 1027, 1044 weist darauf hin, dass *Flume* schon vor Veröffentlichung des Regierungsentwurfs vorgeschlagen hat, den gesamten Geschäftsverkehr der beteiligten Unternehmen einer besonderen Prüfung zu unterziehen, vgl. *Flume*, Referentenentwurf, S. 25 f.

172 Vgl. auch *Dettling*, Entstehungsgeschichte, S. 284 f.; *Altmeppen*, in Aktienrecht im Wandel, Bd. 2, S. 1027, 1043 f.

173 § 301 Abs. 1 RegE lautet: „Besteht kein Beherrschungsvertrag, so hat der Vorstand einer abhängigen Gesellschaft in den ersten drei Monaten des Geschäftsjahrs einen Abhängigkeitsbericht aufzustellen. In dem Bericht sind alle Rechtsgeschäfte, welche die Gesellschaft mit dem herrschenden Unternehmen oder einem mit ihm verbundenen Unternehmen oder auf Veranlassung oder im Interesse dieser Unternehmen eingegangen ist, und alle anderen Maßnahmen, die sie auf Veranlassung oder im Interesse dieser Unternehmen im vergangenen Geschäftsjahr getroffen oder unterlassen hat, aufzuführen. Bei den Rechtsgeschäften sind Leistung und Gegenleistung, bei den Maßnahmen die Gründe der Maßnahme und deren Vorteile und Nachteile für die Gesellschaft anzugeben. Bei einem Ausgleich von Nachteilen durch Vorteile sind die Vorteile im einzelnen anzugeben".

174 *Flume*, Regierungsentwurf, S. 45.

175 *Kropff*, Begründung, S. 411; vgl. auch *Dettling*, Entstehungsgeschichte, S. 284; diesbezüglich gibt es aber Tendenzen auf Ebene des Unionsrechts, jene Transaktionen teilweise der Hauptversammlung zu eröffnen, vgl. hierzu § 2 D.

176 *Kropff*, Begründung, S. 411; vgl. auch *Dettling*, Entstehungsgeschichte, S. 284.

Geschäfte berichtet wurde, der Aufsichtsrat Einwendungen gegen den Bericht erhoben oder der Abschlussprüfer den Bestätigungsvermerk eingeschränkt hatte.[177]

Gleichfalls modifiziert wurde die Verantwortlichkeit auf Ebene der herrschenden Gesellschaft für Einflussnahme ohne Abschluss eines Beherrschungsvertrages. Nach § 306 Abs. 1 Satz 1 RegE[178] haftete das herrschende Unternehmen dem abhängigen Unternehmen für veranlasste nachteilige Maßnahmen oder Rechtsgeschäfte auf Schadensersatz, wenn die Nachteile nicht durch Vorteile (§ 300 Abs. 2 RegE[179]) ausgeglichen worden sind. § 306 Abs. 2 RegE machte dazu eine Einschränkung und verneinte eine „Ersatzpflicht", wenn „auch ein ordentlicher und gewissenhafter Geschäftsleiter einer unabhängigen Gesellschaft das Rechtsgeschäft eingegangen wäre oder die Maßnahme getroffen oder unterlassen hätte". In der Begründung des Regierungsentwurfs heißt es dazu, dass eine Maßnahme oder ein Rechtsgeschäft trotz Nachteiligkeit für die abhängige Gesellschaft nicht zur Ersatzpflicht des herrschenden Unternehmens und seiner gesetzlichen Vertreter (§ 306 Abs. 3 RegE[180]) führen soll, um so eine Haftung für fehlgeschlagene Geschäfte zu verhindern, weil die Geschäfte auch im Falle der Unabhängigkeit der Gesellschaft eingegangen worden wären.[181] Die Möglichkeit der einheitlichen Leitung wurde als Argument herangezogen, weshalb die daran anknüpfende Verantwortlichkeit nicht (mehr) als Erfolgshaftung ausgestaltet sein könne. Dahinter steht die Überlegung, dass eine Erfolgshaftung das Erlaubte konterkarieren würde. Angemessen sei es, dass „die herrschende Person und die gesetzlichen Vertreter eines herrschenden Unternehmens so haften, als seien sie Organe der abhängigen Gesellschaft". Die Haftung müsse ausscheiden, „wenn die herrschende Person die Erfüllung der einem Organ obliegenden Sorgfaltspflicht nachweist".[182]

Mit der Ausgleichsregelung der §§ 300, 306 RegE wurde juristisches Neuland betreten.[183] Denn durch die Normierung einer Schadensersatzpflicht unter bestimmten Bedingungen (kein Ausgleich) war eines offenbar geworden: Die Einflussnahme des herrschenden Unternehmens war nicht grundsätzlich verboten und damit nicht an

177 *Kropff*, Begründung, S. 417; vgl. auch *Dettling*, Entstehungsgeschichte, S. 284 f.; *Altmeppen*, in Aktienrecht im Wandel, Bd. 2, S. 1027, 1044.

178 § 306 Abs. 1 Satz 1 RegE lautet: „Veranlaßt ein herrschendes Unternehmen eine abhängige Gesellschaft, mit der kein Beherrschungsvertrag besteht, zu einem für sie nachteiligen Rechtsgeschäft oder zu einer nachteiligen Maßnahme, ohne daß der Nachteil durch Vorteile ausgeglichen ist, so ist es der Gesellschaft zum Ersatz des ihr daraus entstandenen Schadens verpflichtet".

179 Vgl. zum Wortlaut Fn. 161.

180 § 306 Abs. 3 RegE lautet: „Neben dem herrschenden Unternehmen haften als Gesamtschuldner die gesetzlichen Vertreter des Unternehmens, die die Gesellschaft zu dem Rechtsgeschäft oder der Maßnahme veranlaßt haben".

181 *Kropff*, Begründung, S. 419.

182 DJT-Konzernrecht, S. 68 f. zum insoweit vergleichbaren Vorschlag der Studienkommission des Deutschen Juristentages.

183 *Altmeppen*, in Aktienrecht im Wandel, Bd. 2, S. 1027, 1044 f.

den Abschluss eines Beherrschungsvertrages gebunden.[184] In der Begründung des Regierungsentwurfs heißt es dazu, dass es sich um eine „erforderliche Einengung" der „unternehmerischen Bewegungsfreiheit" handele. Wer jene nicht hinnehmen wolle, sei „auf den Abschluß eines Beherrschungsvertrages angewiesen".[185] Vor dem Hintergrund des Referentenentwurfs und seiner strengen Haftungsregelung war die Fassung des Regierungsentwurfs gleichwohl ein Quantensprung in Richtung legaler und vertragsfreier Konzernleitung.[186] Denn obschon die Einflussnahme auf wirtschaftlich nicht nachteilige Vorgänge begrenzt wurde, wurde sie nicht mehr bedingungslos verboten. So verwundert es nicht, dass Stimmen laut wurden, denen die Ausgleichsregelung noch nicht weit genug ging und die auf mehr Spielraum beim Ausgleich von Nachteilen drängten.

Die Art und Weise der Einflussnahme im Falle der unternehmensvertraglichen Konzernierung wurde demnach grundsätzlich anders ausgestaltet als ohne Abschluss eines Beherrschungsvertrages, da nur letzterer die Ausübung von verbindlichen Weisungsrechten ermöglichte. Ohne Beherrschungsvertrag war die herrschende Gesellschaft für erfolgreiche Einflussnahmen auf eine Offenheit der Geschäftsleitung der abhängigen Gesellschaft angewiesen.

III. Reaktionen auf den Regierungsentwurf und endgültige Fassung im Aktiengesetz vom 6. September 1965

Bei grundsätzlicher Billigung konzentrierte sich die Kritik am Regierungsentwurf auf die als zu eng empfundene Möglichkeit des Nachteilsausgleichs. Gefordert wurde eine langfristige Betrachtung bei der Frage der Kompensation von Nachteilen durch Vorteile auf Ebene der abhängigen Gesellschaft.[187] Zudem wurde der erforderliche Zusammenhang von Nachteil und Vorteil als zu einschränkend wahrgenommen.[188]

---

184 Auch die Studienkommission des Deutschen Juristentages sprach sich für die Zulässigkeit der Ausübung von „Konzernmacht" ohne Beherrschungsvertrag aus. Terminologisch wurde differenziert zwischen „Eigenwille" und „Eigeninteresse" von Unternehmen. Durch faktische Beherrschung verliere die abhängige Gesellschaft größtenteils ihren Eigenwillen. Der Schutz des Eigeninteresses sei durch das Konzernrecht zu gewährleisten. Insofern sei ein Verweisen auf das Konzerninteresse keine geeignete Rechtfertigung, vgl. DJT-Konzernrecht, S. 44–46; vgl. auch *Strohn*, Verfassung, S. 16–19; *Haarmann*, Hachenburg-Gedächtnisvorlesung, S. 45, 56 f.

185 *Kropff*, Begründung, S. 409.

186 Vgl. auch *Dettling*, Entstehungsgeschichte, S. 289: „wirtschaftsfreundlichere Konzernrechtskonzeption".

187 *Kropff*, in Aktienrecht im Wandel, Bd. 1, S. 670, 878; *Dettling*, Entstehungsgeschichte, S. 296 f.; vgl. auch DJT-Konzernrecht, S. 45 f., wobei die Mehrheit der Kommission die Entwurfsfassung billigte und nur von einer Minderheit Bedenken geäußert wurden.

188 DJT-Konzernrecht, S. 65–66; dort auch zur Kritik am Vertragserfordernis bei der Nachteilsausgleichung (S. 66).

Dementsprechend standen sich bei der Beratung des Regierungsentwurfs in den Ausschüssen des Bundestages zwei Lager gegenüber.

Einige sahen durch den vorliegenden Vorschlag die Konzernleitung im faktischen Unternehmensverbund als nunmehr praktisch unmöglich an, weil auf die Angemessenheit jedes einzelnen Geschäfts abgestellt werde. Es wurde gefordert, dass alle Vor- und Nachteile gegeneinander abgewogen werden müssten. Eine langfristige Betrachtung der Nachteilskompensation auf Ebene der abhängigen Gesellschaft sei anzustellen und über diese Entwicklung sei im Konzernverhältnis zu berichten.[189] Der faktische Konzern als die im internationalen Vergleich dominante Verbundorganisation werde durch den Regierungsentwurf „diskriminiert".[190] Andere billigten den im Regierungsentwurf gefundenen Kompromiss, der einen Nachteilsausgleich nur dann erlaubt, wenn die Vorteile vertraglich vereinbart sind und derart eng mit dem nachteiligen Rechtsgeschäft oder der nachteiligen Maßnahme zusammenhängen, dass sie als ein einheitliches Geschäft erscheinen.[191]

Der entscheidende Kompromiss stammt aus den Sitzungen des Wirtschaftsausschusses vom 14. Februar und 6. November 1963.[192] Danach soll es für einen den Nachteil kompensierenden Ausgleich zwei Möglichkeiten geben: Entweder werde der Zusammenhang zwischen Nachteil und Ausgleich in einem Vertrag festgelegt oder der Ausgleich erfolge im Lauf des Geschäftsjahres.[193] Daraus entwickelte sich der später Gesetz gewordene Ausgleichsmechanismus, der einen tatsächlichen Ausgleich oder die Einräumung eines Rechtsanspruchs auf Ausgleich innerhalb des Geschäftsjahres verlangt.[194] Damit die Konzernlenkung nicht unnötig erschwert wird, konzedierten die Verfasser des Gesetzestextes den verbundenen Unternehmen, den Ausgleich bis zum Ende des Geschäftsjahres aufzuschieben.[195] An dem grundsätzlich

---

189 Vgl. die diesbezügliche Kritik einer Minderheit der Konzernrechtskommission des Deutschen Juristentages, DJT-Konzernrecht, S. 45; vgl. auch Spitzenorganisationen, Stellungnahme RegE, S. 46 f.; *Kropff*, Begründung, S. 409 f.; *Dettling*, Entstehungsgeschichte, S. 304 f.; *Altmeppen*, in Aktienrecht im Wandel, Bd. 2, S. 1027, 1046.

190 Vgl. DJT-Konzernrecht, S. 45.

191 DJT-Konzernrecht, S. 45 f.; ausführlich zur grundsätzlichen Billigung der Konzeption des Regierungsentwurfs *Dettling*, Entstehungsgeschichte, S. 289–306.

192 Eingehend zu den Beratungen *Dettling*, Entstehungsgeschichte, S. 308–335, zum Nachteilsausgleich speziell auf S. 319–322.

193 *Kropff*, in Aktienrecht im Wandel, Bd. 1, S. 670, 881 mit Fn. 38 unter Hinweis auf den schließlich wegweisenden Vorschlag des Bundestagsabgeordneten *Dehringer*; vgl. auch den schriftlichen Bericht des Rechtsausschusses zum Regierungsentwurf, zu BT-Drs. IV/3296, S. 48 f. sowie *Kropff*, Begründung, S. 409 f. zu Erwägungen des Wirtschaftsausschusses.

194 *Dettling*, Entstehungsgeschichte, S. 320–322 mit dem Hinweis in Fn. 8 auf S. 309, dass dies einer Forderung der Arbeitsgruppe Konzernrecht der CDU/CSU-Fraktion entsprach. Gefordert wurde, „beim Vorteilsausgleich in § 300 RegE die Konnexität ‚elastischer' zu formulieren"; vgl. auch *Kropff*, Begründung, S. 409 f.

195 Vgl. auch *Kropff*, NJW 2009, 814, 816.

bestehenden Schädigungsverbot bestanden auch in dieser Phase keine Zweifel.[196] Aufgegeben wurde zwar das Erfordernis des sachlichen und zeitlichen Zusammenhangs zwischen Nachteilsveranlassung und Nachteilsausgleich.[197] Damit sollte jedoch nie das Schädigungsverbot als solches eingeschränkt werden. Beibehalten wurde auch das System des Einzelausgleichs, so dass der Ausgleichsmechanismus im faktischen Konzern grundlegend anders ausgestaltet ist als im Vertragskonzern, wo ein pauschaler Vorabausgleich eingeführt worden ist.

Unverändert geblieben ist zudem die Verantwortlichkeit auf Ebene des herrschenden Unternehmens. Adressaten der Haftung für Nichtausgleich von Nachteilen sind das herrschende Unternehmen und seine gesetzlichen Vertreter als Gesamtschuldner. Die im Regierungsentwurf eingeführte Einschränkung, wonach die Ersatzpflicht entfällt, wenn auch ein Geschäftsleiter einer unabhängigen Gesellschaft die (nachteilige) Maßnahme vorgenommen hätte, blieb unverändert bestehen. Dies obschon sie systematische Kritik erfahren hatte. *Flume* forderte (vergeblich) klarzustellen, dass dem abhängigen Unternehmen gar keine Nachteile zugefügt werden dürften. Der Gedanke von § 306 Abs. 2 RegE solle mehr als bisher geschehen herausgestellt und nicht bloß als Regelung zum „Ausschluß der Ersatzpflicht" bemüht werden.[198]

Die Verkündung des neuen Aktiengesetzes erfolgte am 11. September 1965.[199] Es enthielt die erste Kodifikation eines Konzernrechts in Europa[200] und wurde diesbezüglich als „entscheidende[r] Schritt" bezeichnet.[201]

---

196 Vgl. Fn. 157.

197 *Kropff*, Begründung, S. 409 f.; *Altmeppen*, in Aktienrecht im Wandel, Bd. 2, S. 1027, 1047.

198 Vgl. *Flume*, Referentenentwurf, S. 43 f.: „Die Formulierungen von § 306 Entw. bedürfen noch der Korrektur [...]. Die Formulierung von § 306 Abs. 1 erweckt ferner den Anschein, als ob das herrschende Unternehmen berechtigt sei, dem abhängigen Unternehmen Nachteile zuzufügen, wenn es nur für einen Ausgleich sorge. Das herrschende Unternehmen darf dem abhängigen überhaupt keine Nachteile zufügen. U. E. sollte der Gedanken des § 306 Abs. 2 an die Spitze der Regelung des § 306 gestellt werden, statt ihn nur für den Ausschluß der Ersatzpflicht heranzuziehen. Man sollte u. E. etwa sagen: Das herrschende Unternehmen darf das abhängige Unternehmen nur veranlassen, ein Rechtsgeschäft oder eine Maßnahme vorzunehmen oder zu unterlassen, wenn auch ein ordentlicher und gewissenhafter Geschäftsleiter einer unabhängigen Gesellschaft das Rechtsgeschäft oder die Maßnahme vorgenommen oder unterlassen hätte".

199 Gleichwohl ist es auf den 6. September 1965 datiert, vgl. BGBl. I S. 1089; siehe auch *Habersack*, in Festsymposium Kropff, S. 7, 8.

200 *Altmeppen*, in Aktienrecht im Wandel, Bd. 2, S. 1027, 1047.

201 *Rasch*, Konzernrecht, 5. Aufl. 1974, S. 14.

D. Neuere Gesetzgebungstendenzen und Einfluss des Europarechts

Jüngere Gesetzesänderungen haben die Grundkonzeption der §§ 311 ff. AktG unverändert gelassen, während im Detail – im Zusammenhang mit dieser Untersuchung nicht nennenswerte – Neuerungen zu verzeichnen sind, was etwa Rechnungslegungsvorschriften anbelangt.[202]

Für das Feld des faktischen Konzerns schlägt *Hommelhoff* bezüglich des Nachteilsausgleichssystems der §§ 311 ff. AktG vor, es müsse „in Abkehr vom zeitlich eng begrenzten Einzelausgleich zukunftsoffen flexibilisiert werden", was einen „Abgleich mit den Konzerntransaktions-Regeln des künftigen Unionsrechts nötig mache".[203]

Damit spricht er Pläne an, die das Europarecht betreffen.[204] Nach Jahrzehnten des Stillstands ist das Konzernrecht dort wieder im rechtspolitischen Bewusstsein angelangt. Während die Idee einer umfassenden Harmonisierung des Konzernrechts in Europa nicht weiterverfolgt wird, rücken punktuelle Reformvorhaben in den Mittelpunkt.[205] Nach Anregungen und Vorarbeiten der *Reflection Group on the Future of EU Company Law*[206] verabschiedete die Kommission den EU-Aktionsplan 2012[207] und die

---

202 Vgl. zu den Auswirkungen der einzelnen Gesetzesänderungen *Habersack*, in Emmerich/Habersack, Einl. Rn. 21–42a sowie eingehend *Habersack/Schürnbrand*, in Aktienrecht im Wandel, Bd. 1, S. 889, 889–943.

203 *Hommelhoff*, ZIP 2013, 1645, 1650 unter Hinweis auf *Drygala*, AG 2013, 198, 205–210. Zudem empfiehlt *Hommelhoff*, den Anteilseignervertretern im Aufsichtsrat der abhängigen AG die Pflicht aufzuerlegen, „die Konzerneinbindung der Tochter sicherzustellen". Er begründet seinen Vorschlag damit, dass mittlerweile anerkannt sei, dass das Konzernrecht der §§ 311 ff. AktG neben seiner Schutzfunktion für Außenseiter auch Förderfunktion habe („enabling law"). Darüber hinaus sollte seiner Meinung nach im Falle von börsennotierten Aktiengesellschaften auch die „besondere Rolle als Funktionäre auch des Minderheiten- und Außenseiterschutzes" von (unabhängigen) Aufsichtsratsmitgliedern ausdrücklich betont und „durch ein Sondervotum der außenstehenden Aktionäre für die Wahl der Unabhängigen und ihre vorzei[ti]ge Abwahl gesichert werden" (*Hommelhoff*, ZIP 2013, 2177, 2182 f. unter Hinweis auf *dens.*, ZIP 2013, 1645, 1649 f.).

204 Zu Einflüssen des Europarechts auf das deutsche Aktienrecht vgl. *Bayer/Schmidt*, in Aktienrecht im Wandel, Bd. 1, S. 944, 944–998.

205 Zum Scheitern der 9. [Konzernrechts-]Richtlinie und zu den Vorhaben der Kommission sowie Anregungen zu künftigen Maßnahmen *Bayer/Schmidt*, BB 2013, 3, 15; *Ekkenga*, AG 2013, 181; *Teichmann*, AG 2013, 184; *Drygala*, AG 2013, 198; vgl. auch *Hommelhoff*, in FS Stilz, S. 287.

206 Reflection Group, Report, S. 59–75 (Anregungen zum Konzernrecht); vgl. dazu auch *Drygala*, AG 2013, 198, 205–210.

207 Europäische Kommission, EU-Aktionsplan 2012; vgl. hierzu auch *Bayer/Schmidt*, BB 2013, 3; *Hopt*, ZGR 2013, 165; *Müller-Graff*, ZHR 177 (2013), 563; siehe auch *Ekkenga*, AG 2013, 181; *Teichmann*, AG 2013, 184; *Drygala*, AG 2013, 198; *Hommelhoff*, ZIP 2013, 2177.

einen Vorschlag zur Änderung der Aktionärsrechterichtlinie.[208] Im EU-Aktionsplan 2012 heißt es bezüglich des Konzernrechts, die Kommission werde „eine Initiative für verbesserte Informationen über Gruppen und eine bessere Anerkennung des Begriffs ‚Gruppeninteresse' vorlegen".[209]

Mit für das Konzernrecht weiterreichenden Änderungen beschäftigt sich der Aktionsplan unter Ziffer 3.2.[210] Danach sollen Transaktionen mit nahe stehenden Unternehmen und Personen der Kontrolle der Hauptversammlung zugänglich gemacht werden. Angestrebt wird, im Anschluss an Vorschläge des *European Corporate Governance Forums*,[211] Transaktionen ab bestimmten Schwellenwerten der Bewertung eines unabhängigen Beraters zu unterwerfen sowie die zwingende Zustimmung der Hauptversammlung zu gewissen Transaktionen vorzusehen.[212] Zur Einholung einer neutralen Beratung soll es ab einem Geschäftswert kommen, der 1% des Unternehmenswerts erreicht. Die Hauptversammlung soll eingeschaltet werden müssen, wenn 5% des Unternehmenswerts betroffen sind, aber auch bei Geschäften, die erhebliche Bedeutung für Umsatz und Gewinn haben.[213] In der Literatur sind Befürchtungen laut geworden, dass damit „wenigstens die §§ 311 ff. AktG, wenn nicht gleich das ganze Aktienkonzernrecht überflüssig" gemacht würden.[214]

Auf nationaler Ebene sind kurz- bis mittelfristig wohl keine Modifikationen der §§ 311 ff. AktG zu befürchten. Der Regierungsentwurf einer Aktienrechtsnovelle 2014[215] befasst sich nicht mit Fragen des Konzernrechts. Der Koalitionsvertrag der Parteien CDU, CSU und SPD für die 18. Legislaturperiode schenkt dem Unternehmens- und Konzernrecht keine Beachtung, so dass mit nationalen Gesetzgebungsvorhaben nicht zu rechnen ist.[216]

---

208 Europäische Kommission, Aktionärsrichtlinie; vgl. hierzu *Tröger*, AG 2015, 53; *Wiersch*, NZG 2014, 1131; *Bayer/Selentin*, NZG 2015, 7.

209 Europäische Kommission, EU-Aktionsplan 2012, S. 17, Ziff. 4.6; vgl. hierzu auch *Hommelhoff*, in FS Stilz, S. 287, 289–299 sowie *Tröger*, AG 2015, 53.

210 Europäische Kommission, EU-Aktionsplan 2012, S. 11, Ziff. 3.2.

211 Abrufbar unter http://ec.europa.eu/internal_market/company/docs/ecgforum/ecgf_related_party_transactions_en.pdf (zuletzt abgerufen am 1. Mai 2015).

212 Vgl. zu den Vorschlägen, denen sich die Kommission plant anzuschließen, *Drygala*, AG 2013, 198, 205–210; *Bayer/Schmidt*, BB 2013, 3, 15.

213 ECGF, Related Party Transactions, Guideline 3: „Transactions representing more than 5% of assets or which have a significant impact on profits or turnover should have the additional requirement of being submitted to a vote by the shareholders in General Meeting but with the related party being precluded from voting".

214 *Drygala*, AG 2013, 198, 207.

215 Regierungsentwurf vom 18. März 2015, BT-Drs. 18/4349.

216 Der Vertrag ist abrufbar unter https://www.cdu.de/sites/default/files/media/dokumente/koalitionsvertrag.pdf (zuletzt abgerufen am 1. Mai 2015).

E. Resümee

Unter Geltung des Aktiengesetzes 1937 war unklar, ob beherrschender Einfluss ohne Ausgleichsleistung ausgeübt werden durfte („Schädigungsprivileg"). Der Referentenentwurf eines Aktiengesetzes von 1958 versuchte, diese Unklarheit zu beseitigen. Nach dem Entwurf war jegliche Einflussnahme in einer faktischen Unternehmensbeziehung verboten. Dies sollte mit einer scharfen Erfolgshaftung gewährleistet werden.

Korrigiert wurde diese Sichtweise durch den zwei Jahre später folgenden Regierungsentwurf, durch den das heutige Verständnis faktischer Konzernierung begründet wurde. Ausgegangen wurde, wie im Referentenentwurf, von einem Schädigungsverbot zum Schutze des abhängigen Unternehmens. Ziel der Entwurfsverfasser war es klarzustellen, dass mit veranlassten Geschäften verbundene Vorteile etwaige Nachteile ausgleichen können. Die Verfasser beriefen sich auf die schadensersatzrechtlichen Regeln der Vorteilsausgleichung und sahen das Ergebnis durch Treu und Glauben vordeterminiert. Die Vorteile müssen auf einem Vertrag beruhen und mit dem nachteiligen Rechtsgeschäft als wirtschaftlich einheitliches Geschäft erscheinen. Damit wurde eine Streitfrage aufgegriffen, die unter Geltung des AktG 1937 aufgekommen war, namentlich, ob das Konzerninteresse eine Schädigung der abhängigen Gesellschaft rechtfertigen kann. Dies sollte verhindert werden, ohne die Tatsache auszublenden, dass Einfluss de facto ausgeübt wird. Bei vollständigem Nachteilsausgleich wurde die Einflussnahme nicht mehr sanktioniert.

In der schließlich Gesetz gewordenen Fassung kamen die Verfasser des Gesetzes, unter grundsätzlicher Beibehaltung der Wertungen des Regierungsentwurfs, den Belangen der Wirtschaft noch weiter entgegen. Die Nachteile ausgleichenden Vorteile können bis zum Ende des Geschäftsjahres durch tatsächliche Leistung oder Einräumung eines Rechtsanspruchs darauf gewährt werden. Damit sollte bei nicht sofort bewertbaren Nachteilen Flexibilität geschaffen werden, ohne das Schädigungsverbot anzutasten. Zugleich bedeutet dies, dass an der dogmatischen Struktur des Regierungsentwurfs nichts geändert werden sollte.

Stellte somit der Nachteilsausgleich schon einen Kompromiss zwischen dem Verbot der Einflussnahme auf die abhängige Gesellschaft und der Legalisierung von Schädigungen durch das herrschende Unternehmen dar, schloss sich ein weiterer Kompromiss an. Der enge Zusammenhang zwischen den die Nachteile kompensierenden Vorteilen wurde aufgeweicht und die zeitliche Streckung, die heute in § 311 Abs. 2 AktG vorgesehen ist, geschaffen, um Einflussnahmen des herrschenden Unternehmens nicht wegen erst im Laufe des Geschäftsjahres möglichen Quantifizierungen zu verbieten.

2. Kapitel: Nachteil, Ausgleich und Schadensersatz im Sinne der §§ 311 ff. AktG

Der Nachteilsausgleich stellt eine Besonderheit dar, denn das deutsche Recht kennt ansonsten keinen Nachteilsausgleich. Üblich sind dagegen Aufwendungs- und Schadensersatzansprüche in unterschiedlichen Variationen oder eine Abschöpfung des Erlangten im Rahmen des Bereicherungsrechts.[217] Dass ein Nachteil, der im Vergleich zum Schaden bei unbefangener, rein wörtlicher Betrachtung ein aliud darstellen muss, ausgeglichen werden soll, ist ein Novum der 1965 eingeführten Regeln im Recht der verbundenen Unternehmen. Die dogmatische Einordnung des Ausgleichs muss als noch immer ungeklärt bezeichnet werden. Gleichfalls dogmatisch umstritten und Gegenstand dieses Kapitels ist die Schadensersatzhaftung nach § 317 Abs. 1 und Abs. 3 AktG.

Bevor geklärt wird, ob und wie unbezifferte Nachteile, sollten sie überhaupt existieren, ausgleichsfähig sind und welche Besonderheiten in jenem Zusammenhang zu beachten sind, gilt es, die Grundlage für eine sich damit beschäftigende Auseinandersetzung zu schaffen. Dazu soll das folgende Kapitel dienen, in dem die Dogmatik der Ausgleichs- und Haftungsregeln der §§ 311 ff. AktG begutachtet wird, wobei unbezifferte Nachteile und ihr Ausgleich bewusst noch ausgeklammert bleiben sollen.[218]

---

217 Vgl. *Luchterhandt*, ZHR 133 (1970), 1, 2; aA offenbar *Strohn*, Verfassung, S. 7 mit Fn. 8; *Strohn* vergleicht die Möglichkeit des gestreckten Nachteilsausgleichs mit § 140 HGB (in der Fassung vom 1. Januar 1964), § 12 UmwG (in der Fassung vom 6. November 1969) sowie den Entscheidungen des Bundesverfassungsgerichts in Sachen „Feldmühle" (Urteil vom 7. August 1962 – 1 BvL 16/60, BVerfGE 14, 263) und des BGH zur Einziehung eines Geschäftsanteils gegen Entgelt (Beschluss vom 12. Juni 1975 – II ZB 12/73, BB 1975, 1177) und erkennt „einen tragenden Grundsatz nicht nur des Konzernrechts […], sondern des gesamten Gesellschaftsrechts", den er „Entschädigungsprinzip" nennt. Allerdings ist in den genannten Konstellationen nicht ein „Nachteilsausgleich" die Folge, so dass die Herausstellung der §§ 311 ff. AktG in diesem Zusammenhang zu Recht erfolgt; vgl. dazu auch *Geßler*, DB 1965, 1729, 1730; *Mestmäcker*, Verwaltung, S. 276 f.

218 Hierzu im 3. Kapitel.

§ 3 Der Nachteilsbegriff des § 311 AktG und daran anknüpfende dogmatische Überlegungen

Der Nachteilsbegriff ist kein vom Gesetzgeber kohärent verwendeter Rechtsbegriff, so dass eine autonome Auslegung im Rahmen der §§ 311 ff. AktG erfolgen muss.[219] Es verwundert daher nicht, dass es einen schon lange schwelenden Meinungsstreit ob der zutreffenden dogmatischen Einordnung der Haftung nach §§ 311, 317 AktG gibt, in dessen Mittelpunkt die Frage nach der Bestimmung des Nachteilsbegriffs steht. Unterschiedliche Betrachtungs- und damit Erklärungsweisen versuchen, die dogmatische Begründung der Haftung wegen Einflussnahme eines Unternehmens auf eine AG bei Fehlen eines Beherrschungsvertrages zu liefern. Diesen ist eine diametral gegenteilige Positionierung hinsichtlich der Definition des Nachteils immanent.[220]

Damit unlösbar verbunden ist die Frage der Qualifikation von § 317 Abs. 2 AktG. Auch diesbezüglich gehen die Ansichten seit Einführung der Regelung 1965 auseinander.[221] Die aufgeworfenen Fragen kulminieren schließlich in der Frage nach dem Rechtsgrund der Haftung gemäß §§ 311, 317 AktG.[222] Es wird sich zeigen, dass sämtliche Problemstellungen untrennbar zusammenhängen, so dass ein dogmatisch wie wertungsmäßig in sich schlüssiges Ergebnis nicht ohne Berücksichtigung aller aufgezeigten Fragen gefunden werden kann.

A. Ursache für das Anknüpfen an einen Nachteil im Rahmen der Schadensersatzhaftung

Die Vergegenwärtigung der Gesetzgebungshistorie hat gezeigt, dass dem RefE ein Nachteil im Regelungszusammenhang der nicht vertraglich legitimierten Einflussnahme fremd war. Erst der RegE führte den Begriff des „Nachteils“ ein. Hintergrund war die aus Sicht der Entwurfsverfasser bestehende Unsicherheit hinsichtlich der Grenzen der Vorteilsausgleichung, eines allgemein schadensrechtlichen Instituts.[223] Jene Grundsätze wollten die Verfasser des RegE auch auf den Schadensersatzanspruch wegen Einflussnahme im faktischen Konzern angewandt wissen. Um dies sicherzustellen, nahmen die Entwurfsverfasser eine ohne Kenntnis dieser Hintergründe eigenartig anmutende Wortwahl auf, dass nämlich nachteilbehaftete Veranlassungen verboten seien, wenn nicht die Nachteile durch Vorteile ausgeglichen würden (§ 300 Abs. 1 RegE).[224]

---

219 Im Aktiengesetz wird der Begriff zwar in verschiedenen Vorschriften gebraucht, ohne allerdings Folgerungen im Hinblick auf eine einheitliche Verwendung zuzulassen, vgl. etwa §§ 131 Abs. 3 Satz 1 Nr. 1, 145 Abs. 6 Satz 2, 179 Abs. 3 Satz 1, 293a Abs. 2 Satz 1 AktG.

220 Siehe § 3 C.

221 Siehe § 3 C.

222 Siehe § 5.

223 Siehe § 2 C II; zur Vorteilsausgleichung *Lange/Schiemann*, Schadensersatz, § 9.

224 Siehe § 2 C II.

Vor diesem Hintergrund wird deutlich, dass es den Entwurfsverfassern einzig um die Sicherstellung der Geltung der Vorteilsausgleichung ging. Da die Reichweite unklar war, wurde eine speziell auf § 311 AktG zugeschnittene Ausgestaltung normiert. Es stand offenbar zu befürchten, dass die Konzernleitung durch §§ 300 ff. RegE zu weit begrenzt werden könnte, wenn nicht klargestellt werde, dass auch Vorteile beachtlich seien. Unter Berücksichtigung von Vorteilen und Nachteilen per saldo nicht nachteilhafte Geschäfte sollten keine Schadensersatzansprüche nach sich ziehen. Andererseits hätte es auch sein können, dass sich das Verständnis der schadensrechtlichen Vorteilsausgleichung in die andere Richtung entwickeln würde. Dann wären die Gestaltungsspielräume der Konzerngeschäftsleiter umso größer geworden, was offenbar auch nicht im Interesse der Entwurfsverfasser lag, so dass am Ende eine aus ihrer Sicht angemessene Lösung im Normzusammenhang der verbundenen Unternehmen stand, die einen Rückgriff auf die allgemeinen Regeln obsolet machte.

Die schließlich Gesetz gewordene jetzige Fassung verlangt zwar nicht mehr eine wirtschaftliche Einheit von Nachteil und Vorteil, um Auswirkungen auf die Schadensersatzhaftung zu haben, doch ändert die Einräumung zeitlicher Flexibilität in § 311 Abs. 2 AktG nichts an der gewonnenen Erkenntnis, dass es historisch bedingte Unsicherheiten bezüglich der Reichweite der Vorteilsanrechnung waren, die zur Aufnahme des Nachteilsbegriffs im Rahmen der heutigen §§ 311 ff. AktG führten.[225] Am ultimativen Ziel, die abhängige Gesellschaft und damit reflexartig ihre Gläubiger und Minderheitsaktionäre vor Schädigungen eines herrschenden Unternehmens zu schützen, wurde weiterhin festgehalten.

B. Unterscheidung von im Regelungszusammenhang benutzten Termini zur Konkretisierung des Nachteilsbegriffs

Zur Klärung der Frage, was ein Nachteil im relevanten Zusammenhang ist, dient zunächst die Abgrenzung von Begriffen, die im Kontext der §§ 291 ff., 302 ff. und §§ 311 ff. AktG regelmäßig auftauchen. Damit sollen gleichsam nicht entscheidende Aspekte ausgespart und das Blickfeld für die relevanten Fragen geöffnet werden. Außer Betracht bleibt einstweilen insbesondere die hoch umstrittene Frage der dogmatischen Qualifikation der Haftung nach §§ 311, 317 AktG.[226] Hierdurch soll eine teleologische Annäherung an die zutreffende Erfassung des Nachteilsbegriffs erreicht werden, ohne dass ein über der Begriffsbestimmung schwebendes dogmatisches Konstrukt bestimmte Erwägungen und Auslegungsergebnisse vorwegnimmt, was bei einer dogmatischen Vorabdeterminierung und der darauf basierenden Ableitung von Folgerungen der Fall sein könnte.

225 Siehe § 2 C III.
226 Dazu unter § 3 C und § 5.

I. Das Begriffspaar „Nachteil“ und „Schaden“ sowie Auswirkungen auf den „Ausgleich“

Die drei wesentlichen Begriffe im Regelungszusammenhang lauten Nachteil, Ausgleich und Schaden. Eine synonyme Verwendung der Begriffe Nachteil und Schaden ist dem deutschen Recht nicht fremd.[227] Im Haftungsregime der §§ 311, 317 AktG werden beide Begrifflichkeiten jedoch mit Bezug aufeinander benutzt, so dass eine identische Bedeutung beider Rechtsbegriffe jedenfalls nicht naheliegt.[228]

1. Der maßgebliche Zeitpunkt für die Feststellung des Nachteils

Dass die Begriffe Nachteil und Schaden in Bezug auf das Haftungsregime der §§ 311, 317 AktG nicht identisch sind,[229] folgt schon aus dem abweichenden relevanten Zeitpunkt für die Beurteilung ihres jeweiligen Vorliegens. Jener Zeitpunkt ist bei der Bestimmung des Nachteils der Augenblick der Vornahme der konkreten Geschäftsleitungsmaßnahme[230] auf Ebene der abhängigen Gesellschaft.[231] Einem

---

227 Vgl. etwa *Perron*, in Schönke/Schröder, § 266 Rn. 39b, wonach im Rahmen der Untreue der vom Gesetzgeber benutzte Begriff „Nachteil“ im Wesentlichen Vermögensschaden bedeutet.

228 *Linsmann*, Ausgleichsanspruch, S. 8.

229 Ganz herrschende Meinung, vgl. *Altmeppen*, in MünchKommAktG, § 311 Rn. 170; *Koppensteiner*, in KK-AktG, § 311 Rn. 53; *J. Vetter*, in K. Schmidt/Lutter, § 311 Rn. 45; § 317 Rn. 8; *Habersack*, in Emmerich/Habersack, § 311 Rn. 45; *H.-F. Müller*, in Spindler/Stilz, § 311 Rn. 29; *Koch*, in Hüffer, § 311 Rn. 26; *Leuering/Goertz*, in Hölters, § 311 Rn. 60; *Fett*, in Bürgers/Körber, § 311 Rn. 25; *Krieger*, in MünchHdbAG, § 69 Rn. 79; *Bödeker*, in Henssler/Strohn, § 311 AktG Rn. 18; *Emmerich/Habersack*, Konzernrecht, S. 483 f.; *J. Wilhelm*, Rechtsform, S. 235–241; *Schlieper*, Leitungsintensität, S. 67; *Weigl*, Haftung, S. 20; *Habersack*, in FS Hoffmann-Becking, S. 421, 425 f.; im Ergebnis auch *Stahl*, Nachteil, S. 164 f.; aA *Voigt*, Haftung, S. 333 f.; *Mielert*, Leitungsbefugnis, S. 24 f.; *Möhring*, in FS Schilling, S. 253, 264; *K. Müller*, ZGR 1977, 1, 17; *Kellmann*, ZGR 1974, 220, 221–223; *ders.*, BB 1969, 1509, 1512 f.

230 Dass es nicht auf eine Gesamtheit von Handlungen/Maßnahmen/Rechtsgeschäften ankommt, ist mittlerweile allgemeine Meinung, vgl. statt aller *J. Vetter*, in K. Schmidt/Lutter, § 311 Rn. 45; aA noch *Albach*, NB 1966, 203, 205, der dieses von ihm „indirektes Verfahren“ genannte Prozedere zur Nachteilsermittlung vorschlägt, wenn keine funktionsfähigen Märkte zur Preisfindung existieren; dabei handelt es sich um eine seit jeher kaum vertretene Mindermeinung, vgl. bereits *Rasch*, Konzernrecht, 4. Aufl. 1968, S. 172; *Strohn*, Verfassung, S. 67; *Haesen*, Abhängigkeitsbericht, S. 102, 107; *Bachelin*, Minderheitenschutz, S. 45–47; *Mestmäcker*, in FS Kronstein, S. 129, 144 f.; *Geßler*, in FS Kunze, S. 159, 172 f.; *Luchterhandt*, ZHR 133 (1970), 1, 23; *Geßler*, NB 1966, 207.

231 BGH, Urteil vom 1. Dezember 2008 – II ZR 102/07, BGHZ 179, 71, 78 Tz. 13; BGH, Urteil vom 3. März 2008 – II ZR 124/06, BGHZ 175, 365, 368 f. Tz. 11; OLG Köln, Urteil vom 13. April 2006 – 7 U 31/05, ZIP 2007, 28, 30; OLG Köln, Urteil vom 27. April 2006 – 18 U 90/05, ZIP 2006, 997, 998; LG Bonn, Urteil vom 27. April 2005 – 16

gewissenhaften und sorgfältigen Geschäftsleiter kann nur die Beachtung der Umstände abverlangt werden, die zum Zeitpunkt ihrer Vornahme bekannt sind. In die vorzunehmende Abwägungsentscheidung können zukünftige Entwicklungen naturgemäß nicht einfließen.

Auf den Zeitpunkt der Veranlassung durch das herrschende Unternehmen kann hingegen nicht abgestellt werden. Dies erklärt sich damit, dass die Verwaltung der abhängigen Gesellschaft für die Geschäftsführung zuständig und verantwortlich ist, so dass es auch ihr obliegt, Maßnahmen vorzunehmen, Rechtsgeschäfte einzugehen oder jeweils davon abzusehen. Allein die Veranlassung durch das herrschende Unternehmen ist nicht nachteilhaft, weil rechtlich verbindlicher Einfluss, der eine Folgepflicht nach sich ziehen würde, nicht ausgeübt werden kann.[232] Die Rolle des herrschenden Unternehmens beschränkt sich – in straf- oder deliktsrechtlicher Terminologie ausgedrückt – auf die eines Anstifters.[233] Es kann nicht mehr tun, als seinen faktischen Einfluss zur Ermutigung der Geschäftsleiter des abhängigen Unternehmens zu nutzen, um ein bestimmtes Tun oder Unterlassen zu bewirken. Obschon das herrschende Unternehmen Schöpfer der Idee gewesen sein mag, die auf Ebene der abhängigen Gesellschaft umgesetzt werden soll, bedarf es zwingend der Mitwirkung der Vorstandsmitglieder der abhängigen AG. Insofern wird treffend von psychisch vermittelter Kausalität gesprochen.[234] Die Veranlassung kann nicht das entsprechende Handeln auf Ebene der abhängigen Gesellschaft ersetzen.[235]

O 13/04, AG 2005, 542, 543; *Altmeppen*, in MünchKommAktG, § 311 Rn. 172, 176; *Koppensteiner*, in KK-AktG, § 311 Rn. 39; *J. Vetter*, in K. Schmidt/Lutter, § 311 Rn. 45; *Habersack*, in Emmerich/Habersack, § 311 Rn. 44; *Koch*, in Hüffer, § 311 Rn. 26; *Krieger*, in MünchHdbAG, § 69 Rn. 79; *Bödeker*, in Henssler/Strohn, § 311 AktG Rn. 18; *H.-F. Müller*, in Spindler/Stilz, § 311 Rn. 29; *Leuering/Goertz*, in Hölters, § 311 Rn. 57; *Fett*, in Bürgers/Körber, § 311 Rn. 24; *Grigoleit*, in Grigoleit, § 311 Rn. 29; *Ederle*, Beherrschungsverträge, S. 32, 45; *Neuhaus*, Organhaftung, S. 23; *Weigl*, Haftung, S. 19; *Emmerich/Habersack*, Konzernrecht, S. 483; *Raiser/Veil*, Recht der Kapitalgesellschaften, § 53 Rn. 24; *Habersack*, in FS Hoffmann-Becking, S. 421, 425 f.; *Luchterhandt*, ZHR 133 (1970), 1, 15 f.; *Neuhaus*, DB 1970, 1913, 1917; *Werner*, AG 1967, 122, 125; *Leo*, AG 1965, 352, 358; aA *Mielert*, Leitungsbefugnis, S. 27, nach dem ein Rechtsgeschäft/eine Maßnahme nachteilig ist, „wenn es irgendwann zu einer Vermögenseinbuße für die abhängige Gesellschaft führt".

232 Vgl. zur Leitungsmacht im Unternehmensverbund bereits oben § 1 C.

233 *Altmeppen*, in FS Priester, S. 1, 6; *ders.*, ZHR 171 (2007), 320, 331; *Leuschner*, NJW 2011, 3275, 3276.

234 *Altmeppen*, in MünchKommAktG, § 311 Rn. 80, 82; *ders.*, in FS Priester, S. 1, 6 f.; *ders.*, ZHR 171 (2007), 320, 331; *ders.*, NJW 2008, 1553, 1554 f.

235 Das wird verkannt von *Luchterhandt*, ZHR 133 (1970), 1, 21, wenn er argumentiert, im faktischen Konzern entscheide letztverbindlich das herrschende Unternehmen, ob eine Maßnahme auf Ebene des abhängigen Unternehmens umgesetzt werde. Seiner Auffassung nach besitzt das herrschende Unternehmen „die Macht [...], seine Anweisungen durchzusetzen, wenn es eine solche Anweisung gegeben hat"; dagegen insofern zutreffend *Paehler*, Zulässigkeit, S. 91 f.; vgl. auch *Hommelhoff*,

Ein anderer (späterer) Zeitpunkt als der der Vornahme des Rechtsgeschäfts oder der Maßnahme durch das abhängige Unternehmen kommt nicht in Betracht. §§ 312 Abs. 3 Satz 1, 313 Abs. 1 Satz 2 Nr. 2 AktG stellen bei der Beurteilung der Angemessenheit der Gegenleistung für ein nachteilhaftes Rechtsgeschäft oder eine nachteilige Maßnahme auf den Zeitpunkt der Vornahme des Rechtsgeschäfts oder der Maßnahme ab und auch die Prüfung des Abhängigkeitsberichts soll sich an diesem Zeitpunkt orientieren.[236] Dies kann für die Frage, welcher Zeitpunkt für die Ermittlung eines Nachteils maßgeblich ist, nur bedeuten, dass die Vornahme der Maßnahme oder des Rechtsgeschäfts entscheidend ist. Denn andernfalls würden die Aufstellung des Abhängigkeitsberichts und seine Prüfung auf jenen Stichtag bezogen keinen rechten Sinn ergeben.[237]

Sofern gegen diese Argumentation vorgebracht wird, die Vorschriften über die Aufstellung und Prüfung des Abhängigkeitsberichts seien nicht im Zusammenhang mit den Fragen um die Bestimmung des Nachteils und des Nachteilsausgleichs aufgestellt worden, sie seien vielmehr „anders motiviert[er]“ und im Übrigen handele es sich um „untergeordnete[r] [...] Ordnungsvorschriften“,[238] kann dem nicht gefolgt werden. Die Gesetzeshistorie zeigt, dass der gestreckte Nachteilsausgleich als Mittel der Konzernlenkung nur legitimiert worden ist, weil er von einem Haftungsregime mit Sanktionen auch für Geschäftsleiter und einer haftungsbewährten Dokumentations- und Prüfpflicht flankiert wird.[239] Zutreffend wird der Aufstellung und Prüfung des Abhängigkeitsberichts „fundamentale[r] Bedeutung“[240] für das Funktionieren und die Existenz der Regelungen der §§ 311 ff. AktG zugemessen und dieser als „Angelpunkt der gesamten Regelung des faktischen Konzerns“[241] bezeichnet.[242]

Vor dem Hintergrund des soeben Gesagten kann die Feststellung der Nachteiligkeit nur zum Zeitpunkt der Vornahme einer Maßnahme erfolgen. Ein früherer Zeitpunkt kommt nicht in Frage und eine spätere Beurteilung würde außer Acht lassen, dass das wirtschaftliche Risiko eines Rechtsgeschäfts auch bei gedachter Unabhängigkeit der abhängigen Gesellschaft bei ihr selbst liegen würde. Jenes Risiko soll ihr durch den Ausgleich nicht abgenommen werden. In diesem Aspekt unterscheidet sich die Ausgleichsregelung der §§ 311, 317 AktG von der des § 302

Konzernleitungspflicht, S. 138–146; zum Kooperationsverhältnis und zur Leitungsmacht im Konzern siehe § 1 C.

236 *Habersack*, in Emmerich/Habersack, § 311 Rn. 44; *Koppensteiner*, in KK-AktG, § 311 Rn. 39; *Fett*, in Bürgers/Körber, § 311 Rn. 24; *Haesen*, Abhängigkeitsbericht, S. 102–105; *Neuhaus*, Organhaftung, S. 23; *Luchterhandt*, ZHR 133 (1970), 1, 15–19; *Neuhaus*, DB 1970, 1913, 1917; *Werner*, AG 1967, 122, 125; *Leo*, AG 1965, 352, 358.

237 *Koppensteiner*, in KK-AktG, § 311 Rn. 39.

238 So *Kellmann*, BB 1969, 1509, 1514; vgl. auch *dens.*, ZGR 1974, 220, 223 f.

239 Dazu oben § 2 C II.

240 *Koppensteiner*, in KK-AktG, § 311 Rn. 39.

241 *Luchterhandt*, ZHR 133 (1970), 1, 15; vgl. zur Sicherung durch den Abhängigkeitsbericht auch *Ulmer*, in FS Hüffer, S. 999, 1000–1002.

242 Zu den Aufgaben und Wirkungen des Berichtssystems treffend *K. Schmidt*, JZ 1992, 856, 859.

AktG, wo jegliches Geschäftsrisiko aufgrund der pauschalen Verlustübernahmepflicht bei der herrschenden Gesellschaft angesiedelt wird.[243] Dies ist dort freilich durch die wirtschaftliche Fusion der beiden Rechtsträger[244] samt Weisungsrecht des herrschenden Unternehmens bedingt und gerechtfertigt. Ohne Abschluss eines entsprechenden Organisationsvertrages sind die Strukturen eines Unternehmensverbundes im Hinblick auf Geschäftsleitungskompetenz und Schutz der abhängigen Gesellschaft nicht vergleichbar.

Ist eine Maßnahme oder ein Rechtsgeschäft zum relevanten Zeitpunkt nicht nachteilig, ändert auch die spätere Verschlechterung der Vermögens- und Ertragslage der Gesellschaft[245] nichts an dieser Einordnung und umgekehrt lässt eine spätere Verbesserung der Vermögens- und Ertragslage der Gesellschaft den nachteilhaften Charakter nicht entfallen.[246]

2. Determinierung des „Ausgleichs" durch den „Nachteil"

Steht zum Zeitpunkt der Durchführung der entsprechend veranlassten Maßnahme die Höhe des Nachteils im Sinne von § 311 AktG fest, stellt sich die Frage, ob der Ausgleich in ebendieser Höhe zu erfolgen hat. Dieser naheliegende Befund muss deshalb kritisch hinterfragt werden, weil sich die Wertverhältnisse der den Nachteil begründenden Maßnahme zwischen Durchführung der veranlassten Maßnahme und Ausgleich verändern können.

Maßgeblicher Zeitpunkt für die Bewertung des Ausgleichs ist derjenige der tatsächlichen Ausgleichsgewährung oder der Begründung des Ausgleichsanspruchs.[247] Damit ist aber noch nichts über die notwendige Höhe der Ausgleichsleistung ausgesagt.

---

243 *Raiser/Veil*, Recht der Kapitalgesellschaften, § 53 Rn. 24.

244 Dazu *Altmeppen*, in MünchKommAktG, vor § 291 Rn. 7; § 308 Rn. 76, 119; *Veil*, in Spindler/Stilz, § 308 Rn. 23.

245 Der Begriff der „Vermögens- und Ertragslage" stammt aus dem Bereich der Rechnungslegung (vgl. §§ 264 Abs. 2 Satz 1, 297 Abs. 2 Satz 2 HGB). Die Vermögenslage vermittelt einen Eindruck davon, wie groß der Saldo zwischen den den Unternehmen gehörenden Vermögensposten und den Schulden ist (vgl. etwa *Reiner*, in MünchKommHGB, § 264 Rn. 78). Die Ertragslage stellt die erwirtschafteten Erträge den Aufwendungen gegenüber und soll den Erfolg der unternehmerischen Betätigung veranschaulichen (vgl. *Reiner*, in MünchKommHGB, § 264 Rn. 81).

246 BGH, Urteil vom 1. Dezember 2008 – II ZR 102/07, BGHZ 179, 71, 78 Tz. 13; *Koppensteiner*, in KK-AktG, § 311 Rn. 53; *Koch*, in Hüffer, § 311 Rn. 26; *Habersack*, in Emmerich/Habersack, § 311 Rn. 44; *Fett*, in Bürgers/Körner, § 311 Rn. 24; *H.-F. Müller*, in Spindler/Stilz, § 311 Rn. 29; *Grigoleit*, in Grigoleit, § 311 Rn. 29; *Krieger*, in MünchHdbAG, § 69 Rn. 79; *Raiser/Veil*, Recht der Kapitalgesellschaften, § 53 Rn. 24; *Emmerich/Habersack*, Konzernrecht, S. 483; *Neuhaus*, Organhaftung, S. 24; *Altmeppen*, in FS Priester, S. 1, 13; *Neuhaus*, DB 1970, 1913, 1917; *Leo*, AG 1965, 352, 358.

247 Im Grundsatz allgemeine Meinung, vgl. *Altmeppen*, in MünchKommAktG, § 311 Rn. 322 f.; *Grigoleit*, in Grigoleit, § 311 Rn. 48; *Habersack*, in Emmerich/Habersack,

a) Meinungsstand

Die Frage ist umstritten. Einer Ansicht nach kommt es auch für die Frage der Höhe des Nachteilsausgleichs auf die Wertverhältnisse zum Zeitpunkt der Gewährung von Ausgleich oder Ausgleichsanspruch an. Sowohl Wertverbesserungen als auch Wertminderungen[248] des abhängigen Unternehmens aus der Zeit zwischen der Vornahme der nachteiligen Maßnahme und des Nachteilsausgleichs seien zu berücksichtigen und erhöhten oder verminderten entsprechend den zu gewährenden Ausgleich. Maßgeblich sei stets, dass das abhängige Unternehmen zum Zeitpunkt der Vorteilsgewährung keinen Nachteil mehr trage.[249] Dieser Auffassung folgend käme es also nicht auf den einmal festgestellten Nachteil an, sondern auf den Nachteil in der Form, in der er sich zum Zeitpunkt der Ausgleichsgewährung darstellt.

Einer anderen Ansicht nach sind lediglich weitere Nachteile bis zur Ausgleichsgewährung zu berücksichtigen, so dass sich der notwendige Ausgleich erhöhen kann. Den Nachteil minimierende Vorteile seien nicht beachtlich. Dies führe dazu, dass ein einmal eingetretener Nachteil stets als Mindestausgleich zu kompensieren sei.[250]

Unstreitig ist, dass der durch die Verzögerung entstehende Nachteil zu kompensieren ist, was wirtschaftlich einer Aufzinsung des Nachteils auf den Zeitpunkt des Ausgleichs gleichkommt. Die abhängige Gesellschaft sei so zu stellen, als ob sie den Ausgleich bei Nachteilszufügung erlangt habe.[251]

---

§ 311 Rn. 68; *J. Vetter*, in K. Schmidt/Lutter, § 311 Rn. 91; *Koppensteiner*, in KK-AktG, § 311 Rn. 107; *H.-F. Müller*, in Spindler/Stilz, § 311 Rn. 51; *Koch*, in Hüffer, § 311 Rn. 40; *Leuering/Goertz*, in Hölters, § 311 Rn. 88; *Fett*, in Bürgers/Körber, § 311 Rn. 49; *Schatz/Schödel*, in Heidel, § 311 Rn. 66; *Rothley*, in Wachter, § 311 Rn. 31.

248 Bezüglich der Verschlechterung im Ansatz wohl allgemeine Meinung, vgl. *Habersack*, in Emmerich/Habersack, § 311 Rn. 68; *H.-F. Müller*, in Spindler/Stilz, § 311 Rn. 51; *Koppensteiner*, in KK-AktG, § 311 Rn. 107; *Leuering/Goertz*, in Hölters, § 311 Rn. 88; *Fett*, in Bürgers/Körber, § 311 Rn. 49; unklar *Rothley*, in Wachter, § 311 Rn. 26.

249 *Altmeppen*, in MünchKommAktG, § 311 Rn. 319 f., 330–335; *J. Vetter*, in K. Schmidt/Lutter, § 311 Rn. 92–94; *Grigoleit*, in Grigoleit, § 311 Rn. 48; *Koch*, in Hüffer, § 311 Rn. 40; *Fett*, in Bürgers/Körber, § 311 Rn. 49; *Schatz/Schödel*, in Heidel, § 311 Rn. 66; *Raiser/Veil*, Recht der Kapitalgesellschaften, § 53 Rn. 24; wohl auch *K. Schmidt*, ZGR 1981, 455, 465 (Nachteilsausgleich sei ex post zu bestimmen).

250 *Habersack*, in Emmerich/Habersack, § 311 Rn. 44 f., 67; *Koppensteiner*, in KK-AktG, § 311 Rn. 53, 119; *Emmerich/Habersack*, Konzernrecht, S. 483 f.; wohl auch *Krieger*, in MünchHdbAG, § 69 Rn. 86 und, obgleich unklar, *Rothley*, in Wachter, § 311 Rn. 26.

251 *Altmeppen*, in MünchKommAktG, § 311 Rn. 320, 458; *Koppensteiner*, in KK-AktG, § 311 Rn. 106; *Koch*, in Hüffer, § 311 Rn. 40; *Habersack*, in Emmerich/Habersack, § 311 Rn. 68; *Krieger*, in MünchHdbAG, § 69 Rn. 78 f.; *H.-F. Müller*, in Spindler/Stilz, § 311 Rn. 51; *J. Vetter*, in K. Schmidt/Lutter, § 311 Rn. 92; *Fett*, in Bürgers/Körber, § 311 Rn. 48 f., 55; *Emmerich/Habersack*, Konzernrecht, S. 497; *Altmeppen*, in FS Priester, S. 1, 15; *Kropff*, NJW 2009, 814, 816; *Habersack/Schürnbrand*, NZG 2004, 689, 692.

b) Stellungnahme

Ein wertungsmäßig zufriedenstellendes Ergebnis muss sich am Sinn und Zweck des Nachteilsausgleichs orientieren. Im Kern geht es um die Frage, wer das wirtschaftliche Risiko im Zeitraum zwischen Durchführung einer veranlassten Maßnahme und ihrem Ausgleich tragen soll. Dabei soll offenbar ein Unterschied dahingehend gemacht werden, ob sich das Risiko für das abhängige Unternehmen realisiert oder, dazu konträr, eine Wertverbesserung und folglich eine Nachteilsverringerung zu verbuchen ist.

Sofern das wirtschaftliche Risiko dem herrschenden Unternehmen aufgebürdet werden sollte, könnte dies dadurch erfolgen, einer Wertverringerung eine erhöhte Ausgleichspflicht folgen zu lassen. Fraglich ist lediglich, ob die gleiche Konsequenz im Falle einer Werterhöhung zu ziehen ist, was zu einer Ausgleichsminimierung führen würde. Damit wäre jedenfalls dem abhängigen Unternehmen das wirtschaftliche Risiko abgenommen, wobei die Chance auf eine Rendite ebenfalls auf Ebene des herrschenden Unternehmens verlagert worden wäre. Die Alternative wäre eine Absicherung des abhängigen Unternehmens dergestalt, dass nur die Verschlechterung der Vermögens- und Ertragslage Auswirkungen auf den Ausgleich hätte. Wertungsmäßig untragbar wäre es jedenfalls, dem herrschenden Unternehmen keine erhöhte Ausgleichspflicht aufzuerlegen, wenn sich das veranlasste Geschäft als nachhaltig vermögensmindernd darstellen sollte. Insofern besteht Einigkeit, dass ein dies berücksichtigender Nachteilsausgleich die Folge sein muss. Andernfalls könnte auf Kosten des abhängigen Unternehmens spekuliert werden, was nicht dem Sinn und Zweck von § 311 AktG entspräche. Dieser besteht darin, den Partnern im faktischen Konzern eine zeitliche Flexibilität bei der Bewertung von konzernbedingten Maßnahmen an die Hand zu geben. Es soll nicht die Konzerngeschäftsleitung dadurch erschwert werden, dass eine Gegenleistung nicht zum Zeitpunkt der Veranlassung beziffert werden kann. Dabei handelt es sich jedoch nur um eine temporäre Lockerung des Schädigungsverbots, welches materiell nicht ausgehöhlt werden soll.[252] Wenn und weil die Sicherung des Schädigungsverbots weiterhin Priorität genießt, muss am Ende der Rechnungslegungsperiode feststehen, dass jeglicher Schaden, der auf eine veranlassungsbedingte Disposition des Vorstands zurückzuführen ist, von der abhängigen Gesellschaft ferngehalten wurde. Im Sinne eines effektiven Vermögensschutzes muss auch ein weiterer Nachteil bis zu diesem Stichtag Berücksichtigung finden. Ein darüber hinausgehender „Schutz“ durch Zuteilung der Chancen ohne entsprechende Risiken ist allerdings nicht geboten. Zutreffend wird insofern auf die Zusammengehörigkeit von Chance und Risiko hingewiesen.[253]

Obgleich die Einräumung von Flexibilität bei der Ausgleichsleistung auch ohne Auswirkungen auf die Höhe des Ausgleichs verstanden werden könnte, scheint es naheliegender, zum Zeitpunkt der Ausgleichsgewährung eine erneute Bewertung

---

252 *Altmeppen*, in MünchKommAktG, § 311 Rn. 42; *Habersack*, in Emmerich/Habersack, § 311 Rn. 5.

253 *Grigoleit*, in Grigoleit, § 311 Rn. 48: „allgemeiner Rechtsgedanke“.

zu fordern, die zur Folge haben kann, dass sich der Nachteil in nur noch geringerem Maße darstellt, als dies zuvor der Fall war. Der Schutz der abhängigen Gesellschaft verlangt keine Berücksichtigung eines „Mindestausgleichs" in Höhe des einmal festgestellten Nachteils. Es geht einzig um die angemessene Chancen-/Risikoverteilung. Das Risiko der Veränderung in die eine oder andere Richtung muss dem Vorstand der abhängigen Gesellschaft, der seine Gesellschaft selbst benachteiligt, bei Durchführung der veranlassten Maßnahme bewusst sein. Es liegt in seinem Ermessen (§§ 76, 93 AktG), der Veranlassung nicht Folge zu leisten, wenn er Nachteile befürchtet, die er seiner Gesellschaft nicht auferlegen möchte. Darüber hinaus liegt es im Ermessen der Geschäftsleiter, eine Nachteilsausgleichsvereinbarung zu schließen, die die Modalitäten des Ausgleichs und ihre Höhe behandeln. Insbesondere wenn ersichtlich ist, dass der Wert des Nachteils vermutlich Schwankungen unterliegen wird, könnte versucht werden, einen zum Zeitpunkt der Durchführung der Maßnahme festgestellten Nachteil als Mindestausgleich zu vereinbaren.[254] Dass der nach § 311 AktG geschuldete Ausgleich ohne derartige Absprachen eine solche Garantie, denn nichts anderes wäre das Einfrieren des Nachteils zum gegebenen Zeitpunkt, beinhalten würde, lässt sich weder dem Wortlaut noch Sinn und Zweck von § 311 AktG entnehmen. Vielmehr ist die konzedierte zeitliche Variabilität dahingehend zu verstehen, dass eine Betrachtung der Wertverhältnisse zum Ausgleichszeitpunkt stattzufinden hat, um eine Schädigung der abhängigen AG zu vermeiden. Das so zu gewährleistende Schädigungsverbot sollte jedoch nicht dazu missbraucht werden, einer abhängigen Gesellschaft Vorteile zufließen zu lassen, für die keinerlei Risiko eingegangen werden muss.

Es entspricht der Interessenlage der Parteien im faktischen Konzern, weniger auf den Nachteil als das Ergebnis einer Bewertung zu einem Stichtag abzustellen als vielmehr auf das dahinterstehende Wirtschaftsgut oder die getroffene Geschäftsleitungsmaßnahme des Vorstands der abhängigen AG. Es soll eine Kompensation für die Vornahme der Maßnahme gewährt werden, wobei in einem marktwirtschaftlichen Umfeld Wertschwankungen systemimmanent sind und folglich bei jeder Geschäftsleitungsmaßnahme Berücksichtigung finden müssen. Die Annahme, eine Maßnahme habe zu Beginn und zu Ende eines Geschäftsjahres den gleichen wirtschaftlichen Wert für ein Unternehmen, steht bei unreflektierter Betrachtung im krassen Widerspruch zu den sich stets ändernden wirtschaftlichen Verhältnissen. Sinn und Zweck der Ausgleichsleistung bestehen in der Gewährleistung einer Gegenleistung für die abhängige Gesellschaft, die ihr zur Befolgung der Veranlassung genügt hätte.[255] Dabei ist die Möglichkeit, den Ausgleich zeitlich versetzt zu leisten, zu berücksichtigen. Sollte ein Festhalten am Zeitpunkt der Durchführung der veranlassten Maßnahme zutreffend sein, würden die vorprogrammierten Wertschwankungen ausgeblendet. Jene sind vor dem geschilderten Hintergrund

---

254 Vgl. zu Garantieversprechen in diesem Zusammenhang auch *K. Schmidt*, ZGR 1981, 455, 464 f.

255 *Altmeppen*, in MünchKommAktG, § 311 Rn. 319; *Fischbach*, Haftung, S. 180.

vielmehr dergestalt zu berücksichtigen, dass das gesamte wirtschaftliche Risiko von veranlassten nachteiligen Maßnahmen mitsamt seinen Chancen, ohne die kein Risiko eingegangen werden würde, das faktisch zur Unternehmensverbundleitung fähige Unternehmen trifft.[256]

Dem kann nicht entgegengehalten werden, dass eine unabhängige Gesellschaft das in Frage stehende Geschäft nicht ohne Risikoprämie eingegangen wäre und deshalb auch Ausgleich von nicht mehr vorhandenen Nachteilen zu leisten sei.[257] Die Gewährung eines Aufschlags für die Eingehung eines Risikos ist von der hier in Frage stehenden Problematik zu scheiden. Jene Risikoprämie ist selbstverständlich Teil der Ausgleichsleistung, weil sie auch Teil der Gegenleistung für die Eingehung des entsprechenden Geschäfts gewesen wäre, wenn Leistung und Gegenleistung zeitgleich ausgetauscht worden wären. Verringert sich der Wert des Nachteils, bedeutet dies nicht, dass die Risikoprämie unberücksichtigt bleiben dürfte. Dies ist jedoch kein Argument dafür, dem abhängigen Unternehmen als garantierten Ausgleich den anfänglich bestehenden Nachteil zu gewähren. Denn jener steht in keinem Zusammenhang mit einer Prämie für ein riskantes Investment. Die Risikoprämie ist als Teil der Gegenleistung zu berücksichtigen wie andere wertbildende Faktoren im Rahmen der Preisfindung.

c) Ergebnis

Zum Zeitpunkt der Ausgleichsgewährung ist das abhängige Unternehmen so zu stellen, als sei ein ausgeglichenes Geschäft abgeschlossen worden. Wertveränderungen in der Zeit zwischen Veranlassung zur Vornahme von Maßnahmen und Ausgleichsgewährung vermindern oder erhöhen den zu gewährenden Ausgleich. Auf den festgestellten Nachteil zum Zeitpunkt der Vornahme auf Ebene des abhängigen Unternehmens kann somit nur als Basis für die Ermittlung des angemessenen Ausgleichs rekurriert werden. Ein Mindestausgleich in dieser Höhe ist nicht zu leisten.

3. Der maßgebliche Zeitpunkt für die Feststellung des Schadens und die Relevanz des Nachteils zu diesem Zeitpunkt

Für die Beurteilung eines Schadens gelten nach allgemeiner Ansicht die Vorschriften der §§ 249 ff. BGB.[258] Danach ist im Sinne der Naturalrestitution grundsätzlich derjenige Zustand herzustellen, der bestehen würde, wenn der zum Ersatz verpflichtende Umstand nicht eingetreten wäre, § 249 Abs. 1 Satz 1 BGB. Ist die Wiederherstellung nicht möglich, ist gemäß § 251 Abs. 1 Alt. 1 BGB eine entsprechende Geldleistung

256 Treffend *J. Vetter*, in K. Schmidt/Lutter, § 311 Rn. 94; so auch die in Fn. 249 Zitierten.

257 So jedoch *Habersack*, in Emmerich/Habersack, § 311 Rn. 45 mit Fn. 145.

258 *Koppensteiner*, in KK-AktG, § 317 Rn. 20; *Altmeppen*, in MünchKommAktG, § 317 Rn. 33; *Habersack*, in Emmerich/Habersack, § 317 Rn. 15; *Koch*, in Hüffer, § 317 Rn. 9; *H.-F. Müller*, in Spindler/Stilz, § 317 Rn. 8; *J. Vetter*, in K. Schmidt/Lutter, § 317 Rn. 18; *Grigoleit*, in Grigoleit, § 317 Rn. 6; *Fett*, in Bürgers/Körber, § 317 Rn. 11; *Bödeker*, in Henssler/Strohn, § 317 AktG Rn. 6; *Fischbach*, Haftung, S. 181.

geschuldet.[259] Der Schaden bemisst sich im Falle der Naturalrestitution nach den Verhältnissen zum Zeitpunkt der Wiederherstellung durch den Schädiger. Das wirtschaftliche Risiko der bis zu diesem Zeitpunkt sich realisierenden Minderung oder Erhöhung des Schadens liegt nach allgemein schadensrechtlicher Bewertung demnach beim herrschenden Unternehmen.[260] Bei Anspruch auf Geldersatz ist aus materiell-rechtlicher Sicht der Zeitpunkt der Erfüllung der Schadensersatzpflicht maßgeblich.[261] Im Falle eines Rechtsstreits stellt sich das Problem, welcher Zeitpunkt in prozessualer Hinsicht entscheidend ist. Hier ist nach allgemeiner Meinung auf den Zeitpunkt der letzten mündlichen Tatsachenverhandlung abzustellen.[262]

Die Feststellung des ersatzfähigen Schadens erfolgt unabhängig vom Vorliegen eines Nachteils, er kann höher oder geringer ausfallen.[263] Ein über den Nachteil hinausgehender Schaden ist nach fast einhellig vertretener Ansicht in voller Höhe zu ersetzen.[264]

a) Kein Schaden ohne Nachteil im jeweils relevanten Zeitpunkt

Dieses Ergebnis bedeutet, dass, sollte zum für seine Feststellung relevanten Zeitpunkt kein Nachteil vorliegen, kein Schadensersatz geschuldet ist, auch wenn sich ein zunächst nicht nachteilhaftes Rechtsgeschäft oder eine zunächst nicht nachteilhafte Maßnahme später als schädlich für die abhängige Gesellschaft herausstellen sollte.[265] Dies folgt schon daraus, dass das Bestehen eines Nachteils zum relevanten Zeitpunkt Tatbestandsvoraussetzung für das Entstehen eines Schadensersatzanspruchs nach § 317 AktG ist, unabhängig davon, ob auf der Rechtsfolgenseite ein

---

259 *Fischbach*, Haftung, S. 181; *Ederle*, Beherrschungsverträge, S. 46.

260 *Oetker*, in MünchKommBGB, § 249 Rn. 309; *Fischbach*, Haftung, S. 181.

261 *Oetker*, in MünchKommBGB, § 249 Rn. 314.

262 *Oetker*, in MünchKommBGB, § 249 Rn. 317–319 mit Ausführungen zu prozessualen Implikationen und zur Nichtbeeinflussung des materiellen Anspruchs durch die Feststellung des prozessual relevanten Zeitpunktes; vgl. aus der aktienrechtlichen Literatur *Koppensteiner*, in KK-AktG, § 311 Rn. 53; § 317 Rn. 15; *Weigl*, Haftung, S. 19 f., 23; im Ergebnis auch *Fett*, in Bürgers/Körber, § 311 Rn. 25; *Habersack*, in Emmerich/Habersack, § 311 Rn. 45: Bestimmung des Schadens ex post, auf Grundlage des nunmehr bekannten Geschehensablaufs.

263 *Koppensteiner*, in KK-AktG, § 311 Rn. 53; § 317 Rn. 15; *Weigl*, Haftung, S. 23; vgl. auch *Grigoleit*, in Grigoleit, § 317 Rn. 6.

264 *Habersack*, in Emmerich/Habersack, § 317 Rn. 17; *H.-F. Müller*, in Spindler/Stilz, § 317 Rn. 10; *J. Vetter*, in K. Schmidt/Lutter, § 317 Rn. 8; *Koppensteiner*, in KK-AktG, § 317 Rn. 16; *Koch*, in Hüffer, § 317 Rn. 7; *Grigoleit*, in Grigoleit, § 317 Rn. 6; *Fett*, in Bürgers/Körber, § 317 Rn. 4; *Bödeker*, in Henssler/Strohn, § 317 AktG Rn. 3; *Fischbach*, Haftung, S. 181; aA *Möhring*, in FS Schilling, S. 253, 265: Der Schaden sei durch den Nachteil begrenzt, beide Begriffe sollen gleichwohl identisch sein (S. 264).

265 *Grigoleit*, in Grigoleit, § 311 Rn. 29; *Bous*, Konzernleitungsmacht, S. 90.

Schaden bestehen sollte.[266] Denn ein Schaden müsste adäquat-kausal durch die zum Nachteil führende Veranlassung entstanden sein, was ausgeschlossen ist, wenn bei der Vornahme der Handlung oder des Rechtsgeschäfts, das durch das herrschende Unternehmen veranlasst worden ist, schon kein Nachteil festgestellt werden konnte. Es fehlt dann bereits an der haftungsbegründenden Kausalität.[267]

Wertungsmäßig ist das Resultat zudem deshalb überzeugend, weil ansonsten auch hier das unternehmerische Risiko auf das herrschende Unternehmen verlagert werden würde, was von §§ 311, 317 AktG nicht bezweckt ist, weil kein Nachteil entsteht, der auszugleichen wäre.[268] Es ist es nur in den Fällen überzeugend, das wirtschaftliche Risiko auf das herrschende Unternehmen zu verlagern, in denen veranlassungsbedingte Nachteile entstehen. Dabei ist es unerheblich, ob der aus der Veranlassung oder aus dem Nichtausgleich von Nachteilen resultierende Schaden in Frage steht, denn ein Ausgleich setzt begrifflich einen Nachteil voraus.[269]

b) Anerkennung eines Mindestschadens in Höhe des Nachteils?

Im umgekehrten Fall, in dem ein Nachteil festgestellt wird, zum Zeitpunkt der Geltendmachung aber nach der anzustellenden Differenzbetrachtung[270] kein Schaden (mehr) oder nur ein Schaden vorliegt, der wertmäßig hinter dem zuvor bezifferten Nachteil zurückbleibt, ist umstritten, ob es zu einer Ersatzpflicht in Höhe des Nachteils als sogenanntem „Mindestschaden" kommen soll. Die Frage deckt sich von ihrer materiellen Wertung her mit der oben behandelten, ob ein einmal festgestellter Nachteil auszugleichen ist, obschon der Nachteil im Ausgleichszeitpunkt nur noch in verminderter Form besteht.

aa) Meinungsstand

Für die – unter Abweichung von der Differenzhypothese – Berücksichtigung eines einmal entstandenen Nachteils als Mindestschaden wird von der herrschenden

---

266 *Habersack*, in Emmerich/Habersack, § 317 Rn. 5; *Grigoleit*, in Grigoleit, § 317 Rn. 2; dies gilt unabhängig davon, ob § 317 Abs. 2 AktG in den Nachteilsbegriff des § 311 AktG zu integrieren ist oder eine Exkulpationsmöglichkeit darstellt. Zu diesem dogmatischen Problem sogleich unter § 3 C.

267 Vgl. *Grigoleit*, in Grigoleit, § 317 Rn. 6 („nur der aus der nachteilsbegründenden Einflussnahme resultierende Schaden" sei ersatzfähig); aA, sofern damit mehr gemeint sein soll, als dass die Feststellung von Nachteil und Schaden unabhängig voneinander erfolgt, *Fett*, in Bürgers/Körber, § 311 Rn. 25: Wenn ex ante kein Nachteil festgestellt werden könne, solle ex post gleichwohl ein Schaden der Gesellschaft eintreten können.

268 *Bous*, Konzernleitungsmacht, S. 90.

269 Zum Streitstand um die maßgebliche pflichtwidrige Handlung und den inneren Haftungsgrund der §§ 311, 317 AktG, vgl. § 5.

270 Vgl. *Oetker*, in MünchKommBGB, § 249 Rn. 18–21. Zum Schadensumfang auch noch unter § 5.

Meinung neben dem Sanktionscharakter, den einigen Stimmen in der Literatur den §§ 311, 317 AktG beimessen, vor allem mit dem normativen Schadensbegriff argumentiert. Es würde zu einer unangemessenen Entlastung des Schädigers führen, würden Vorteile in Anrechnung gebracht werden können, die den Schadensersatzanspruch der Höhe nach so weit mindern würden, dass nicht einmal der Nachteil der Höhe nach ausgeglichen werden würde. Zudem spreche die verhaltenssteuernde Wirkung, die § 317 AktG immanent sei, für eine Liquidation des ex ante festgestellten Nachteils. Ohne Ersatz für den entstandenen Nachteil bliebe die Einflussnahme auf die abhängige Gesellschaft ansonsten sanktionslos.[271]

bb) Stellungnahme

Damit wird mit einem fundamentalen Prinzip des allgemeinen Schadensrechts gebrochen, dass nämlich die Ersatzpflicht den Schädiger nicht bestrafen und nur ein Ausgleich tatsächlich erlittener Schäden erfolgen soll.[272] Eine andere Betrachtung würde auf die Anerkennung eines dem deutschen Schadensersatzrecht nicht bekannten Strafschadens hinauslaufen.[273] Zwar sind Abweichungen vom durch die Differenzbetrachtung gewonnen Ergebnis möglich, doch bedarf es dazu unter Heranziehung des normativen Schadensbegriffs durchgreifender Erwägungen, die es rechtfertigen, den Schädiger entlastende Wirkungen ihm letztlich nicht zugutekommen zu lassen.

Nicht überzeugen kann insofern der pauschale Hinweis auf eine verhaltenssteuernde Wirkung der §§ 311 ff. AktG. Dieser Argumentation folgend könnte jeder Sanktionsnorm (beispielsweise auch §§ 280 ff., 823 BGB) die Intention des Verbots bestimmten Verhaltens entnommen werden. Obschon dies sicherlich zutreffen wird, rechtfertigt es nicht, das Schadenserfordernis der §§ 249 ff. BGB, berechnet

---

271 Für die Berücksichtigung des Nachteils als Mindestschaden plädiert die herrschende Meinung, vgl. *Habersack*, in Emmerich/Habersack, § 311 Rn. 45; § 317 Rn. 17; *Koch*, in Hüffer, § 317 Rn. 7; *H.-F. Müller*, in Spindler/Stilz, § 317 Rn. 10; *Fett*, in Bürgers/Körber, § 317 Rn. 4; *Bödeker*, in Henssler/Strohn, § 317 AktG Rn. 3; *Krieger*, in MünchHdbAG, § 69 Rn. 79; *Rothley*, in Wachter, § 317 Rn. 7; *Leuering/Goertz*, in Hölters, § 317 Rn. 14; *Fischbach*, Haftung, S. 181–185; im Ergebnis auch *Beuthien*, DB 1969, 1781, 1783 f.; dagegen *J. Vetter*, in K. Schmidt/Lutter, § 317 Rn. 8; *Altmeppen*, in MünchKommAktG, § 317 Rn. 40; *Schatz/Schödel*, in Heidel, § 317 Rn. 10; *Bous*, Konzernleitungsmacht, S. 89 mit Fn. 57; *Weigl*, Haftung, S. 23 mit Fn. 156; *Altmeppen*, in FS Priester, S. 1, 18; dagegen auch *Grigoleit*, in Grigoleit, § 317 Rn. 6, mit der Einschränkung, dass eine Vorteilsanrechnung unterbleiben müsse, wenn eine „besondere Schutzwürdigkeit des Zuflusses" dagegen spreche, etwa „überobligatorischer Einsatz des Vorstands der abhängigen AG"; tendenziell ablehnend auch *Koppensteiner*, in KK-AktG, § 317 Rn. 17.

272 *Oetker*, in MünchKommBGB, § 249 Rn. 8 mit reichen Nachweisen; grundsätzlich auch *Fischbach*, Haftung, S. 182 (Bereicherungsverbot).

273 *Schatz/Schödel*, in Heidel, § 317 Rn. 10; vgl. auch die Nachweise bei *Oetker*, in MünchKommBGB, § 249 Rn. 8 in Fn. 16.

nach der Differenzmethode, zu überwinden. Eine Schadensersatznorm würde so zur Strafnorm umfunktioniert, was dem Wesen des Ersatzrechts diametral widerspräche.[274] Grundlage jeder Schadensersatznorm ist ein Pflichtenverstoß, denn ein Interesse an der Wiederherstellung des Äquivalenz- oder Integritätsinteresses besteht nur dort, wo berechtigte Interessen verletzt worden sind. Folglich liegt dem Schutz dieser Interessen die Anhaltung zu einem bestimmten Verhalten, genauer, die intendierte Unterbindung bestimmten interessenverletzenden Verhaltens, zu Grunde. Diese beabsichtigte Verhaltenssteuerung, durch Vertragspartner oder den Gesetzgeber statuiert, wird mit Schadensersatz nur dann sanktioniert, wenn ein Schaden festgestellt werden kann. Andernfalls wird die Grenze zu einem pauschalen, weil nicht vom einem tatsächlich vorliegenden Schaden abhängigen, Strafschadensersatz überschritten.

Schließlich vermag auch der Hinweis auf die Risikoverteilung bei Fehlen eines Beherrschungsvertrages nicht zu überzeugen.[275] Es wird vertreten, es liege in der Hand der herrschenden Gesellschaft, die Ausgleichsfrist abzuwarten, um so zu erreichen, dass ein etwaiger Schaden nur noch in geringerer Höhe bestehe. Damit sei nicht vereinbar, dass auf die abhängige Gesellschaft kein zusätzliches unternehmerisches Risiko verlagert werden dürfe. Es würde dem Regelungsziel der §§ 311 ff. AktG zuwiderlaufen, würde der Mindestschaden in Höhe des Nachteils nicht anerkannt.[276] Dabei wird nicht berücksichtigt, dass es sich bei dem beschriebenen Phänomen um ein allgemein schadensrechtlich zu erfassendes Problem handelt, das im Rahmen der §§ 249 ff. BGB auch in anderem Zusammenhang zu lösen ist. Es ist die Frage zu klären, ob den Schaden vermindernde Aspekte den Schädiger entlasten sollen. Damit angesprochen sind allgemeine Fragen der haftungsausfüllenden Kausalität, die im Rahmen der Vorteilsausgleichung eine Rolle spielen.[277] Auf die Geltung dieser Grundsätze kann deshalb verwiesen werden, mit dem Ergebnis, dass eine Entlastung des Schädigers eintritt, weil die abhängige Gesellschaft im hiesigen Zusammenhang anderweitig geschützt ist, so dass keine durchgreifenden Gründe gegen eine Anwendung der allgemein schadensrechtlichen Kausalitätsregeln sprechen. Es wird zutreffend argumentiert, dass §§ 57, 62 AktG ausreichend Schutz für die Interessen der abhängigen Gesellschaft bereitstellten, wenn und weil an das beim herrschenden Unternehmen als Empfänger einer Leistung Zugeflossene abgestellt werde und nicht auf einen Vermögensabgang bei der herrschenden Gesellschaft, so dass eine Ausweitung des Schadens im hiesigen Zusammenhang normativ nicht

274 Zutreffend *Fischbach*, Haftung, S. 182 f.

275 Die Risikoverteilung ist für *Fischbach* (Haftung, S. 184 f.) das entscheidende Argument für die Berücksichtigung des Nachteils als Mindestschaden.

276 *Fischbach*, Haftung, S. 184.

277 Darauf verweisen *Altmeppen*, in MünchKommAktG, § 317 Rn. 37–41; *J. Vetter*, in K. Schmidt/Lutter, § 317 Rn. 8; *Grigoleit*, in Grigoleit, § 317 Rn. 6; *Altmeppen*, in FS Priester, S. 1, 18; vgl. zur Vorteilsausgleichung auch *Lange/Schiemann*, Schadensersatz, § 9.

geboten sei.[278] Darüber hinaus träfe die herrschende Gesellschaft nach hiesigem Verständnis auch eine Verschlechterung der Vermögens- und Ertragslage, weil ein höherer Nachteil auszugleichen wäre. Dem das Risiko tragenden Rechtsträger dann auch die Vorteile eines sich günstig entwickelnden Geschäfts zuzusprechen, scheint nur naheliegend. Im Übrigen ist umstritten, ob die Obergesellschaft tatsächlich nach Belieben bis zum Ende des Geschäftsjahres warten kann, bis sie den Ausgleich leistet. Darauf kommt es in diesem Zusammenhang aber nicht entscheidend an.[279]

Entscheidend gegen die Anerkennung eines Mindestschadens spricht eine am Normzweck orientierte Auslegung der §§ 311, 317 AktG unter Berücksichtigung des systematischen Zusammenhangs von Nachteil, Ausgleich und Schadensersatz. Es darf nicht verkannt werden, dass das abhängige Unternehmen zwar trotz temporär zulässiger Hinnahme von Nachteilen vor Benachteiligungen bewahrt werden soll, das Mittel zur Gewährleistung und notwendigenfalls Durchsetzung des Eigeninteresses aber nicht der Nachteilsausgleich, sondern der (auch präventiv Wirkungen entfaltende) Schadensersatzanspruch ist. Der Anspruch aus § 317 AktG kann dafür von jedem einzelnen Aktionär (auf Leistung an seine Gesellschaft) verfolgt werden (§§ 317 Abs. 4, 309 Abs. 4 AktG). Darüber hinaus wird es dem Aktionär ermöglicht, eigene Schäden zu liquidieren (§ 317 Abs. 1 Satz 2 AktG). Würde der Nachteil als Mindestschaden berücksichtigt werden, würde so durch die Hintertür eine nicht vorgesehene, von jedem Aktionär einklagbare Ausgleichsleistung eingeführt. Das entspricht weder dem Wortlaut der §§ 311, 317 AktG noch der Absicht des Gesetzgebers, eine Schädigung der abhängigen Gesellschaft zu verhindern. Der Nachteilsausgleich ist als Korrektiv zur erlaubten Suspendierung eingeführt worden und soll lediglich gewährleisten, dass dem abhängigen Unternehmen die „Gegenleistung“ im Laufe des Geschäftsjahres zufließt.

Das so gefundene Ergebnis entspricht der Rechtslage im Rahmen der Geschäftsleiterhaftung nach §§ 43 GmbHG, 93 AktG. Auch in diesem Zusammenhang schadet ein von der business judgement rule nicht mehr gedecktes Risikogeschäft dem Geschäftsleiter nicht, obschon er dem Grunde nach haftbar gemacht werden kann, wenn sich das Geschäft überraschenderweise als weniger oder gar nicht schädlich für die Gesellschaft darstellt. Diese als „windfall profit“ oder „günstige Zufälle“ bezeichneten unerwarteten Vermögensvorteile entlasten nach allgemeinen Kausalitätsregeln den Schädiger.[280] Auch im Rahmen der Geschäftsleiterhaftung können die im Zusammenhang mit §§ 311, 317 AktG vorgetragenen Argumente im Sinne von Sanktionscharakter, Verhaltenssteuerung und Risikoverteilung angebracht werden, ohne dass damit Auswirkungen auf das Ergebnis durch Berücksichtigung

278 Zutreffend *J. Vetter*, in K. Schmidt/Lutter, § 317 Rn. 8.

279 Siehe hierzu § 4 A.

280 *J. Vetter*, in K. Schmidt/Lutter, § 317 Rn. 8; *Altmeppen*, in MünchKommAktG, § 317 Rn. 40 unter Hinweis auf *Schiemann*, in Staudinger, § 249 Rn. 132–177; *Oetker*, in MünchKommBGB, § 249 Rn. 222–267.

des normativen Schadensbegriffs angezeigt wären.[281] Dass der Vorstand der abhängigen AG sich auf die Entlastung durch günstige Zufälle soll berufen können, während der ihn dazu veranlassende Geschäftsleiter des herrschenden Unternehmens haftet, obgleich er aufgrund desselben Sachverhalts in Anspruch genommen wird, überzeugt nicht.

Ebenfalls nicht gefolgt werden kann der These, der rechtswidrig Handelnde stünde ohne Berücksichtigung des Mindestschadens besser als der rechtmäßig Handelnde.[282] Als normatives Argument für die Berücksichtigung eines Mindestschadens in Höhe des erlittenen Nachteils wird vorgebracht, dass vermieden werden müsse, dass das herrschende Unternehmen sich „durch die rechtswidrige Entscheidung, den Nachteilsausglich zu unterlassen, sogar Vorteile verschaffen" könne.[283] Sofern der Konzerngeschäftsleiter sich vor Ende des Geschäftsjahres dazu entscheide, statt des Ausgleichs den Schadensersatzanspruch hinzunehmen, da „der Schaden aus der Veranlassung hinter dem geschuldeten Nachteilsausgleich zurückbleib[e]",[284] rechtfertige dies die Anerkennung eines Mindestschadens in Höhe des veranlassungsbedingten Nachteils.[285] Damit soll erreicht werden, dass der als Schadensersatz geschuldete Geldbetrag mindestens die Höhe aufweist, die als Ausgleich im Sinne von § 311 AktG geschuldet ist.

Während der grundsätzliche Ansatz, dass der rechtswidrig Handelnde nicht besser stehen dürfe als der rechtswidrig agierende Geschäftsleiter, nicht von der Hand zu weisen ist, kann die Lösung dieses Dilemmas nicht anhand einer im Einzelfall gebotenen Abweichung bei der Schadensberechnung gefunden werden. Anknüpfungspunkt der Überlegung muss eine Aussage über die Rechtmäßigkeit oder Rechtswidrigkeit der relevanten Handlungen und Unterlassungen sein. Die hier rezipierten, im Sinne einer Berücksichtigung des Mindestschadens argumentierenden Autoren[286] unterstellen, es gebe zwei rechtswidrige Verhaltensweisen (Veranlassung und Unterlassen des Ausgleichs) und der Schädiger könne sich entscheiden, welches verbotene Vorgehen sanktioniert werden solle. Tatsächlich ist die Problematik bei der Bestimmung des den Schadensersatzanspruch auslösenden Verhaltens zu verorten. Der Schadensersatzanspruch ist an eine rechtswidrige Verhaltensweise geknüpft. Unterstellt, es bestehe eine Pflicht, den Ausgleich zu leisten und diese unterbleibe, wäre nach allgemein schadensrechtlichem Verständnis die daraus resultierende Vermögensminderung

---

281 *Altmeppen*, in MünchKommAktG, § 317 Rn. 40 f.; *J. Vetter*, in K. Schmidt/Lutter, § 317 Rn. 8.

282 So argumentieren *H.-F. Müller*, in Spindler/Stilz, § 317 Rn. 10; *Leuering/Goertz*, in Hölters, § 317 Rn. 14; *Fischbach*, Haftung, S. 183 f.

283 *Fischbach*, Haftung, S. 183.

284 *Fischbach*, Haftung, S. 183 f., der auf S. 165–167 mit Fn. 661 davon ausgeht, dass nicht der Nichtausgleich Haftungsgrund der §§ 311, 317 AktG sei, sondern die Veranlassung. Die veranlasste Maßnahme sei schwebend rechtmäßig, bis das Ausbleiben des Ausgleichs feststehe. Dazu eingehend unter § 5 B.

285 *Leuering/Goertz*, in Hölters, § 317 Rn. 14; *Fischbach*, Haftung, S. 183 f.

286 Vgl. Fn. 282.

des abhängigen Unternehmens zu ersetzen (§§ 249, 251 BGB). Ist die Veranlassung rechtswidrig, ist die daraus entstandene Einbuße zu erstatten. Der Fall, dass in dem Unterlassen der Ausgleichsgewährung ein rechtswidriges Verhalten liegt, wird mit einem darauf abstellenden Schadensersatzanspruch sanktioniert. Damit erledigt sich die Frage nach einer Berücksichtigung eines Mindestschadens. Denn die Sanktionierung einer Pflichtwidrigkeit führt dazu, dass der aus ihr entstandene Schaden ersetzt werden muss. Die Situation, dass ein rechtmäßig handelnder Geschäftsleiter schlechter stünde als ein rechtmäßig agierender, wird somit zu einem Scheinproblem, das seinen Ursprung in einem fehlerhaften Verständnis der schadensersatzbewährten Verhaltensweise hat.[287]

4. Ergebnis

Nachteil und Schaden im Sinne von §§ 311, 317 AktG sind nicht bedeutungsidentisch. Jegliche Erklärung des inneren Haftungsgrundes und der dogmatischen Konstruktion der Haftung wegen faktischer Einflussnahme auf die Geschäftsleitung einer abhängigen AG muss dies berücksichtigen. Der Umfang eines Schadens bemisst sich nach allgemein schadensrechtlichem Verständnis zum Zeitpunkt seines Ausgleichs. Ein zum Zeitpunkt der Ausführung der veranlassten Maßnahme festgestellter Nachteil stellt keinen Mindestschaden dar, der stets auszugleichen wäre.

II. Das Begriffspaar „Nachteil" und „Verlust"

Wenn es um die Frage nach nachteiligen Geschäften geht, werden häufig zwei Begriffe ins Spiel gebracht, die dem Bereich der Rechnungslegung zuzuordnen und nach § 242 Abs. 3 HGB Teil des Jahresabschlusses sind, namentlich die Gewinn- und Verlustrechnung. Gewinn und Verlust sind nach § 242 Abs. 2 HGB definiert als das Ergebnis der Gegenüberstellung der Aufwendungen und Erträge eines Geschäftsjahres und sie stellen damit, im Unterschied zur stichtagsbezogenen Betrachtung bei der Bilanz eines Kaufmannes, eine Zeitraumrechnung dar.[288] Aus der Gegenüberstellung ergibt sich abschließend das Jahresergebnis, das als Jahresüberschuss oder Jahresfehlbetrag auszuweisen ist, § 275 Abs. 2 Nr. 20 HGB bzw. § 275 Abs. 3 Nr. 19 HGB.[289] Das soll gemeint sein, wenn im Folgenden von Gewinn (Überwiegen der Erträge) und Verlust (Überwiegen der Aufwendungen) gesprochen wird. Nach § 302 AktG ist ein entstehender Jahresverlust bei Bestehen eines Beherrschungs- oder Gewinnabführungsvertrages auszugleichen.

Führt die Veranlassung zu einer Maßnahme oder einem Rechtsgeschäft zu einem höheren Jahresfehlbetrag oder hätte die abhängige Gesellschaft ohne die Vornahme einen höheren Jahresüberschuss erzielt, liegt ein Nachteil im Sinne von § 311 AktG

287 Eingehend zum Schadensumfang noch unter § 5.

288 *Ballwieser*, in MünchKommHGB, § 242 Rn. 21; *Kessler/Freisleben*, in MünchKommBilR, § 275 HGB Rn. 2.

289 *Kessler/Freisleben*, in MünchKommBilR, § 275 HGB Rn. 3.

vor.[290] Dem wird teilweise entgegengehalten, dass verlustbringende Geschäfte nicht per se nachteilig seien.[291] Das ist wohl vor dem Hintergrund zu verstehen, dass nach überwiegender Ansicht in der Literatur die Verletzung des Pflichtenstandards des § 93 AktG Bestandteil des Nachteilsbegriffs ist.[292] Folglich kommt es maßgeblich darauf an, ob der Nachteilsbegriff rein objektiv auszulegen oder darüber hinaus die Wertung des § 317 Abs. 2 AktG mit in die Begriffsbestimmung zu integrieren ist.

III. Zwischenresümee

Die Begriffe Nachteil, Ausgleich und Schaden sind im Regelungszusammenhang der §§ 311 ff. AktG auseinanderzuhalten. Insbesondere handelt es sich beim Nachteil nicht um ein Synonym für den von § 317 AktG in Bezug genommenen Schaden. Ein Nachteil wird zum Zeitpunkt der Vornahme der veranlassten Maßnahme durch den Vorstand der abhängigen AG bestimmt. Ob und in welcher Höhe ein Ausgleich zu leisten ist, hängt von den Umständen zur Zeit der Ausgleichsgewährung ab. Erfolgt sie, wie im Regelfall, zeitgleich mit der Durchführung der nachteiligen Maßnahme, decken sich die Zeitpunkte. Erfolgt der Ausgleich später, sind Wertveränderungen in die eine wie in die andere Richtung zu berücksichtigen, mit der Folge, dass sich die notwendige Ausgleichsleistung erhöhen oder verringern kann. Der einmal festgestellte Nachteil stellt keinen Mindestwert dar, der jedenfalls auszugleichen wäre. Ob ein Schaden vorliegt, beurteilt sich anhand der allgemeinen Regeln der §§ 249 ff. BGB nach den Verhältnissen zur Zeit der Schadenskompensation. Allgemeinen Kausalitäts- und Zurechnungsregeln folgend vermindern schadensverringernde Umstände den zu ersetzenden Schaden. Der zum Zeitpunkt der Maßnahmenvornahme festgestellte Nachteil stellt keinen Mindestschaden dar, weil der normative Schadensbegriff im Regelungsbereich der §§ 311, 317 AktG keine Korrekturen bedingt.

Das Entstehen eines Jahresfehlbetrags (Verlust) im Sinne der Rechnungslegungsvorschriften führt anders als nach § 302 AktG nicht per se zu einer Ausgleichs- oder Ersatzpflicht des herrschenden Unternehmens. Die Feststellung ist isoliert betrachtet ohne Belang. Erhöht sich jedoch der Jahresfehlbetrag aufgrund einer Veranlassung oder verringert sich der Jahresüberschuss daraufhin, kann ein (auszugleichender) Nachteil vorliegen. Dies hängt jedoch vom genauen Verständnis des Nachteilsbegriffes ab, was im Folgenden näher beleuchtet werden soll.

C. Die Bestimmung des Nachteils im Sinne von § 311 AktG und die Relevanz von § 317 Abs. 2 AktG

Die Frage nach der dogmatischen Einordnung der §§ 311, 317 AktG steht und fällt und kulminiert damit in der zutreffenden Definition des Nachteilsbegriffs. Es stehen sich im Wesentlichen zwei Ansichten gegenüber, die die Haftung wegen Einflussnahme

290 *Altmeppen*, in MünchKommAktG, § 311 Rn. 185.
291 *Habersack*, in Emmerich/Habersack, § 311 Rn. 45.
292 Dazu eingehend unter § 3 C.

auf eine faktische abhängige AG jeweils auf einem unterschiedlichen Verständnis des Nachteilsbegriffs aufbauend dogmatisch einordnen.

I. Meinungsstand

Nach Ansicht der Rechtsprechung und der überwiegenden Meinung in der Literatur handelt es sich bei der Schadensersatzhaftung nach § 317 AktG um eine verschuldensunabhängige Haftung des herrschenden Unternehmens und seiner gesetzlichen Vertreter.[293] Ein Nachteil liege bei jeder Minderung oder konkreten Gefährdung der Vermögen- oder Ertragslage der Gesellschaft[294] vor, soweit sie auf die Abhängigkeit vom herrschenden Unternehmen zurückzuführen sei, so dass kein Nachteil vorliege,

---

293 BGH, Urteil vom 1. März 1999 – II ZR 312/97, BGHZ 141, 79, 84 f., 88 f.; BGH, Urteil vom 1. Dezember 2008 – II ZR 102/07, BGHZ 179, 71, 75 f. Tz. 8 f.; OLG Köln, Urteil vom 27. April 2006 – 18 U 90/05, NZG 2006, 547, 550; *Habersack*, in Emmerich/Habersack, § 317 Rn. 11 in Verbindung mit Rn. 7 und 9; *H.-F. Müller*, in Spindler/Stilz, § 317 Rn. 4; *Koch*, in Hüffer, § 317 Rn. 5; *Grigoleit*, in Grigoleit, § 317 Rn. 4; *Koppensteiner*, in KK-AktG, § 311 Rn. 36; § 317 Rn. 1 (unklar hingegen § 317 Rn. 14); *Rothley*, in Wachter, § 311 Rn. 33; § 317 Rn. 2 f.; *Leuering/Goertz*, in Hölters, § 311 Rn. 52; *Fett*, in Bürgers/Körber, § 311 Rn. 23; § 317 Rn. 7 f.; *Schatz/Schödel*, in Heidel, § 311 Rn. 54; § 317 Rn. 5; *Liebscher*, in BeckHdbAG, § 15 Rn. 87; A/D/S, § 311 AktG Rn. 38, 82; *Joost*, in Küting/Weber, Konzernrechnungslegung, Bd. 2, Kap. II, Rn. 458; *Eschenbruch*, Konzernhaftung, Rn. 3326; *Wimmer-Leonhardt*, Konzernhaftungsrecht, S. 87, 137; *Tröger*, Treupflicht, S. 179 f.; *Drüke*, Haftung, S. 131 f.; *Vogel*, Haftung, S. 116; *Bommert*, Vermögensverlagerungen, S. 173 f., 178 f.; *Mielert*, Leitungsbefugnis, S. 31–36; *Nitsche*, Nachteilszufügungen, S. 70 f.; *Weigl*, Haftung, S. 19; *Emmerich/Habersack*, Konzernrecht, S. 481 f., 512 f.; *Raiser/Veil*, Recht der Kapitalgesellschaften, § 53 Rn. 45; *Habersack*, in FS Hoffmann-Becking, S. 421, 425; *Westermann/Paefgen*, in FS Hoffmann-Becking, S. 1363, 1384 f.; *Geßler*, DB 1965, 1729, 1730; *Beuthien*, DB 1969, 1781, 1784 f.; *Kellmann*, BB 1969, 1509, 1513–1515; *Geßler*, NB 1972, 13, 18 f.; *Köhler*, NJW 1978, 2473, 2477 f.; *Wackerbarth*, Konzern 2010, 337, 338; ähnlich *Haarmann*, Hachenburg-Gedächtnisvorlesung, S. 45, 60 f., der eine „rechtlich wesentliche" Kausalität des Abhängigkeitsverhältnisses für die Maßnahme oder das Rechtsgeschäft fordert und in diesem Zusammenhang § 317 Abs. 2 AktG prüft; wohl auch *Zöllner*, ZHR 162 (1998), 235, 243, der konstatiert: „Ich will zu den Seltsamkeiten dieser Dogmatik nichts sagen, die einen Pflichtwidrigkeitsmaßstab zum Kausalitätserfordernis stilisiert und dieses dann zum Tatbestandsmerkmal des Nachteils umfunktioniert. Das Ergebnis ist jedenfalls zutreffend"; ebenso wohl *Wiedemann/Fleischer*, in Konzernfinanzierung, Rn. 29.8; bezüglich der Haftung des herrschenden Unternehmens auch *J. Vetter*, in K. Schmidt/Lutter, § 317 Rn. 3, 7; *Gärtner*, Cash Pooling, S. 289 mit Fn. 951; nach *Hueck*, in Baumbach/Hueck, Aktiengesetz, 13. Aufl. 1968, § 317 Rn. 6 bedarf es keines Verschuldens, der Nachteil sei objektiv zu bestimmen und es komme eine Haftungsbefreiung nach § 317 Abs. 2 AktG in Betracht; unklar BGH, Urteil vom 3. März 2008 – II ZR 124/06, BGHZ 175, 365, 367–372 Tz. 9–24.

294 Vgl. zur Vermögens- und Ertragslage die Ausführungen in Fn. 245.

wenn ein ordentlicher und gewissenhafter Geschäftsleiter einer unabhängigen Gesellschaft sich ebenso verhalten hätte wie der Vorstand der abhängigen AG.[295] § 317 Abs. 2 AktG ist dieser Ansicht nach keine Regelung des Verschuldens der pflichtwidrig handelnden Personen, sondern ist vielmehr schon im Rahmen der Bestimmung des Tatbestandsmerkmales Nachteil heranzuziehen.[296] Dies resultiere aus dem Umstand, dass nur auf der Abhängigkeit der AG beruhende Auswirkungen auf ihre Vermögens- und Ertragslage vom Schutzzweck der §§ 311 ff. AktG erfasst und deshalb zu berücksichtigen seien.[297] Die Feststellung eines Nachteils setze folglich einen

---

295 BGH, Urteil vom 1. Dezember 2008 – II ZR 102/07, BGHZ 179, 71, 75 f. Tz. 9; LG Kiel, Schlussurteil vom 20. März 2009 – 14 O 90/05, BeckRS 2009, 10256; *Habersack*, in Emmerich/Habersack, § 311 Rn. 39 f.; § 317 Rn. 7; *H.-F. Müller*, in Spindler/Stilz, § 311 Rn. 27 f.; § 317 Rn. 4 f.; *J. Vetter*, in K. Schmidt/Lutter, § 311 Rn. 40, 44; *Leuering/Goertz*, in Hölters, § 311 Rn. 52; *Bommert*, Vermögensverlagerungen, S. 173 f.; *Tröger*, Treupflicht, S. 179; *Wimmer-Leonhardt*, Konzernhaftungsrecht, S. 87, 137; *Drüke*, Haftung, S. 131 f.; *Ederle*, Beherrschungsverträge, S. 37–40, 45; *Nitsche*, Nachteilszufügungen, S. 70 f.; *Emmerich/Habersack*, Konzernrecht, S. 481 f., 512 f.; *Lutter*, in FS Peltzer, S. 241, 245 f.; *Habersack*, in FS Hoffmann-Becking, S. 421, 425; *H.-F. Müller*, in FS Stilz, S. 427, 429 f.; *Mertens*, Hachenburg-Gedächtnisvorlesung, S. 27, 32, 36–40; *Haarmann*, Hachenburg-Gedächtnisvorlesung, S. 45, 57, 60 f.; *Habersack/Schürnbrand*, NZG 2004, 689, 693; im Ergebnis ebenso *Grigoleit*, in Grigoleit, § 311 Rn. 27.

296 BGH, Urteil vom 1. Dezember 2008 – II ZR 102/07, BGHZ 179, 71, 75 f. Tz. 9; *Habersack*, in Emmerich/Habersack, § 311 Rn. 40; *H.-F. Müller*, in Spindler/Stilz, § 311 Rn. 28; *Koch*, in Hüffer, § 311 Rn. 25; § 317 Rn. 11; *J. Vetter*, in K. Schmidt/Lutter, § 311 Rn. 40; § 317 Rn. 3; *Grigoleit*, in Grigoleit, § 317 Rn. 4; *Koppensteiner*, in KK-AktG, § 311 Rn. 36; *Leuering/Goertz*, in Hölters, § 311 Rn. 52, 54; *Schatz/Schödel*, in Heidel, § 311 Rn. 54; *Rothley*, in Wachter, § 317 Rn. 2 f.; *Wiedemann/Fleischer*, in Konzernfinanzierung, Rn. 29.8; *Kropff*, in Semler/Volhard, § 28 Rn. 44; *Bommert*, Vermögensverlagerungen, S. 173 f.; *Tröger*, Treupflicht, S. 180; *Nitsche*, Nachteilszufügungen, S. 70 f.; *Wimmer-Leonhardt*, Konzernhaftungsrecht, S. 87, 137; *Neuhaus*, Organhaftung, S. 21; *Bous*, Konzernleitungsmacht, S. 84; *Schlieper*, Leitungsintensität, S. 67; *Emmerich/Habersack*, Konzernrecht, S. 481 f., 512 f.; *Habersack*, in FS Hoffmann-Becking, S. 421, 425; *Westermann/Paefgen*, in FS Hoffmann-Becking, S. 1363, 1384 f.; *Mertens*, Hachenburg-Gedächtnisvorlesung, S. 27, 32, 36–40; *Haarmann*, Hachenburg-Gedächtnisvorlesung, S. 45, 57, 60 f.; *Habersack/Schürnbrand*, NZG 2004, 689, 693; *Neuhaus*, DB 1970, 1913, 1916; *Werner*, AG 1967, 122, 125; für einen objektiven Tatbestandsausschluss *Koch*, in Hüffer, § 317 Rn. 11 und *Fett*, in Bürgers/Körber, § 317 Rn. 7 f.; unklar *Stahl*, Nachteil, S. 176–178; aA *Mielert*, Leitungsbefugnis, S. 36 f., 38 mit Fn. 85, der nur die Ausgleichspflicht verneinen will, nicht jedoch den Nachteil; so wohl auch *Luchterhandt*, ZHR 133 (1970), 1, 15 (auf S. 33 sodann aber wohl im Sinne der herrschenden Meinung, die einen Nachteil verneint).

297 *Habersack*, in Emmerich/Habersack, § 311 Rn. 40; A/D/S, § 311 AktG Rn. 38; *Krieger*, in MünchHdbAG, § 69 Rn. 78; *Lutter*, in FS Peltzer, S. 241, 245 f.; *Habersack*, in FS

Sorgfaltspflichtverstoß im Sinne von § 93 Abs. 1 AktG voraus.[298] Es komme darauf an, ob auch ein Geschäftsleiter einer unabhängigen Gesellschaft die Maßnahme oder das Rechtsgeschäft hätte durchführen dürfen. In diesem Zusammenhang sei das weite Geschäftsleiterermessen unter Berücksichtigung der business judgement rule (§ 93 Abs. 1 Satz 2 AktG) zu berücksichtigen.[299] § 317 Abs. 2 AktG sei zudem deshalb in § 311 AktG hineinzulesen, weil ansonsten veranlassungsbedingte Nachteile auf Ebene der abhängigen Gesellschaft entstünden, die auszugleichen wären, ein Unterbleiben des Ausgleichs gleichwohl nicht sanktioniert werden würde.[300] Für den Schadensersatzanspruch sei § 317 Abs. 2 AktG nur unter dem Gesichtspunkt einer Beweislastumkehr relevant. Das herrschende Unternehmen sei demnach hinsichtlich des Vorliegens der Nachteiligkeit einer veranlassten Maßnahme beweisbelastet.[301]

Nach einer anderen Ansicht[302] ist der Nachteil objektiv zu bestimmen. § 317 Abs. 2 AktG ist demnach im Rahmen der Frage nach der subjektiven Vorwerfbarkeit zu verorten.[303] Teilweise wird dies als Anlass genommen, die Haftung nach

---

Hoffmann-Becking, S. 421, 425; *Köhler*, NJW 1978, 2473, 2477 f.; vgl. auch *Koppensteiner*, in KK-AktG, § 311 Rn. 36–38.

298 *Habersack*, in Emmerich/Habersack, § 311 Rn. 40; *Koppensteiner*, in KK-AktG, § 311 Rn. 36; *Nitsche*, Nachteilszufügungen, S. 70 f.; *Lutter*, in FS Peltzer, S. 241, 246.

299 *Habersack*, in Emmerich/Habersack, § 311 Rn. 40; *Rothley*, in Wachter, § 311 Rn. 16; *Lutter*, in FS Peltzer, S. 241, 246; *Habersack*, in FS Hoffmann-Becking, S. 421, 425 f.

300 *Tröger*, Treupflicht, S. 180; *Luchterhandt*, ZHR 133 (1970), 1, 15; *Köhler*, NJW 1978, 2473, 2478; ähnlich *Bommert*, Vermögensverlagerungen, S. 174.

301 *Koch*, in Hüffer, § 317 Rn. 12; *J. Vetter*, in K. Schmidt/Lutter, § 317 Rn. 7, 14; *Grigoleit*, in Grigoleit, § 317 Rn. 7; *Koppensteiner*, in KK-AktG, § 311 Rn. 36; *Rothley*, in Wachter, § 317 Rn. 8.

302 Nach *Leuering/Goertz*, in Hölters, § 311 Rn. 52 mit Fn. 78 wird die hier wiedergegebene Ansicht nicht mehr vertreten. Das ist unzutreffend, wie sich aus den Nachweisen in der folgenden Fn. ergibt.

303 *Altmeppen*, in MünchKommAktG, § 311 Rn. 169; § 317 Rn. 8–10; *ders.*, in Roth/Altmeppen, Anh. § 13 Rn. 157; *Würdinger*, in GroßkommAktG, § 311 Anm. 5; § 317 Anm. 3; *von Godin/Wilhelmi*, 4. Aufl. 1971, § 311 Anm. 3; § 317 Anm. 4; *Hueck*, in Baumbach/Hueck, Aktiengesetz, 13. Aufl. 1968, § 311 Rn. 6, 8; § 317 Rn. 6; *Würdinger*, Aktienrecht, S. 343 mit Fn. 10; *Bender*, Bankenbeteiligungen, S. 186; *Bollmann*, Schadensersatzanspruch, S. 59 f., 67 f., 82; *Haesen*, Abhängigkeitsbericht, S. 111–114; *Schatz*, Sicherung, S. 36 f.; *J. Wilhelm*, Kapitalgesellschaftsrecht, Rn. 1278; *Altmeppen*, in FS Priester, S. 1, 5–14; *Möhring*, in FS Schilling, S. 253, 265; *Altmeppen*, ZHR 171 (2007), 320, 330–334; *K. Müller*, ZGR 1977, 1, 14 mit Fn. 31; *Kellmann*, ZGR 1974, 220, 223; *Bälz*, AG 1992, 277, 292, 297; *Brüggemeier*, AG 1988, 93, 99 f.; *Altmeppen*, NJW 2008, 1553, 1554 f.; *ders.*, ZIP 2009, 49, 51; *ders.*, NZG 2010, 361, 366 f.; *ders.*, NZG 2010, 401, 402, 405; *Stöcklhuber*, Konzern 2011, 253, 256; *Leo*, AG 1965, 352, 357; wohl auch *Mielert*, Leitungsbefugnis, S. 31–36, der auf S. 38 die Sorgfaltspflichtverletzung nach der Feststellung des Nachteils prüft; *Geßler*, in FS Kunze, S. 159, 168–170; *Abeltshauser*, Leitungshaftung, S. 155–157, 249; *Mestmäcker*, in FS Kronstein, S. 129, 141 (Befreiung von der Haftung durch § 317 Abs. 2 AktG möglich); *Würdinger*, DB 1973, 45, 46; für eine Verschuldenshaftung, aber

§§ 311, 317 AktG dogmatisch als verschuldensabhängige Haftung für pflichtwidrige Fremdgeschäftsführung einzuordnen, wobei § 317 Abs. 2 AktG die Exkulpation des Handelnden erlauben soll.[304] Die Haftung nach §§ 311, 317 AktG beruhe auf der gleichen Grundlage wie jede Verantwortlichkeit wegen Tätigwerdens in fremdem Interesse, nämlich der Haftung wegen Besorgung fremder Geschäfte (negotiorum gestio). Wie jede Geschäftsführung sei auch die des herrschenden Unternehmens durch Einflussnahme auf die abhängige AG pflichtgebunden und Schadensersatz nur bei schuldhaftem Pflichtverstoß geschuldet.[305]

---

mit „Doppelfunktion" von § 317 Abs. 2 AktG hingegen *Voigt*, Haftung, S. 332–350 und *Fischbach*, Haftung, S. 174–179, die zwar ein Verschuldenserfordernis fordern, § 317 Abs. 2 AktG aber auch bei der Bestimmung des Nachteilsbegriffs heranziehen, dazu sogleich; unklar BGH, Urteil vom 3. März 2008 – II ZR 124/06, BGHZ 175, 365, 367–372 Tz. 9–24; *Brachvogel*, Leitungsmacht, S. 98; *Leuschner*, NJW 2011, 3275, 3276 f.; ebenfalls unklar *Luchterhandt*, ZHR 133 (1970), 1, 15, der einerseits „objektiv nach wirtschaftlichen Gesichtspunkten [...] Leistung und Gegenleistung eines Geschäfts, Vorzüge und Schattenseiten einer Maßnahme miteinander vergleichen" will, sodann jedoch den Fall vermeiden möchte, in dem ein Nachteil feststeht, also ein Ausgleich erfolgen müsse, eine Haftung wegen § 317 Abs. 2 AktG allerdings ausscheide; für eine verschuldensabhängige Haftung auch DJT-Konzernrecht, S. 68 f., wobei sich die Ausführungen grundsätzlich auf einen eigenen Gesetzesvorschlag der Studienkommission beziehen, gleichzeitig aber durch Bezugnahme auf die Gesetz gewordene Fassung hierzu Stellung genommen wird; für eine Verschuldenshaftung nach Konzeption des RegE auch Spitzenorganisationen, Stellungnahme RegE, S. 44.

304 *Altmeppen*, in MünchKommAktG, § 311 Rn. 169; § 317 Rn. 8–10; *ders.*, in Roth/Altmeppen, Anh. § 13 Rn. 157; *Abeltshauser*, Leitungshaftung, S. 155–157, 249; *J. Wilhelm*, Rechtsform, S. 349–353; *ders.*, Kapitalgesellschaftsrecht, Rn. 525 f., 1271, 1278; *Altmeppen*, in FS Priester, S. 1, 5–14; *ders.*, ZHR 171 (2007), 320, 330–334; *ders.*, NJW 2008, 1553, 1554 f.; *ders.*, ZIP 2009, 49, 51; *ders.*, NZG 2010, 361, 366 f.; *ders.*, NZG 2010, 401, 402; *Stöcklhuber*, Konzern 2011, 253, 256; ähnlich *Bälz*, AG 1992, 277, 292, 297; wohl auch *Hueck*, in Baumbach/Hueck, Aktiengesetz, 13. Aufl. 1968, § 317 Rn. 6; *Mestmäcker*, in FS Kronstein, S. 129, 141; hinsichtlich der Haftung nach § 317 Abs. 3 AktG auch *J. Vetter*, in K. Schmidt/Lutter, § 317 Rn. 37; *Gärtner*, Cash Pooling, S. 290; abweichend *U. H. Schneider*, BB 1981, 249, 256: „vorsatzabhängige Veranlassungshaftung"; so auch *Leo*, AG 1965, 352, 358; dezidiert gegen das objektive Nachteilsverständnis *Habersack*, in Emmerich/Habersack, § 311 Rn. 40.

305 *Altmeppen*, in MünchKommAktG, § 311 Rn. 154, 169, 367; § 317 Rn. 8, 10; *ders.*, Haftung, S. 63; *ders.*, in FS Priester, S. 1, 14; *ders.*, ZHR 171 (2007), 320, 330; *ders.*, NJW 2008, 1553, 1554 f.; *ders.*, ZIP 2009, 49, 51; *ders.*, NZG 2010, 361, 366 f.; *ders.*, NZG 2010, 401, 402; vgl. auch *J. Wilhelm*, Rechtsform, S. 227–243, 349–353; *dens.*, Kapitalgesellschaftsrecht, Rn. 525 f., 1271, 1278 (nach *J. Wilhelm* bildet der faktische Konzern eine BGB-Innengesellschaft, in der das herrschende Unternehmen zur Geschäftsführung berechtigt und verpflichtet sei, vgl. dazu noch unter § 4 C II 3); vgl. schon *Flume*, BGB AT I/2, S. 88–90 (unter Heranziehung der Grundsätze der negotiorum gestio im Sinne von Geschäftsführung ohne Auftrag, vgl. dazu noch

Für eine objektive und von § 317 Abs. 2 AktG losgelöste Auslegung spreche schon die Systematik, da § 317 Abs. 2 AktG anderenfalls im Rahmen des § 311 AktG hätte Platz finden müssen.[306] Zudem zeige auch die Auffassung des Gesetzgebers, dass ein Nachteil unabhängig vom Vorliegen der Voraussetzungen des § 317 Abs. 2 AktG hätte bestimmt werden sollen, denn in der Begründung zum RegE heiße es, „die Ersatzpflicht trete nicht ein, wenn das Rechtsgeschäft oder die Maßnahme sich zwar als nachteilig erwiesen hat, aber zum Zeitpunkt der Vornahme auch vom Standpunkt eines ordentlichen und gewissenhaften Geschäftsleiters einer unabhängigen Gesellschaft nicht zu beanstanden war".[307] Daraus werde deutlich, dass es sich um zwei unabhängig voneinander zu behandelnde Tatbestandsmerkmale einer Haftungsnorm handeln müsse, weil die Beurteilung der Nachteiligkeit vollständig erfolgen könne, bevor die Frage nach der Vorwerfbarkeit gestellt werde.

Die von § 311 Abs. 1 AktG in Bezug genommene „Veranlassung" sei notwendiger Anknüpfungspunkt für die Haftungsnorm, weil der eigentlich den Nachteil zufügende „Täter" der Geschäftsleiter der abhängigen Gesellschaft sei und deshalb eine „Selbstschädigung" der abhängigen Gesellschaft vorliege.[308] Dies deshalb, weil eine Leitungsbefugnis zu Gunsten des herrschenden Unternehmens und seiner Geschäftsleiter nicht bestehe (e contrario § 308 f. AktG). Die Veranlassung führe jedoch dazu, dass der Geschäftsleiter der abhängigen Gesellschaft das Rechtsgeschäft oder die Maßnahme vornehme. Das Tatbestandsmerkmal der „Veranlassung" beschreibe deshalb die insofern psychisch vermittelte Kausalität.[309] Diese sei kein Element des Tatbestandsmerkmals „Nachteil", sondern notwendiges Bindeglied zwischen der schädigenden Handlung und der Entstehung des Nachteils und stelle sich als haftungsbegründende Kausalität dar.[310]

Nach dieser Ansicht soll sich durch diese Einordnung zudem die Frage erledigen, ob der Konzerngeschäftsleiter ein „Veranlassungsbewusstsein" benötigt, um in die Haftung nach §§ 311, 317 AktG zu geraten.[311] Abgesehen davon, dass die Veranlassung

---

unter § 3 C II 2 d) dd)); grundsätzlich zustimmend *Fischbach*, Haftung, S. 159; *Gärtner*, Cash Pooling, S. 290; *Stöcklhuber*, Konzern 2011, 253, 256.

306 *Haesen*, Abhängigkeitsbericht, S. 112; *Bollmann*, Schadensersatzanspruch, S. 68.

307 *Bollmann*, Schadensersatzanspruch, S. 68 unter Berufung auf *Kropff*, Begründung, S. 419; vgl. auch *Voigt*, Haftung, S. 333.

308 *Altmeppen*, in FS Priester, S. 1, 6; *ders.*, ZHR 171 (2007), 320, 331; *Leuschner*, NJW 2011, 3275, 3276.

309 *Altmeppen*, in MünchKommAktG, § 311 Rn. 80, 82; *ders.*, in FS Priester, S. 1, 6; *ders.*, ZHR 171 (2007), 320, 331; *ders.*, NJW 2008, 1553, 1554 f.; zustimmend *Stöcklhuber*, Konzern 2011, 253, 256.

310 *Altmeppen*, in FS Priester, S. 1, 6.

311 Nachweise zur Streitfrage hinsichtlich des Veranlassungsbewusstseins bei *Altmeppen*, ZHR 171 (2007), 320, 331 in Fn. 54; *dems.*, in FS Priester, S. 1, 4 in Fn. 8 und Fn. 11.

vom Gesetz vermutet werde, sei ein Veranlassungsbewusstsein nur im Falle eines Vorsatzdeliktes zu verlangen.[312]

Der Nachteil im Sinne von § 311 AktG sei rein objektiv zu bestimmen und liege vor, wenn eine Geschäftsleitungsmaßnahme das Vermögen der abhängigen Gesellschaft vermindere oder auf Grund der künftigen Ertragserwartung vermindern werde.[313] § 317 Abs. 2 AktG beinhaltet nach dieser Auffassung den Verschuldensmaßstab, der erst im subjektiven Tatbestand des Schadensersatzanspruchs des § 317 AktG zu berücksichtigen sei. Sollte ein Nachteil vorliegen, ziehe dieser eine Schadensersatzhaftung nur dann nach sich, wenn die Exkulpation nach § 317 Abs. 2 AktG nicht gelinge.[314] Begründet wird die Abhängigkeit der Haftung von einem (vermuteten) Verschulden mit der Entscheidung des Gesetzgebers, die einheitliche Leitung auch im faktischen Konzern zu erlauben. Diese gesetzgeberische Entscheidung „verbiete es, die Einflußnahme als solche ohne Rücksicht auf Verschulden mit Haftungsfolgen zu belegen".[315] Es handele sich um eine Reaktion des Gesetzgebers auf die faktisch vorhandene Einflussmöglichkeit des herrschenden Unternehmens auf die Angelegenheiten der abhängigen Gesellschaft. Die Anerkennung jener Macht und das fehlende organschaftliche Verhältnis zwischen Machtinhaber und Adressat der Einflussnahme habe es notwendig erscheinen lassen, einen das mangelnde Organverhältnis überwindenden Haftungstatbestand einzuführen.[316] Die Interessenlage entspreche derjenigen im durch Unternehmensvertrag manifestierten Konzern. Dort helfe § 309 AktG über die fehlende Organbeziehung zwischen dem Geschäftsleiter des herrschenden Unternehmens und des vertraglich abhängigen Unternehmens hinweg. §§ 311, 317 AktG seien damit eine Schranke der faktisch möglichen Gestaltungsmacht des herrschenden Unternehmens. Anstatt eine Erfolgshaftung für jegliche Einflussnahme zu statuieren, werden die Entscheidungsträger des herrschenden Unternehmens nunmehr als faktische Konzerngeschäftsleiter an einen Verhaltensstandard gebunden. Sie hätten die Grenzen ordnungsgemäßer Geschäftsleitung einzuhalten, genauso wie dies die Geschäftsleiter der abhängigen Gesellschaft weiterhin uneingeschränkt zu gewährleisten hätten, weil § 76 AktG sie dazu verpflichte.[317] Daraus ergebe sich die Einordnung von §§ 311, 317 AktG als

312 *Altmeppen*, in FS Priester, S. 1, 7; *ders.*, ZHR 171 (2007), 320, 331.

313 *Altmeppen*, in MünchKommAktG, § 311 Rn. 169.

314 *Altmeppen*, in FS Priester, S. 1, 7–9; *ders.*, ZHR 171 (2007), 320, 332 f.; *Bollmann*, Schadensersatzanspruch, S. 59 f., 67 f., 82; vgl. auch DJT-Konzernrecht, S. 68, wobei sich die Ausführungen grundsätzlich auf einen eigenen Gesetzesvorschlag der Studienkommission beziehen, gleichzeitig aber durch Bezugnahme auf die Gesetz gewordene Fassung hierzu Stellung genommen wird.

315 So bereits DJT-Konzernrecht, S. 68.

316 Vgl. *Altmeppen*, in MünchKommAktG, § 311 Rn. 317; *Flume*, BGB AT I/2, S. 88; *Altmeppen*, Haftung, S. 56–70; *dens.*, in FS Priester, 2007, S. 1; *dens.*, ZHR 171 (2007), 320; *dens.*, ZIP 1996, 693; *dens.*, NJW 2008, 1553, 1554 f.

317 *Altmeppen*, in MünchKommAktG, § 311 Rn. 317 unter Anknüpfung an Überlegungen von *Flume*, BGB AT I/2, S. 88–90, 118–130; dazu auch schon *J. Wilhelm*, Rechtsform,

„eine schlichte culpa-Haftung für pflichtwidrige Geschäftsführung, zu welcher der Geschäftsleiter des herrschenden Unternehmens faktisch in der Lage ist".[318] Jene stelle einen Fall der Haftung für pflichtwidrige Führung fremder Geschäfte dar.[319]

Eine weitere Ansicht erkennt in § 317 Abs. 2 AktG eine an §§ 93 Abs. 1 AktG, 43 Abs. 1 GmbH oder § 309 AktG orientierte Normierung von generalklauselartig umschriebener Verhaltenspflicht und typisiertem Verschuldensmaßstab im Sinne einer „Doppelfunktion".[320] Danach ist § 317 Abs. 2 AktG sowohl bei der Bestimmung des Nachteils als auch im Rahmen des Verschuldens heranzuziehen.[321]

Mit dem Streit über die zutreffende Bestimmung des Nachteilsbegriffs zusammenhängend, wird die Haftung nach § 317 AktG mal als Organhaftung oder organähnliche Haftung,[322] andererseits auch als Deliktshaftung oder deliktsähnliche

---

S. 221–243; vgl. auch *Altmeppen*, Haftung, S. 56–70; *dens.*, in FS Priester, 2007, S. 1; *dens.*, ZIP 1996, 693; *dens.*, ZHR 171 (2007), 320; *dens.*, NJW 2008, 1553, 1554 f.; *dens.*, ZIP 2009, 49, 51; *dens.*, NZG 2010, 361, 366 f.; *dens.*, NZG 2010, 401, 402; zustimmend *Gärtner*, Cash Pooling, S. 290; grundsätzlich wohl auch *Fischbach*, Haftung, S. 158 f.; ähnlich *Voigt*, Haftung, S. 340 f.; *Abeltshauser*, Leitungshaftung, S. 155–157, 249.

318 *Altmeppen*, in MünchKommAktG, § 311 Rn. 318.

319 Vgl. die Nachweise in Fn. 305.

320 Für eine Doppelfunktion von § 317 Abs. 2 AktG streiten *Fischbach*, Haftung, S. 175–177 und *Voigt*, Haftung, S. 342–350; unklar *Brachvogel*, Leitungsmacht, S. 98; explizit dagegen *Bollmann*, Schadensersatzanspruch, S. 59 f. Ob §§ 93 Abs. 1 AktG, 43 Abs. 1 GmbH einen solchen Doppeltatbestand bilden, ist umstritten. Dafür *Koch*, in Hüffer, § 93 Rn. 5; *Spindler*, in MünchKommAktG, § 93 Rn. 20; *Mertens/Cahn*, in KK-AktG, § 93 Rn. 11; *Hopt*, in GroßkommAktG, § 93 Rn. 19; *Fleischer*, in Spindler/Stilz, § 93 Rn. 10; *Bürgers/Israel*, in Bürgers/Körber, § 93 Rn. 2; *Haas/Ziemons*, in Michalski, § 43 Rn. 39 f.; *Klöhn*, in Bork/Schäfer, § 43 Rn. 1; *Fleischer*, in MünchKommGmbHG, § 43 Rn. 10; *Kleindiek*, in Lutter/Hommelhoff, § 43 Rn. 11; dagegen *Hüffer*, Aktiengesetz, 10. Aufl. 2012, § 93 Rn. 3a; *Zöllner/Noack*, in Baumbach/Hueck, § 43 Rn. 8; *Grigoleit/Tomasic*, in Grigoleit, § 93 Rn. 4 mit Fn. 2; offengelassen von *Strohn*, CCZ 2013, 177, 177 f. Bezüglich der umstrittenen Einordnung von § 309 AktG, vgl. etwa *Koch*, in Hüffer, § 309 Rn. 14; *Altmeppen*, in MünchKommAktG, § 309 Rn. 65–71; *Fett*, in Bürgers/Körber, § 309 Rn. 15; *Hirte*, in GroßKommAktG, § 309 Rn. 21 f. *Langenbucher*, in K. Schmidt/Lutter, § 309 Rn. 5; *Veil*, in Spindler/Stilz, § 309 Rn. 21–23; *Emmerich*, in Emmerich/Habersack, § 309 Rn. 28–31.

321 *Fischbach*, Haftung, S. 175–177; *Voigt*, Haftung, S. 342–350.

322 *Koppensteiner*, in KK-AktG, § 317 Rn. 5; *Kropff*, in MünchKommAktG, 2. Aufl. 2000, § 317 Rn. 8; *Hueck*, in Baumbach/Hueck, Aktiengesetz, 13. Aufl. 1968, § 317 Rn. 6; *Altmeppen*, in MünchKommAktG, § 317 Rn. 8–10; *H.-F. Müller*, in Spindler/Stilz, § 317 Rn. 2; *J. Wilhelm*, Rechtsform, S. 221–243; *Voigt*, Haftung, S. 342–351, 357 f.; *Abeltshauser*, Leitungshaftung, S. 265 f.; *Möhring*, in FS Schilling, S. 253, 263; *Stöcklhuber*, Konzern 2011, 253, 255 f.; *Stahl*, Nachteil, S. 177 f. meint, dass „die Verantwortlichkeit des herrschenden Unternehmens im faktischen Konzern von der Organhaftung des Vorstands einer unabhängigen Gesellschaft ausgeht, in ihrer

Haftung[323] bezeichnet. Darüber hinaus wird die Sanktionierung gemäß § 317 AktG mit der Verletzung der aus dem mitgliedschaftlichen Sonderrechtsverhältnis resultierenden Treupflicht begründet.[324]

II. Stellungnahme

Durch Auslegung der §§ 311, 317 AktG ist zu ermitteln, wie der Nachteilsbegriff zu verstehen ist. Zuvor soll kurz die Relevanz des Meinungsstreits aufgezeigt werden.

1. Relevanz des Meinungsstreits

Bei der Beurteilung der den Gerichtsentscheidungen zu §§ 311 ff. AktG zugrunde liegenden Sachverhalten kamen beide Ansichten stets zu identischen Ergebnissen. Die herrschende Ansicht nahm an, eine Haftung scheide mangels Vorliegens eines Nachteils aus. Die Mindermeinung konnte sich auf eine Exkulpation des Geschäftsleiters und des herrschenden Unternehmens berufen.[325] Es könnte der Eindruck entstehen, es handele sich um eine dogmatisch-theoretische Problematik, der in der rechtswissenschaftlichen Literatur nachgegangen werde, ohne dass dieses Relevanz für die Praxis habe. Obgleich die Frage in dieser Arbeit auch bei nur theoretischer Erheblichkeit untersucht werden würde, soll hier kurz aufgezeigt werden, dass es durchaus denkbare Fälle gibt, in denen der Frage Entscheidungsrelevanz zukommen kann.

---

konkreten Ausgestaltung aber eine teilweise garantiehaftungsähnlich verschärfte Verschuldenshaftung ist".

323 *Habersack*, in Emmerich/Habersack, § 317 Rn. 11; *Schürnbrand*, Organschaft, S. 186–189; wohl auch *Brüggemeier*, AG 1988, 93, 101; unergiebig ist insofern der Verweis auf das Zwischenurteil des LG Kiel vom 30. Januar 2008 – 14 O 90/05, NZG 2008, 346, 347 (das Parallelverfahren war unter dem Aktenzeichen 14 O 195/03 anhängig). Die Kammer entschied dort lediglich, dass eine auf § 317 AktG gestützte Klage Art. 5 Nr. 3 EuGVVO unterfalle und damit eine „unerlaubte Handlung" oder ihr gleichgestellte Verhaltensweise darstelle. Die Begriffe werden jedoch autonom ausgelegt (vgl. die Nachweise zur Rechtsprechung des EuGH und BGH bei *Gottwald*, in MünchKommZPO, Art. 5 EuGVO Rn. 61 mit Fn. 176; vgl. auch *Stadler*, in Musielak/Voit, Art. 5 EuGVVO Rn. 22 mit weiteren Nachweisen) und dienen insofern der Abgrenzung zur Zuständigkeit nach Art. 5 Nr. 1 EuGVVO. Danach liegt eine unerlaubte oder ihr gleichgestellte Handlung vor, wenn eine Schadensersatzhaftung geltend gemacht wird, die nicht aus einem Vertrag herrührt, vgl. *Gottwald*, in MünchKommZPO, Art. 5 EuGVO Rn. 62–64; *Stadler*, in Musielak/Voit, Art. 5 EuGVVO Rn. 22 f. Über die dogmatische Einordnung als Delikts- oder Organverantwortlichkeit findet sich im Zwischenurteil des LG Kiel keine Aussage.

324 *J. Vetter*, in K. Schmidt/Lutter, § 317 Rn. 3; *Grigoleit*, in Grigoleit, § 317 Rn. 1; *Wimmer-Leonhardt*, Konzernhaftungsrecht, S. 70, 138–140.

325 Vgl. beispielsweise BGH, Urteil vom 3. März 2008 – II ZR 124/06, BGHZ 175, 365 und die Anmerkung von *Altmeppen*, NJW 2008, 1553. Der BGH verneinte einen Nachteil. Mit der Mindermeinung hätte ein Nachteil hingegen bejaht werden müssen. Der Schadensersatzanspruch wäre dieser Ansicht nach erst am Verschulden gescheitert.

Dies gilt etwa hinsichtlich der Frage, ob ein Mitverschulden der Geschäftsleiter der abhängigen Gesellschaft zu berücksichtigen ist. Mitverschulden kann begrifflich wie dogmatisch-systematisch nur dort in Frage kommen, wo eine verschuldensabhängige Haftung in Frage steht. Allenfalls eine analoge Anwendung oder eine Heranziehung von § 254 BGB seines Rechtsgedankens nach kommt bei anderen Ansprüchen in Betracht.[326] Sofern vertreten würde, dass ein Mitverschulden im Rahmen von §§ 311 ff. AktG nie beachtlich sei, könnte argumentiert werden, eine verschuldensabhängige Haftung müsse schon deshalb ausscheiden, da ansonsten Mitverschulden des Geschädigten Berücksichtigung finden müsste. Damit könnte erklärt werden, warum ein Verschulden im Zusammenhang mit §§ 311 ff. AktG wesensfremd sei.[327] Auch die Zurechnung von Fremdverschulden (§ 278 BGB) setzt eine verschuldensabhängige Haftung voraus. Es gelten die gleichen Erwägungen wie bei der Frage nach der Berücksichtigung von Mitverschulden.

Praktische Relevanz erlangt der Streit um die dogmatische Erfassung jedenfalls für den Abhängigkeitsbericht nach § 312 AktG. Dieser müsste bei Vorliegen eines objektiven Nachteils mit einem eingeschränkten Prüfvermerk versehen werden, wenn nicht der Vorstand die Nachteiligkeit eines Geschäfts oder einer Maßnahme einräumt (§ 313 Abs. 4 AktG). Dem würden sich Fragen nach einer etwaigen Schadensersatzpflicht und einer Sonderprüfung nach § 315 AktG anschließen. Die Ansicht, die den Nachteil entfallen lässt, wenn die Voraussetzungen nach § 317 Abs. 2 AktG vorliegen, käme zu dem Ergebnis, dass der Prüfvermerk uneingeschränkt erteilt werden könnte, wie es wohl gegenwärtiger Praxis entspricht. Allerdings ist diese auf den ersten Blick zu Tage tretende Diskrepanz der sich gegenüberstehenden Ansichten sogleich zu relativieren. Selbst wenn bei rechnerischer Betrachtung ein Geschäft vorgenommen würde, das nicht aus gleichwertiger Leistung und Gegenleistung besteht, für die abhängige AG ohne Berücksichtigung weiterer Umstände demnach nachteilig wäre, entspricht es allgemeiner Meinung, dass sowohl im Falle von veranlassten Maßnahmen als auch bei Rechtsgeschäften der Vorstand etwaige Vorteile, neben der Angabe von Leistung und Gegenleistung, dokumentieren kann.[328] Durch die Berücksichtigung „sonstiger" Vorteile zieht ein zunächst nachteilhaft scheinendes

---

326 Vgl. *Oetker*, in MünchKommBGB, § 254 Rn. 7–25 (allerdings ohne Hinweis auf die jeweils rechtsmethodisch notwendige analoge Anwendung von § 254 BGB für verschuldensunabhängige Ansprüche); genauer *Lorenz*, in Bamberger/Roth, § 254 Rn. 6: Es müsse ein beiderseitiges Verschulden vorliegen, um es gegeneinander abzuwägen.

327 Ohne dies als Argument gegen die Berücksichtigung von Mitverschulden heranzuziehen (wobei §§ 311, 317 AktG als verschuldensunabhängige Haftungsnorm angesehen werden) etwa *Grigoleit*, in Grigoleit, § 317 Rn. 8; *J. Vetter*, in K. Schmidt/Lutter, § 317 Rn. 18. Eingehend zur Problematik unter § 3 C II 2 e) bb).

328 *Altmeppen*, in MünchKommAktG, § 312 Rn. 116; *Habersack*, in Emmerich/Habersack, § 312 Rn. 22; *H.-F. Müller*, in Spindler/Stilz, § 312 Rn. 26; A/D/S, § 312 AktG Rn. 68; *Krieger*, in MünchHdbAG, § 69 Rn. 104; *Koppensteiner*, in KK-AktG, § 312 Rn. 39; *Haesen*, Abhängigkeitsbericht, S. 81; im Ergebnis ähnlich *J. Vetter*, in

Geschäft nicht zwangsläufig einen eingeschränkten Prüfvermerk nach sich. Somit muss zwar grundsätzlich durch quantitative Gegenüberstellung ein nachteilhaftes Geschäft erkannt werden können, im Einzelfall sind darüber hinausgehende Erwägungen jedoch berücksichtigungsfähig. Dadurch unterliegt der Vorstand einem erhöhten Rechtfertigungsdruck.

2. Auslegung der relevanten Normen

a) Auslegung anhand des Wortlauts

Zur zutreffenden Erfassung des Nachteilsbegriffs und der dogmatisch wie wertungsmäßig überzeugenden Qualifikation der §§ 311, 317 AktG ist für die Auslegung am Wortlaut anzusetzen.[329]

Nach § 317 Abs. 2 AktG tritt die Ersatzpflicht nicht ein, wenn auch ein ordentlicher und gewissenhafter Geschäftsleiter einer unabhängigen Gesellschaft das Rechtsgeschäft vorgenommen oder die Maßnahme getroffen oder unterlassen hätte. Bezug genommen wird auf die „Ersatzpflicht", womit diejenige nach § 317 Abs. 1 Satz 1 AktG gemeint ist. Denn dort heißt es, dass das herrschende Unternehmen zum „Ersatz" des „entstandenen Schadens" verpflichtet sei. Dass nicht der Nachteilsausgleich gemeint sein kann, macht schon die Wortwahl des Gesetzgebers deutlich. In § 311 Abs. 2 AktG wird nicht von „Ersatz", sondern von „Ausgleich" gesprochen. Der Wortlaut lässt demnach darauf schließen, dass in § 317 Abs. 2 AktG eine Exkulpationsmöglichkeit geregelt ist. Mit *Zöllner* ist das Vorgehen der herrschenden Auffassung, jedenfalls bei Betrachtung des Wortlautes, als Umfunktionieren einer Norm zu beschreiben, das zu „Seltsamkeiten dieser Dogmatik" führt.[330] Statt sich mit diesem Ergebnis zufrieden zu geben („Das Ergebnis ist jedenfalls zutreffend"[331]), ist nach Auslegung des Wortlauts die Mindermeinung überzeugender, die § 317 Abs. 2 AktG in Zusammenhang mit § 317 Abs. 1 AktG setzt und nicht mit Implikationen für § 311 AktG verbindet.[332]

b) Auslegung unter Berücksichtigung der Entstehungsgeschichte und ihre Relevanz

aa) Historische Auslegung

Gegen die Auffassung der herrschenden Ansicht in Rechtsprechung und Literatur wird vorgebracht, der Gesetzgeber habe im RefE eine verschuldensunabhängige

K. Schmidt/Lutter, § 312 Rn. 29, 48; *Koch*, in Hüffer, § 312 Rn. 27; *Fett*, in Bürgers/Körber, § 312 Rn. 24; *Schatz/Schödel*, in Heidel, § 312 Rn. 44 f.

329 Vgl. zur Auslegung des Wortlauts eines Gesetzes *Larenz*, Methodenlehre, S. 320–324; *Fikentscher*, Methoden, S. 670–672; *Bydlinski*, Methodenlehre, S. 437–442.

330 *Zöllner*, ZHR 162 (1998), 235, 243; vgl. auch *Fischbach*, Haftung, S. 332 f.

331 *Zöllner*, ZHR 162 (1998), 235, 243.

332 Deutlich auch *K. Müller*, ZGR 1977, 1, 14 mit Fn. 31 (das Verschuldenserfordernis ergebe sich „eindeutig" aus dem Wortlaut des § 317 Abs. 2 AktG).

Haftung vorgesehen.[333] Diese sei jedoch als zu scharf und uferlos kritisiert worden, so dass mit dem RegE eine vom Verschulden abhängige Haftung normiert worden sei.[334] Trotz Erweiterung der Ausgleichsmöglichkeit von Nachteilen unterscheide sich die Gesetz gewordene Fassung diesbezüglich nicht vom RegE. Insofern kann unter Berücksichtigung der Gesetzeshistorie festgehalten werden, dass eine Abkehr von einer verschuldensunabhängigen Erfolgshaftung bezweckt war.[335]

In der Begründung des RegE wird in einem Nebensatz die Ansicht bestätigt, dass die Haftung des herrschenden Unternehmens von einem Verschulden abhängig ist, weil auf die „subjektiven Voraussetzungen" eines Schadensersatzanspruchs abgestellt wird.[336] Die Ausführungen stehen freilich nicht im Zusammenhang mit der dogmatischen Einordnung der Verantwortlichkeit des herrschenden Unternehmens, wozu der RegE im Übrigen keine Aussagen enthält. Auch die von Vertretern einer verschuldensabhängigen Haftung herangezogene Passage, wonach ein Nachteil unabhängig von § 317 Abs. 2 AktG bestimmt werden soll,[337] spricht für die objektive Nachteilsbestimmung. Wenn es an besagter Stelle in der Regierungsbegründung heißt, die Ersatzpflicht trete nicht ein, wenn zwar ein Nachteil vorliege, das Vorgehen aber im Hinblick auf die Anforderungen, die an einen ordentlichen und gewissenhaften Geschäftsleiter einer unabhängigen AG zu stellen seien, nicht zu beanstanden seien, kann daraus nur der Schluss gezogen werden, dass § 317 Abs. 2 AktG eine Exkulpationsmöglichkeit begründen soll.

Die Abkehr von einer verschuldensunabhängigen Haftung und die Bezugnahme auf die subjektiven Voraussetzungen sind demnach zumindest starke Indizien für eine historische Begründung im Sinne der Meinung, die § 317 Abs. 2 AktG als Verschuldens- bzw. Exkulpationsregelung versteht.

bb) Relevanz der Auslegung anhand der Gesetzgebungshistorie

Obschon die historische Auslegung relativ deutlich für das Verständnis der Meinung spricht, die einen Nachteil objektiv und unabhängig von § 317 Abs. 2 AktG bestimmt, muss die Frage beantwortet werden, welche Relevanz dieser Auslegungsmethode zukommt. Diese rechtsmethodische Frage ist seit jeher umstritten.

---

333 Vgl. zur historischen Auslegung *Larenz*, Methodenlehre, S. 328–333; *Fikentscher*, Methoden, S. 674 f.; *Bydlinski*, Methodenlehre, S. 449–453.

334 *Würdinger*, in GroßKommAktG, § 311 Anm. 11; siehe zur Entstehungsgeschichte und den Regelungen im RefE und RegE eingehend oben § 2 C.

335 Vgl. auch *Voigt*, Haftung, S. 325 mit Fn. 2068; *Mestmäcker*, in FS Kronstein, S. 129, 141 f.

336 *Kropff*, Begründung, S. 409: „Daher wären auch die subjektiven Voraussetzungen eines Schadenersatzanspruchs kaum je zu beweisen". Es handelt sich um Ausführungen im Zusammenhang mit der Begründung, warum der enge Rahmen des Nachteilsausgleichs in der Fassung von § 300 RegE gewählt wurde.

337 Siehe oben Fn. 307.

Es stehen sich, vereinfacht ausgedrückt, die sogenannte „objektive“ und die „subjektive“ Theorie gegenüber.[338] Hintergrund des Methodenstreits ist die Frage, welchem Ziel die Auslegung eines Gesetzes dient. Einerseits wird vertreten, es gehe um die Ermittlung des Willens des historischen Gesetzgebers. Danach komme der Auslegung der Gesetzgebungshistorie entscheidende Bedeutung zu. Andererseits wird jedoch argumentiert, es komme vielmehr auf den „objektiv-teleologischen“ Sinngehalt einer Norm an. Damit wird dem Rechtsanwender mehr Spielraum eingeräumt, weil er sich unter Berufung auf wertende Gesichtspunkte vom ursprünglich durch den „historischen Gesetzgeber“ vorgesehenen Sinngehalt einer Norm entfernen kann, da letztendlich der dem Gesetz immanente Wille zu ermitteln ist.[339]

Das Bundesverfassungsgericht maß dem historischen Willen des Gesetzgebers lange Zeit keine große Bedeutung zu. Erst in einem Beschluss aus dem Jahre 2011 entfernte es sich tendenziell von der „objektiven Theorie“ und hob die Bedeutung des vom Gesetzgeber vorgegebenen Zweckes der Gesetze hervor.[340]

Die praktische Anwendung dieser Grundsätze stellt den Rechtsanwender vor erhebliche Schwierigkeiten, insbesondere wenn es um die Ermittlung des historischen Willens des Gesetzgebers geht. Hier kann die Frage, welcher Methode der Vorzug zu geben ist, jedoch dahingestellt bleiben. Denn sowohl der historische Wille des Gesetzgebers, ausgehend davon, dass jener sich in der Begründung zum Aktiengesetz 1965 manifestiert,[341] als auch die Auslegung, die der Wortlaut der Norm vorzeichnet, kommen zum gleichen Ergebnis, nämlich, dass die Haftung nach § 317 AktG von einem Verschulden abhängt. Sollte die teleologische Auslegung zu einem anderen Ergebnis gelangen, ist auf den Streit zurückzukommen.

338 *Larenz*, Methodenlehre, S. 316–320; *Fikentscher*, Methoden, S. 662–668; *Bydlinski*, Methodenlehre, S. 428–436; *Rüthers/Fischer/Birk*, Rechtstheorie, Rn. 796–819.

339 Vgl. einerseits *Larenz*, Methodenlehre, S. 316–320, 328 f. mit Kritik an einer „historischen Auslegung“, die sich an Textpassagen von Gesetzesbegründungen halte, andererseits *Rüthers/Fischer/Birk*, Rechtstheorie, Rn. 796–819 mit Kritik an der vermeintlichen Objektivität der „objektiven“ Theorie; vgl. auch *Fikentscher*, Methoden, S. 662–668; *Bydlinski*, Methodenlehre, S. 428–436; siehe auch *Braun*, in FS Musielak, S. 119, 125, der die „objektive“ Auslegung in die Nähe des Naturrechts rückt und in der „subjektiven“ Theorie absolutistische Anklänge erkennt.

340 BVerfG, Beschluss vom 25. Januar 2011 – 1 BvR 918/10, BVerfGE 128, 193, 211–222; vgl. dazu auch *Rüthers/Fischer/Birk*, Rechtstheorie, Rn. 799 f.

341 In diesem Sinne *Engisch*, Einführung, S. 115: Demokratisch legitimiert zur Gesetzgebung sei das Parlament, dessen Wille sich aus den Willen der Abgeordneten ergebe. Einzelne Absichten und Motivationen seien aber nicht feststellbar, so dass lediglich der Rückgriff auf den als Gesetz beschlossenen Text und die Begründungen der Beamten des entsprechenden Ministeriums möglich sei; kritisch zu diesem Rückgriff mangels Alternative *Larenz*, Methodenlehre, S. 328 f.

c) Auslegung anhand der systematischen Stellung der Normen und ihres Regelungszusammenhanges

aa) Der Regelungszusammenhang

Die systematische Stellung von Normen im Regelungszusammenhang kann Aufschluss über den Bedeutungsgehalt einer Norm liefern.[342] Augenfällig ist der Standort von § 317 Abs. 2 AktG hinter der Schadensersatz anordnenden Norm (§ 317 Abs. 1 AktG). Der Nachteilsbegriff wird in § 311 AktG gebraucht, so dass es naheliegend gewesen wäre, hier die Regelung des § 317 Abs. 2 AktG anzuschließen, um einen Zusammenhang zwischen dem Verhalten eines ordentlichen Geschäftsleiters einer unabhängigen Gesellschaft und dem daraus resultierenden Nachteil herauszustellen.[343]

bb) Zur Normstruktur im Vergleich zu §§ 93, 309 AktG

Die systematische Auslegung geht über die Betrachtung der (offensichtlichen) Stellung von Normen im unmittelbaren Zusammenhang hinaus. Das methodisch zutreffende Auslegungsergebnis kann sich auch unter Hinzuziehung anderer Gesetzesbestimmungen ergeben, wenn ein Bedeutungszusammenhang besteht, weil möglichst eine sachliche Übereinstimmung jener Bestimmungen herzustellen ist.[344]

Mitunter wird diesbezüglich betont, dass die Normstruktur der §§ 311 ff. AktG von derjenigen der §§ 93, 309 AktG abweiche.[345] Daraus könnte gefolgert werden, dass §§ 311, 317 AktG keine verschuldensabhängige Haftung darstellen, weil ansonsten die Struktur der eine solche Haftung beinhaltenden Normen gewählt worden wäre. §§ 93, 309 AktG statuieren in ihrem ersten Absatz jeweils einen geschäftsführungsspezifischen Sorgfaltsmaßstab. Im Regelungsregime der §§ 311 ff. AktG existiert eine positive Formulierung von Verhaltensanforderungen nicht. § 317 Abs. 2 AktG umschreibt vielmehr negativ, wann eine Ersatzpflicht des Geschäftsleiters nicht die Folge von Fehlverhalten ist.[346] Es liegt der Schluss nahe, dass es sich dogmatisch um unterschiedlich ausgestaltete Haftungstatbestände handelt. Im gleichen Atemzug wird sodann jedoch auf die Gesetzgebungshistorie verwiesen

---

342 Vgl. zur systematischen Auslegung *Larenz*, Methodenlehre, S. 324–328; *Fikentscher*, Methoden, S. 672–674; *Bydlinski*, Methodenlehre, S. 442–448.

343 Vgl. die in Fn. 306 Genannten; grundsätzlich so auch *Fischbach*, Haftung, S. 175.

344 *Larenz*, Methodenlehre, S. 325; die Reichweite der systematischen Auslegung im Zusammenhang mit anderen Methoden des Auslegungskanons ist nicht ganz klar, vgl. dazu im Einzelnen die Nachweise in Fn. 342. Teilweise mögen die hier angestellten Überlegungen auch zur Auslegung nach dem Wortsinn oder nach Sinn und Zweck von Regelungen gehören. Auswirkungen auf das Auslegungsergebnis sind damit freilich nicht verbunden.

345 Vgl. *Fischbach*, Haftung, S. 156.

346 *Fischbach*, Haftung, S. 156; *Gärtner*, Cash Pooling, S. 288 f.; *Wackerbarth*, Konzern 2010, 337, 338; vgl. bezüglich der Negativformulierung auch *Voigt*, Haftung, S. 345.

und die anfängliche Unschlüssigkeit des Gesetzgebers betont, wie er es mit der Leitungsmacht im faktischen Konzern halten wolle.[347]

Während die Unsicherheit des historischen Gesetzgebers insofern nicht von der Hand zu weisen ist, erledigt sich die Frage, warum es keinen §§ 93 Abs. 1, 309 Abs. 1 AktG entsprechenden Absatz im Regelungssystem der §§ 311 ff. AktG gibt, wie folgt: §§ 93, 309 AktG gehen davon aus, dass der Normadressat die Geschäfte eines Verbandes zu führen befugt ist und legen ihm insofern einen positiv umschriebenen Pflichtenstandard auf, den er bei der Ausübung seiner Befugnis einzuhalten hat, um nicht haftbar gemacht zu werden. Diese Kompetenz folgt im Falle von § 93 AktG aus seiner Stellung als Leitungsorgan (§ 76 AktG), im Falle des § 309 AktG aus derjenigen als Geschäftsleiter eines Verbandes, der eine AG vertraglich beherrscht, so dass sich die Leitungsmacht durch verbindliche Weisungserteilung (§ 308 Abs. 1 und Abs. 2 AktG) auch auf die abhängige Gesellschaft erstreckt.[348]

Leitungsmacht im Sinne der Befugnis, eigenen Willen gegen entgegengesetzten Willen des abhängigen Unternehmens und seiner Geschäftsleiter durchzusetzen, begründen §§ 311 ff. AktG nicht. Die Verwaltung der faktisch herrschenden Gesellschaft kann die Geschäftsleiter der abhängigen Gesellschaft nicht darauf in Anspruch nehmen, ihrem Willen zu folgen und entsprechende Maßnahmen auszuführen.[349] Eine auf Befolgung von Weisungen gerichtete Klage hätte keinen Erfolg. Dieser ganz wesentliche Unterschied schlägt sich auch in der gesetzgeberischen Gestaltung der §§ 311 ff. AktG nieder. Denn der Normierung eines Pflichtenstandards durch positive Umschreibung im Sinne einer Generalklausel bedarf es nur, wo ein Handlungsspielraum, der konkretisiert und damit beschränkt werden muss, aufgrund einer Befugnis eröffnet ist.[350] Ist erst gar kein Raum eröffnet, Geschäfte zu führen, erledigt sich die Frage der positiven Umschreibung eines Pflichtenkanons eigentlich von selbst. Der Geschäftsleiter einer AG ist treuhänderischer Verwalter fremder Interessen, da er die Geschäfte eines Verbandes führt, der selbst zu handeln nicht in der Lage ist. Dabei sollen durch Gesetz bestimmte Verhaltensweisen unterbunden werden. Hintergrund ist, dass es zwar die Aufgabe des Geschäftsleiters ist, im fremden Interesse zu handeln, die Grenzen zwischen erlaubtem und nicht mehr

---

347 *Fischbach*, Haftung, S. 156 f.; *Gärtner*, Cash Pooling, S. 288 f.

348 Herrschendes und abhängiges Unternehmen fusionieren wirtschaftlich betrachtet, vgl. die Nachweise in Fn. 244.

349 *Fischbach*, Haftung, S. 158; *Streyl*, Doppelmandate, S. 155 f.; nach *J. Wilhelm*, Rechtsform, S. 221–243 bilden die Unternehmen zwar eine BGB-Innengesellschaft, deren Geschäftsführung das herrschende Unternehmen verantwortet, doch folgt daraus nicht die Berechtigung, willenswidrige Geschäftsleitungsmaßnahmen vorzunehmen. Die Geschäftsleitung beschränkt sich auf die BGB-Gesellschaft und erstreckt sich nicht auf die der abhängigen AG. Insofern bleibt es bei § 76 AktG; vgl. auch § 1 C.

350 Vgl. im Zusammenhang mit dem Bestehen einer Konzernleitungspflicht auch *Koch*, in Hüffer, § 76 Rn. 47, wonach es an der pflichtenbegründenden normativen Basis für eine derartige Pflicht fehlt.

erlaubtem Verhalten allerdings aus Gläubiger- und Aktionärsschutzgesichtspunkten nicht überschritten werden dürfen.

Unzutreffend ist deshalb auch die Kritik am Verständnis einer verschuldensabhängigen Haftung, § 317 AktG nehme die subjektive Merkmale enthaltenden Bestimmungen des § 309 Abs. 1 und Abs. 2 AktG nicht in Bezug, woraus sich die Verschuldensunabhängigkeit der Haftung des faktisch herrschenden Unternehmens ergebe.[351] Einer Bezugnahme bedarf es nicht, weil in § 317 Abs. 2 AktG der Mindermeinung nach ein eigener Verschuldensmaßstab normiert ist.[352] Darüber hinaus wäre eine Bezugnahme wegen der inhaltlichen und materiell-rechtlichen Befugnisse im Vertragskonzern einerseits und im faktischen Konzern andererseits dogmatisch nicht möglich.[353] Die Haftung nach § 309 AktG basiert auf der Erkenntnis des Übergangs der Leitungsmacht auf das herrschende Unternehmen, so dass auf diese Befugnisse zugeschnittene Verantwortlichkeiten mit dem korrespondierenden Pflichtenmaßstab normiert worden sind, namentlich durch Bezugnahme auf die Erteilung bei (folgepflichtigen) Weisungen an die abhängige AG. Eine derartige Pflichtbindung scheidet im Recht der nicht-vertraglich konzernierten AG denklogisch aus, weil keine rechtlichen Befugnisse übertragen werden, damit keine Weisungsrechte existieren, bei deren rechtlich legitimierter Ausübung folglich keine Befugnisse beschränkt werden können und müssen. Es wäre geradezu grotesk, in § 317 AktG Bezug auf eine Leitungsmacht vermittelnde und dafür die Verantwortlichkeit regelnde Norm zu nehmen.[354]

Somit kann die von §§ 93, 309 AktG abweichende Normstruktur nicht als Argument gegen die Auffassung angeführt werden, die in § 317 Abs. 2 AktG eine Exkulpationsmöglichkeit erkennt.

d) Auslegung nach Sinn und Zweck

aa) Überwinden der fehlenden Organbeziehung

§§ 311, 317 AktG wollen ihrem Sinn und Zweck[355] nach sicherstellen, dass diejenigen Personen haftbar gemacht werden, die den Boden der möglichen und nicht verbotenen Einflussnahme verlassen, um so die abhängige AG und mittelbar außenstehende Aktionäre und Gläubiger vor unrechtmäßiger Einflussnahme eines herrschenden Unternehmens zu schützen. Wenn und weil der Konzerngeschäftsleiter faktisch

---

351 So *Wackerbarth*, Konzern 2010, 337, 338.

352 Gegen *Wackerbarth*, Konzern 2010, 337, 338 mit diesem Hinweis *Stöcklhuber*, Konzern 2011, 253, 255.

353 Es scheint deshalb fraglich, ob eine „überflüssige Dopplung" (so *Stöcklhuber*, Konzern 2011, 253, 255) vorliegen würde. Eine Bezugnahme scheidet dogmatisch aus, vgl. dazu sogleich im Text.

354 Unzutreffend deshalb die Kritik von *Wackerbarth*, Konzern 2010, 337, 338.

355 Vgl. zur teleologischen Auslegung *Larenz*, Methodenlehre, S. 333–339; *Fikentscher*, Methoden, S. 676–681; *Bydlinski*, Methodenlehre, S. 453–455; zur sprachlichen Differenzierung zwischen „Sinn" und „Zweck" eines Gesetzes, vgl. *Braun*, in FS Musielak, S. 119, 124.

Einfluss nehmen kann, ordnet § 317 Abs. 3 AktG damit korrespondierend seine Verantwortlichkeit an. Dies ist notwendig, weil keine Organstellung besteht, so dass die daran anknüpfenden Haftungstatbestände nicht greifen. Andererseits ist der Konzerngeschäftsleiter nicht lediglich „Dritter“, so dass das jeden treffende Haftungsregime (§§ 117 AktG, 823, 826 BGB) nicht ausreichend wäre, um seiner tatsächlich bestehenden Stellung gerecht zu werden.[356]

Zutreffend wird deshalb betont, dass mit § 317 Abs. 3 AktG, genauso wie mit § 309 AktG, darauf reagiert wird, dass der Geschäftsleiter der herrschenden Gesellschaft, ähnlich wie ein Organ der abhängigen Gesellschaft, Einfluss auf diese auszuüben in der Lage ist. Die mit jener Einflussmöglichkeit einhergehende Leitungsmacht musste folglich im Falle eines Fehlverhaltens an ähnliche Folgen geknüpft werden wie im Falle des Fehlverhaltens eines Organwalters. Grund für die Normierung ist daher das Fehlen der unmittelbaren Organbeziehung zwischen Konzerngeschäftsleiter und abhängiger Gesellschaft.[357]

Hintergrund ist die Einsicht, dass faktisch die Möglichkeit zur Einflussnahme besteht, die durch §§ 311 ff. AktG beschränkt werden soll. Rechtstechnisch wird die nicht vorhandene Befugnis zur Geschäftsleitung ignoriert und der faktische Konzerngeschäftsleiter gleichwohl an einen Verhaltensstandard gebunden, den ein (mit rechtlicher Befugnis ausgestatteter) Geschäftsleiter einhalten müsste. Dazu wird die Pflichtenbindung, der ein Geschäftsleiter seinem Verband gegenüber unterliegt, auf den Konzerngeschäftsleiter für die Fälle transponiert, in denen er seine faktische Macht zu Veranlassungen gegenüber der abhängigen Gesellschaft ausnutzt.[358]

bb) Verschuldenshaftung nach § 317 Abs. 1 und Abs. 3 AktG

Teilweise wird nur die Haftung nach § 317 Abs. 3 AktG als culpa-Haftung angesehen, während die Verantwortlichkeit des herrschenden Unternehmens nach § 317 Abs. 1 AktG nicht von einem Verschulden abhängig sein soll.[359] Dies entspricht der Rechtslage im Vertragskonzern. Das herrschende Unternehmen haftet nach § 302 AktG pauschal und verschuldensunabhängig für einen entstanden Jahresfehlbetrag, während die Haftung des Konzerngeschäftsleiters an ein Verschulden geknüpft ist (§ 309 Abs. 2 AktG).[360]

Eine Differenzierung zwischen der Verantwortlichkeit des herrschenden Unternehmens und seiner Geschäftsleiter überzeugt im Rahmen der §§ 311 ff. AktG hingegen nicht. Wortlaut, Historie, systematische Stellung sowie Sinn und Zweck

---

356 Vgl. zur Ersetzung der fehlenden Organbeziehung bei faktischer Einwirkungsmöglichkeit die Nachweise in Fn. 316.

357 Vgl. die Nachweise in Fn. 317.

358 Vgl. die Nachweise in Fn. 316.

359 *J. Vetter*, in K. Schmidt/Lutter, § 317 Rn. 37; *Gärtner*, Cash Pooling, S. 286 mit Fn. 943 (zu 317 Abs. 3 AktG) und S. 289 mit Fn. 951 (zur Garantiehaftung des herrschenden Unternehmens).

360 Statt aller *Koch*, in Hüffer, § 302 Rn. 6; § 309 Rn. 15; siehe dazu auch bereits § 1 D I.

führen zu einer identischen Auslegung von § 317 Abs. 1 und Abs. 3 AktG im Sinne einer verschuldensabhängigen Haftung für pflichtwidrige Fremdgeschäftsführung, wobei das erforderliche Verschulden vermutet wird. § 302 AktG lässt das herrschende Unternehmen pauschal für sämtliche Jahresfehlbeträge haften, weil im Falle eines Gewinnabführungsvertrages denknotwendigerweise alle Überschüsse dem herrschenden Unternehmen zufließen, so dass im Sinne der Kapitalerhaltung eine Verantwortlichkeit nicht für ein Fehlverhalten, sondern für den Zustand der abhängigen Gesellschaft erforderlich wird. Wird ein Beherrschungsvertrag abgeschlossen, stellt § 302 AktG einen Gleichklang von Herrschaft und Verantwortlichkeit her. Auch in diesem Rahmen geht es nicht um die Verantwortung für Fehlverhalten, sondern um die Kompensation für einen wegen § 291 Abs. 3 AktG existierenden Zustand, der eine Sicherung der Kapitalerhaltung im Sinne der Gläubiger fordert.[361]

Bezüglich § 309 AktG kann auf die Ausführungen zur Haftung aus § 317 Abs. 3 AktG rekurriert werden. Auch diesbezüglich geht es um die Herstellung einer Verantwortlichkeit, obgleich eine Organbeziehung des Konzerngeschäftsleiters zur abhängigen Gesellschaft fehlt.[362] Aufgrund der Diskrepanzen von §§ 302, 309 AktG und § 317 Abs. 1 und Abs. 3 AktG kommt eine differenzierte Betrachtung bezüglich des Verschuldenserfordernisses nicht in Betracht. Sowohl § 317 Abs. 1 als auch § 317 Abs. 3 AktG setzen ein Verschulden voraus.

cc) Zum Verständnis von § 317 Abs. 2 AktG als „Doppeltatbestand"

Im Ergebnis nicht überzeugen vermag die Ansicht, die zwar von einer Verschuldenshaftung ausgeht, § 317 Abs. 2 AktG jedoch auch bei der Bestimmung des Nachteilsbegriffs heranziehen möchte. Argumentiert wird mit der Ähnlichkeit von § 317 AktG mit der Haftungsanordnung in §§ 93, 309 AktG.[363]

Zwar bezweckt § 317 AktG ebenso wie § 309 AktG, über die fehlende Organbeziehung zwischen Einfluss ausübendem Geschäftsleiter des herrschenden Unternehmens und der abhängigen Gesellschaft hinwegzuhelfen. Der entscheidende Unterschied zu den genannten (verschuldensabhängigen) Haftungsnormen besteht jedoch darin, dass das herrschende Unternehmen und seine Geschäftsleiter nicht berechtigt, und erst recht nicht verpflichtet sind, Geschäfte eines anderen Rechtsträgers aufgrund von faktischer Einflussmöglichkeit zu führen. Während § 309 AktG das herrschende Unternehmen legitimiert, den „Konzern" durch verbindliche Weisungen zu leiten[364] und jedenfalls § 76 AktG den Vorstand einer Aktiengesellschaft

361 *Emmerich*, in Emmerich/Habersack, § 302 Rn. 16 f.; *Koch*, in Hüffer, § 302 Rn. 2 f.; vgl. darüber hinaus den im Auftragsrecht verankerten Ansatz von *Altmeppen*, in MünchKommAktG, § 302 Rn. 12.

362 *Altmeppen*, in MünchKommAktG, § 309 Rn. 2, 68–71.

363 Vgl. die Nachweise in Fn. 320.

364 *Altmeppen*, in MünchKommAktG, § 309 Rn. 68 statt aller.

darüber hinaus zur Leitung verpflichtet,[365] ist weder das eine noch das andere den §§ 311 ff. AktG immanent.[366] Die Pflichtbindung des Leitungsorgans einer unabhängigen Gesellschaft, die ihren inneren Grund im Wesen der juristischen Person als selbst nicht handlungsfähigen Verbandes hat, folgt aus der Außenverantwortlichkeit des Verbandes. Um diese zu gewährleisten, ist intern der Vertreter für dessen Erfüllung verantwortlich, so dass die Legalitätspflicht des Leitungsorgans seine Ursache in der externen Rechtsbindung des Verbandes hat. Die Gesellschaft bedient sich des Leitungsorgans, was eine parallele Pflichtbindung bedingt.[367]

Schlussfolgerungen aus der umstrittenen Doppeltatbestandsthese im Zusammenhang mit §§ 93, 309 AktG oder § 43 GmbHG können nicht auf §§ 311, 317 AktG übertragen werden. Denn während im Rahmen der Geschäftsleitung der unverbundenen Gesellschaft Streit besteht, ob die Pflicht zur ordnungsgemäßen Geschäftsleitung aus der Leitungsaufgabe als solcher folge oder aus der die Haftung für pflichtwidrige Leitung sanktionierenden Norm, ist für den Anwendungsbereich der §§ 311, 317 AktG zu betonen, dass keine Leitungsaufgabe auf das herrschende Unternehmen oder seine Geschäftsleiter übertragen wird. Eine Pflicht zur Leitung kann gar nicht bestehen, weil schon keine Berechtigung existiert.

§ 317 Abs. 2 AktG enthält nur deshalb einen typisierten Verschuldensmaßstab, weil eine faktische Einflussmöglichkeit des herrschenden Unternehmens erkannt und nicht verboten wurde. Für den Fall, dass der faktische Einfluss ausgeübt wird, soll das herrschende Unternehmen einerseits nicht ohne Konsequenz potenziell schädliche Maßnahmen auf fremdes Risiko veranlassen können, andererseits aber auch nicht für veranlasste Geschäfte grenzenlos haftbar sein. Der Kompromiss liegt in der Bindung an das Geschäftsleiterermessen, wie es einem Geschäftsleiter einer unabhängigen Gesellschaft obliegt. Der Sorgfaltsmaßstab, den ein Geschäftsleiter einzuhalten hat, wird auf das Verhältnis des Geschäftsleiters des herrschenden Unternehmens zum abhängigen Unternehmen übertragen. Damit gehen jedoch keine Befugnisse auf das herrschende Unternehmen über.[368] Eine solche Befugnis fehlt deshalb, weil im Unternehmensverbund der §§ 311 ff. AktG nur faktischer Einfluss geltend gemacht wird.

---

365 Spindler, in MünchKommAktG, § 76 Rn. 14; vgl. zur Frage der Konzernleitungspflicht im Vertragskonzern *Koch*, in Hüffer, § 309 Rn. 10; *Altmeppen*, in MünchKommAktG, § 309 Rn. 48–58.

366 Insbesondere im Rahmen der Diskussion um den Doppeltatbestand von § 309 Abs. 2 AktG wird argumentiert, es finde eine „Verlagerung des Leitungsrechts" auf das herrschende Unternehmen statt (*Fett*, in Bürgers/Körber, § 309 Rn. 15). Eine Entsprechung findet sich im Recht der faktisch verbundenen Unternehmen nicht.

367 Treffend *Thole*, ZHR 173 (2009), 504, 509: „Das Organ hat gegenüber der Gesellschaft für die Erfüllung der Gesellschaftspflichten zu sorgen".

368 Gegen eine rechtlich fundierte Konzernleitungsmacht *Altmeppen*, in MünchKommAktG, § 311 Rn. 401; *Habersack*, in Emmerich/Habersack, § 311 Rn. 10; *Koppensteiner*, in KK-AktG, § 311 Rn. 139; *H.-F. Müller*, in Spindler/Stilz, § 311 Rn. 62; *Krieger*, in MünchHdbAG, § 69 Rn. 23; *J. Vetter*, in K. Schmidt/Lutter, § 311 Rn. 108, 120; *Koch*, in Hüffer, § 311 Rn. 48; *Flume*, BGB AT I/2, S. 121–126; *Geßler*,

Wenn es keine Befugnisse gibt, können solche auch nicht positiv umschrieben werden, so dass eine an §§ 43 Abs. 1 GmbHG, 93 Abs. 1, 309 Abs. 1 AktG orientierte Normierung schwer möglich scheint.[369] Sie würde jedenfalls zu völlig verfehlten Auslegungen Anlass geben, die auf eine möglicherweise bestehende Legitimation zu „Veranlassungen" abzielen könnten. Dass diese nicht besteht, eine Veranlassung immer im rechtlich nicht erfassten Bereich stattfindet, wurde bereits ausgeführt. Auch wenn die „Veranlassung" vom Gesetzgeber nicht verboten werden sollte, besteht keinerlei Berechtigung im Sinne einer Anspruchsgrundlage zur „Veranlassung".

Folglich kann kein Schluss auf einen Doppeltatbestand im Rahmen von § 317 Abs. 2 AktG gezogen werden. Überzeugender scheint es, § 317 Abs. 2 AktG als typisierten Verschuldensmaßstab zu begreifen, der wegen der fehlenden Organbeziehung normiert werden musste, ohne dass – mit der Organbeziehung prinzipiell einhergehende – Rechte statuiert wurden. Die Norm ist folglich ebenso zu verstehen wie §§ 276 Abs. 2 BGB, 347 Abs. 1 HGB.

dd) Zur Haftung wegen „negotiorum gestio"

Teilweise wird die Haftung nach §§ 311, 317 AktG mit den Regeln über „negotiorum gestio" in Bezug gebracht.[370] Dazu ist zunächst der Begriff zu klären, der ein römisches Rechtsinstitut bezeichnet, das in einer daran angelehnten Ausprägung ins BGB (§§ 677 ff. BGB, Geschäftsführung ohne Auftrag) übernommen worden ist.[371] Es handelt sich um eine engere Auslegung der wörtlichen Übersetzung, wonach negotiorum gestio auch die Geschäftsführung allgemein und negotiorum gestor den Geschäftsführer meinen kann, der fremde Geschäfte, die des Geschäftsherrn (negotiorum dominus), führt.[372] Damit kommt begrifflich sowohl eine befugte, im Fremdinteresse vorgenommene Geschäftsführung, als auch eine legitimationslose im Sinne der heutigen Regeln der Geschäftsführung ohne Auftrag in Betracht.

---

in FS Westermann, S. 145, 156 f.; wohl auch *Hommelhoff*, Konzernleitungspflicht, S. 113–118, 132–146; abweichend *Luchterhandt*, ZHR 133 (1970), 1, 6–13.

369 AA *Voigt*, Haftung, S. 345; *Fischbach*, Haftung, S. 176.

370 Vgl. die Nachweise in Fn. 305.

371 Mot. II, 854 = *Mugdan*, S. 477; *Köbler*, Zielwörterbuch, S. 448 (negotiorum gestio); *Söllner*, Rechtsgeschichte, § 9 III b), § 18 III e); *Bergmann*, in Staudinger, vor §§ 677 ff. Rn. 5, vgl. zur Geschäftsführung ohne Auftrag im römischen Recht Rn. 63–72; *Kaser/Knütel*, Römisches Privatrecht, § 44 Rn. 12–22; *Dornis*, in Erman, vor § 677 Rn. 3–10; eingehend zur Geschichte der negotiorum gestio und ihres prätorischen Ursprungs, *Wlassak*, negotiorum gestio, passim.

372 Vgl. etwa den Eintrag zu „negotiorum gestio" in Meyers Großes Konversations-Lexikon, Bd. 14, S. 497; zur engeren Auslegung vgl. den Eintrag zu „Geschäftsführung" in Meyers Großes Konversations-Lexikon, Bd. 7, S. 676; vgl. auch Pierer's Universal-Lexikon, Bd. 7., S. 261 f. und Herders Conversations-Lexikon, Bd. 3, S. 69, jeweils mit Einträgen zur Geschäftsführung; aus der juristischen Literatur siehe etwa *Kaser/Knütel*, Römisches Privatrecht, § 44 Rn. 12: „ihrem weitgefassten Namen nach jede Führung fremder Geschäfte".

Als Argument für eine verschuldensabhängige Haftung dient dies insofern, als dass die Fremdgeschäftsführung üblicherweise eine Befugnis zum Tätigwerden im fremden Interesse beinhaltet. Der Vorstand einer AG oder eines Vereines würde den Verband nicht leiten, wenn er verschuldensunabhängig für Pflichtwidrigkeiten haftbar gemacht werden könnte, so dass jede Organhaftungsnorm verschuldensabhängig ausgestaltet ist. Dieses Organverhältnis fehlt zwischen dem Konzerngeschäftsleiter und der abhängigen AG. Dass dieser Unterschied gleichwohl nicht die Verschuldensunabhängigkeit der Haftung zur Folge haben kann, soll dadurch verifiziert werden, dass auch eine Haftung ohne jegliche Befugnis zu keinem anderen Ergebnis gelangen kann. Insofern wird auf die Grundsätze der aus der römisch-rechtlichen negotiorum gestio resultierenden Geschäftsführung ohne Auftrag heutigen Verständnisses verwiesen, wonach eine Haftung des Geschäftsführers neben der Pflichtwidrigkeit ein Verschulden verlangt (§§ 280 Abs. 1 Satz 2, 677 BGB).[373] Es gilt deshalb zu untersuchen, ob sich die §§ 311, 317 AktG als eine positiv-rechtliche Normierung dieser Verantwortlichkeit darstellen, um so auf eine Verschuldensabhängigkeit der Haftung schließen zu können.

---

373 Mot. II, 857–859 = *Mugdan*, S. 479 f.; *Bergmann*, in Staudinger, vor §§ 677 ff. Rn. 105; *Gehrlein*, in Bamberger/Roth, § 677 Rn. 19; *Beuthien*, in Soergel, § 677 Rn. 27; *Steffen*, in RGRK, § 677 Rn. 6, 11; *Honsell/Mayer-Maly/Selb*, Römisches Recht, § 126 mit dem Hinweis, dass die culpa-Haftung aus der bona fides hergeleitet werden könne (allerdings mit Nachweisen in Fn. 12, wonach die „Klassizität der *culpa*-Haftung" nicht unstreitig ist); *Kaser/Knütel*, Römisches Privatrecht, § 44 Rn. 18 („Dabei haftet der Gestor für *dolus*, in den offenbar auch hier Fälle der *culpa* einbezogen wurden. Im Einzelfall kann es sogar zu einer Zufallshaftung kommen, insbesondere wenn der Geschäftsführer gegen das Verbot oder auch nur gegen die Gewohnheiten des Geschäftsherrn tätig geworden ist"). Zufallshaftung ist jedoch nicht im Sinne einer vollständig verschuldensunabhängigen Haftung zu verstehen. Denn auch die willenswidrige Geschäftsführung ist eine culpa-Haftung, da § 678 BGB auch insofern ein Verschulden („Übernahmeverschulden") als Haftungsvoraussetzung normiert. Es ist keine Abweichung vom Verschuldensprinzip statuiert, was sich aus dem (deklaratorischen) Wortlaut von § 678 BGB („sonstiges Verschulden") eindeutig ergibt, vgl. Mot. II, 857 = *Mugdan*, S. 479; Prot. II, 3029 f. = *Mugdan*, S. 1193 f.; *Bergmann*, in Staudinger, § 678 Rn. 1–3; *Seiler*, in MünchKommBGB, § 678 Rn. 2; *Beuthien*, in Soergel, § 677 Rn. 27; § 678 Rn. 4; *Steffen*, in RGRK, § 678 Rn. 6, 8; *Dornis*, in Erman, § 678 Rn. 3 f.; *Gehrlein*, in Bamberger/Roth, § 678 Rn. 3; *Bergmann*, Geschäftsführung, S. 100 f., 235–245. Die Besonderheit besteht darin, dass eine Zufallshaftung (versari in re illicita) für die Fälle greift, in denen nur die Übernahme pflichtwidrig und schuldhaft erfolgt ist. Für die weitere Ausführung kommt es auf die Vorwerfbarkeit des Verhaltens des Geschäftsführers nicht an, vgl. *Seiler*, in MünchKommBGB, § 678 Rn. 1 f., 6; *Bergmann*, in Staudinger, § 678 Rn. 3 („Von daher kann man sagen, dass das Übernahmeverschulden ein besonderer Anwendungsfall des Ausführungsverschuldens ist"); *Beuthien*, in Soergel, § 678 Rn. 5; *Dornis*, in Erman, § 678 Rn. 5; eingehend dazu *Altmeppen*, in FS Knütel, S. 13, 29–32.

(1) Verantwortlichkeit für aktives Tätigwerden

Die Annahme einer solchen Normierung erscheint anhand der bisherigen Ausführungen überzeugend, denn der Konzerngeschäftsleiter veranlasst die abhängige Gesellschaft und erfüllt insofern das Tatbestandsmerkmal der Geschäftsführung im Sinne von § 677 BGB.[374] Notwendigerweise fehlt es im faktischen Unternehmensverbund an einer Beauftragung oder Berechtigung,[375] denen das Fehlen einer Verpflichtung freilich gleichsteht,[376] denn der Vorstand der abhängigen AG bleibt eigenverantwortlich zur Geschäftsleitung verpflichtet.[377] Zudem wird es sich aus dem gleichen Grunde um ein objektiv fremdes Geschäft des Konzerngeschäftsleiters handeln, denn es kann nicht in seine – weil nicht durch §§ 311 ff. AktG vermittelte – Zuständigkeit fallen[378] und eine zugleich eigene Interessenverfolgung führt insofern nicht zur Unanwendbarkeit der §§ 677 ff. BGB.[379]

Es liegt auch kein Fall der angemaßten Eigengeschäftsführung (§ 687 Abs. 2 BGB) vor. Die Abgrenzung von der Geschäftsführung ohne Auftrag nach § 677 BGB erfolgt anhand des Fremdgeschäftsführungswillens.[380] Der Geschäftsführer muss wissentlich ein fremdes Geschäft führen und es als fremdes Geschäft führen wollen, wobei ein

374 Vgl. zum Tätigwerden im Rahmen der Geschäftsführung ohne Auftrag *Bergmann*, in Staudinger, vor §§ 677 ff. Rn. 107–109; *Seiler*, in MünchKommBGB, § 677 Rn. 2; *Beuthien*, in Soergel, § 677 Rn. 2; *Gehrlein*, in Bamberger/Roth, § 677 Rn. 10; *Dornis*, in Erman, vor § 677 Rn. 13.

375 Vgl. zum Tatbestandsmerkmal der fehlenden Berechtigung im Rahmen von § 677 BGB *Bergmann*, in Staudinger, vor §§ 677 ff. Rn. 187–207; *Seiler*, in MünchKommBGB, § 677 Rn. 43–49; *Beuthien*, in Soergel, § 677 Rn. 21–23; *Gehrlein*, in Bamberger/Roth, § 677 Rn. 18; abweichend *J. Wilhelm*, Rechtsform, S. 221–243 unter Annahme einer Pflicht des herrschenden Unternehmens, die Geschäfte einer BGB-Innengesellschaft zu führen.

376 Mot. II, 856 = *Mugdan*, S. 478; *Bergmann*, in Staudinger, vor §§ 677 ff. Rn. 187.

377 Dazu § 1 C.

378 *Flume*, BGB AT I/2, S. 88: „Die Sorgfaltshaftung des beherrschenden Gesellschafters hinsichtlich der Geschäftsführung für die Gesellschaft [...] ist unproblematisch, wenn man nur bedenkt, daß die Angelegenheiten der Gesellschaft für den Gesellschafter [...] fremde Geschäfte sind"; vgl. zum objektiv fremden Geschäft, das einen fremden Rechtskreis betrifft, auch *Larenz*, Schuldrecht II/1, § 57 I a.

379 Vgl. zum „auch fremden Geschäft", das nach ständiger Rechtsprechung des BGH ein Anwendungsfall der §§ 677 ff. BGB darstellt und ebenso wie das objektiv fremde Geschäft zur Vermutung des Fremdgeschäftsführungswillens führt, etwa *Beuthien*, in Soergel, § 677 Rn. 8; *Bergmann*, in Staudinger, vor § 677 ff. Rn. 139 f.; *Seiler*, in MünchKommBGB, § 677 Rn. 9 (mit Kritik in Rn. 24), jeweils mit Nachweisen zur Rechtsprechung; zur Anwendbarkeit der §§ 677 ff. BGB auch bei eigener Motivation, vgl. *Bergmann*, in Staudinger, vor §§ 677 ff. Rn. 177.

380 Vgl. zum Tatbestandsmerkmal des Fremdgeschäftsführungswillens die Nachweise in der vorigen Fn. sowie zur Abgrenzung von der angemaßten Eigengeschäftsführung *Seiler*, in MünchKommBGB, § 687 Rn. 1, 3, 8; *Beuthien*, in Soergel, § 687 Rn. 4, 6; *Larenz*, Schuldrecht II/1, § 57 II b.

Eigeninteresse nicht schädlich ist.[381] Ansonsten greifen die Rechtsfolgen des § 687 Abs. 2 BGB ein und es liegt keine (echte) Geschäftsführung ohne Auftrag vor.

Im Anwendungsbereich der §§ 311 ff. AktG wird der Geschäftsleiter des herrschenden Unternehmens schon deshalb im Bewusstsein handeln, ein fremdes Geschäft zu führen, weil er sich durch die „Veranlassung" an den Vorstand der abhängigen AG wendet, der befugt ist, das Geschäft zu vollziehen oder zu unterlassen.[382] Dass der Konzerngeschäftsleiter in der Absicht tätig wird, ein fremdes Geschäft zu führen, ergibt sich daraus, dass die Willensbildung des Vorstands der abhängigen AG eine originäre Aufgabe des Leitungsorgans ist. Der Vorstand der abhängigen AG bildet seinen Willen grundsätzlich selbst. Dieser Prozess soll beeinflusst werden. Dabei handelt der Geschäftsführer in der Absicht, den Vorstand zu einem bestimmten Tätigwerden zu bewegen, welches sich im Rahmen der Geschäftsleitung der AG bewegt. Die Veranlassung wird freilich nicht frei von auch auf den Vorteil des Unternehmensverbundes gerichteten Motiven sein, allein schon, weil der Konzerngeschäftsleiter seiner Anstellungskörperschaft gegenüber verpflichtet ist. Dies führt jedoch nicht zum Ausschluss der Geltung von § 677 BGB.

§ 687 Abs. 2 BGB wird zudem deshalb nicht einschlägig sein, da die Norm bezweckt, den Geschäftsherren besser zu stellen als bei Verweis auf die Vorschriften des Delikts- und Bereicherungsrechts. Der Geschäftsanmaßer soll durch den Eingriff in fremde Rechte auch den Gewinn aus der Geschäftsführung herausgeben müssen, den der Geschäftsherr ansonsten nicht hätte erzielen können, also auf Wunsch des Geschäftsherrn so behandelt werden, als sei er ein fremdnützig tätiger Geschäftsführer gewesen.[383] Der dafür notwendige Eingriff in den fremden Rechtskreis, wie er etwa bei der eigennützigen Veräußerung fremder Sachen vorliegt, wird in den hier gegenständlichen Fällen nicht vorliegen, weil der Konzerngeschäftsleiter sein Tätigwerden auf „Veranlassungen" beschränkt. Sein Handeln ersetzt nicht dasjenige des Vorstands der abhängigen AG.[384] Damit greift der Konzerngeschäftsleiter weder in einen fremden Rechtskreis ein, noch kann jede Veranlassung als „rechtswidrig" bezeichnet werden. Beide Elemente prägen jedoch die angemaßte Eigengeschäftsführung.[385] Es liegt deshalb ein Handeln „für einen anderen" vor, so dass keine „ausbeuterischen

381 *Seiler*, in MünchKommBGB, § 687 Rn. 1; *Beuthien*, in Soergel, § 687 Rn. 6; *Bergmann*, in Staudinger, § 687 Rn. 33; *Larenz*, Schuldrecht II/1, § 57 I a.

382 Vgl. zum „Zuweisungsgehalt" eines Geschäfts *Bergmann*, in Staudinger, § 687 Rn. 19.

383 *Beuthien*, in Soergel, § 687 Rn. 4; *Bergmann*, in Staudinger, § 687 Rn. 3, 40 f.

384 Damit wird weder in einen fremden Rechtskreis „eingegriffen", noch wird man jede Veranlassung als „rechtswidrig" bezeichnen können. Beide Elemente prägen jedoch den Fall der angemaßten Eigengeschäftsführung, vgl. *Bergmann*, in Staudinger, § 687 Rn. 3.

385 Wie § 687 Abs. 2 BGB dogmatisch in das „materielle System des Schutzes der Vermögensrechte" eingeordnet werden kann, ist umstritten, vgl. *Bergmann*, in Staudinger, § 687 Rn. 11.

Zwecken dienende vorsätzliche Verletzung fremder Rechte"[386] angenommen werden und der Fremdgeschäftsführungswille folglich nicht verneint werden kann.

Schließlich ist mit dieser Erkenntnis auch die Frage beantwortet, woraus die Bindung des Konzerngeschäftsleiters an die Interessen des abhängigen Unternehmens resultiert. Während dies teilweise mittels Annahme eines „Doppeltatbestandes" von § 317 Abs. 2 AktG begründet wird,[387] stellt nach hier dargestellter Ansicht die Geschäftsübernahme den entscheidenden Akt dar. Denn aus der Veranlassung resultiert eine Pflichtbindung des Konzerngeschäftsleiters an die Interessen der abhängigen AG (§ 677 BGB: Interesse des Geschäftsherrn).[388] Dies ist auch insofern überzeugend, als dass berücksichtigt wird, dass mit der Abhängigkeitsbegründung keine unmittelbaren Folgerungen für den Geschäftsführer des herrschenden Unternehmens, etwa im Sinne einer modifizierten Pflichtbindung, einhergehen. Erst sein Tätigwerden durch Veranlassung des abhängigen Unternehmens begründet die Rechtsfolgen, die § 677 BGB jedem Fremdgeschäftsführer auferlegt.

(2) Verantwortlichkeit für Unterlassen

Problematisch scheint die widerspruchsfreie Verortung im Recht der Geschäftsführung ohne Auftrag einzig bezüglich der in § 317 AktG statuierten Haftung des herrschenden Unternehmens für den Nichtausgleich von Nachteilen. Damit wird eine Haftung für ein Unterlassen normiert.[389] Veranlasst das herrschende Unternehmen die abhängige AG zur Vornahme oder Unterlassung (insofern unproblematisch und vom Unterlassen des Ausgleichs zu unterscheiden, weil die „Geschäftsführung" in der vermuteten Veranlassung und damit einem aktiven Tätigwerden besteht) und wird der Ausgleich im Rahmen von § 311 Abs. 2 AktG aufgeschoben, stellt sich die Frage, ob die Pflicht zum Nachteilsausgleich, die ein aktives Tätigwerden durch Abgabe des Angebots im Hinblick auf eine Ausgleichsvereinbarung verlangt, von §§ 677 ff. BGB – und damit dem Verständnis der §§ 311, 317 AktG als Haftung wegen negotiorum gestio – gedeckt ist. Wird ein Geschäftsführer ohne Auftrag nicht tätig,

---

386 *Gehrlein*, in Bamberger/Roth, § 687 Rn. 3; vgl. auch *Seiler*, in MünchKommBGB, § 687 Rn. 8.

387 Dazu § 3 C II 2 d) cc).

388 Wesentlich ist die Interessenberücksichtigung im Sinne einer Beschränkung auf sachlich vorteilhafte Geschäftsführung, vgl. *Seiler*, in MünchKommBGB, § 677 Rn. 51; *Beuthien*, in Soergel, § 677 Rn. 26 f.; *Gehrlein*, in Bamberger/Roth, § 677 Rn. 19.

389 Die Problematik ist von der umstrittenen Frage zu scheiden, ob § 317 AktG eine Haftung für unzureichende Überwachung darstellt und insofern ein „pflichtwidriges Unterlassen" sanktioniert, vgl. insofern *Altmeppen*, in MünchKommAktG, § 317 Rn. 96–98; *J. Vetter*, in K. Schmidt/Lutter, § 317 Rn. 37; *H.-F. Müller*, in Spindler/Stilz, § 317 Rn. 16; *Habersack*, in Emmerich/Habersack, § 317 Rn. 24; *Koppensteiner*, in KK-AktG, § 317 Rn. 44; *Koch*, in Hüffer, § 317 Rn. 14; *Fett*, in Bürgers/Körber, § 317 Rn. 14; *Krieger*, in MünchHdbAG, § 69 Rn. 127; *Altmeppen*, Haftung, S. 65 f.

scheidet eine Verantwortlichkeit regelmäßig aus, weil die Geschäftsführung stets ein aktives Tun verlangt.[390]

Die Frage erledigt sich damit, dass der Konzerngeschäftsleiter die Geschäftsführung bei der abhängigen AG zunächst durch Veranlassung einer Maßnahme übernommen haben muss, da ansonsten die Situation nicht eintreten kann, dass ein veranlassungsbedingter Nachteil einen Ausgleich verlangt. Selbst wenn die Verantwortlichkeit infolge Veranlassung deshalb ausscheidet, weil der Nachteilsausgleich zulässigerweise aufgeschoben worden ist, bleibt es bei der Veranlassung durch das herrschende Unternehmen, wenn die Veranlassungsvermutung nicht widerlegt wird. Gleicht das herrschende Unternehmen einen Nachteil nicht sogleich aus, besteht die Verantwortung für die Ausgleichssuspendierung fort. Der Geschäftsleitungsmaßnahme ist eine Erledigung des Ausgleichs spätestens zum Geschäftsjahresende inhärent, so dass eine Berufung auf die Nichtveranlassung des Nichtausgleichs nicht in Frage kommt.

Das lässt sich mit den für die bürgerlich-rechtliche Geschäftsführung ohne Auftrag geltenden allgemeinen Regeln begründen und ist keine Besonderheit der §§ 311 ff. AktG. Es entspricht allgemeiner Meinung, dass die Übernahme eines Geschäfts grundsätzlich nicht zur Fortführung oder Beendigung des einmal begonnen Geschäfts verpflichtet.[391] Doch ist eine Fortführungspflicht für solche Fälle anerkannt, in denen die Fortführung dem Geschäftsführer ohne Auftrag zumutbar ist und dem Geschäftsherrn dadurch solche Nachteile erspart bleiben, die er ohne Übernahme der Geschäftsführung durch den Dritten nicht erlitten hätte.[392] Ansonsten würde es

390 Vgl. die Nachweise in Fn. 374. Es wird jedoch auch vertreten, dass ein pflichtwidriges Unterlassen zur Anwendbarkeit der §§ 677 ff. BGB führen kann, vgl. *Bergmann*, in Staudinger, vor §§ 677 ff. Rn. 109: „Es erscheint nicht per se ausgeschlossen, dass aufgrund der Umstände des Einzelfalles ein Dulden oder Unterlassen seinem sozialen Sinngehalt nach einer aktiv ausgeführten fremdnützigen Geschäftsführung gleichkommen kann"; zustimmend *Dornis*, in Erman, § 677 Rn. 2; vgl. auch *B. Schmidt*, Geschäftsführung, S. 26; *Bergmann*, Geschäftsführung, S. 114–116; vgl. des Weiteren *Wollschläger*, Geschäftsführung, S. 263 mit Nachweisen (in Fn. 2 und 3) zu Entscheidungen, denen Fälle zugrunde lagen, in denen Schadensersatzklagen auf pflichtwidrige Unterlassungen wegen Überwachungs- oder Auswahlverschulden gestützt worden sind.

391 Eine solche Pflicht ist ausweislich der Materialien zu den Beratungen des BGB nicht aufgenommen worden, die Problematik, dass zwar nicht generell, aber im Einzelfall eine Fortführung angezeigt sein kann, war jedoch bekannt, vgl. Mot. II, 858 f. = *Mugdan*, S. 480 sowie die Nachweise in der folgenden Fn.

392 Mot. II, 858 f. = *Mugdan*, S. 480; *Bergmann*, in Staudinger, § 677 Rn. 22; *Gehrlein*, in Bamberger/Roth, § 677 Rn. 10; *Seiler*, in MünchKommBGB, § 677 Rn. 53; *Steffen*, in RGRK, § 677 Rn. 4; *Dornis*, in Erman, § 677 Rn. 49; *Bergmann*, Geschäftsführung, S. 231–233; vgl. auch *Jansen*, in HKK-BGB, §§ 677–687 I Rn. 52; abweichend, aber im Ergebnis mittels Schadensersatzanspruchs den Abbruch sanktionierend, *Beuthien*, in Soergel, § 677 Rn. 29: Keine Fortführungspflicht, aber „Obliegenheit zur Vermeidung eines Schadensersatzanspruchs". Das ist nicht überzeugend. Es

sich um eine pflichtwidrige, weil nicht der erkennbaren Intention des Geschäftsherrn und damit nicht der Sorgfalt eines ordentlichen Geschäftsführers entsprechende Geschäftsführung handeln.[393] Diese Fortführungspflicht wird teilweise auch aus § 242 BGB hergeleitet,[394] mitunter wird auch § 671 Abs. 2 BGB in analoger Anwendung bemüht, so dass ein Verstoß mit Schadensersatz zu ahnden ist.[395]

Damit kann die Frage, ob im Einzelfall auch ein Unterlassen die Anwendbarkeit der §§ 677 ff. BGB begründen kann,[396] dahingestellt bleiben. Mit der hier vertretenen Ansicht über die Folgepflicht lassen sich die Fälle, die von einer Mindermeinung möglicherweise als Argument für die Heranziehung der Grundsätze der Geschäftsführung ohne Auftrag selbst ohne aktives Tätigwerden herangezogen werden, lösen.

Bezogen auf §§ 311, 317 AktG bedeutet dies, dass eine Fortführungspflicht für die Fälle besteht, in denen der Nachteilsausgleich aufgeschoben worden ist, weil es zur Suspendierung der Ausgleichspflicht nicht gekommen wäre, wenn der (temporäre) Nachteil nicht auf Veranlassung des herrschenden Unternehmens entstanden wäre. Ein Verstoß gegen diese Pflicht ist regelmäßig pflichtwidrig, weil sie nicht im Interesse des abhängigen Unternehmens liegt, und vermutlich auch schuldhaft (§ 317 Abs. 2 AktG).

Mit der Anerkennung einer Folgepflicht für den Fall des zulässigen Ausgleichsaufschubs erschöpft sich der Erkenntnisgewinn jedoch nicht. Auch in den Fällen, in denen das herrschende Unternehmen die abhängige AG zu einem nicht nachteilhaften Geschäft veranlasst, besteht eine Pflicht, auf die Belange des Geschäftsherrn Rücksicht zu nehmen, die im Einzelfall ein aktives Tätigwerden erforderlich werden lassen können.[397] Das resultiert aus der Pflichtbindung des Geschäftsführers

---

könnte stets argumentiert werden, es bestehe keine „Pflicht", weil im Falle eines Verstoßes die Schadensersatzsanktion greife, so dass von einer Obliegenheit ausgegangen werden müsse. Die Annahme einer Pflicht hingegen ermöglicht die Berücksichtigung eines Verschuldens, was den Interessen der Parteien dienlich und im Falle der Obliegenheit nicht möglich ist; gegen eine Obliegenheit auch *Steffen*, in RGRK, § 677 Rn. 4 (Verpflichtung); *Dornis*, in Erman, § 677 Rn. 49 (Nebenpflicht). Eingehend zur Einordnung von § 311 Abs. 2 AktG als Obliegenheit oder Pflicht unter § 4 C II 1.

393 Mot. II, 858 f. = *Mugdan*, S. 480; *Steffen*, in RGRK, § 677 Rn. 4.

394 *Seiler*, in MünchKommBGB, § 677 Rn. 53.

395 *Bergmann*, in Staudinger, § 677 Rn. 24 (für den Fall, dass keine Fortsetzungspflicht besteht); *Mansel*, in Jauernig, § 677 Rn. 9; *Bergmann*, Geschäftsführung, S. 231–233; *Larenz*, Schuldrecht II/1, § 57 I b; kumulativ zur Fortsetzungspflicht bei drohenden Schäden auch *Dornis*, in Erman, § 677 Rn. 49; im Ergebnis auch *Beuthien*, in Soergel, § 677 Rn. 29, allerdings unter Annahme einer Obliegenheit, siehe dazu die Ausführungen in Fn. 392. Ob diese „Folgepflicht" klagbar ist oder im Falle ihrer Verletzung lediglich Schadensersatzansprüche auslöst, ist hier irrelevant, vgl. dazu unter § 4 C II 1 b) bb).

396 Vgl. die Nachweise in Fn. 390.

397 Vgl. auch *Altmeppen*, ZIP 2013, 801, 808 f., wonach es deshalb an der Veranlassung im Sinne von § 311 AktG nicht fehlt und „aus der veranlassten Vorleistung in

mit der Übernahme der Fremdgeschäftsführung. Der BGH hat im Ergebnis in diesem Sinne entschieden, indem er dem herrschenden Unternehmen die Pflicht auferlegte, im Zusammenhang mit einer nicht nachteiligen Veranlassung zur Ausreichung eines unbesicherten Darlehens durch die abhängige AG ein Frühwarnsystems einzurichten, um potenzielle Zahlungsschwierigkeiten zu erkennen. Der Verstoß gegen diese Pflicht könne mit § 317 AktG sanktioniert werden.[398] Dabei handelt es sich um eine – so nicht bezeichnete und auch nicht dogmatisch begründete – Geschäftsfortführungspflicht, die aus der Geschäftsführung durch einen negotiorum gestor herrührt. Denn ohne die ursprüngliche Geschäftsübernahme wäre die Gefahr des potenziell nachteiligen Stehenlassens eines Darlehens nicht entstanden. Dem Geschäftsführer wird die Fortsetzung der Geschäftsführung in diesem Sinne regelmäßig zumutbar sein.

(3) Zwischenergebnis

Folglich ist die Haftung nach §§ 311 ff. AktG eine solche wegen pflichtwidriger Fremdgeschäftsführung, die sich nahtlos in das System der Haftung wegen Geschäftsführung ohne Auftrag einordnen lässt und demnach von einem Verschulden des Geschäftsführers abhängig ist.[399] Unmaßgeblich ist, ob eine Veranlassung zu einem nachteiligen oder nicht nachteiligen Geschäft vorgenommen wird. Im Einzelfall kann die aus der Übernahme der Geschäftsleitung herrührende Fortführungspflicht zu einer Verantwortlichkeit des negotiorum gestor führen.

e) Konsequenzen der Einordnung als verschuldensabhängige Haftung

Mit dem hier vertretenen objektiven Nachteilsverständnis sind Folgerungen verbunden, die auf ihre wertungsmäßige Tragbarkeit hin überprüft werden sollen. Denn eine Rechtsdogmatik ist nur dann überzeugend, wenn aus ihrer systematischen Anwendung materiell zu rechtfertigende Ergebnisse resultieren.

---

zumindest entsprechender Anwendung des § 317 Abs. 3 AktG die Kontroll- und Informationspflicht" folgt (S. 808); aA (mangels Veranlassung keine Haftung nach § 317 AktG) *Schäfer/Fischbach*, in FS Hellwig, S. 293, 307 f.; tendenziell ablehnend wohl auch *Habersack*, in Emmerich/Habersack, § 317 Rn. 24.

398 BGH, Urteil vom 1. Dezember 2008 – II ZR 102/07, BGHZ 179, 71, 79 Tz. 14; vgl. auch *Habersack*, in Emmerich/Habersack, § 311 Rn. 47b.

399 Überzeugend *Flume*, BGB AT I/2, S. 89; die Argumentation lässt sich nicht nur für den Fall der Veranlassung zu einer Unterlassung, sondern auch bezüglich des hier angesprochenen Falles fruchtbar machen. Vgl. zur Folgepflicht auch *Altmeppen*, in MünchKommAktG, § 311 Rn. 317: „Die Nachteilsausgleichspflicht ist nur die Folge der (selbstverständlichen) Pflicht, ordnungsgemäße Geschäftsführung bei der abhängigen AG zu gewährleisten".

aa) Auswirkungen des Ergebnisses auf den Inhalt des Abhängigkeitsberichts

Wie bereits angedeutet, hat die dogmatische Einordnung der §§ 311, 317 AktG Auswirkungen auf den Inhalt des nach § 312 AktG aufzustellenden Abhängigkeitsberichts. Bei der Aufstellung des Abhängigkeitsberichts kommt es auf eine effektive Kontrolle der Einhaltung des Geschäftsleiterermessens bei Maßnahmen mit verbundenen Unternehmen an.[400] Der Vorstand der abhängigen Gesellschaft stellt die Vorteile den Nachteilen gegenüber und der Abschlussprüfer prüft, ob der Vorstand im Rahmen des ihm zustehenden Geschäftsleiterermessens gehandelt hat. Für den Fall, dass ein Nachteilsausgleich stattgefunden hat, sind auch dazu entsprechende Angaben zu machen, um die Überprüfung der Geschäfte zu gewährleisten.

Mit der hier vertretenen Auffassung sind wertungsmäßig überzeugende, weil dem Schutz der abhängigen AG dienende Konsequenzen für den Abhängigkeitsbericht verbunden. Denn würde § 317 Abs. 2 AktG schon bei der Nachteilsprüfung Berücksichtigung finden, würden der Abhängigkeitsbericht und die Schlusserklärung materiell derart entwertet, dass sie als obsolet, weil nichtssagend beurteilt werden müssten. Es würde in der Praxis nie zu negativen Schlusserklärungen kommen – was wohl der momentanen Handhabung entspricht –, wenn und weil der diese Erklärung abgebende Vorstand damit seine eigene Haftbarkeit offenbaren würde.[401] Der Vorstand müsste nämlich, wenn er ein nachteiliges Geschäft erklären wollte, zugeben, dass ein Geschäftsleiter einer unabhängigen Gesellschaft so nicht hätte handeln dürfen (§ 317 Abs. 2 AktG). Überzeugender scheint es, dies als eine Frage der persönlichen Vorwerfbarkeit einzuordnen und einen Nachteil unabhängig davon zu bestimmen.

Zudem ist die Existenz des Abhängigkeitsberichts und seine auch präventive Wirkung als Argument für die Berücksichtigung von § 317 Abs. 2 AktG auf Ebene des Geschäftsleiterverschuldens heranzuziehen. Es kommt darin die „Sanktion" der Eingehung von Nachteilen zum Ausdruck, bevor eine Schadensersatzhaftung Platz greift, denn der Vorstand der abhängigen Gesellschaft kann dem Konzerngeschäftsleiter jederzeit seine Verpflichtung entgegenhalten, unternehmensverbundinterne Geschäfte im Abhängigkeitsbericht aufzunehmen. Objektiv nachteilige Geschäfte wird das herrschende Unternehmen dort ungern wiederfinden wollen, so dass eine entsprechende Wirkung von veranlassungsbedingten Nachteilen auch ohne die Sanktion des § 317 AktG nicht von der Hand zu weisen sein wird.[402]

---

400 *Altmeppen*, in MünchKommAktG, § 312 Rn. 120.

401 *Haesen*, Abhängigkeitsbericht, S. 113.

402 Ob sie deshalb als „sanktionslos" bezeichnet werden sollten (so *Tröger*, Treupflicht, S. 180 als Argument gegen die Nachteilsfeststellung unter Außerachtlassung von § 317 Abs. 2 AktG), kann dahingestellt bleiben. Folgenlos sind veranlassungsbedingte Nachteile jedenfalls nicht.

bb) Berücksichtigung von Mitverschulden oder Verweis auf Innenausgleich der Gesamtschuldner?

Des Weiteren resultiert die Qualifikation als culpa-Haftung in der grundsätzlich möglichen Berücksichtigung von Mitverschulden nach § 254 BGB. Im Rahmen der §§ 311, 317 AktG ist nicht geklärt, ob die Haftung es erlaubt, Mitverursachungsbeiträge der abhängigen Gesellschaft bei der Schadensentstehung und bezüglich des Schadensumfanges schadensmindernd nach § 254 BGB anzurechnen.[403]

(1) Haftungssystematische und teleologische Erwägungen

Die grundlegende Frage lautet, ob Sinn und Zweck von §§ 311, 317 AktG es gebieten, im faktischen Konzern der abhängigen AG das Risiko des Überschreitens der unternehmerischen Grenzen ihres Vorstands aufzutragen, wenn dieser dem Einfluss des herrschenden Unternehmens unterliegt.

Mit der Einordnung als verschuldensabhängige Haftung müsste sich die Berücksichtigung von § 254 BGB in direkter Anwendung ergeben und eine Ausnahme wäre zu begründen. Handeln die Organwalter der abhängigen Gesellschaft auf Veranlassung des herrschenden Unternehmens zum Nachteil ihrer Anstellungskörperschaft und hätte ein ordentlicher und gewissenhafter Geschäftsleiter einer unabhängigen Gesellschaft so nicht gehandelt, sehen sich die herrschende Gesellschaft und ihre Organwalter gesamtschuldnerisch Schadensersatzansprüchen nach § 317 Abs. 1 und Abs. 3 AktG durch die abhängige Gesellschaft ausgesetzt. Eigentlicher „Täter" der Maßnahme, die zu Nachteil und Schaden bei der abhängigen Gesellschaft geführt hat, ist jedoch ihr eigener Vorstand, der auch keiner Folgepflicht aufgrund

---

403 Tendenziell dafür *Schatz/Schödel*, in Heidel, § 317 Rn. 10a; für die Beachtlichkeit von Mitverschulden für den Nachteil übersteigende Schäden *Leuschner*, NJW 2011, 3275, 3276 f.; ähnlich, aber nur im Falle grobfahrlässiger oder vorsätzlicher Schadensverursachung, *Arnold/Aubel*, ZGR 2012, 113, 134 f.; grundsätzlich offen für eine Anwendung auch *Altmeppen*, in MünchKommAktG, § 311 Rn. 363 (für den Fall, dass der Vorstand der abhängigen AG ein Ausgleichsangebot des herrschenden Unternehmens pflichtwidrig und schuldhaft ablehnt); gegen jegliche Berücksichtigung *Koch*, in Hüffer, § 317 Rn. 9; *J. Vetter*, in K. Schmidt/Lutter, § 317 Rn. 18; *Fischbach*, Haftung, S. 185; *Schäfer*, in FS Hoffmann-Becking, S. 997, 1003; vgl. (allerdings im Rahmen von §§ 57, 62 AktG) auch die Erwägungen von *Fleischer/Thaten*, NZG 2011, 1081, 1083; differenzierend *Bollmann*, Schadensersatzanspruch, S. 129 f.: Kürzung nur bei Maßnahmen, die grundsätzlich von § 311 AktG erfasst sind, vom Vorstand aber fehlerhaft ausgeführt worden sind; keine Kürzung, wenn eine Maßnahme pflichtwidrig (§§ 76, 93 AktG) durchgeführt wurde, die gar nicht von § 311 AktG umfasst war. Dass eine Kürzung generell nur für die Frage der Schadensentstehung und des Schadensumfangs in Betracht kommt, nicht hingegen bei der im Rahmen der haftungsbegründenden Kausalität zu verortenden Frage nach der Nachteilsentstehung, ist nach hier vertretenem Haftungskonzept selbstverständlich. Insofern zutreffend sind die Hinweise von *Schatz/Schödel*, in Heidel, § 311 Rn. 10a; *Arnold/Aubel*, ZGR 2012, 113, 134 f. sowie *Leuschner*, NJW 2011, 3275, 3276 f.

der Veranlassung unterlag. Die abhängige AG würde also bei Anerkennung der Anspruchskürzung nach § 254 BGB im Rahmen von § 317 AktG zur vollständigen Schadensliquidation auf die Geltendmachung von Ansprüchen aus § 93 AktG gegen ihre Organmitglieder verwiesen werden, denn insofern würde der abhängigen Gesellschaft das Mitverschulden ihres eigenen Vorstandes angerechnet (§§ 31, 278 BGB analog).[404]

Zum Verhältnis der Haftung aus § 317 AktG zu § 93 AktG wird einhellig vertreten, es bestehe Anspruchskonkurrenz und die Adressaten würden als Gesamtschuldner haften.[405] Während in § 317 Abs. 3 AktG nur die gesamtschuldnerische Haftung des herrschenden Unternehmens und ihres Geschäftsleiters angeordnet ist, überzeugt die Einbeziehung auch des nach § 93 AktG haftenden Vorstandes. Insofern kann auf den Rechtsgedanken von §§ 830, 840 BGB verwiesen werden. Der Vorstand der abhängigen AG und das herrschende Unternehmen führen den Schaden gemeinsam herbei, was ihre gesamtschuldnerische Einstandspflicht begründet, weil insofern Identität bezüglich des Leistungsinteresses des abhängigen Unternehmens besteht (§ 421 BGB).[406] Im Rahmen der Naturalrestitution haben die Schädiger die rechtswidrige Maßnahme rückgängig zu machen. Erst bei der Frage nach der Haftung nach § 251 BGB kommt dem Umfang der jeweiligen Haftung im Außenverhältnis Bedeutung zu. Im Schadensersatzprozess wird es regelmäßig nur um Entschädigung in Geld gehen, so dass die Frage in den seltenen Fällen der Verfolgung von Ansprüchen nach § 317 AktG regelmäßig akut werden wird.

Die Anwendung von § 254 BGB stellt eine Vorfrage zur Gesamtschuld dar. Denn im Falle der Anspruchskürzung würde nur eine teilweise gesamtschuldnerische Haftung entstehen. Der abhängigen Gesellschaft würde im Außenverhältnis der Haftungsanteil des herrschenden Unternehmens (und seines Vorstandes) genommen, der auf den Vorstand der abhängigen AG entfällt. Insofern wäre zwingend eine Inanspruchnahme nach § 93 AktG geboten.

Sofern dagegen vorgebracht wird, ein Mitverschulden müsse außer Acht bleiben, da den §§ 311 ff. AktG der Gedanke zu Grunde liege, dass aufgrund der Abhängigkeit von einem anderen Unternehmen keine freie Willensbildung mehr erfolgen könne,[407] ist diese Beurteilung zu weitgehend und trotz Beeinflussungsgefährdung mit § 311 AktG nicht vereinbar. Wenn dies der Wertung der §§ 311 ff. AktG entsprechen würde, wäre es wertungsmäßig untragbar, von einem eigenverantwortlich handelnden

---

404 Zur Zurechnung des Verhaltens und Verschuldens von Organen und zur Frage, ob § 278 BGB neben § 31 BGB zur Anwendung kommt, vgl. etwa *Schiemann*, in Staudinger, § 254 Rn. 107; *Reuter*, in MünchKommBGB, § 31 Rn. 30–32; *Grundmann*, in MünchKommBGB, § 278 Rn. 6 f., 10; *Raiser/Veil*, Recht der Kapitalgesellschaften, § 53 Rn. 46.

405 *Fett*, in Bürgers/Körber, § 318 Rn. 11; *Habersack*, in Emmerich/Habersack, § 318 Rn. 12; *H.-F. Müller*, in Spindler/Stilz, § 318 Rn. 14; vgl. auch *Altmeppen*, in MünchKommAktG, § 318 Rn. 24.

406 Vgl. *Bydlinski*, in MünchKommBGB, § 421 Rn. 5.

407 *Koch*, in Hüffer, § 317 Rn. 9.

und entsprechend dafür haftenden Vorstand auszugehen. Es scheint jedenfalls in dieser Pauschalität apodiktisch, eine freie Willensbildung für nicht mehr möglich zu halten. Im Übrigen würde das Problem nur verschoben. Aus der Sicht des abhängigen Unternehmens würde diese Sichtweise zwar den Vorteil haben, von jedem Schädiger vollen Schadensersatz verlangen zu können. Es bleibt jedoch das Problem des Innenausgleichs der Gesamtschuldner, im Rahmen dessen die gleichen Aspekte eine Rolle spielen. Auch insofern zu argumentieren, die freie Willensbildung des Vorstandes der abhängigen AG leide unter der Abhängigkeit bis zur vollständigen Aufgabe, würde bedeuten, den Innenausgleich (§ 426 BGB) fast vollständig zu Lasten des herrschenden Unternehmens zu beurteilen. Dies widerspricht den Wertungen der §§ 76, 93 AktG, denn es bleibt trotz Abhängigkeit bei der Leitungsmacht und der korrespondierenden Verantwortlichkeit des Vorstandes.[408] Die Berufung auf die Willensbeeinflussung würde dies zu einem Lippenbekenntnis verkommen lassen, unabhängig davon, ob die Problematik im Rahmen von § 254 BGB oder § 426 BGB anzusiedeln ist.

Des Weiteren werden gläubigerschützende Argumente gegen die Anwendbarkeit von § 254 BGB vorgebracht.[409] Dabei ist zu bedenken, dass konkurrierend zu §§ 311, 317 AktG die Kapitalerhaltungsvorschriften der §§ 57, 62 AktG zur Anwendung kommen, da § 311 Abs. 2 AktG (höchstens) eine zeitweise Lockerung ermöglicht.[410] In diesem Zusammenhang scheidet eine Kürzung nach § 254 BGB (analog) allgemeiner und zutreffender Ansicht nach aus.[411] Der Grund für die Verschuldensunabhängigkeit des körperschaftlichen Rückerstattungsanspruchs liegt in seiner Gleichstellung mit dem Anspruch der AG auf Leistung der Einlage begründet.[412] Diese kapitalerhaltungsspezifischen Gründe können auf §§ 311, 317 AktG nicht übertragen werden. Sofern die Kapitalerhaltung durch die Inanspruchnahme nach §§ 311, 317 AktG nicht tangiert wird, sprechen jene Gesichtspunkte folglich nicht zwingend gegen die Anwendung von § 254 BGB.

(2) Rechtsmethodische Erwägungen

Vor dem Hintergrund der Schutzrichtung von §§ 311, 317 AktG, nicht nur die höchstens zeitweise gelockerte Kapitalerhaltung[413] zu gewährleisten, sondern darüber hinaus Einflussnahmen eines anderen Unternehmens jedenfalls dann zu unterbinden, wenn es zum Schluss einer Rechnungsperiode zu einem Schaden der AG kommt,

---

408 Dazu § 1 C.

409 *J. Vetter*, in K. Schmidt/Lutter, § 317 Rn. 18.

410 BGH, Urteil vom 1. Dezember 2008 – II ZR 102/07, BGHZ 179, 71, 76–78 Tz. 11 f.; *Altmeppen*, in MünchKommAktG, § 311 Rn. 470; *J. Vetter*, in K. Schmidt/Lutter, § 311 Rn. 117 f.; *Koch*, in Hüffer, § 311 Rn. 49; *Nitsche*, Nachteilszufügungen, S. 66.

411 BGH, Urteil vom 31. Mai 2011 – II ZR 141/09, BGHZ 190, 7, 15 f. Tz. 22; *Koch*, in Hüffer, § 62 Rn. 2; *Bayer*, in MünchKommAktG, § 62 Rn. 7.

412 *Bayer*, in MünchKommAktG, § 62 Rn. 7.

413 Vgl. die Nachweise in Fn. 410.

erscheint die Ansicht, die methodisch auf eine näher zu begründende teleologische Reduktion[414] von § 254 BGB im Rahmen von §§ 311, 317 AktG hinausläuft, jedoch nicht unvertretbar. Das herrschende Unternehmen könnte sich danach nicht auf § 254 BGB berufen.

Voraussetzung für eine derartige Restriktion ist jedoch, dass durch das systematische Zusammenspiel der Zurechnung von schuldhaftem Verhalten (§§ 31, 278 BGB analog) und der sich daran anschließenden Anwendung von § 254 BGB auf den Anspruch aus § 317 AktG ein Fall erfasst wird, der von der ratio legis der Normen nicht mehr umfasst ist. Dann wäre eine Einschränkung vorzunehmen.[415]

Angeführt werden könnte etwa, dass die Kapitalerhaltungsvorschriften zwar weiterhin gelten, der Gesetzgeber aber mit Erlass der §§ 311 ff. AktG deutlich gemacht habe, dass das Schutzniveau der §§ 57, 62 AktG dem Einfluss eines faktisch herrschenden Unternehmens nicht gerecht werde und die abhängige Gesellschaft, ihre Gläubiger und Minderheitsaktionäre darüber hinaus vor Schädigungen durch das herrschende Unternehmen zu schützen seien.[416] Deshalb könnte es geboten sein, den vollen Schutz der §§ 311 ff. AktG dadurch zu gewährleisten, dass eine Anspruchskürzung nach § 254 BGB unterbliebe. Andernfalls würde das abhängige Unternehmen bei Zahlungsunfähigkeit der nach § 93 AktG verantwortlichen Personen ein Risiko tragen, das von den §§ 311 ff. AktG ihrem Sinn und Zweck nach nicht verlagert werden sollte, denn § 317 Abs. 1 und Abs. 3 AktG gehen davon aus, dass als Schuldner das herrschende Unternehmen und seine Geschäftsleiter zur Verfügung stehen.

Dagegen spricht, und dies ist abermals zu betonen, dass keinerlei rechtliche Befugnis des herrschenden Unternehmens zur Leitung eines Unternehmensverbundes

---

414 Vgl. *Larenz*, Methodenlehre, S. 391–397; kursorisch *Bydlinski*, Methodenlehre, S. 480 f.; vgl. auch *Fikentscher*, Methoden, S. 718–728. Dabei handelt es sich methodisch wohl um einen Fall der Rechtsfortbildung, weil mit einer engen Auslegung (Rechtsanwendung) das intendierte Ziel nicht erreicht werden kann. Eingehend und kritisch, unter anderem unter ausführlicher historischer Erforschung der Begrifflichkeiten, hierzu *Fischer*, Topoi, S. 34–90. *Fischer* kommt in seiner Habilitationsschrift zu dem Ergebnis, dass die Zivilrechtsprechung von „verdeckter Rechtsfortbildung“ geprägt sei und untersucht diverse Begründungsansätze daraufhin, ob sie unter dem Deckmantel der Gesetzesanwendung durch klassische Auslegung nicht viel häufiger verdeckte Rechtsfortbildungen sind. Seiner Ansicht nach verstößt die nicht offengelegte Rechtsfortbildung gegen Gesetzes-, unter anderem Verfassungsrecht, weil die eigentlichen Wertungsgesichtspunkte im Verborgenen blieben; vgl. zu den Grenzen richterlicher Rechtsfindung auch das bemerkenswert kritische Sondervotum (der Einleitungssatz lautet: „Der *Senat* verkennt die verfassungsrechtlichen Grenzen richterlicher Rechtsfindung.“) des Richters *Voßkuhle*, der Richterin *Osterloh* und des Richters *Di Fabio* zu BVerfG, Beschluss vom 15. Januar 2009 – 2 BvR 2044/07, BVerfGE 122, 248, 282–301 sowie den Beschluss vom 25. Januar 2011 – 1 BvR 918/10, BVerfGE 128, 193, 209–222.

415 *Larenz*, Methodenlehre, S. 391; *Bydlinski*, Methodenlehre, S. 480.

416 Vgl. etwa *Kropff*, NJW 2009, 814, 815.

besteht. Der Vorstand der abhängigen AG muss jede einzelne Maßnahme, die er nicht aufgrund eigenen Willensentschlusses und eigener Überzeugung vornimmt, seiner Anstellungskörperschaft gegenüber rechtfertigen. Daran ändert auch eine faktische Einflussnahme nichts. Kann die Maßnahme nicht mit dem Prinzip der eigenverantwortlichen Leitungsmacht eines AG-Vorstands übereinstimmen, muss sie unterbleiben. Faktisch mag sich der Geschäftsleiter durch Veranlassungen gebunden sehen. Der von §§ 311, 317 AktG intendierte Schutz der abhängigen AG und ihrer Minderheitsaktionäre wie Gläubiger verlangt danach, den Vorstand als Filter von Einflussnahmen mit unberührter Kompetenz zu verstehen, der die Gesellschaft vor nicht gerechtfertigten Einflüssen zu schützen berufen ist. Diese Kompetenz bedingt eine Haftbarkeit, weil ansonsten kaum von eigenverantwortlicher Ausübung der Leitungsbefugnis ausgegangen werden kann.

Des Weiteren spricht für die Zurechnung analog § 31 BGB und die Anspruchskürzung gemäß § 254 BGB, dass die Kapitalerhaltungsregeln bei faktischer Abhängigkeit nicht beeinträchtigt, aber auch nicht verstärkt werden sollen. Insofern bestehen keine Unterschiede zur normtypischen AG. Es wurden lediglich Kontroll- und Sicherungsinstrumente (§ 312–315 AktG) implementiert, um die Funktionsfähigkeit des Kapitalschutzes zu gewährleisten. Wäre, wie dies im Falle der §§ 57, 62 AktG zutreffender Ansicht entspricht, auch im Rahmen der Haftung aus § 317 AktG eine Anspruchskürzung zu verneinen, liefe dies darauf hinaus, den eigentlichen Schädiger zu entlasten. Über das Schutzniveau der Kapitalerhaltungsregeln hinaus sind keine zwingenden Gesichtspunkte erkennbar, die abhängige AG trotz Selbstschädigung durch ihren Vorstand zu schützen. Gläubigerschützende Argumente sind deshalb ungeeignet, eine Anspruchskürzung im Rahmen von § 317 AktG zu verneinen. Der Gesetzgeber hat mit den §§ 311 ff. AktG den Schutz der abhängigen AG als genügend erachtet. Auch die potenziell kumulative Haftung nach § 317 AktG und § 93 AktG war bekannt. Für die Verantwortlichkeit nach § 318 AktG wurde in Abs. 1 Satz 1 explizit die gesamtschuldnerische Haftung mit den nach § 317 AktG Verantwortlichen statuiert, so dass die Voraussetzungen für eine teleologische Reduktion nicht vorliegen, denn vom Sinn und Zweck der Haftungsregeln her steht dies dem Schutz der abhängigen AG nicht entgegen.

(3) Zwischenergebnis

Es bleibt demnach dabei, dass die abhängige AG sich das Risiko des schuldhaften Fehlverhaltens ihres Leitungsorgans zurechnen lassen muss (§ 31 BGB analog), was im Außenverhältnis nach § 254 BGB zu einer Anspruchskürzung führt. Das steht im Einklang mit der ratio legis der §§ 311, 317 AktG und entspricht der dogmatischen Einordnung als Verschuldenshaftung.

cc) Beachtlichkeit schuldausschließender Rechtsirrtümer

Abschließend soll die Behandlung des Rechtsirrtumsproblematik exemplifizieren, dass mit der hier vertretenen Ansicht wertungsmäßig überzeugende Ergebnisse verbunden sind.

Der Irrtum eines Geschäftsleiters über die Rechtswidrigkeit seines Handelns kann unter Umständen zur Folge haben, dass er nicht haftbar gemacht werden kann. Irrt sich ein Geschäftsleiter beispielsweise über das Vorliegen der Insolvenzreife der Gesellschaft und unterlässt er es deshalb, einen Insolvenzantrag zu stellen, würde die Einschlägigkeit der Grundsätze über den Rechtsirrtum dazu führen, dass eine darauf gestützte Haftung ausscheidet.[417] Die Rechtsprechung verortet diese Frage auf Ebene des Verschuldens. Die Literatur folgt dem nur teilweise. Umstrittener Ansicht nach soll bereits der Vorwurf der Pflichtwidrigkeit entfallen.[418] Dies beruht auf dem bereits erläuterten Verständnis von Organhaftungsnormen als „Doppeltatbestand". Dass diese Überlegung jedenfalls nicht auf § 317 AktG übertragen werden kann, wurde bereits ausgeführt.[419]

Die Qualifikation von §§ 311, 317 AktG als verschuldensabhängige Schadensersatzhaftung erlaubt die Berücksichtigung eines schuldausschließenden Rechtsirrtums zu Gunsten des Konzerngeschäftsleiters mit der Folge, dass sein Verhalten ihm subjektiv nicht vorwerfbar ist.[420]

Die Kriterien zur Bestimmung des Vorliegens eines Rechtsirrtums sind weiterhin unklar.[421] Im Ergebnis muss es sich um einen engen Anwendungsbereich

---

417 Beispiel nach *Strohn*, CCZ 2013, 177, 178.

418 Für eine Exkulpation BGH, Urteil vom 20. September 2011 – II ZR 234/09, ZIP 2011, 2097, 2099 Tz. 16; BGH, Urteil vom 14. Mai 2007 – II ZR 48/06, ZIP 2007, 1265, 1266 f. Tz. 14–18; *Spindler*, in MünchKommAktG, § 93 Rn. 176–178; *Zöllner/Noack*, in Baumbach/Hueck, § 43 Rn. 13; *Haas/Ziemons*, in Michalski, § 43 Rn. 193; *Dauner-Lieb*, in Henssler/Strohn, § 93 AktG Rn. 32; *Strohn*, ZHR 176 (2012), 137, 138; *ders.*, CCZ 2013, 177, 178; *Buck-Heeb*, BB 2013, 2247, 2254; vgl. in anderem Zusammenhang auch EuGH, Urteil vom 18. Juni 2013 – C-681/11, ZIP 2013, 1297, 1298 Tz. 33–37; für ein Entfallen der Pflichtwidrigkeit *Fleischer*, in MünchKommGmbHG, § 43 Rn. 259; *ders.*, in Spindler/Stilz, § 93 Rn. 209; *ders.*, in FS Hüffer, S. 187, 199, 201; *Dreher*, in FS Konzen, S. 85, 93, 97; *Habersack*, in FS U. H. Schneider, S. 429, 437; *Thole*, ZHR 173 (2009), 504, 524; *Fleischer*, ZIP 2009, 1397, 1405; *Selter*, AG 2012, 11, 12. Teilweise wird das Entfallen der Pflichtwidrigkeit auch nur im Bereich unternehmerischer Entscheidungen angenommen, vgl. dazu auch die Nachweise in Fn. 421.

419 Dazu § 3 C II 2 d) cc).

420 Zur Lösung der Problematik wird auch die Schaffung einer sogenannten „Legal Judgement Rule" diskutiert, vgl. etwa *Buck-Heeb*, BB 2013, 2247, 2251–2257; *Bürkle*, VersR 2013, 792; vgl. zur Rechtsfrage, ohne Berufung auf ein derartiges Institut, auch *Fleischer*, in FS Hüffer, S. 187; *Thole*, ZHR 173 (2009), 504, 521–525; vgl. auch *Hasselbach/Ebbinghaus*, AG 2014, 873.

421 Vgl. zur Frage im Rahmen der Organhaftung *Strohn*, ZHR 176 (2012), 137, 139–143; *dens.*, CCZ 2013, 177; *Wagner*, BB 2012, 651, 651 f.; *Selter*, AG 2012, 11, 12–19. Die Ausführungen beschränken sich überwiegend auf den von der Rechtsprechung zunehmend konturierten Bereich der Legalitätspflicht. Ob und wie die Ausführungen auf den Bereich der unternehmerischen Entscheidungen übertragen werden können, ist nicht geklärt, vgl. etwa *U. H. Schneider*, in FS Hüffer, S. 905, 907–914;

handeln, allein schon um nicht den Eindruck entstehen zu lassen, ein Geschäftsleiter müsse lediglich ein Gutachten eines Beraters einholen, um nicht in die Haftung zu geraten.[422] Wird dem Geschäftsleiter ein Pflichtverstoß angelastet, wird ihm in der Regel auch der Vorwurf gemacht werden können, es sei ihm zumutbar gewesen, diesen zu vermeiden, da ein ordentlicher und gewissenhafter Geschäftsleiter dazu in der Lage gewesen wäre.[423]

Nur ausnahmsweise wird ein Verhalten, das objektiv pflichtwidrig ist, vom Geschäftsleiter weder vorsätzlich noch fahrlässig begangen worden sein. Das mangelnde Bewusstsein, nicht rechtswidrig gehandelt zu haben, schließt grundsätzlich lediglich den Vorwurf vorsätzlichen Verhaltens aus. Es bleibt jedoch die für die Haftung eines Geschäftsleiters ausreichende Fahrlässigkeit bestehen, wenn der Irrtum vermeidbar war.[424] Nach Ansicht des BGH – und ganz überwiegend auch der Literatur – sind jedoch Konstellationen rechtsdogmatisch möglich und tatsächlich denkbar, in denen ein Rechtsirrtum auch die Fahrlässigkeit entfallen lassen kann.[425]

Die Ansicht, die in § 317 Abs. 2 AktG einen „Doppeltatbestand" sieht, muss bereits die Pflichtwidrigkeit des Verhaltens verneinen. Das ist nicht überzeugend. Beseitigt wird nach Sinn und Zweck des Verbotsirrtums die subjektive Vorwerfbarkeit des Verhaltens, da die Rechtswidrigkeit nicht erkennbar war und auch nicht hätte erkennbar sein müssen. Damit sogleich jegliche objektive Pflichtwidrigkeit auszuschließen, hätte zur Folge, dass an die Rechtswidrigkeit anknüpfende Folgen nicht mehr zum Erfolg gelangen können. Beispielsweise ist damit Unterlassungsbegehren der Boden entzogen, da eine beabsichtigte Maßnahme, wenn der Geschäftsleiter einem unvermeidbaren Verbotsirrtum unterliegt, nicht mehr rechtswidrig wäre. Dieselbe Konsequenz hätte das Unterlassen der Stellung eines Insolvenzantrages, wenn und weil sich der Geschäftsleiter über seine Pflicht hierzu unverschuldet irrt.[426] Ein solches Ergebnis ist mit den Grundsätzen des Verbotsirrtums nicht vereinbar.

Wagner, BB 2012, 651, 653 f.; *Binder*, AG 2012, 885; *Junker/Biederbick*, AG 2012, 898, 904; vgl. auch *U. H. Schneider*, DB 2011, 99.

422 BGH, Urteil vom 20. September 2011 – II ZR 234/09, ZIP 2011, 2097, 2099 Tz. 16: „An das Vorliegen eines unverschuldeten Rechtsirrtums sind strenge Maßstäbe anzulegen"; *Fleischer*, in MünchKommGmbHG, § 43 Rn. 259; *Haas/Ziemons*, in Michalski, § 43 Rn. 193; *Strohn*, CCZ 2013, 177, 180.

423 *Spindler*, in MünchKommAktG, § 93 Rn. 177; kritisch zur deshalb oberflächlichen Prüfung des Verschuldens *Koch*, in Hüffer, § 93 Rn. 43.

424 *Joost*, in Ebenroth/Boujong/Joost/Strohn, § 347 Rn. 25; *Strohn*, CCZ 2013, 177, 179.

425 Zu den Kriterien vgl. die Zusammenfassung der Rechtsprechung bei *Strohn*, CCZ 2013, 177, 180–184. Danach bedarf es – grob skizziert – des Erfordernisses einer Ratseinholung, der Auswahl eines fachlich qualifizierten und unabhängigen Beraters, der ausreichenden Information des Beraters, damit dieser die an ihn gerichtete Frage auf zutreffender Grundlage beantworten kann, sowie einer anschließenden Plausibilitätsprüfung durch das Organ.

426 Beispiel von *Strohn*, CCZ 2013, 177, 178; vgl. insofern *Klöhn*, in MünchKommInsO, § 15a Rn. 170–179; *Hirte*, in Uhlenbruck, § 15a Rn. 43.

Geschützt werden soll derjenige, für den die Rechtswidrigkeit seines Handelns nicht erkennbar war.[427] Insofern wird zutreffend von der „individuellen Unfähigkeit" der die Pflichtwidrigkeit nicht erkennenden potenziell haftbaren Person gesprochen.[428] Das hat mit der objektiven Rechtswidrigkeit eines Verhaltens nichts zu tun, weil ansonsten rechtliche Pflichten von den subjektiven Gegebenheiten einer einzelnen Person abhängen würden.[429]

Die Befürchtung, dass mit der Anerkennung der Geltung dieser Irrtumsgrundsätze die Haftung nach § 317 AktG entwertet werden könnte, ist unbegründet. Ebenso wie im Rahmen von §§ 43 GmbHG, 93 AktG handelt es sich um seltene Ausnahmefälle, wie die vom BGH aufgestellten Kriterien[430] zeigen. Wenn jene vorliegen, ist jedoch kein Grund ersichtlich, dem Konzerngeschäftsleiter die Berufung darauf zu verweigern. Grundsätzlich bleibt es jedoch dabei, dass das Risiko der Verkennung der Rechtslage beim Geschäftsführer liegt.[431]

dd) Zwischenresümee

Wie sich anhand der skizzierten Fallgruppen zeigt, sind die Konsequenzen des hier vertretenen Haftungsverständnisses schlüssig und auch aus teleologischer Sicht überzeugend. Folglich kann von einer angemessenen Haftungssanktion für schuldhaft pflichtwidriges Fehlverhalten gesprochen werden, was für das dogmatische Verständnis im Sinne einer culpa-Haftung spricht.

f) Keine der Auslegung entgegenstehenden materiellen Wertungsgesichtspunkte

Die Vertreter der herrschenden Meinung können bei genauer Betrachtung insbesondere auch keine Wertungsgesichtspunkte gegen die hier vertretene Auffassung anbringen.

aa) Materieller Schutz der abhängigen Gesellschaft trotz formell weitergehenden Nachteilsverständnisses gewahrt

Falls Verständnis der culpa-Haftung für pflichtwidrige Fremdgeschäftsführung ein wertungsrechtliches Hindernis dafür darstellen sollte, dass in der Konsequenz gewisse Nachteile nicht ausgeglichen werden würden, hilft es materiell nicht weiter, jene Nachteile anders zu definieren, nämlich durch Berücksichtigung von § 317 Abs. 2 AktG den Begriff „Nachteil" einzuschränken. Dann würden zwar formal keine Nachteile beim abhängigen Unternehmen verbleiben, am materiellen Schutz des abhängigen Unternehmen ändert dies jedoch nichts. Nach der hier bevorzugten Auffassung

---

427 Vgl. zu § 276 BGB insofern *Grundmann*, in MünchKommBGB, § 276 Rn. 73.

428 *Koch*, in Hüffer, § 93 Rn. 43.

429 *Strohn*, CCZ 2013, 177, 178.

430 Vgl. Fn. 425.

431 BGH, Urteil vom 20. September 2011 – II ZR 234/09, ZIP 2011, 2097, 2099 Tz. 16.

entstünden Nachteile, die nur Schadensersatzansprüche auslösen, wenn ein Verstoß gegen § 317 Abs. 2 AktG feststellbar ist. Die Vermögens- und Ertragslage der abhängigen Gesellschaft stellt sich als identisch mit derjenigen bei Zugrundelegung der anderen Auffassung dar. Entweder es entsteht schon kein Nachteil, so dass sich ein Ausgleich und eventueller Schadensersatzanspruch erübrigt, oder es resultiert aus einer Veranlassung ein Nachteil, der aber mangels Verschuldens nicht zu einer Kompensationspflicht führt. Dem abhängigen Unternehmen ist mit dem „Hineinlesen" von § 317 Abs. 2 AktG in § 311 AktG also materiell nicht geholfen.

Aus teleologischen Schutzgesichtspunkten ist die hier vertretene Ansicht auch deshalb vorzugswürdig, weil die Nachteile, die die herrschende Auffassung unter Rückgriff auf § 317 Abs. 2 AktG bereits aus dem Anwendungsbereich von § 311 AktG eliminieren möchte, im Abhängigkeitsbericht Berücksichtigung finden müssen, so dass ein Rechtfertigungsdruck entsteht, dem der Vorstand im Falle der Nachteilsnegierung durch Berücksichtigung von § 317 Abs. 2 AktG nicht unterliegen würde. Das mag gängiger Praxis entsprechen, erlaubt jedoch dem Vorstand, seine eigene potenzielle Haftung zu verschleiern.

bb) Trennung von Nachteil und Bewertung des dazu führenden Verhaltens

Der hier vertretenen Ansicht wird entgegenhalten, sie verkenne, dass das unternehmerische Risiko „von der abhängigen Gesellschaft, ihren Gläubigern und *sämtlichen Aktionären* gleichermaßen zu tragen" sei. Es gehe „im Rahmen des Nachteilsbegriffs um die *Bewertung des Verhaltens* der abhängigen Gesellschaft und damit um die *am Schutzzweck orientierte Begrenzung* der Rechtsfolgen der §§ 311, 317".[432] Allerdings bleibt unklar, inwiefern die Auslegung in diesem Sinne dem Schutzzweck der §§ 311, 317 AktG dient. Die hier vorgenommene Auslegung hat gezeigt, dass es überzeugender ist, das Entstehen von die Vermögens- und Ertragslage der abhängigen Gesellschaft mindernden Faktoren von der Frage zu trennen, ob dies das vorwerfbare und deshalb zu sanktionierende Resultat der Einflussnahme eines herrschenden Unternehmens war. Bei Letzterem handelt es sich um die Bewertung von Geschäftsleitungsmaßnahmen, Ersteres kann objektiv beurteilt werden.

Zutreffend ist, dass das unternehmerische Risiko von der abhängigen AG zu tragen ist. Mittelbar sind damit dann Gläubiger und Aktionäre betroffen.[433] Sobald der für die abhängige AG handelnde Geschäftsleiter den Bereich des erlaubten Spielraums verlässt, haftet er ihr, um das Risiko nicht auf die Aktionäre und Gläubiger zu verlagern (§ 93 AktG). Gleiches gilt für ein Überschreiten der rechtlichen Grenzen des herrschenden Unternehmens und seiner Geschäftsleiter (§ 317 Abs. 1 und

---

432 *Habersack*, in Emmerich/Habersack, § 311 Rn. 40 (Hervorhebungen der Quelle entnommen); ähnlich die Kritik von *Wackerbarth*, Konzern 2010, 337, 338 (dazu schon unter § 3 C II 2 c) bb)).

433 Insofern zutreffend *Habersack*, in Emmerich/Habersack, § 311 Rn. 40; vgl. dazu auch *Altmeppen*, NZG 2010, 361, 366 mit Fn. 63; *Stöcklhuber*, Konzern 2011, 253, 255 mit Fn. 20.

Abs. 3 AktG). Die Qualifikation als verschuldensabhängige Haftung steht diesem Ergebnis nicht entgegen.[434]

cc) Exemplifizierung des objektiven Nachteilsverständnisses

Von einem Vertreter der herrschenden Auffassung, der sich mit dem Standpunkt, § 317 Abs. 2 AktG in den Nachteilsbegriff des § 311 AktG hineinzulesen, kritisch befasst und konstatiert, „daß prinzipiell die an § 317 Abs. 2 AktG orientierte Konzeption des Nachteilsbegriffs unverzichtbar ist und allenfalls gewisse Randkorrekturen in Betracht kommen mögen"[435], wurde ein plastisches Beispiel gewählt, um die Unzulänglichkeit dieser Auffassung zu exemplifizieren. Ein Vorstand einer unabhängigen AG, der darauf bedacht sei, ein vorhandenes gutes Geschäftsklima nicht zu beeinträchtigen oder eine gewinnträchtige Kooperation nicht zu gefährden, dürfe vor diesem Hintergrund einen Anspruchsverzicht gegenüber einem Dritten oder gegenüber der herrschenden Gesellschaft erklären.[436] Unter Zugrundelegung der herrschenden Meinung stelle dies jedoch, würde sich der Vorstand einer abhängigen AG auf Veranlassung so verhalten, keinen Nachteil im Sinne der §§ 311, 317 AktG dar. Ob dies ein wertungsmäßig zufriedenstellendes Ergebnis ist, dürfte mehr als zweifelhaft sein. Mit dem Verständnis der hier präferierten Gegenansicht lautet das Ergebnis für den Beispielsfall, dass ein Anspruchsverzicht nachteilig im Sinne des § 311 AktG ist. Zu einer Haftung des herrschenden Unternehmens und seiner Organwalter führt dies gleichwohl nicht, da ein Geschäftsleiter einer unabhängigen Gesellschaft ebenso gehandelt hätte (§ 317 Abs. 2 AktG).[437]

Weil die Ansichten sich bezüglich des Schutzes der abhängigen Gesellschaft in diesem Beispiel nicht unterscheiden, ist die dogmatisch überzeugende Ansicht, die neben einem objektiven Nachteil den schuldhaften Verstoß gegen das Geschäftsleiterermessen erfordert, vorzugswürdig.

Ein anderes Beispiel, in dem die Vorzugswürdigkeit der hier vertretenen Ansicht zu Tage tritt, soll jedoch belegen, dass es durchaus zu unterschiedlichen Ergebnissen kommen kann. Unterliegt ein veranlassender Geschäftsleiter der herrschenden Gesellschaft einem Rechtsirrtum, der mitunter zur Folge hat, dass sein Handeln nicht als fahrlässig anzusehen ist,[438] kann dies nicht dazu führen, auch einen Nachteil für die abhängige Gesellschaft zu verneinen. Andernfalls müsste bei Handeln mehrerer Konzerngeschäftsleiter die Frage geklärt werden, wie sich die Rechtslage für den Fall darstellt, dass eine Person einem derartigen Irrtum unterliegt, die andere nicht. Das

---

434 *Altmeppen*, NZG 2010, 361, 366 mit Fn. 63; ebenso *Stöcklhuber*, Konzern 2011, 253, 255 mit Fn. 20.

435 *Mertens*, Hachenburg-Gedächtnisvorlesung, S. 27, 36.

436 *Mertens*, Hachenburg-Gedächtnisvorlesung, S. 27, 37.

437 Zu kurzfristig die Gesellschaft belastenden Maßnahmen und ihrer Zulässigkeit bei langfristig angenommener Eignung zum Wohle der Gesellschaft, vgl. etwa *Fleischer*, in Spindler/Stilz, § 93 Rn. 71.

438 Dazu unter § 3 C II 2 e) cc).

Ergebnis kann jedenfalls nicht lauten, dass nur in einem Fall ein Nachteil vorliegt. Dies muss auch deshalb objektiv beurteilbar sein, weil der Vorstand der abhängigen AG als Kollegialorgan der Dokumentationspflicht unterliegt (§ 312 AktG). Eine andere Sichtweise wäre inkonsequent und mit dem Schutzzweck der §§ 311, 317 AktG nicht zu vereinbaren. Zudem wird deutlich, dass die entscheidende Frage die der Vorwerfbarkeit, also eine subjektive, ist.

Überzeugender ist es deshalb, die Bewertung des Verhaltens im Rahmen der subjektiven Vorwerfbarkeit zu verorten, womit auch für die hier dargestellten Fälle zutreffende Ergebnisse erzielt werden können. Es bleibt bei einem Nachteil der abhängigen Gesellschaft, was den Vorstand der AG verpflichtet, dies im Abhängigkeitsbericht zu vermerken. Im Übrigen existieren keine Wertungswidersprüche, wenn der andere Geschäftsleiter und die herrschende Gesellschaft, der jegliches Fehlverhalten einzelner Organmitglieder analog § 31 BGB zugerechnet wird,[439] nach § 317 AktG haftbar gemacht werden.

g) Keine der Auslegung entgegenstehenden rechtsmethodischen Bedenken

Damit deckt sich das Ergebnis, das die rechtshistorische Auslegung ergeben hat,[440] mit den Resultaten der anderen Methoden des Auslegungskanons.[441] Die Frage, ob der „objektiven" oder der „subjektiven" Theorie bei der Ermittlung des Sinngehalts von §§ 311, 317 AktG bezüglich des Nachteilsbegriffs der Vorzug zu geben ist, kann dahingestellt bleiben. Es ist auch der Boden der Rechtsanwendung durch Auslegung nicht verlassen. Inwiefern jene Rechtsmethodik von der Rechtsfortbildung abzugrenzen ist, kann insofern – bei aller diesbezüglich vorherrschenden Unklarheit – folglich ebenfalls dahingestellt bleiben.[442]

3. Ergebnis

Es überzeugt im Ergebnis die Ansicht, die einen Nachteil objektiv bestimmt und das Verhalten des Konzerngeschäftsleiters mit Schadensersatz sanktioniert, wenn er bei der Veranlassung oder beim Ausgleich veranlassungsbedingter Nachteile schuldhaft seine Pflichten verletzt. § 317 Abs. 2 AktG spielt demnach bei der Frage des Vorliegens eines Nachteils keine Rolle, sondern erlaubt die Exkulpation des Konzerngeschäftsleiters. Es kann folglich nicht argumentiert werden, es liege kein

---

439 Vgl. zur Zurechnung des Verhaltens einzelner Organmitglieder etwa *Schöpflin*, in Bamberger/Roth, § 31 Rn. 5; *Hadding*, in Soergel, § 31 Rn. 8; *Weick*, in Staudinger, § 31 Rn. 23.

440 Siehe § 3 C II 2 b) aa).

441 Das Ergebnis bedeutet, dass auch ohne Kenntnis der Absichten des Gesetzgebers ein „sinnvolles" Resultat vorliegt und dass in diesem Zusammenhang Sinn und Zweck deckungsgleich sind; vgl. zu dieser sprachlichen und methodischen Differenzierung *Braun*, in FS Musielak, S. 119, 124 f.

442 Vgl. Fn. 414.

Nachteil vor, weil sich ein Geschäftsleiter einer unabhängigen Gesellschaft genauso verhalten hätte.

D. Resümee

Der Gesetzgeber hat sich im Regelungsregime der §§ 311, 317 AktG nicht auf die Ersatzpflicht für verursachte Schäden beschränkt, sondern den Begriff des Nachteils eingeführt, der mit einem Ausgleich kompensiert werden kann. Hintergrund dieser einzigartigen Normierung ist die Unsicherheit der Verfasser des Aktiengesetzes vom 6. September 1965 bezüglich der Reichweite der Regeln der Vorteilsausgleichung. Bezweckt ist, die abhängige AG vor Schädigungen zu bewahren, wobei jedoch Vorteile im Rahmen von § 311 AktG einen veranlassten Nachteil auszugleichen vermögen.

Aufgrund der Einführung eines neuen Begriffes ist eine Abgrenzung von Nachteil und Ausgleich sowie Schaden und (Schadens-)Ersatzpflicht vorzunehmen. Dabei hat sich herausgestellt, dass Nachteil und Schaden und damit auch Ausgleich und (Schadens-)Ersatzpflicht nicht bedeutungsidentisch sind. Schon aufgrund der unterschiedlichen Zeitpunkte für die Beurteilung ihres jeweiligen Vorliegens steht fest, dass es sich um unterschiedliche Begriffe handelt. Während die Feststellung des Vorliegens eines Nachteils zum Zeitpunkt der Durchführung der veranlassten Maßnahme durch den Vorstand der abhängigen AG geschieht, liegt ein Schaden dann vor, wenn sich zum Zeitpunkt der Kompensation noch eine Beeinträchtigung im Sinne der §§ 249 ff. BGB feststellen lässt. Ein Ausgleich ist zu gewähren, wenn zum Zeitpunkt der tatsächlichen Leistung ein Nachteil noch verzeichnet werden kann. Der festgestellte Nachteil determiniert ebenso wenig einen Mindestausgleich, wie als Mindestschaden der bezeichnete Nachteil zum relevanten Zeitpunkt zu kompensieren wäre.

Nach hier vertretenem Verständnis liegt ein Nachteil vor, wenn aus der Durchführung der veranlassten Maßnahme eine Beeinträchtigung oder konkrete Gefährdung der Vermögens- und Ertragslage der abhängigen AG resultiert. Dass der Geschäftsleiter einer unabhängigen Gesellschaft die Maßnahme ebenso hätte vornehmen oder unterlassen dürfen, führt möglicherweise zur Exkulpation des Konzerngeschäftsleiters (§ 317 Abs. 2 AktG), verhindert gleichwohl nicht das Entstehen eines Nachteils. Dieser ist anhand einer quantitativen Betrachtung objektiv festzustellen.

Dies folgt aus einer Auslegung der §§ 311, 317 AktG anhand ihres Normzwecks und führt des Weiteren zu der Erkenntnis, dass es sich bei den Regeln der Verantwortlichkeit im faktischen AG-Konzern um eine positiv normierte Variante der Haftung für pflichtwidrige Fremdgeschäftsführung handelt. Die §§ 311, 317 AktG bezwecken, das fehlende Organverhältnis zwischen Konzerngeschäftsleiter und abhängiger AG zu überwinden und stellen eine Ausprägung der Haftung wegen negotiorum gestio dar. Insbesondere die Nachteilsausgleichspflicht des § 311 Abs. 2 AktG ist eine Folgepflicht, wie sie für die Geschäftsführung ohne Auftrag typisch ist. Der Konzerngeschäftsleiter ist verpflichtet, bei der Geschäftsführung durch Veranlassung die Interessen des Geschäftsherrn, namentlich der abhängigen AG, zu berücksichtigen (§ 677 BGB). § 311 AktG konkretisiert diese Pflichtbindung insofern, als dass eine objektiv nachteilige Geschäftsführung pflichtwidrig ist.

Die Konsequenz dieses Verständnisses ist zum einen, dass die Haftung des herrschenden Unternehmens aus der Zurechnung des Verhaltens und Verschuldens des veranlassenden Geschäftsleiters folgt (§§ 31, 278 BGB) und nicht umgekehrt die Haftung des Geschäftsleiters aus der Verantwortlichkeit seiner Anstellungskörperschaft resultiert. Zum anderen folgt aus der hier vertretenen dogmatischen Einordnung der §§ 311, 317 AktG, dass die Veranlassung zu einem nachteiligen Risikogeschäft für den ausführenden Vorstand der abhängigen AG möglicherweise pflichtgemäß erfolgt ist (§ 93 Abs. 1 Satz 2 AktG) und er deshalb keiner Haftung unterliegt, der Konzerngeschäftsleiter jedoch pflicht- und damit rechtswidrig handelt und seiner Haftung nur durch Exkulpation gemäß § 317 Abs. 2 AktG entkommen kann. Der Unterschied in dieser abweichenden Behandlung auf den Verbundebenen liegt darin begründet, dass nur der Vorstand der abhängigen AG einen Leitungsbefehl hat (§ 76 AktG) und deshalb auch Risikogeschäfte, sofern sie im Rahmen der business judgement rule liegen, rechtmäßig vornehmen darf, wohingegen der Konzerngeschäftsleiter nur faktisch zur Leitung befähigt ist. Ihm obliegt keine rechtlich verbindliche Geschäftsleitungsmacht.

§ 4 Der Ausgleich nach § 311 Abs. 2 AktG

Steht nunmehr fest, dass der Nachteil im Sinne von § 311 AktG objektiv zu bestimmen ist und § 317 Abs. 2 AktG eine Exkulpationsmöglichkeit für den Konzerngeschäftsleiter bereitstellt, stellt sich die Frage, wie § 311 Abs. 2 AktG in diesen Kontext einzubetten ist.

A. Grenzen der Suspendierung des Ausgleichs

Die Grenzen, die dem Ausgleichsvorbehalt innewohnen, sind noch immer ungeklärt.

I. Meinungsstand

Während die ganz überwiegende Meinung die Konzession des historischen Gesetzgebers an die Wirtschaft[443] so versteht, dass es der Absprache der beteiligten Unternehmen obliege, die Suspendierung des Ausgleichs grundsätzlich ausgleichsfähiger Nachteile zu bestimmen,[444] wird von einer anderen Ansicht seit geraumer Zeit eine

443 Siehe § 2 C III.

444 *Grigoleit*, in Grigoleit, § 311 Rn. 50; *Koch*, in Hüffer, § 311 Rn. 46; *H.-F. Müller*, in Spindler/Stilz, § 311 Rn. 57; *Bödeker*, in Henssler/Strohn, § 311 AktG Rn. 30; *Fett*, in Bürgers/Körber, § 311 Rn. 55; *Rothley*, in Wachter, § 311 Rn. 32; *Schatz/Schödel*, in Heidel, § 311 Rn. 69, 72; *Krieger*, in MünchHdbAG, § 69 Rn. 88, 88a; *Liebscher*, in BeckHdbAG, § 15 Rn. 77; *Arnold*, in Marsch-Barner/Schäfer, HdbAG, § 19 Rn. 57; *Ulmer*, in FS Hüffer, S. 999, 1002–1004; *Luchterhandt*, ZHR 133 (1970), 1, 2; *Habersack/*

strengere Handhabung der Möglichkeit der Ausgleichsstreckung vertreten.[445] Es seien nur jene Fälle von der Öffnung für einen späteren Ausgleich erfasst, in denen ein sofortiger Ausgleich zum Zeitpunkt der Benachteiligung noch nicht festgelegt werden könne, etwa weil den Geschäftsleitern die Bezifferung der entstandenen Nachteile nicht möglich sei. Keineswegs sei § 311 Abs. 2 AktG so zu verstehen, dass ein Nachteil hingenommen werden dürfe, ohne den möglichen Ausgleich bereits sofort zu regeln. Damit wird eine Pflicht des Vorstands der abhängigen AG angenommen, eine Einigung über den Ausgleich und seine Modalitäten unverzüglich zu verlangen, jedenfalls aber sobald dies möglich ist. Darüber hinaus wird von der dies vertretenen Minorität im Schrifttum argumentiert, der Ausgleich müsse, wenn er einmal aufgeschoben sei, alsbald geleistet werden. Es stehe mitnichten im freien Ermessen der Geschäftsleiter, einen Aufschub bis zum Ende des Geschäftsjahres zu vereinbaren. Mit Ablauf der Rechnungslegungsperiode müsse der Ausgleich spätestens gewährt werden, weil ansonsten jedenfalls feststehe, dass das herrschende Unternehmen schadensersatzpflichtig sei.[446]

Betont wird von dieser einschränkenden Auffassung die Gleichberechtigung von herrschendem und abhängigem Unternehmen.[447] Eine Oktroyierung des Willens des herrschenden Unternehmens komme nicht in Betracht. Vielmehr agiere der Vorstand der abhängigen Gesellschaft als ausführendes und verantwortliches Organ, wenn er seine Gesellschaft (temporär) benachteilige. Dies sei ihm nur dann erlaubt, wenn er sich vor der Schädigung einen Ausgleich zusagen lasse, andernfalls die gewünschte Tätigkeit ablehne. Nur für den Fall, dass der Ausgleich noch nicht festgelegt werden kann, dürfe er sich auf einen späteren Nachteilsausgleich einlassen. Aber auch für diesen Fall sollte eine „hinreichend klare Grundsatzvereinbarung" getroffen werden, die eine Ausgleichsleistung gewährleiste.[448] Begründet wird diese restriktive und in der Literatur ansonsten nicht geteilte Sichtweise mit dem Normzweck der §§ 311 ff. AktG, der darin bestehe, Schaden von der abhängigen Gesellschaft im Interesse von

---

Schürnbrand, NZG 2004, 689, 692; *Geßler*, DB 1965, 1729; grundsätzlich auch *J. Vetter*, in K. Schmidt/Lutter, § 311 Rn. 95 mit Einschränkungen in Rn. 104; *Koppensteiner*, in KK-AktG, § 311 Rn. 126, 129 mit Einschränkungen in Rn. 99–105, 140–143; *Habersack*, in Emmerich/Habersack, § 311 Rn. 69, 72 mit Einschränkungen in Rn. 62a; *Leuering/Goertz*, in Hölters, § 311 Rn. 96 mit Einschränkungen in Rn. 91 f., dazu sogleich im Text; grundsätzlich auch *Emmerich/Habersack*, Konzernrecht, S. 494 f.; wohl ebenso *Wirth*, in Liber Amicorum M. Winter, S. 775, 779–781; *Heidel*, in FS Meilicke, S. 125, 131 f., 139–142.

445 *Altmeppen*, in MünchKommAktG, § 311 Rn. 325, 366; *ders.*, Haftung, S. 61 f., 68–70; *ders.*, in FS Priester, S. 1, 15–18; *ders.*, ZHR 171 (2007), 320, 322–324, 333 f.; *ders.*, NZG 2010, 401, 402; *ders.*, ZIP 1996, 693, 695–698; vgl. auch *Würdinger*, in GroßkommAktG, § 318 Anm. 1.

446 Vgl. die Nachweise in der vorigen Fn.

447 Vgl. die Nachweise in Fn. 445.

448 *Altmeppen*, ZIP 1996, 693, 696 mit dem Hinweis auf die mögliche Festlegung von Ausgleichsbemessungskriterien gemäß §§ 315, 316 BGB.

außenstehenden Aktionären und Gläubigern abzuwenden.[449] Verwiesen wird insofern auf die gesetzgeberischen Erwägungen, die Leitung faktischer Konzerne nicht unnötig zu erschweren, zumal Konzernlenkung außerhalb von Unternehmensverträgen nicht grundsätzlich verboten wurde. Der Gesetzgeber ließ sich überzeugen, dass eine Einflussnahme nur bei sofortigem Ausgleich von damit zusammenhängenden Nachteilen nicht praktikabel sei, es vielmehr eines flexibleren Mechanismus' in bestimmten Fällen bedürfe. Diesen besorge § 311 Abs. 2 AktG folglich (ausschließlich) für den Fall, dass die Konzernleitung ansonsten unmöglich werde.[450]

Des Weiteren wird argumentiert, dass ein Geschäftsleiter einer unabhängigen Gesellschaft die von ihm zu leitende AG nicht temporär benachteiligen dürfe, so dass der dennoch erfolgende Aufschub einer Ausgleichszahlung nicht mehr vom Geschäftsleiterermessen gedeckt wäre. Der historisch bedingte Kompromiss, wonach nicht nur ausgeglichene Geschäfte erlaubt sind, sondern erst bis zum Ende der Rechnungslegungsperiode erst feststehen muss, dass die zugeführten Vorteile die Nachteile wenigstens aufwiegen,[451] habe die Frage nicht beantwortet, welche Pflichten an die Geschäftsleiter zu welchen Zeitpunkten gestellt werden. Den Geschäftsleitern eine zeitweilige Benachteiligung der abhängigen Gesellschaft zu gestatten, obgleich der Nachteilsausgleich sofort erfolgen könne und jedenfalls den Schaden aus der Verzögerung kompensieren müsse, sei mit dem Geschäftsleiterermessen nicht vereinbar, zumal auch kein Grund für diese „Privilegierung" bestehe. Vielmehr zeige die Gesetzgebungshistorie, dass die gewährte Flexibilität gerade nur solche Fälle erfassen wollte, bei denen ein sofortiger Nachteilsausgleich mangels Kenntnis der Konditionen dazu geführt hätte, dass die Veranlassung des herrschenden Unternehmens hätte unterbleiben müssen. Nach allem seien die Geschäftsleiter zum sofortigen Abschluss einer Nachteilsausgleichsvereinbarung gezwungen, sobald ihnen die Möglichkeit dazu offen stehe.[452]

Die ganz herrschende Ansicht in der Literatur erkennt diese Kautelen bezüglich der Suspendierung des Ausgleichs nicht an. Für die Einräumung eines Ausgleichs genüge eine Bestimmung und Gewährung zu einem beliebigen Zeitpunkt innerhalb des Geschäftsjahres, wenn der Vorstand der abhängigen AG das herrschende Unternehmen auf die Nachteiligkeit einer veranlassten Maßnahme hinweise und sich „die Bereitschaft zum Nachteilsausgleich erklären" lasse.[453] Das ergebe sich aus dem im Vergleich zum RegE nicht mehr einschränkend formulierten Wortlaut

---

449 *Altmeppen*, in MünchKommAktG, § 311 Rn. 366; *ders.*, ZIP 1996, 693, 696.

450 *Altmeppen*, in FS Priester, S. 1, 15–17; siehe insofern § 2 C III.

451 Dass am Ende des Geschäftsjahres feststehen muss, welche Nachteile durch welche Vorteile ausgeglichen werden, wobei die tatsächliche Erfüllung der Verpflichtung auch nach Ablauf der Rechnungslegungsperiode erfolgen kann, ist unstreitig, vgl. *Altmeppen*, in MünchKommAktG, § 311 Rn. 364; *Habersack*, in Emmerich/Habersack, § 311 Rn. 72.

452 Vgl. die Nachweise in Fn. 445.

453 So *Emmerich/Habersack*, Konzernrecht, S. 495; vgl. im Übrigen die weiteren in Fn. 444 Genannten.

von § 311 Abs. 2 AktG.[454] Nur ausnahmsweise sei die Möglichkeit der Streckung des Ausgleichs nicht von § 311 Abs. 2 AktG erlaubt. Dies gelte in Fällen, in denen der Vorstand der abhängigen AG pflichtwidrig handeln würde, wenn er seine AG benachteilige,[455] ohne sofortigen Ausgleich zu verlangen oder es anfänglich an der Ausgleichsfähigkeit fehle.[456]

II. Stellungnahme

Mit den Annahmen der herrschenden Ansicht sind zwei hier kritisch zu würdigende Aussagen verbunden: Erstens stünde es den Geschäftsleitern demnach frei, einen Ausgleich mit Veranlassung von nachteilhaften Geschäften zu vereinbaren oder bis zum Ende des Geschäftsjahres aufzuschieben, obwohl die Bezifferung von Nachteil und Ausgleich ohne weiteres möglich wäre, und zweitens könnte stets die volle Rechnungslegungsperiode abgewartet werden, bis der Ausgleich erfolgt, obgleich die Wertverhältnisse, die die notwendige Höhe des Ausgleichs bestimmen, längst feststehen. Davon wird offenbar deshalb ohne weiteres ausgegangen, weil der durch die Verzögerung entstehende Nachteil allgemeiner Auffassung entsprechend zu kompensieren sei, was wirtschaftlich einer Aufzinsung des Nachteils auf den Zeitpunkt des Ausgleichs gleichkommt. Denn die abhängige Gesellschaft sei so zu stellen, als ob sie den Ausgleich bei Nachteilszufügung erlangt hätte.[457]

1. Auslegung anhand des Wortlauts

Obschon der Wortlaut von § 311 Abs. 2 AktG[458] offen ist für die großzügige Auffassung der herrschenden Meinung, macht es jedenfalls wirtschaftlich betrachtet nicht recht Sinn, den Aufschub des Ausgleichs deshalb zu vereinbaren, weil eine angemessene Verzinsung zu erfolgen hat.

2. Auslegung unter Berücksichtigung der Entstehungsgeschichte

Weiteren Aufschluss über die Reichweite der in § 311 Abs. 2 AktG konzedierten Flexibilität liefert die Gesetzgebungsgeschichte der Norm.[459] Überzeugend ist der Hinweis auf die Entstehung der Gesetz gewordenen Kompromisslösung. In der Fassung des RegE wurde eine Ausgleichsmöglichkeit aufgenommen, um die Grundsätze des Vorteilsausgleichs zur Anwendung zu bringen.[460] Die Änderungen im Gesetzgebungsverfahren wollten daran grundsätzlich nichts ändern, sondern mehr zeitliche Variabilität erlauben, wenn Vorteile mit Nachteilen nicht in unmittelbarem

---

454 Vgl. die Nachweise in Fn. 444.
455 So insbesondere *J. Vetter*, in K. Schmidt/Lutter, § 311 Rn. 104.
456 Vgl. die in Fn. 444 Genannten zu Einschränkungen der Ausgleichsfähigkeit.
457 Vgl. die Nachweise in Fn. 251.
458 Vgl. zur Auslegung anhand des Wortlauts der Norm die Nachweise in Fn. 329.
459 Vgl. zur historischen Auslegung die Nachweise in Fn. 333.
460 Siehe § 2 C II.

Zusammenhang stehen.[461] Da erhebliche Bedenken ob des Funktionierens einer zwingend zeitgleich zu erfolgenden Ausgleichsleistung bestanden, konzedierte der Gesetzgeber eine Frist, innerhalb derer der Ausgleich jedenfalls zu erfolgen habe. Dass jene Frist auch für solche Maßnahmen Spielraum eröffnen sollte, bei denen keine Unsicherheiten bezüglich der Bezifferung bestehen, ist nicht ersichtlich.

3. Auslegung anhand der systematischen Stellung der Normen und ihres Regelungszusammenhanges

Die Auslegung anhand des Regelungszusammenhanges[462] lässt den Blick auf das grundsätzliche Schädigungsverbot und insbesondere die nicht aufgehobene Verantwortung des Vorstands der abhängigen Gesellschaft zu. Auch Vertreter der herrschenden Auffassung räumen ein, dass der Vorstand der abhängigen AG seine Pflichten als Organmitglied wahren muss und deshalb gehalten sein kann, eine Ausgleichsstreckung abzulehnen, etwa für den Fall, dass etwaige Ansprüche nicht werthaltig sind.[463] Damit wird die pauschale Legitimation zur Suspendierung des Ausgleichs entschieden eingeschränkt, weil auf die Pflichtenbindung rekurriert wird, die durch § 311 Abs. 2 AktG offenbar nicht aufgehoben wird, wenn nur ein Ausgleich noch im Geschäftsjahr erfolgen kann. Während dies Vertreter der herrschenden Ansicht dazu veranlasst, Ausnahmen von ihrer grundsätzlich liberalen Haltung zu formulieren, ist die Pflichtenbindung der abhängigen Organwalter und des Konzerngeschäftsleiters ein Argument der Gegenansicht, eine Streckung grundsätzlich zu verbieten, wenn nicht ausnahmsweise Gründe für die Notwendigkeit ersichtlich sind.

4. Auslegung nach Sinn und Zweck

Welcher Ansicht der Vorzug gebührt, ist anhand von Sinn und Zweck des Nachteilsausgleichs nach § 311 Abs. 2 AktG zu beurteilen.[464]

a) Normzweck von § 311 Abs. 2 AktG

Durch die Regelung soll die faktische Herrschaftsmacht auch dann ausgeübt werden können, wenn veranlasste Nachteile nicht zeitgleich ausgleichbar sind. Damit tritt neben den Zweck der Gewährleistung der Geltung der Regeln der Vorteilsausgleichung die in den letzten Schritten des Gesetzgebungsverfahrens anerkannte Streckung zur Ermöglichung von Maßnahmen, die nicht sogleich absehbare Nachteile mit sich bringen. Weder der eine noch der andere Zweck verlangen eine für jeden erdenklichen Nachteil zu konzedierende Ausgleichungsfrist bis zum Ende des Geschäftsjahres. § 311

---

461 Siehe § 2 C III.

462 Vgl. zur Auslegung anhand des systematischen Regelungszusammenhangs die Nachweise in Fn. 342.

463 Vgl. die in Fn. 444 Zitierten.

464 Vgl. zur Auslegung anhand von Sinn und Zweck einer Norm die Nachweise in Fn. 355.

Abs. 2 AktG befristet die Berufung der Organwalter auf eine spätere Ausgleichsfähigkeit der intendierten temporären Benachteiligung, damit die abhängige AG nicht auf künftig zu erwartende Vorteile verwiesen werden kann. Stellt sich vor der Ausführung einer Maßnahme heraus, dass ein Ausgleich im laufenden Geschäftsjahr auch durch Anspruchseinräumung nicht mehr erfolgen wird können, verbietet § 311 Abs. 2 AktG den verbundenen Unternehmen die Benachteiligung. Die darüber hinausgehende Ermöglichung, bei jedem Nachteil die Frist des § 311 Abs. 2 AktG nutzen zu können, ist vom Normzweck nicht umfasst.

b) Die Pflichtenbindung des Vorstands der abhängigen AG

Die Betrachtung der Problematik der Grenze der zulässigen Ausgleichssuspendierung nicht aus Sicht des herrschenden Unternehmens und seiner Interessen, sondern aus der Perspektive des Vorstands der abhängigen AG vor dem Hintergrund seiner Pflichtenbindung (§§ 76, 93 AktG)[465] verdeutlicht, dass ein sofortiger Ausgleich die Regel sein muss. Der Vorstand ist das letztlich ausführende, das heißt, seine Anstellungskörperschaft benachteiligende Organ,[466] so dass die Frage der Reichweite des § 311 Abs. 2 AktG anhand seines Ermessensspielraums zu beurteilen ist.

Nicht ausreichend ist insofern, pauschal darauf zu verweisen, dass der Vorstand der abhängigen AG keiner Folgepflicht unterliege und deshalb eine Veranlassung daraufhin überprüfen müsse, ob sie im Einklang mit §§ 311 ff. AktG durchführbar sei. Diese Vereinbarkeit – insbesondere mit § 311 Abs. 2 AktG – ist das thema probandum. Die Prüfung einer begehrten Maßnahme daraufhin, welche Vor- und Nachteile sie für das abhängige Unternehmen darstellt, ist selbstverständlich.[467] Problematisch sind Fälle, in denen der Vorstand Vorteile überwiegende Nachteile feststellt und die Folgefrage, welche weitergehenden Pflichten daraus abzuleiten sind.

Es wäre mit dem Sicherungszweck zu Gunsten des abhängigen Unternehmens nicht vereinbar, § 311 Abs. 2 AktG den Regelungsgehalt zu entnehmen, es dem Vorstand der abhängigen AG zu erlauben, eine Benachteiligung der AG in der Hoffnung hinzunehmen, im Laufe des Geschäftsjahres einen Ausgleich zu erhalten.[468] Das ist

465 Dazu § 1 C.

466 *Altmeppen*, ZIP 1996, 693, 696: „in Wirklichkeit der entscheidende Akteur".

467 Vgl. etwa *Koch*, in Hüffer, § 311 Rn. 48. Sollten die Vorteile überwiegen, muss dies im Rahmen der eigenverantwortlichen Leitungsmacht bei Geschäftsleitungsmaßnahmen Berücksichtigung finden. Theoretisch denkbar und in der Sache zutreffend ist der Hinweis, dass dies im Einzelfall zu einer Verdichtung bis hin zu einer Pflicht des Organs gegenüber seiner Anstellungskörperschaft führen kann, die Maßnahme auszuführen, vgl. *Habersack*, in Emmerich/Habersack, § 311 Rn. 78; *Arnold*, in Marsch-Barner/Schäfer, HdbAG, § 19 Rn. 57. Die praktische Bedeutung dieser Variante sei dahingestellt.

468 Der Nachteil sei hinnehmbar, wenn er einem Ausgleich zugänglich und der Ausgleich zu erwarten sei, weil das herrschende Unternehmen dazu imstande und bereit sei, so beispielsweise *Arnold*, in Marsch-Barner/Schäfer, HdbAG, § 19 Rn. 57; vgl. auch *Fett*, in Bürgers/Körber, § 311 Rn. 60: „Erklärt sich das herrschende

mit dem Pflichtenstandard, der an einen ordentlichen und gewissenhaften, dem Wohle seiner Anstellungskörperschaft verpflichteten Organwalter zu stellen ist, nicht vereinbar. Der eigenverantwortlichen Leitung der AG könnte er sich danach entsagen, indem er auf die (glaubhaft) in Aussicht gestellte Ausgleichung bereits zugefügter Nachteile verweist. Damit ist der Weg hin zu einem Recht, Veranlassungen undifferenziert zu befolgen, nicht mehr weit.

Teilweise wird deshalb verlangt, dass das abhängige Unternehmen sich die „Bereitschaft zum Nachteilsausgleich erklären zu lassen" habe. Werde der Nachteil bestritten, fehle die Ausgleichsbereitschaft oder sei mit einem Ausgleich aus anderen Gründen nicht zu rechnen, müsse die Maßnahme unterbleiben. Einer zwingend „rechtsgeschäftlichen" Klärung bedürfe es allerdings nicht.[469]

Im Sinne eines effektiven Abhängigkeitsschutzes erscheint es hingegen überzeugend, genau eine derartige Vereinbarung zu verlangen, die teilweise als „Grundsatzvereinbarung" bezeichnet wird.[470] Sie soll der abhängigen AG den zukünftigen Ausgleich sichern, um die zeitweise Benachteiligung zu rechtfertigen. Das Unterlassen wird regelmäßig eine Pflichtwidrigkeit darstellen, die bei Nichtausgleich zu einem Schaden der AG führt, wofür (auch) der Vorstand der abhängigen AG haftbar ist (§ 93 AktG).[471]

Der Inhalt einer derartigen Vereinbarung hängt stark vom Einzelfall ab. Ursachen und absehbare Auswirkungen etwaiger Nachteile sind so genau wie möglich zu bezeichnen. Gleiches gilt für etwaige Vorteile, die potenziell dem abhängigen Unternehmen verschafft werden sollen. Darüber hinaus sollten Bemessungskriterien, die späteren Streit über die zutreffende Bezifferung hervorrufen könnten, bereits festgelegt werden. Auch von einseitigen Bestimmungsrechten (§§ 315, 316 BGB), die freilich nur innerhalb eines überprüfbaren Ermessensspielraums ausgeübt werden dürfen, kann Gebrauch gemacht werden.[472]

Unternehmen glaubhaft zum Ausgleich bereit, geht § 311 [AktG] als speziellere Regelung einer Ersatzpflicht des Vorstands nach § 93 [AktG] vor".

469 *H.-F. Müller*, in Spindler/Stilz, § 311 Rn. 62; *J. Vetter*, in K. Schmidt/Lutter, § 311 Rn. 108–116; *Habersack*, in Emmerich/Habersack, § 311 Rn. 78; *Koppensteiner*, in KK-AktG, § 311 Rn. 140–149, insbesondere Rn. 145; *Koch*, in Hüffer, § 311 Rn. 48; *Fett*, in Bürgers/Körber, § 311 Rn. 60; *Oltmanns*, in Heidel, § 76 Rn. 16; *Weber*, in Hölters, § 76 Rn. 55; *Eckert*, in Wachter, § 76 Rn. 21; *Bödeker*, in Henssler/Strohn, § 311 AktG Rn. 35; *Krieger*, in MünchHdbAG, § 69 Rn. 28.

470 *Grigoleit*, in Grigoleit, § 311 Rn. 53; *Altmeppen*, in MünchKommAktG, § 311 Rn. 461–470; *Strohn*, Verfassung, S. 185 f.; *E. Vetter*, ZHR 171 (2007), 342, 361 f.; *Altmeppen*, ZIP 1996, 663, 696 f.; unklar *Liebscher*, in BeckHdbAG, § 15 Rn. 77 („dafür Sorge tragen").

471 *Grigoleit*, in Grigoleit, § 311 Rn. 53; zur Frage, ob dies im Rahmen von § 317 AktG als Mitverschulden herangezogen werden sollte oder erst im Zusammenhang mit dem Gesamtschuldnerinnenausgleich relevant wird, vgl. § 3 C II d) ff).

472 *Altmeppen*, in MünchKommAktG, § 311 Rn. 467; *ders.*, ZIP 1996, 693, 696.

Die herrschende Meinung, die eine solche Vereinbarung nicht verlangt, muss sich fragen lassen, welchen Zweck eine „Bereitschaftszusage" des herrschenden Unternehmens haben soll. Offensichtlich geht es nur darum, den Vorstand der abhängigen AG von seinen Pflichten und insbesondere seiner Haftung zu entbinden. Denn verlassen kann sich der Vorstand auf derartige unverbindliche Zusagen nicht, weil er keine Rechtsposition bekommt, die ihn in seiner Geschäftsleitungsentscheidung beeinflussen könnte, nach sorgfältiger Prüfung der Veranlassung nachzukommen. Besteht die Möglichkeit, sich rechtlich abzusichern, muss sie ergriffen werden. Das steht im beiderseitigen Interesse, denn das herrschende Unternehmen bekommt gleichfalls Sicherheit hinsichtlich der Einordnung und ungefähren Quantifizierung der veranlassten Maßnahmen seitens des abhängigen Unternehmens. Im Hinblick auf etwaige Schadensersatzansprüche (§ 317 AktG) und Dokumentationspflichten (§ 312 AktG) kann auf einvernehmlicher Grundlage zusammengearbeitet werden.

Aus den gleichen Gründen darf die Suspendierung der Ausgleichsleistung nur so lange dauern, bis ihr keine Gründe mehr entgegenstehen.[473] Das Ende des Geschäftsjahres statuiert demnach nur die Höchstdauer. Danach kommt es jedenfalls zu Schadensersatzansprüchen wegen Nichtausgleich der veranlassten Nachteile. Ist ein Ausgleich bereits vorher möglich, ist er unverzüglich zu leisten.

Folglich darf der Vorstand der abhängigen AG den Ausgleich nicht beliebig aufschieben, sondern nur dann, wenn andernfalls die Maßnahme unterbleiben müsste.

c) Ergebnis

Die Essenz der teleologischen Auslegung lautet folglich, dass angemessener Ausgleich sofort zu leisten ist, mit anderen Worten, es sind objektiv ausgeglichene Geschäfte abzuschließen, wie dies ein Geschäftsleiter einer unabhängigen Gesellschaft auch tun würde.[474] Nur wenn eine vollständige Kompensation – aus welchen Gründen auch immer – noch nicht erfolgen kann, kann es gerechtfertigt sein, die Frage der angemessenen Gegenleistung im Interesse einheitlicher Konzernleitungsmacht aufzuschieben. Es liegt demnach nicht im Ermessen der Geschäftsleiter, bei jeglichen Geschäften auf eine Streckung des Nachteilsausgleichs zu bestehen. Auch im Falle einer zulässigen Ausgleichssuspendierung ist eine Vereinbarung zu schließen, die einen alsbald möglichen Ausgleich effektiv sichert. Etwas anderes ist dem Vorstand der abhängigen AG nicht erlaubt (§§ 76, 93 AktG) und kann deshalb nicht von § 311 Abs. 2 AktG legitimiert sein.

III. Zwischenresümee

Ein Ausgleich für veranlasste Nachteile muss grundsätzlich unverzüglich gewährt werden. Andernfalls ist regelmäßig ein Verstoß gegen das Geschäftsleiterermessen

---

473 *Altmeppen*, in MünchKommAktG, § 311 Rn. 366; vgl. auch die weiteren Nachweise in Fn. 445.

474 *Altmeppen*, in MünchKommAktG, § 311 Rn. 325; *ders.*, ZIP 1996, 693, 696 f.

des Vorstands der abhängigen AG zu konstatieren. Der Wortlaut von § 311 Abs. 2 AktG suggeriert eine grundlos mögliche Flexibilität, die nach hier vertretener Ansicht nicht existiert. Im Gegenteil, der Ausgleichsaufschub darf nicht länger als nötig ausgenutzt werden. Ein Pflichtenverstoß liegt dann nicht vor, wenn ein Ausgleich zum Zeitpunkt der Benachteiligung nicht möglich, aber im Laufe des Geschäftsjahres beziffert werden kann und durch eine Grundsatzvereinbarung so konkret wie möglich bereits geregelt wird.

B. Inhalt und Modalitäten des Nachteilsausgleichs

Bevor die Ausgleichsmöglichkeit nicht bezifferter Nachteile untersucht wird, soll auf die allgemeinen Modalitäten des Nachteilsausgleichs eingegangen werden. Diese weisen Bezüge zu denjenigen Aspekte auf, die für die zutreffende Einordnung nicht quantifizierter Nachteilsausgleichsvereinbarungen eine Rolle spielen können.

I. Einseitige Festlegung oder Ausgleichsvereinbarung?

Veranlasst das herrschende Unternehmen die abhängige AG zur Vornahme einer nachteiligen Maßnahme, muss im Falle der sofortigen Nachteilskompensation wie auch im Falle der zulässigen Suspendierung des Ausgleichs nach § 311 Abs. 2 AktG die Frage beantwortet werden, wie es zur konkreten Ausgleichsgewährung kommt.

In der Literatur werden die beiden Ausgleichsmöglichkeiten überwiegend differenziert behandelt. Während die sofortige Ausgleichsleistung überwiegend für einseitig durch das herrschende Unternehmen bestimmbar angesehen wird,[475] soll im Falle der zeitlich nachgelagerten Vorteilsgewährung ein einvernehmliches Vorgehen erforderlich sein.[476] Teilweise wird aber auch vertreten, es bedürfe im beiden

475 *Habersack*, in Emmerich/Habersack, § 311 Rn. 71; *Koch*, in Hüffer, § 311 Rn. 41; *H.-F. Müller*, in Spindler/Stilz, § 311 Rn. 56; *Rothley*, in Wachter, § 311 Rn. 31; *Fett*, in Bürgers/Körber, § 311 Rn. 53; *Schatz/Schödel*, in Heidel, § 311 Rn. 71; *Krieger*, in MünchHdbAG, § 69 Rn. 88; *Kellmann*, BB 1969, 1509, 1512 mit Fn. 41; hinsichtlich der Höhe des Ausgleichs auch *Koppensteiner*, in KK-AktG, § 311 Rn. 123–125; unklar *Beuthien*, DB 1969, 1781, 1783.

476 *Habersack*, in Emmerich/Habersack, § 311 Rn. 72; *Koch*, in Hüffer, § 311 Rn. 46; *H.-F. Müller*, in Spindler/Stilz, § 311 Rn. 57; *Koppensteiner*, in KK-AktG, § 311 Rn. 129 f.; *Fett*, in Bürgers/Körber, § 311 Rn. 54; *Rothley*, in Wachter, § 311 Rn. 32; *Schatz/Schödel*, in Heidel, § 311 Rn. 72 f.

Fällen eines einverständlichen Ausgleichs.[477] Auch dass das herrschende Unternehmen jeweils ein Bestimmungsrecht für sich beanspruchen könne, wird vertreten.[478]

Aufgrund der tatsächlich notwendigen Handlungen erscheint unklar, wie eine einseitig oktroyierte Ausgleichsleistung vollzogen werden soll. Die Veranlassung dient dazu, den Vorstand der abhängigen AG zu einem bestimmten Verhalten anzuhalten (§ 311 Abs. 1 AktG). Die Frage lautet also, ob der Vorstand sich mit einem Angebot des herrschenden Unternehmens hinsichtlich des Ausgleichs zufrieden geben muss, denn nur dann kann von einer einseitigen Bestimmungsmöglichkeit gesprochen werden. Dass dies nicht der Fall ist, liegt auf der Hand. Es bedarf einer Prüfung der aus einer zu vollziehenden Maßnahme resultierenden Vor- und Nachteile, was sich schon aus § 312 Abs. 1 und Abs. 3 AktG ergibt. Auch aus der Entstehungsgeschichte der Norm folgt, dass der Ausgleich als „Gegenleistung" verstanden werden kann.[479] Durch die Möglichkeit, den Ausgleich zeitlich zu verschieben, hat sich daran nichts geändert. Im Gegenteil, denn bezüglich der gestreckten Ausgleichsgewährung ergibt sich das Erfordernis einer Vereinbarung aus dem oben Gesagten. Schon bei der Veranlassung zur Durchführung einer nachteiligen Maßnahme hat das abhängige Unternehmen auf eine möglichst konkrete Vereinbarung zu bestehen, die den späteren Ausgleich sichert.[480] Bietet das herrschende Unternehmen einen Ausgleich in einer Art und Weise an, die der Vorstand der abhängigen AG nach pflichtgemäßem Ermessen (§§ 76, 93 AktG) annehmen kann und führt der Vorstand die begehrte Maßnahme aus, liegt darin seine Zustimmung. Es obliegt jedoch seiner Risikoentscheidung, ob er die Veranlassung als Anlass nimmt, eine unter eigener Abwägung gefällte unternehmerische Entscheidung zu treffen oder nicht. Die Konfliktsituation, in der sich der Vorstand befindet, hat keine Auswirkungen auf die Beurteilung der rechtlichen Zulässigkeit seines Verhaltens.[481]

Sofern gegen ein stets notwendiges einvernehmliches Vorgehen vorgebracht wird, es widerspreche der „Privilegierungsfunktion" des § 311 AktG,[482] muss dies als Behauptung zurückgewiesen werden. Denn ob § 311 AktG das herrschende Unternehmen in dieser Hinsicht privilegiert, ist die entscheidende Frage. Rechtlich stellt sich

---

477 *Altmeppen*, in MünchKommAktG, § 311 Rn. 357–363; *Grigoleit*, in Grigoleit, § 311 Rn. 52; *Bödeker*, in Henssler/Strohn, § 311 AktG Rn. 31; *Altmeppen*, Haftung, S. 61 f.; *Geßler*, in FS Westermann, S. 145, 161; *Altmeppen*, in FS Priester, S. 1, 15–17; *ders.*, NZG 2010, 401, 402; *ders.*, ZIP 1996, 693, 696; wohl auch *E. Vetter*, ZHR 171 (2007), 342, 361 f., der allerdings „keine allzu hohen formalen und inhaltlichen Anforderungen" verlangt.

478 So wohl *J. Vetter*, in K. Schmidt/Lutter, § 311 Rn. 96, 102 f.

479 *Altmeppen*, in MünchKommAktG, § 311 Rn. 357; aA *Koch*, in Hüffer, § 311 Rn. 41; zur Historie siehe § 2 C.

480 Siehe dazu § 4 A.

481 *E. Vetter*, ZHR 171 (2007), 342, 361 f.

482 *Habersack*, in Emmerich/Habersack, § 311 Rn. 71; *Koch*, in Hüffer, § 311 Rn. 41; *Fett*, in Bürgers/Körber, § 311 Rn. 53; dagegen *Altmeppen*, in MünchKommAktG, § 311 Rn. 358.

die Situation aufgrund von § 76 AktG gerade umgekehrt dar. Ohne Mitwirken des Vorstands der abhängigen AG kann keine Maßnahme durchgeführt werden, so dass aus rechtlicher Sicht ein Bestimmungsrecht in diese Richtung vorzugswürdig scheint.[483]

Des Weiteren wird argumentiert, der Vorstand der abhängigen AG könne einen zu geringen Ausgleich im Abhängigkeitsbericht vermerken, so dass den Interessen der abhängigen AG Genüge getan sei, zumal verbleibende Nachteile mittels Schadensersatzanspruchs liquidiert werden könnten.[484] Es wird praktisch kaum vorkommen, dass eine Benachteiligung wegen zu geringen Ausgleichs im Abhängigkeitsbericht vermerkt wird, denn die Benachteiligung ist durch den Vorstand begangen, der insofern seine potenzielle Haftung nach § 93 AktG offenlegen würde. Der Abhängigkeitsbericht entfaltet insofern präventive Wirkung, als dass den beteiligten Personen stets gegenwärtig sein soll, dass die Modalitäten der Geschäfte im Unternehmensverbund dokumentiert werden müssen. Dies soll zum Abschluss ausgeglichener Geschäfte anhalten. Der Abhängigkeitsbericht hat keine legitimierende Wirkung in dem Sinne, dass der Vorstand nur ein abhängiges Geschäft dokumentieren und offenlegen müsse. Es bleibt bei seiner Verantwortlichkeit, der eine eigene Ermessensentscheidung immanent ist.

Folglich bedarf es in beiden Varianten der Ausgleichsleistung zwingend einer Vereinbarung von herrschendem und abhängigem Unternehmen. Ob dieses Ergebnis durch die faktische Befolgung von durch das herrschende Unternehmen angebotenem Ausgleich überlagert wird,[485] kann dahingestellt bleiben, weil die rechtliche Pflichtenbindung und die potenzielle Verantwortung jedenfalls unberührt bleiben.

II. Auswirkungen der Exkulpationsmöglichkeit auf den Ausgleich

1. Entfallen der Ausgleichspflicht

Teilweise wird vertreten, die Pflicht einen Nachteilsausgleich zu leisten, entfalle, wenn im Falle des Nichtausgleichs kein Schadensersatz geschuldet sei.[486] Begründet wird diese Schlussfolgerung damit, dass der abhängigen AG ansonsten ein nicht auszugleichender Nachteil verbleiben würde, was angesichts der entfallenden Schadensersatzsanktion (§ 317 Abs. 2 AktG) und der Nichtklagbarkeit des Nachteilsausgleichs nicht zu rechtfertigen sei. Zum gleichen Ergebnis kommt die herrschende Meinung, auch wenn sie dies dadurch erreicht, dass sie die den Schadensersatz ausschließende Exkulpationsmöglichkeit (§ 317 Abs. 2 AktG) bereits in die Nachteilsdefinition einfließen lässt.[487]

---

483 *Altmeppen*, in MünchKommAktG, § 311 Rn. 359.

484 Vgl. *J. Vetter*, in K. Schmidt/Lutter, § 311 Rn. 103; *Habersack*, in Emmerich/Habersack, § 311 Rn. 71.

485 *Altmeppen*, in MünchKommAktG, § 311 Rn. 361, 363.

486 In diesem Sinne *Brachvogel*, Leitungsmacht, S. 35 f.; *Raiser/Veil*, Recht der Kapitalgesellschaften, § 53 Rn. 33; *Kellmann*, ZGR 1974, 220, 222 f.

487 Siehe § 3 C I mit Nachweisen in Fn. 300.

Beide Konsequenzen sind nicht überzeugend. Während die Frage der Nachteilsbestimmung im Sinne einer objektiven Auslegung ausführlich behandelt worden ist,[488] ist die Negierung einer Ausgleichspflicht bei Nichteingreifen von Schadensersatzsanktionen schon anhand des Wortlauts von § 317 Abs. 2 AktG zurückzuweisen. Bezug genommen wird auf die „Ersatzpflicht", womit diejenige des § 317 Abs. 1 Satz 1 AktG gemeint ist.[489] Auch in systematischer Hinsicht ist somit eine so verstandene Interdependenz von Nachteilsausgleich und Schadensersatz abzulehnen. Schließlich sprechen Sinn und Zweck der Ausgleichspflicht gegen ein Entfallen, wenn sich der Geschäftsleiter exkulpieren kann. Der Nachteilsausgleich soll sicherstellen, dass die abhängige AG nicht durch Veranlassungen des herrschenden Unternehmens geschädigt wird. Die verbleibenden Nachteile müssen im Abhängigkeitsbericht Erwähnung finden (§ 312 AktG) und erst wenn daraufhin keine Ansprüche geltend gemacht werden, ist das Sicherungssystem der abhängigen AG beendet. Voreilige Schlussfolgerungen wegen des Entfallens einer Schadensersatzpflicht sind dem Schutzinteresse der abhängigen AG nicht dienlich und sprechen neben den Schlussfolgerungen aus Wortlaut und Systematik auch in teleologischer Hinsicht gegen ein Entfallen der Ausgleichspflicht.

2. Leistungsstörungen

Eine weitere Frage, die die Ausgleichsmodalität betrifft, ist die der Behandlung von Leistungsstörungen. Die Vereinbarung über den Nachteilsausgleich stellt ein vertragliches Schuldverhältnis dar und unterliegt als solches den allgemeinen Regeln des bürgerlichen Rechts. Die ganz herrschende Auffassung überträgt ihre Überlegungen zur Verschuldensunabhängigkeit der Haftung nach §§ 311, 317 AktG aber auch auf diesen Vertrag und erkennt eine „Garantiehaftung" bezüglich der Leistung des vereinbarten Ausgleichs.[490] Mit der hier vertretenen Auffassung ist dies indes nicht zu vereinbaren und auch im Übrigen nicht gerechtfertigt.

Während das faktische Verhältnis zwischen herrschendem und abhängigem Unternehmen aufgrund der wechselvollen Historie der Normierung der es nun regelnden §§ 311 ff. AktG noch Anlass zu Spekulationen ob der Existenz einer Garantiehaftung geben mag, die im Gesetzgebungsverfahren ursprünglich vorgesehen war,[491] ist ein von zwei Unternehmen geschlossener Vertrag nicht geeignet, die allgemeinen schuldrechtlichen Regeln zu überlagern. Insofern gelten insbesondere

---

488 Siehe § 3 C II 2.

489 Siehe schon § 3 I.

490 *H.-F. Müller*, in Spindler/Stilz, § 311 Rn. 61; *Fett*, in Bürgers/Körber, § 311 Rn. 56; *Rothley*, in Wachter, § 311 Rn. 33; *Koch*, in Hüffer, § 311 Rn. 37 (Verschuldenserfordernis für Ausgleichspflicht sei „ganz unpassend"); im Ergebnis auch *Habersack*, in Emmerich/Habersack, § 311 Rn. 76; *Koppensteiner*, in KK-AktG, § 311 Rn. 115; *Krieger*, in MünchHdbAG, § 69 Rn. 88a; *Linsmann*, Ausgleichsanspruch, S. 105–121.

491 Siehe § 2 C I.

§§ 275 ff., 320 ff. BGB, sofern die Parteien nichts anderes vereinbart haben.[492] Es herrscht offenbar Einigkeit, dass die Ausgleichsvereinbarung ein synallagmatisches Schuldverhältnis darstellt.[493]

Ist dem herrschenden Unternehmen die Ausgleichsleistung ohne eigenes Verschulden unmöglich geworden, folgt daraus kein Anspruch aus § 317 AktG. Schadensersatzansprüche sind nur nach allgemeinen schuldrechtlichen Regeln denkbar. Bei anfänglicher Unmöglichkeit zum Nachteilsausgleich greift § 311a Abs. 2 BGB, der genauso von einem Verschulden abhängig ist (§ 311a Abs. 2 Satz 2 BGB) wie der Anspruch auf Schadensersatz statt der Leistung wegen nachträglicher Unmöglichkeit (§§ 280, 283 BGB). Eine erhebliche Einschränkung folgt jedoch daraus, dass die Unfähigkeit, einen in Geld bemessenen Vorteil[494] dem abhängigen Unternehmen zu verschaffen, allgemeinen Regeln entsprechend nicht zur Unmöglichkeit führt.[495]

Kann eine die Leistungspflicht ausschließende Unmöglichkeit dennoch festgestellt werden, wird vertreten, dass ein Rücktritt (§ 326 Abs. 5 BGB) des abhängigen Unternehmens die „rechtfertigende Wirkung" der Ausgleichsvereinbarung entfallen lasse und damit der Schadensersatzanspruch wieder auflebe.[496] Die Ausführungen schließen sich an die teilweise in § 317 AktG erblickte Garantiehaftung an, weil der Rücktritt ein Verschulden des Erklärungsempfängers nicht erfordert.[497] Ob die Ausgleichsleistung eine „Rechtfertigung" der Einflussnahme darstellt, ist umstritten.[498] Unzweideutig ist jedoch, dass die Rechtsfolgen eines Rücktritts nicht rückwirkend eintreten, sondern noch nicht erfüllte Leistungspflichten erlöschen und bereits ausgetauschte Leistungen zurückgewährt werden müssen (§ 346 BGB).[499] Das erfordert eine Rückgängigmachung der Veranlassung, die in natura nicht möglich sein wird, so dass Wertersatz zu leisten ist (§ 346 Abs. 2 Satz 1 Nr. 1 BGB).[500] Die ex-nunc-Wirkung kann

---

492 *J. Vetter*, in K. Schmidt/Lutter, § 311 Rn. 102; *Altmeppen*, in MünchKommAktG, § 311 Rn. 381 f.; *Grigoleit*, in Grigoleit, § 311 Rn. 51; grundsätzlich auch *Habersack*, in Emmerich/Habersack, § 311 Rn. 76; *Fett*, in Bürgers/Körber, § 311 Rn. 56; *Krieger*, in MünchHdbAG, § 69 Rn. 88a; *Linsmann*, Ausgleichsanspruch, S. 105–121.

493 Zum Erfordernis eines synallagmatischen Vertrages vgl. *Emmerich*, in MünchKommBGB, vor § 320 Rn. 10–12.

494 Es wird sich um den Regelfall der Ausgleichsleistung nach § 311 Abs. 2 AktG handeln.

495 Statt aller *Ernst*, in MünchKommBGB, § 275 Rn. 13.

496 So *Habersack*, in Emmerich/Habersack, § 311 Rn. 76; zur Rechtfertigungswirkung des Ausgleichs vgl. etwa *Habersack*, in Emmerich/Habersack, § 311 Rn. 5, 61; *Emmerich/Habersack*, Konzernrecht, S. 468, 496; *Martens*, AG 1974, 9, 13; vgl. auch *Streyl*, Doppelmandate, S. 84. Zur Dogmatik des Ausgleichs siehe § 4 C.

497 Statt aller *Ernst*, in MünchKommAktG, § 323 Rn. 2, 46.

498 Zur Dogmatik des Ausgleichs unter § 4 C.

499 Statt aller *Gaier*, in MünchKommAktG, vor § 346 Rn. 35; im hiesigen Zusammenhang *Altmeppen*, in MünchKommAktG, § 311 Rn. 382.

500 *Gaier*, in MünchKommBGB, § 346 Rn. 44; *Altmeppen*, in MünchKommAktG, § 311 Rn. 382 mit dem Hinweis, dass dies einer Schadensersatzleistung gleichkommen kann.

nicht dazu führen, ein in der Vergangenheit liegendes Verhalten pflichtwidrig werden zu lassen. War es ex ante betrachtet nicht rechtswidrig, führt die Ausübung eines nicht zurückwirkenden Gestaltungsrechtes nicht zur Änderung der Einschätzung. Anders mag – unter Zugrundelegung des Verständnisses der „Rechtfertigung" – der Fall zu beurteilen sein, dass eine Rückwirkung entfaltende (§ 142 Abs. 1 BGB) Anfechtung erfolgt.[501] Das kann hier jedoch dahingestellt bleiben. Aus § 325 BGB folgt, dass parallel zum Rücktritt Schadensersatzansprüche verfolgt werden können, welche wiederum von einem Verschulden abhängig sind (§ 280 Abs. 1 Satz 2 BGB).

III. Der Grundsatz der notwendigen Quantifizierbarkeit

Nachteile und dem Ausgleich dienende Vorteile im Sinne von § 311 AktG müssen grundsätzlich quantifizierbar sein.[502] Dies dient der Überprüfbarkeit vollständiger Kompensation des Nachteils durch den Ausgleich, was eine Bewertung und Bezifferung des Ausgleichs jedenfalls am Ende des Geschäftsjahres bedingt,[503] um feststellen zu können, ob der Ausgleich die Nachteile wenigstens deckt. Hintergrund ist der von § 311 AktG nicht aufgeweichte Schutz der abhängigen Gesellschaft vor Vermögensnachteilen.[504] Dieser quantitative Vergleich ist zudem deshalb erforderlich, weil § 312 AktG den Vorstand der abhängigen AG verpflichtet, jene Umstände im Abhängigkeitsbericht zu vermerken. Daraus ergibt sich ein System des Einzelausgleichs, in dem jeder auf Veranlassung des herrschenden Unternehmens herbeigeführte Nachteil durch einen den Nachteil quantitativ wenigstens gleichkommenden konkreten Vorteil zu kompensieren ist.[505]

Dies kann durch sofortige Ausgleichsgewährung geschehen oder im Rahmen von § 311 Abs. 2 AktG durch Einräumung eines Ausgleichsanspruchs. Dieser setzt voraus, dass mit der Suspendierung des Ausgleichs eine Grundsatzvereinbarung geschlossen wird, die die Modalitäten des Ausgleichs enthält. § 311 Abs. 2 AktG setzt indessen nicht voraus, dass der Ausgleich im Laufe des Geschäftsjahres dem abhängigen Unternehmen zugeflossen sein muss. Es muss lediglich vereinbart sein, „wann und durch welche Vorteile der Nachteil ausgeglichen werden soll" (§ 311 Abs. 2 Satz 1 AktG). Darauf ist ein „Rechtsanspruch" (§ 311 Abs. 2 Satz 2 AktG) zu

---

501 Vgl. insofern auch *Linsmann*, Ausgleichsanspruch, S. 105–110, freilich unter Berücksichtigung des alten Schuldrechts, wonach die anfängliche objektive Unmöglichkeit zur Nichtigkeit führte (§ 306 BGB a.F.) und folglich § 317 AktG herangezogen werden konnte.

502 Allgemeine Meinung, vgl. *H.-F. Müller*, in Spindler/Stilz, § 311 Rn. 40, 50 f.; *J. Vetter*, in K. Schmidt/Lutter, § 311 Rn. 86. Zu unbezifferten Nachteilen und diese ausgleichenden Vorteile im 3. Kapitel.

503 *Grigoleit*, in Grigoleit, § 311 Rn. 46.

504 *Altmeppen*, in MünchKommAktG, § 311 Rn. 301; vgl. zum Schädigungsverbot auch die Nachweise in Fn. 157.

505 Allgemeine Meinung auch bezüglich der Irrelevanz passiver Abhängigkeits- oder Konzerneffekte, vgl. etwa *J. Vetter*, in K. Schmidt/Lutter, § 311 Rn. 85.

gewähren, womit nichts anderes als ein Anspruch im Sinne von § 194 Abs. 1 BGB gemeint ist.[506] Bezweckt ist, der abhängigen AG jedenfalls am Ende des Geschäftsjahres Planungssicherheit zu gewähren. Damit geht Rechtssicherheit hinsichtlich von Art und Umfang des Vorteils einher.[507]

Beide Ausgleichsvarianten werden vom Gesetz als gleichwertig angesehen, so dass materiell für die abhängige AG kein Unterschied besteht, ob der Ausgleich nach § 311 Abs. 1 oder Abs. 2 AktG erfolgt. Auswirkungen auf ihre Vermögens- und Ertragslage dürfen, mit anderen Worten, durch die Modalität des Ausgleichs nicht verbunden sein. Sinn und Zweck des Ausgleichs ist folglich, spätestens am Ende des Geschäftsjahres die Herstellung einer aus Sicht des abhängigen Unternehmens wenigstens ausgeglichenen Maßnahme. Entweder war bereits die veranlasste Maßnahme nicht nachteilig, oder sie wurde zeitgleich mit ihrer Durchführung durch entsprechende Vorteile ausgeglichen, oder es wurde zulässigerweise von einem Aufschub des Ausgleichs Gebrauch gemacht. Dann muss am Ende des Geschäftsjahres feststehen, durch welche konkreten Vorteile der noch bestehende Nachteil ausgeglichen wird. Wären Maßnahme und Ausgleich zeitgleich abgeschlossen worden, hätte ein ausgeglichenes Geschäft vorliegen müssen. Dieser Gedanke muss auch bei der anderweitigen Ausgleichung berücksichtigt werden.

C. Dogmatische Qualifikation des § 311 Abs. 2 AktG

Sind Inhalt und Modalitäten hinsichtlich der wirtschaftlich notwendigen Vermögensverlagerungen abstrakt und unter Ausklammerung unbezifferter Nachteile und ihres Ausgleichs geklärt, stellt sich die Frage, wie § 311 Abs. 2 AktG dogmatisch einzuordnen ist.

I. Meinungsstand

Früher wurde vertreten, der Ausgleich werde auf den Schadensersatzanspruch geleistet. Der Anknüpfungspunkt wurde nicht beim Schädigungsverbot, sondern beim die rechtswidrige Veranlassung sanktionierenden Schadensersatzanspruch gesucht.[508] Dessen Erfüllung sei durch den Ausgleichsmechanismus modifiziert. Teilweise wurde in § 311 Abs. 2 AktG eine Ersetzungsbefugnis (facultas alternativa) des herrschenden Unternehmens gesehen.[509] Demnach kann das herrschende

506 *Linsmann*, Ausgleichsanspruch, S. 93.

507 *H.-F. Müller*, in Spindler/Stilz, § 311 Rn. 60; *ders.*, in FS Stilz, S. 427, 436; vgl. auch *Wirth*, in Liber Amicorum M. Winter, S. 775, 780 mit Relativierung des Arguments der Planungssicherheit auf S. 784.

508 In diesem Sinne *Würdinger*, in GroßKommAktG, § 311 Anm. 5; *Bälz*, in FS Raiser, S. 287, 308; *Brüggemeier*, AG 1988, 93, 100.

509 *K. Müller*, ZGR 1977, 1, 16 f.; *Immenga*, ZGR 1978, 269, 273 f.; *Kellmann*, ZGR 1974, 220, 221 f.; *ders.*, BB 1969, 1509, 1512 f.; *Wälde*, DB 1972, 2289 mit Fn. 4; *Brüggemeier*, AG 1988, 93, 100; ähnlich *Geßler*, in FS Westermann, S. 145, 160 f.,: „eine

Unternehmen, statt Schadensersatz zu leisten, dem abhängigen Unternehmen ausreichende Vorteile im Sinne von § 311 Abs. 2 AktG zuführen. Andererseits wurde der Ausgleich auch als Regelung der Vorteilsanrechnung (compensatio lucri cum damno) qualifiziert.[510] Die Schadensersatzpflicht nach § 317 Abs. 1 AktG entfalle, soweit der Nachteil ausgeglichen worden sei.

Grundannahme dieser Auffassung ist, dass mit der Durchführung einer veranlassten Maßnahme, die einen Nachteil für das abhängige Unternehmen herbeiführt, eine Schadensersatzpflicht entsteht. Bis zum Ende des Geschäftsjahres kann der Nachteilsausgleich aber durch Zuführung beliebiger Vorteile realisiert werden und nicht bloß durch Naturalrestitution oder Barausgleich, wie im Fall eines Schadensersatzanspruchs.[511] § 311 Abs. 2 AktG enthält demnach eine Erweiterung der allgemeinen Grundsätze der Vorteilsanrechnung dergestalt, dass hinsichtlich der Art der Ersatzleistung Spielraum für das herrschende Unternehmen geschaffen wird.[512]

Die ganz herrschende Auffassung in der Literatur klassifiziert § 311 Abs. 2 AktG als eine Ausgleichsregelung sui generis.[513] Es handele sich um eine „Pflicht" des herrschenden Unternehmens,[514] ohne dass die abhängige Gesellschaft einen durchsetzbaren Anspruch auf die Vorteilsgewährung habe.[515] Begründet wird die Ausgleichspflicht unter Hinweis auf das schadensersatzbewährte allgemeine Schädigungsverbot, das

---

Art gesetzlicher facultas alternativa", die einer Vereinbarung bedarf; allgemein zur Ersetzungsbefugnis *Krüger*, in MünchKommBGB, § 262 Rn. 8–10; *Olzen*, in Staudinger, § 364 Rn. 17–19.

510 *Würdinger*, in GroßKommAktG, § 311 Anm. 9; *Bälz*, in FS Raiser, S. 287, 308; vgl. auch den schriftlichen Bericht des Rechtsausschusses zum Regierungsentwurf zu BT-Drs. IV/3296, S. 48, abgedruckt auch bei *Kropff*, Begründung, S. 409 f., wo von der Anordnung der Geltung der Regelungen zum Vorteilsausgleich ausgegangen wird. Vgl. zur Vorteilsanrechnung im Schadensrecht *Oetker*, in MünchKommBGB, § 249 Rn. 228–279; *Lange/Schiemann*, Schadensersatz, § 9.

511 *Würdinger*, in GroßKommAktG, § 311 Anm. 9.

512 *Würdinger*, in GroßKommAktG, § 311 Anm. 5.

513 *Habersack*, in Emmerich/Habersack, § 311 Rn. 61; *Kropff*, in MünchKommAktG, 2. Aufl. 2000, § 311 Rn. 221; *Koch*, in Hüffer, § 311 Rn. 37; *J. Vetter*, in K. Schmidt/Lutter, § 311 Rn. 105; *H.-F. Müller*, in Spindler/Stilz, § 311 Rn. 48; *Fett*, in Bürgers/Körber, § 311 Rn. 47; *Rothley*, in Wachter, § 311 Rn. 25; *Leuering/Goertz*, in Hölters, § 311 Rn. 80; *Schatz/Schödel*, in Heidel, § 311 Rn. 64; *Emmerich/Habersack*, Konzernrecht, S. 496 mit Fn. 124.

514 *Habersack*, in Emmerich/Habersack, § 311 Rn. 61; *H.-F. Müller*, in Spindler/Stilz, § 311 Rn. 48 f.; *Rothley*, in Wachter, § 311 Rn. 25; *Schatz/Schödel*, in Heidel, § 311 Rn. 64; *Emmerich/Habersack*, Konzernrecht, S. 496.

515 Allgemeine Meinung, vgl. *Altmeppen*, in MünchKommAktG, § 311 Rn. 374 f.; *Koppensteiner*, in KK-AktG, § 311 Rn. 122; *Koch*, in Hüffer, § 311 Rn. 38; *Habersack*, in Emmerich/Habersack, § 311 Rn. 62, 75; *Grigoleit*, in Grigoleit, § 311 Rn. 44; *H.-F. Müller*, in Spindler/Stilz, § 311 Rn. 49; *J. Vetter*, in K. Schmidt/Lutter, § 311 Rn. 106; *Fett*, in Bürgers/Körber, § 311 Rn. 47; *Schatz/Schödel*, in Heidel, § 311 Rn. 64; *Krieger*, in MünchHdbAG, § 69 Rn. 85; *Emmerich/Habersack*, Konzernrecht, S. 496.

jeden Gesellschafter treffe.[516] Bezweckt sei, das gestörte Gleichgewicht, das nach § 311 Abs. 2 AktG höchstens bis zum Ende des Geschäftsjahres geduldet werde, dadurch zu korrigieren, dass der Zustand hergestellt werde, der ohne die Privilegierung der Suspendierung des Ausgleichs bestanden hätte.

Im Rahmen einer weiteren Stellungnahme zur dogmatischen Qualifikation von § 311 Abs. 2 AktG wird es als vorzugswürdig erachtet, den Nachteilsausgleich nicht als „Pflicht" des herrschenden Unternehmens zu bezeichnen, sondern mehr aus der Sicht des grundsätzlichen Schädigungsverbots zu denken. Dies führe zur Beurteilung des § 311 Abs. 2 AktG als „Suspensivelement des dominanten Schädigungsverbots".[517]

Vereinzelt wird § 311 Abs. 2 AktG als Obliegenheit des herrschenden Unternehmens bezeichnet.[518] Eine „Pflicht" könne nicht vorliegen, da die Unterlassung der Ausgleichsleistung selbst nicht rechtswidrig sei, sondern nur dazu führe, dass ein Schwebezustand infolge der nachteiligen Veranlassung beendet werde und die Rechtswidrigkeit nun feststehe.[519] Im Übrigen könne die „Pflicht" nicht gesetzlich durchgesetzt werden, so dass die Bezeichnung insofern ohne Bedeutung sei.[520]

Eine andere Ansicht knüpft zur Einordnung von § 311 Abs. 2 AktG an die Einordnung der §§ 311, 317 AktG als Haftung für pflichtwidrige Fremdgeschäftsführung an.[521] Sofern faktischer Einfluss auf die abhängige AG ausgeübt werde, sei das herrschende Unternehmen verpflichtet, dies wie ein ordentlicher und gewissenhafter Geschäftsleiter zu tun. Die Pflichtbindung eines Organmitglieds der abhängigen Gesellschaft wird, mit anderen Worten, auf den Konzerngeschäftsleiter ausgedehnt. Weil für bestimmte Fälle eine Streckung des Nachteilsausgleichs erlaubt sei, ordne § 311 Abs. 2 AktG als Ausfluss der Pflicht zur ordentlichen Geschäftsleitung den Ausgleich derjenigen Nachteile an, die aufgrund der ermessensfehlerfrei genutzten Möglichkeit der Ausgleichssuspendierung genutzt wurden.[522]

Der Ausgleich sei hiernach kein Schadensersatz,[523] sondern eine Pflicht des herrschenden Unternehmens, um seine Konzernleitungsmacht auch bezüglich solcher Maßnahmen zu gewährleisten, deren Auswirkungen bei Vornahme noch nicht absehbar waren. Erst ein Verstoß ziehe die Haftung nach § 317 AktG nach sich.

---

516 *Habersack*, in Emmerich/Habersack, § 311 Rn. 61.

517 *Grigoleit*, in Grigoleit, § 311 Rn. 44 f.

518 *Koppensteiner*, in KK-AktG, § 311 Rn. 154; *Stollwerck/Schulze Steinen*, in Schwerdtfeger, Anh. 2 AktG Rn. 126; vgl. zur Einordnung im Rahmen der Geschäftsführung ohne Auftrag bereits § 3 C II 2 d) dd) mit Fn. 392.

519 Zum Bestehen eines Schwebezustandes infolge der Veranlassung vgl. die Nachweise in Fn. 593 und sodann unter § 5 B IV 1.

520 *Koppensteiner*, in KK-AktG, § 311 Rn. 154; in diesem Sinne auch *Grigoleit*, in Grigoleit, § 311 Rn. 44 f.

521 Vgl. die Nachweise in Fn. 305.

522 *Altmeppen*, in MünchKommAktG, § 311 Rn. 316–318; *J. Wilhelm*, Rechtsform, S. 230–232.

523 So jedoch offenbar verstanden von *Grigoleit*, in Grigoleit, § 311 Rn. 44 mit Fn. 128.

Es bleibe beim Schädigungsverbot, doch würden solche Benachteiligungen nicht sanktioniert, deren Bezifferung nicht gleich möglich sei. Ausschließlich in zeitlicher Hinsicht könne so von einer Suspendierung des Schädigungsverbots gesprochen werden.[524]

II. Stellungnahme

Die zutreffende dogmatische Einordnung des § 311 Abs. 2 AktG ist durch Auslegung zu ermitteln. Dabei ist nicht isoliert § 311 Abs. 2 AktG zu beurteilen, sondern der Regelungszusammenhang und der Sinn und Zweck des Nachteilsausgleichs im Normgefüge der §§ 311 ff. AktG sind mit einzubeziehen. Es wurde schon dargelegt, dass es sich bei der Ausgleichsleistung nach § 311 Abs. 2 AktG um einen Fall der Folgepflicht im Sinne der Geschäftsführung ohne Auftrag handelt,[525] was hier präzisiert werden soll.

1. Pflichten und Obliegenheiten

Gegen die Einordnung von § 311 Abs. 2 AktG als „Pflicht", gleich welcher Art, würde sprechen, dass es sich um eine Obliegenheit handelt. Pflichten und Obliegenheiten schließen sich gegenseitig aus.[526] Relevant ist die Unterscheidung deshalb, weil die Verletzung einer Obliegenheit keine Schadensersatzverpflichtung nach sich zieht.[527] Unter Einordnung als Obliegenheit wäre weder die Ansicht, die eine „Kompensationspflicht sui generis" noch diejenige, die von einer aus der Geschäftsleitungspflicht herrührenden Verpflichtung ausginge, dogmatisch haltbar.

a) Begriffsbestimmung

Ohne nähere Begründung wird teils von einer Pflicht, teils von einer Obliegenheit des herrschenden Unternehmens gesprochen.[528] Es gilt zunächst die Begrifflichkeiten zu klären, wozu eine Definition und Abgrenzung der Begriffe „Pflicht" und „Obliegenheit" notwendig ist. Das geschieht nicht nur aus Gründen formaler Präzisierung. Die Einordnung hat Auswirkungen auf die Rechtsfolgen, die an einen Verstoß gegen den Handlungsbefehl des § 311 Abs. 2 AktG geknüpft sein können.

---

524 *Altmeppen*, in MünchKommAktG, § 311 Rn. 317; vgl. zur dogmatischen Qualifikation als Haftung für pflichtwidrige Fremdgeschäftsführung auch die Nachweise in Fn. 305.

525 Dazu bereits § 3 C II 2 d) dd).

526 Die Abgrenzungskriterien sind im Einzelnen umstritten, vgl. *Olzen*, in Staudinger, § 241 Rn. 128–130 mit weiteren Nachweisen.

527 *Olzen*, in Staudinger, § 241 Rn. 123; *Ernst*, in MünchKommBGB, Einl. § 241 Rn. 14 f.; vgl. aber *Hähnchen*, Obliegenheiten, S. 242–255, wonach der Rechtsverlust durch Nichterfüllung einer Obliegenheit ähnliche Bedeutung hat.

528 Vgl. die Nachweise in Fn. 514, 518.

Pflichten lassen sich auf vielfältige Art und Weise beschreiben und in weitere Unterkategorien einordnen; es handelt sich insofern um einen Oberbegriff. Als Begriffspaare und Unterkategorien dienen beispielsweise Leistungs- und Nichtleistungspflichten (Letztere werden auch als Nebenpflichten oder Rücksichtnahmepflichten bezeichnet), Primär- und Sekundärpflichten sowie Hauptleistungs- und Nebenleistungspflichten.[529] Allen Pflichten dieser Kategorien ist gemein, dass sie auf ihre spezifische Art und Weise der Durchführung von Rechtsverhältnissen dienen.[530]

Obschon sich Pflichten und Obliegenheiten gegenseitig ausschließen,[531] ist beiden Instituten inhärent, dass sie Verhaltensnormen aufstellen, die darauf gerichtet sind, den Adressaten zu einem Tun oder Unterlassen anzuhalten.[532] Die Erfüllung einer Obliegenheit kann jedoch nicht im Wege des Klage- und Vollstreckungsverfahrens erzwungen werden.[533] Eine Obliegenheit bewirkt mittelbaren Zwang dadurch, dass den Adressaten bei Nichtbeachtung des Normbefehls Rechtsverluste treffen, die in einem Funktionsbezug zu der verletzen Obliegenheit stehen.[534] Dieser Rechtsverlust entspricht funktional der Sanktion einer Pflichtverletzung mittels Schadensersatzanspruch.

Zusammengefasst kann demnach festgehalten werden, dass Obliegenheiten Erwartungen an den Adressaten formulieren, der sich durch deren Nichterfüllung selbst in Form von Rechtsverlust schädigt.[535] Die Verletzung einer Obliegenheit stellt nie eine Schadensersatz auslösende Pflichtverletzung dar, weil eine Pflicht gerade nicht besteht, so dass die Nichtbefolgung des Weiteren auch nicht verschuldet sein kann.[536] Eine Obliegenheit besteht im Interesse des Adressaten, der zur Befolgung nicht gezwungen ist, so dass die Unterscheidung in eine „pflichtgemäße"

---

529 Unzählige weitere Kategorien und Unterscheidungen sind gebildet worden und würden diese Darstellung ohne Mehrwert unüberschaubar werden lassen, vgl. etwa *Olzen*, in Staudinger, § 241 Rn. 141–298 mit umfangreichen Differenzierungen.

530 Vgl. zu Schuldverhältnissen *Olzen*, in Staudinger, § 241 Rn. 141.

531 Vgl. Fn. 526; insofern auch *Hähnchen*, Obliegenheiten, passim. In ihrer Habilitationsschrift leitet *Hähnchen* ausführlich her, dass der Begriff der Obliegenheit mittlerweile inflationär benutzt wird. Zur genaueren Beschreibung der einzelnen Tatbestände werden die Begriffe „Obliegenheiten i.e.S." und „Obliegenheiten i.w.S." eingeführt und wird eine Abgrenzung zu „echten" Pflichten vorgenommen. *Hähnchen* kommt unter anderem zu dem Ergebnis, dass viele als Obliegenheit bezeichneten Tatbestände Nebenpflichten darstellen (zusammenfassend *Hähnchen*, Obliegenheiten, S. 312 f. sowie eingehend auf S. 233–265).

532 *Felsch*, in Rüffer/Halbach/Schimikowski, VVG, § 28 Rn. 5; *Olzen*, in Staudinger, § 241 Rn. 120.

533 *Olzen*, in Staudinger, § 241 Rn. 123, 127, 131; *Ernst*, in MünchKommBGB, Einl. § 241 Rn. 14; *Sutschet*, in Bamberger/Roth, § 241 Rn. 25.

534 *Olzen*, in Staudinger, § 241 Rn. 123, 131; *Ernst*, in MünchKommBGB, Einl. § 241 Rn. 14; *Sutschet*, in Bamberger/Roth, § 241 Rn. 25.

535 *Felsch*, in Rüffer/Halbach/Schimikowski, VVG, § 28 Rn. 5, 8; *Olzen*, in Staudinger, § 241 Rn. 120, 131; *Sutschet*, in Bamberger/Roth, § 241 Rn. 25.

536 *Olzen*, in Staudinger, § 241 Rn. 123; *Ernst*, in MünchKommBGB, Einl. § 241 Rn. 14 f.

oder „pflichtwidrige“ Nichtbefolgung nicht möglich ist, zumal die Rechtsfolgen unabhängig von einem Verschulden eintreten.[537]

b) Anwendung auf § 311 Abs. 2 AktG

Zwar legt der Wortlaut von § 311 Abs. 2 AktG[538] (der Ausgleich „muß“ erfolgen) eine Verpflichtung des herrschenden Unternehmens nahe, es wird jedoch vertreten, dies sei so zu verstehen, dass lediglich der Zeitraum festgelegt werde, innerhalb dessen der Nachteilsausgleich noch erfolgen könne. Anders gewendet: Um in den Genuss der Privilegierung der gestreckten Ausgleichsmöglichkeiten zu gelangen, müsse ein Ausgleich innerhalb der vorgesehenen Periode erfolgen.[539] Der Wortlaut ist folglich unergiebig bei der Frage nach der Einordnung als Pflicht oder Obliegenheit.

aa) Zum „Suspensivelement des Schädigungsverbots“

Im Regelungszusammenhang des § 311 Abs. 2 AktG[540] würde es zu kurz greifen, isoliert die Ausgleichsregelung zu begutachten. Interessant ist insbesondere die Betrachtung der Rechtslage unter Ausblendung jener Norm, um die Regelungsintention des Gesetzgebers und das dafür notwendige Instrument zu erfassen. Unter dieser Prämisse wäre jegliche Einflussnahme, die zu einem Nachteil des abhängigen Unternehmens führt, verboten und der daraus resultierende Schaden – nach herrschender Auffassung wegen Verletzung der Treupflicht des Aktionärs – zu ersetzen.[541] Erst § 311 Abs. 2 AktG ermöglicht die sanktionslose Einflussnahme.[542] Dies allerdings nicht unter Einschränkung des Schutzumfangs der abhängigen Gesellschaft, sondern unter Vorbehalt der Ausgleichsleistung durch tatsächliche Zuführung von Vorteilen oder Einräumung eines Ausgleichsanspruchs. Ein Schädigungsprivileg besteht auch insofern nicht.[543] § 311 Abs. 2 AktG knüpft damit an das Schädigungsverbot an. Insofern mag die Einordnung als „Suspensivelement des Schädigungsverbots“ gemeint und zutreffend sein.[544] Damit ist jedoch nicht ausgesagt, dass es sich bei § 311 Abs. 2 AktG nicht um eine Pflicht oder Obliegenheit handeln kann.

---

537 *Ernst*, in MünchKommBGB, Einl. § 241 Rn. 15; *Sutschet*, in Bamberger/Roth, § 241 Rn. 25.

538 Vgl. zur Auslegung anhand des Wortlauts einer Norm die Nachweise in Fn. 329.

539 *Würdinger*, in GroßkommAktG, § 311 Anm. 10.

540 Vgl. zur Auslegung anhand der Systematik die Nachweise in Fn. 342.

541 Vgl. etwa *Cahn/v. Spannenberg*, in Spindler/Stilz, § 53a Rn. 61; vgl. auch § 2 C III zum trotz § 311 Abs. 2 AktG weiterhin geltenden Schädigungsverbot.

542 Nach hier vertretener Ansicht nur in sehr wenigen Fällen, vgl. dazu § 4 A.

543 Siehe § 2 C III.

544 Vgl. den Nachweis in Fn. 517.

bb) Die Klagbarkeit als Abgrenzungsmerkmal

Dass der Ausgleich allgemeiner Meinung nach ohne vertragliche Vereinbarung nicht ipso iure einklagbar ist,[545] spricht nicht gegen die Auffassung, die von einer Pflicht ausgeht. Es scheidet zwar die Einordnung als Leistungspflicht aus, weil dieser immanent ist, mittels Leistungs- oder Unterlassungsklage durchgesetzt werden zu können.[546] Es gibt jedoch eine Fülle von Pflichten, die – aus unterschiedlichen Gründen – ebenfalls nicht eingeklagt werden können.[547] Der Schluss auf eine Obliegenheit wäre demnach nicht zwingend.

Diese Herangehensweise ist jedoch aus methodischer Sicht nicht weiter zu verfolgen, weil sie aus rechtsmethodischen Gründen nicht mit Erkenntnisgewinn verbunden sein kann. Es ist bei der Auslegung der Ausgleichsregelung Vorsicht geboten, nicht zu sehr auf die nach allgemeiner Ansicht feststehende Nichtklagbarkeit abzustellen, um nicht den methodischen Fehler einer zirkulären Argumentation von der Rechtsfolge auf den Tatbestand zu begehen (petitio principii).[548]

cc) Auslegung anhand des Normzwecks

Vielmehr ist eine am Normzweck orientierte Auslegung vorzunehmen.[549] Die Modifikation des Schädigungsverbots im Sinne einer potenziellen temporären Lockerung unter Beibehaltung des materiellen Schutzumfangs muss vor diesem Hintergrund bedeuten, dass es dem Aktionär weiterhin verboten bleibt, die AG zu benachteiligen. Für den Fall, dass eine Maßnahme nur deshalb unterbleiben müsste, weil etwaige Nachteile noch nicht absehbar sind, soll den Parteien erlaubt sein, vorerst keinen sofortigen Ausgleich zu leisten. Dieser ist nach § 311 Abs. 2 AktG alsbald, spätestens zum Ende des Geschäftsjahres nachzuholen. Zur Nachholung bedarf es einer Ausgleichsvereinbarung.[550] Dass damit kein Schädigungsprivileg normiert werden sollte, wird heute trotz sprachlicher Differenzen nicht mehr bestritten.[551]

---

545 Vgl. die Nachweise in Fn. 515.

546 *Olzen*, in Staudinger, § 241 Rn. 158.

547 Vgl. zu nichtklagbaren Pflichten etwa *Bachmann/Roth*, in MünchKommBGB, § 241 Rn. 58–60, wo nur teilweise von der Klagbarkeit diverser Nebenpflichten ausgegangen wird.

548 *Hähnchen*, Obliegenheiten, S. 243 mit dem zutreffenden Hinweis, dass es bedenklich ist, von der Nichtklagbarkeit auf eine Obliegenheit zu schließen; vgl. in ähnlichem Zusammenhang auch *Olzen*, in Staudinger, § 241 Rn. 159 („Antwort auf die Frage nach der Klagbarkeit erst nach Festlegung des Rechtscharakters der jeweiligen Pflicht"); aA *Bachmann/Roth*, in MünchKommBGB, § 241 Rn. 53: Ob eine Pflicht im Sinne von § 241 Abs. 1 oder Abs. 2 BGB vorliege, sei mit „Blick auf die Rechtsfolge" zu beurteilen. Das dürfte rechtsmethodisch wie logisch wenigstens fraglich sein.

549 Vgl. hierzu die Nachweise in Fn. 355.

550 Siehe § 4 B I.

551 Vgl. auch *Burgard*, in FS Lutter, S. 1033, 1044, der zutreffend darauf hinweist, dass mit den §§ 311 ff. AktG auf ein zuvor angenommenes (§ 101 Abs. 3 AktG 1937, vgl.

(1) Zur Einordnung als Leistungspflicht

Ziel ist damit die Gewährung eines Anspruchs, der mit einer Leistungsverpflichtung korrespondiert. Aufgrund der Einordnung des Ausgleichs als „Gegenleistung“ liegt es zwar nahe, von einer Leistungspflicht im Sinne von § 241 Abs. 1 BGB[552] auszugehen, wenn und weil durch die Ausgleichsgewährung das Äquivalenzinteresse des abhängigen Unternehmens am Erhalt des den Nachteil ausgleichenden Vorteils geschützt wird. Zweck der Vereinbarung ist damit die (verspätete) Gewährung jener „Gegenleistung“. Diese Leistungspflicht muss jedoch erst begründet werden. Auf sie kann im vorliegenden Zusammenhang nicht rekurriert werden, weil hier die Situation zum Zeitpunkt untersucht werden soll, zu dem eine Vereinbarung noch nicht abgeschlossen worden ist. Es geht nicht um den Ausgleich als solchen, sondern um § 311 Abs. 2 AktG, eine gesetzliche Regelung, die einen Handlungsbefehl gerichtet auf den Abschluss einer Vereinbarung enthält.

(2) Zur Einordnung als Obliegenheit

Unter Geltung des Aktiengesetzes 1937 war umstritten, ob eine Schädigung durch die Wahrung des Konzerninteresses ihre Rechtfertigung erfahren könne, was 1965 durch Einführung der §§ 311 ff. AktG verneint worden ist. Die Abhängigkeit von einem Unternehmen sollte keine Beeinträchtigung der Ertrags- und Vermögenslage mit sich bringen, so dass die Einflussnahme, die nicht in Abrede gestellt oder rigoros verboten werden sollte, nur gegen Gewährung von Vorteilen in gleicher Höhe hinnehmbar sei.[553] Zwar wurde eine temporäre Benachteiligung in Kauf genommen, um die Konzernpolitik nicht an der Unmöglichkeit der Bezifferung von Maßnahmen scheitern zu lassen. § 311 Abs. 2 AktG begrenzt die zeitliche Flexibilität auf ein Geschäftsjahr. Damit besteht § 311 Abs. 2 AktG zuvörderst im Interesse des abhängigen Unternehmens. Es soll nicht länger im Unklaren über den Ausgleich bleiben als bis zum Ende des Geschäftsjahres. Das spricht gegen die Einordnung als Obliegenheit, weil diese definitionsgemäß im Interesse des Adressaten existiert.[554] § 311 Abs. 2 AktG hingegen richtet seinen Normbefehl an das herrschende Unternehmen, Nachteile innerhalb der Rechnungslegungsperiode auszugleichen. Damit ist die Qualifikation als Obliegenheit nicht vereinbar.

---

dazu unter § 2 B) Schädigungsprivileg reagiert wurde. *Burgard* meint, es wurde „eingeschränkt“. Genauer wäre wohl, von einer Abschaffung zu sprechen, denn eine Schädigung ist nicht erlaubt.

552 Die Abgrenzung von Leistungs- und Nichtleistungspflichten und ihre Zuordnung zu § 241 Abs. 1 und Abs. 2 sowie § 242 BGB ist umstritten, vgl. die Ausführungen und Nachweise bei *Bachmann/Roth*, in MünchKommBGB, § 241 Rn. 51–53.

553 Zur historischen Rechtslage siehe § 2 B, zu den Erwägungen vor Erlass des heutigen Aktiengesetzes siehe § 2 C.

554 Vgl. die Nachweise in Fn. 537.

(3) Zur Einordnung als Rücksichtnahmepflicht

Es bleibt die Auseinandersetzung mit der Frage, ob § 311 Abs. 2 AktG eine Rücksichtnahmepflicht[555] darstellt. Dies scheint insofern problematisch, als dass Rücksichtnahmepflichten auf die Bewahrung der derzeitigen Güterlage gerichtet sind und § 311 Abs. 2 AktG die aktive Zuführung von Vorteilen mittels Vereinbarung fordert. Zwar verlangt der Nachteilsausgleich, diejenigen Nachteile zu kompensieren, die durch Veranlassung des herrschenden Unternehmens entstanden sind. Das Schädigungsverbot besteht jedoch weiterhin und ist nur zeitlich gelockert, so dass nach der Inanspruchnahme der Suspendierungsperiode wieder von einem Aufleben der weiterhin und materiell uneingeschränkt geltenden Wirkung des Schädigungsverbots auszugehen ist. Am Ende des Geschäftsjahres soll das Schädigungsverbot eingehalten, das heißt, der status quo ante jedenfalls wiederhergestellt sein, um einen effektiven Außenseiterschutz vor nachteiliger Einflussnahme zu gewährleisten.[556] Im Falle eines Verstoßes sanktioniert § 317 AktG die Verletzung dieser Pflicht, was freilich nur dann in Frage kommt, wenn die ursprüngliche Veranlassung im Rahmen von § 311 AktG erfolgt ist. Damit geht es im Kern um die Gewährleistung des Schädigungsverbots, obgleich als Teilaspekt die Einräumung von Vorteilen geschuldet ist. Diese Vorteile werden zutreffend als „Gegenleistung" bezeichnet, die regelmäßig zeitgleich gewährt werden sollen, so dass eine Schädigung anfänglich unterbleibt. Die spätere Nachholung dieser „Gegenleistung" ändert nichts an ihrem Zweck, die Vermögens- und Ertragslage der abhängigen AG vor nachteiliger Einflussnahme zu schützen. Darf die Ausübung von faktischer Herrschaftsmacht nur unter Berücksichtigung der Integritätsinteressen des abhängigen Unternehmens erfolgen, liegt es nahe, § 311 Abs. 2 AktG als Rücksichtnahmepflicht zu verstehen.

Dass ein aktives Tätigwerden Gegenstand der Verpflichtung ist, ist für eine Rücksichtnahmepflicht nicht unüblich. Mitwirkungs-[557] oder Aufklärungspflichten[558] sind ebenfalls als Rücksichtnahmepflichten zu verstehen, da sie nicht unmittelbar dem Leistungsaustausch dienen. Auch in diesem Zusammenhang muss der Schuldner aktiv tätig werden, um das Integritätsinteresse des Gläubigers zu wahren. Im Übrigen darf nicht verkannt werden, dass die Verpflichtung aus einer Veranlassung

555 Überwiegend werden Rücksichtnahmepflichten, die den Schutz des Integritätsinteresses bezwecken, wohl unter § 241 Abs. 2 BGB subsumiert. Da keine einheitliche Terminologie erkennbar ist und es hier nur um die Abgrenzung zur Obliegenheit geht, soll der Frage nicht weiter nachgegangen werden, vgl. dazu etwa die Nachweise bei *Bachmann/Roth*, in MünchKommBGB, § 241 Rn. 48–53.

556 Siehe § 4 B III; vgl. darüber hinaus *Altmeppen*, in MünchKommAktG, § 311 Rn. 15 f., 35; im Ergebnis wohl auch *Habersack*, in Emmerich/Habersack, § 311 Rn. 5, 61. Klargestellt werden sollte jedoch, dass § 311 Abs. 2 AktG das Schädigungsverbot nicht außer Kraft setzt oder an seine Stelle tritt. Gemeint ist aber wohl nur die beschriebene temporäre Lockerung. Kritisch insofern auch *Altmeppen*, in MünchKommAktG, § 311 Rn. 14 mit Fn. 16.

557 Vgl. dazu *Bachmann/Roth*, in MünchKommBGB, § 241 Rn. 62–82.

558 Vgl. dazu *Krüger*, in MünchKommBGB, § 260 Rn. 7–39.

des Schuldners resultiert, so dass erst ein Tätigwerden zur Gefährdung des Integritätsinteresses geführt hat. Dies gebietet es, eine Rücksichtnahmepflicht, gerichtet auf die Aufnahme von Verhandlungen und den Abschluss einer Ausgleichsvereinbarung, anzunehmen. Damit erübrigt sich der Rückgriff auf eine Ausgleichspflicht sui generis.

c) Kohärenz mit der obigen Einordnung als Folgepflicht der Geschäftsführung ohne Auftrag

Es wurde argumentiert, dass die Veranlassung eine Fremdgeschäftsführung ohne Auftrag darstelle, die nicht eingestellt werden dürfe, wenn sie zu Nachteilen der abhängigen AG führe und dem herrschenden Unternehmen die Fortführung zumutbar sei.[559] Fortführung bedeutet in diesem Fall, ein Angebot auf Eingehung einer Ausgleichsvereinbarung abzugeben. Diese im Recht der Geschäftsführung ohne Auftrag als „Folgepflicht" bezeichnete Pflicht sanktioniert § 317 AktG bei einem schuldhaften Verstoß mit Schadensersatz. Die Folgepflicht stellt sich damit als Rücksichtnahmepflicht (Nebenpflicht) der Geschäftsführung dar. Die Qualifikation als Rücksichtnahmepflicht folgt allerdings nicht daraus, dass die Ausgleichspflicht ganz allgemeiner Meinung nach nicht einklagbar ist.[560] Die Zielsetzung von § 311 Abs. 2 AktG ist entscheidend[561] und aufgrund des im Vordergrund stehenden Schutzes des Integritätsinteresses der abhängigen AG überzeugt demnach die Qualifikation als Rücksichtnahmepflicht.

d) Klagbarkeit als Folge des Pflichtenverständnisses

Es handelt sich um eine sich daran anschließende Frage, ob diese Pflicht einklagbar ist. Insofern ist nicht auf den abstrakten Rechtscharakter der Pflicht abzustellen, sondern auf die Zielsetzung der konkreten Normierung.[562]

Eine Klage gerichtet auf Ausgleich muss jedenfalls in den Fällen ausscheiden, in denen es noch keine Ausgleichsvereinbarung gibt.[563] § 311 Abs. 2 AktG verpflichtet das herrschende Unternehmen, eine solche Vereinbarung abzuschließen, stellt aber keine Anspruchsgrundlage dar, auf die eine Klage auf Ausgleich gerichtet sein könnte. Es fehlt an der Bestimmtheit, weil Art und Höhe des Ausgleichs erst geregelt werden müssen.[564]

Möglicherweise kann die abhängige AG aber wenigstens das Ziel verfolgen, die herrschende Gesellschaft darauf in Anspruch zu nehmen, mit ihr über den Ausgleich

559 Siehe § 3 C II 2 d) dd).
560 Siehe § 4 C II 1 b) bb) zu den methodischen Bedenken.
561 *Olzen*, in Staudinger, § 241 Rn. 160 f.
562 Vgl. die vorige Fn.
563 Vgl. die Nachweise in Fn. 515.
564 *Altmeppen*, in MünchKommAktG, § 311 Rn. 374 f.

und seine Modalitäten zu verhandeln,[565] also die von § 311 Abs. 2 AktG bezweckte Vereinbarung herbeizuführen. Dafür spricht, dass § 311 Abs. 2 AktG nach hier vertretener Auffassung eine Rücksichtnahmepflicht des herrschenden Unternehmens begründet und gesetzlich normierte Rücksichtnahmepflichten nach mittlerweile vertretener Ansicht unter bestimmten Voraussetzungen klagbar seien.[566]

Die Konstellation impliziert allerdings, dass sich der Vorstand der abhängigen AG zuvor pflichtwidrig verhalten hat, wenn und weil er einer Veranlassung mit nachteiliger Wirkung gefolgt ist, ohne zuvor eine Vereinbarung über den Ausgleich zu schließen.[567] Der Fall, dass keinerlei Feststellungen, die einen potenziellen Ausgleich betreffen, möglich waren, wird wohl kaum vorkommen – dann hätte die Frage nach der Klagbarkeit jedenfalls Relevanz. Genauso erheblich wird die Problematik, wenn der Vorstand zwischenzeitlich anderweitig besetzt worden sein sollte, weil dann nicht eigenes Fehlverhalten offenbart werden würde.[568]

Denkbar scheint eine Klage gerichtet auf die Vornahme einer wohl grundsätzlich vertretbaren Handlung (§ 887 ZPO), namentlich auf die Aufnahme von Verhandlungen zum Abschluss einer Ausgleichsvereinbarung.[569] Es geht nicht unmittelbar um den Abschluss einer Ausgleichsvereinbarung, insofern wäre eine Klage auf Abgabe einer Willenserklärung (§ 894 ZPO) denkbar, da es wohl regelmäßig an der Bestimmbarkeit des Inhalts mangeln wird.[570]

Folglich ist die pauschale Behauptung, § 311 Abs. 2 AktG sei gerichtlich nicht durchsetzbar, unzutreffend, obgleich es praktisch kaum Fälle geben wird. Neben den genannten – und teilweise revidierten – Gründen spricht vor allem das Entstehen des Schadensersatzanspruchs mit Ablauf des Geschäftsjahres gegen ein Aufkommen derartiger Prozesse.[571] Das abhängige Unternehmen wird regelmäßig den Anspruch nach § 317 AktG verfolgen, so dass sich die Frage nach der Herbeiführung einer Ausgleichsvereinbarung aus zeitlichen Gründen nicht stellen wird. Grundsätzlich von einer Nichtklagbarkeit auszugehen, ist jedenfalls dogmatisch nicht begründbar.

---

565 Für (theoretisch) möglich gehalten von *Altmeppen*, in MünchKommAktG, § 311 Rn. 376.

566 Tendenziell für eine Klagbarkeit etwa *Olzen*, in Staudinger, § 241 Rn. 545; *Gernhuber*, Schuldverhältnis, § 2 IV 3.

567 *Altmeppen*, in MünchKommAktG, § 311 Rn. 375 f.

568 Das Gleiche gilt – theoretisch – in der Insolvenz, weil dann der Insolvenzverwalter die Rechte der AG geltend machen würde. Im Text sogleich zur Ursache, warum dies praktisch nicht relevant werden wird.

569 Die Abgrenzung von § 887 ZPO zu § 888 ZPO ist im Einzelnen nicht unumstritten, vgl. etwa *Lackmann*, in Musielak/Voit, § 887 Rn. 2, 8–17; *Gruber*, in MünchKomm-ZPO, § 887 Rn. 8–16.

570 *Altmeppen*, in MünchKommAktG, § 311 Rn. 376.

571 *Altmeppen*, in MünchKommAktG, § 311 Rn. 375.

e) Ergebnis

Nach allem ist das herrschende Unternehmen zum Nachteilsausgleich verpflichtet. Dabei handelt es sich um eine grundsätzlich klagbare Rücksichtnahmepflicht zu Gunsten des abhängigen Unternehmens.

2. *Folgerungen für die dogmatische Qualifikation von § 311 Abs. 2 AktG*

Steht damit fest, dass § 311 Abs. 2 AktG keine Obliegenheit darstellt, stellt sich die Frage, wie die eine Pflicht annehmenden Meinungen hinsichtlich der dogmatischen Qualifikation von § 311 Abs. 2 AktG zu beurteilen sind.

a) Zur Leistung des Ausgleichs auf den Schadensersatzanspruch

Nicht überzeugen kann die Ansicht, die die Ausgleichspflicht als eine Erfüllung des Schadensersatzanspruchs ansieht. Der Deutung als Leistung auf die Verpflichtung zum Schadensersatz (Vorteilsanrechnung) ist entgegengehalten worden, sie verkenne, dass der Schadensersatzanspruch nicht mit der Zufügung von Nachteilen durch Veranlassung der abhängigen Gesellschaft entstehe, sondern als weiteres (negatives) Tatbestandsmerkmal den nicht fristgerechten Ausgleich der Nachteile voraussetze. In der Tat sehen die Autoren, die eine Vorteilsanrechnung vertreten, die Veranlassung des abhängigen Unternehmens als rechtswidrig an, woran auch die Ausgleichung der Nachteile nichts ändern soll. Es stellt sich jedoch die Frage, ob für die Vorteilsanrechnung der Schaden schon entstanden sein muss, also entsprechend minimiert wird, oder ob es auch dann zur Vorteilsausgleichung kommen kann, wenn die Entstehung eines Schadens von vornherein vermieden wird.

Es entspricht gängiger Ansicht zum allgemeinen Schadensrecht, dass es nicht darauf ankommt, ob schon alle Tatbestandsmerkmale eines Schadensersatzanspruchs erfüllt sind.[572] Sowohl vorher als auch nachher können Umstände zu berücksichtigen sein, die den Schaden mindern. Einzig Umstände vor der pflichtwidrigen schädigenden Handlung müssen ausscheiden. Spätere Ereignisse können Berücksichtigung finden.

Entsprechend dem Verständnis im allgemeinen Schadensrecht kann es keinen Unterschied machen, ob durch die Vorteilsgewährung ein schon entstandener Schaden verringert oder ob die Schadensentstehung bereits vermieden wird. Es kommt mithin auf den Zeitpunkt der Vorteilsgewährung nicht an.[573] Es bedarf lediglich einer pflichtwidrigen Handlung, an die für die Schadensberechnung angeknüpft werden kann. Im Rahmen von §§ 311, 317 AktG ist die Einschränkung des § 311 Abs. 2 AktG zu berücksichtigen: Die Vorteilsgewährung muss innerhalb des Geschäftsjahres durch Zuführung von Vorteilen oder eines Anspruchs auf diese erfolgen.

Entschieden gegen das Verständnis, der Ausgleich stelle eine Leistung auf den Schadensersatzanspruch dar, spricht jedoch vor allem, dass Ausgleich und Schadensersatz

---

572 Vgl. etwa *Oetker*, in MünchKommBGB, § 249 Rn. 230.
573 *Oetker*, in MünchKommBGB, § 249 Rn. 230 mit weiteren Nachweisen.

zwei nicht bedeutungsidentische Begriffe sind.[574] Nach § 311 AktG soll ein „Nachteil" durch einen „Ausgleich" kompensiert werden. Andernfalls ordnet § 317 AktG die Ersetzung des „Schadens" an. Dass Nachteil und Schaden keine Synonyme darstellen, wurde bereits dargelegt.[575] Die Ersatzpflicht steht im Zusammenhang mit dem Schaden, während der Ausgleichs sich auf den Nachteil bezieht. Folglich können Schaden und Ausgleich nicht identisch sein.[576]

b) Zur pflichtwidrigen Geschäftsleitung

Es überzeugt die Ansicht, die die Verletzung der Ausgleichspflicht als pflichtwidrige Geschäftsleitungsmaßnahme versteht und aufgrund dieser pflichtwidrigen Maßnahme daran eine Schadenersatzpflicht knüpft, wenn dem Konzerngeschäftsleiter keine Exkulpation gelingt (§ 317 Abs. 2 AktG).[577] Damit wird berücksichtigt, dass es sich bei § 311 Abs. 2 AktG um eine Pflicht und keine Obliegenheit handelt, sowie dass keine Leistung auf einen Schadensersatzanspruch erfolgt, weil Nachteil und Schaden sowie Ausgleich und Schadensersatz nicht gleichzusetzen sind.

Ohne § 311 Abs. 2 AktG würde das herrschende Unternehmen bei jeglicher Benachteiligung des abhängigen Unternehmens haftbar gemacht werden können. Wird dies in bestimmten Fälle nur mit zeitlicher Verzögerung betrachtet, soll ein etwaiger Nachteil ausgeglichen werden. Daraus resultiert eine Pflichtenbindung, wie sie für einen im fremden Interesse handelnden Geschäftsführer üblich ist. § 317 Abs. 2 AktG stellt den Konzerngeschäftsleiter hinsichtlich der Pflichtbindung auf eine Stufe mit einem organschaftlichen Geschäftsleiter der abhängigen AG. Beide sind insofern an die Interessen des abhängigen Unternehmens gebunden.

Der Vorstand bleibt eigenverantwortliches Leitungsorgan der AG, so dass ihn die Geschäftsleitungspflichten (§§ 76, 93 AktG) trotz Veranlassung des herrschenden Unternehmens und der Pflicht, etwaige Maßnahmen im Abhängigkeitsbericht zu erwähnen, nicht aus der Haftung entlassen. Führt er eine Maßnahme zum Nachteil der AG aus, obwohl die konkrete Maßnahme von § 311 Abs. 2 AktG nicht gedeckt ist, haftet er seiner Anstellungskörperschaft nach § 93 AktG wegen pflichtwidriger (und vermutlich schuldhafter) Geschäftsführung. Das ist vom BGH etwa für den Fall der Ausreichung eines Darlehens an die herrschende Gesellschaft bei zweifelhafter Solvenz und fehlenden Sicherheiten entschieden.[578] Gleiches gilt, wenn sich die Liquiditätslage der herrschenden Gesellschaft nach Ausreichung des Darlehens

---

574 *Habersack*, in Emmerich/Habersack, § 311 Rn. 61; *Altmeppen*, in MünchKomm-AktG, § 311 Rn. 312.

575 Siehe § 3 B I.

576 Siehe zu den Begriffen Ausgleich und Schaden auch § 3 B I.

577 Vgl. Fn. 522; aA (gegen eine Pflicht des herrschenden Unternehmens, die mit Schadensersatz sanktioniert wird) *Würdinger*, in GroßKommAktG, § 311 Anm. 5; *Kellmann*, ZGR 1974, 220, 225; *ders.*, BB 1969, 1509, 1513 f.; *Würdinger*, DB 1973, 45, 46.

578 BGH, Urteil vom 1. Dezember 2008 – II ZR 102/07, BGHZ 179, 71, 79 Tz. 14.

verschlechtert. § 93 AktG verpflichtet den Vorstand der abhängigen AG zur Geltendmachung von Rechten zum Schutze der AG, obgleich eine Veranlassung des herrschenden Unternehmens ihn zur Ausreichung des Darlehens verleitet haben mag und der Vorstand zum Zeitpunkt der Valutierung des Darlehens keine Bonitäts- oder Liquiditätsprobleme feststellen konnte.[579] Auswirkungen bereits getroffener rechtmäßiger Geschäftsleitungsmaßnahmen sind von den verantwortlichen Personen weiterhin zu überwachen. Den effektiven Schutz der abhängigen AG berücksichtigt der Gesetzgeber hierbei durch die Bindung des Konzerngeschäftsleiters an die gleichen Pflichten, so dass eine Haftung nach § 317 Abs. 3 AktG im Raume steht, wenn ein zunächst im Rahmen von § 311 Abs. 2 AktG zugefügter Nachteil sich als nicht ausgleichbar erweist.

§ 311 Abs. 2 AktG stellt sich folglich als Rücksichtnahmepflicht des herrschenden Unternehmens aufgrund der faktischen Leitungsmacht im nicht vertraglich verfassten Unternehmensverbund dar, deren Verletzung zu Schadensersatzansprüchen nach § 317 AktG führt.

3. *Rechtsgrund der Rücksichtnahmepflicht*

Handelt es sich bei § 311 Abs. 2 AktG inhaltlich um eine Pflicht, gerichtet auf Wahrung berechtigter Interessen der abhängigen Gesellschaft, stellt sich die Frage nach dem Rechtsgrund jener Pflicht.

Aufgrund der Erkenntnis, dass sich die Absprachen der verbundenen Unternehmen im rechtlich nicht erzwingbaren Bereich bewegen, wurde die Beziehung zwischen faktisch herrschender und abhängiger Gesellschaft teilweise als Innengesellschaft bürgerlichen Rechts beschrieben.[580] Unter der Prämisse, dass die §§ 311 ff. AktG eine derartige Gesellschaft begründen, würde ein Schuldverhältnis im Sinne von § 280 BGB bestehen, aus dem ohne weiteres auch ohne ausdrückliche Vereinbarung die Pflicht resultieren würde, schützenswerte Belange des Vertragspartners zu beachten (§§ 241 Abs. 2, 242 BGB). Begründet wird der dafür notwendige Vertragsschluss mit der Ausübung einheitlicher Leitung durch die herrschende Gesellschaft und der „Huldigung“ dieser Macht durch das abhängige Unternehmen, namentlich

---

579 Vgl. den Nachweis in der vorigen Fn.; entscheidend ist, ob ex ante betrachtet von der Vollwertigkeit des Rückzahlungsanspruchs ausgegangen werden durfte, vgl. *Habersack*, in Emmerich/Habersack, § 311 Rn. 47, 47a; vgl. auch *Ulmer*, in FS Hüffer, S. 999, 1002–1005.

580 Erstmalig wohl vertreten von *Harms*, Konzerne, S. 147–159; vgl. auch *J. Wilhelm*, Rechtsform, S. 221–243; *dens.*, Kapitalgesellschaftsrecht, Rn. 1275; sympathisierend, letztlich aber offenlassend, *Altmeppen*, in MünchKommAktG, § 311 Rn. 316 („spricht viel für die Deutung [...] als einer besonders ausgestalteten bürgerlichrechtlichen Innengesellschaft“) und Rn. 443 („zumindest ein sehr geeignetes Bild [ist], auch wenn eine Gesellschaft im Rechtssinne nicht immer entstehen mag“); *ders.*, Haftung, S. 56 f.; vgl. allgemein zur Innengesellschaft bürgerlichen Rechts *Ulmer/Schäfer*, in MünchKommBGB, § 705 Rn. 275–288.

durch Befolgung der von der Konzernspitze gewünschten einzelnen Maßnahmen.[581] Die Einordnung ist jedoch überwiegend auf Ablehnung gestoßen.[582] Ob die für die Innengesellschaft notwendige Willensübereinstimmung jeweils festgestellt werden kann, scheint in der Tat fraglich.[583] Jedenfalls verbietet sich eine pauschale Annahme von typischerweise erfolgenden Verhaltensweisen, so dass eine Entscheidung im Einzelfall fallen muss.

Andererseits könnte das Bestehen von Rücksichtnahmepflichten auch über das durch die Treupflicht geprägte Verhältnis zwischen herrschendem Aktionär und der AG begründet werden. Das Verhältnis von §§ 311, 317 AktG zur allgemeinen Treupflicht des Aktionärs ist nicht vollständig geklärt.[584] Überwiegend wird davon ausgegangen, die Regelungen zum faktischen Konzern seien eine Ausprägung der Treupflicht, die insoweit abschließenden Charakter entfalteten.[585] Mitunter wird die

---

581 *Harms*, Konzerne, S. 148.

582 *Koppensteiner*, in KK-AktG, § 18 Rn. 10; *Mülbert*, Aktiengesellschaft, S. 22 f.; *Hommelhoff*, Konzernleitungspflicht, S. 125 mit Fn. 62; *Jaschinski*, Schwestergesellschaften, S. 71–74; *Paehler*, Zulässigkeit, S. 11 f.; *Reuter*, ZHR 146 (1982), 1, 9 f.; *U. H. Schneider*, BB 1981, 249, 255; vgl. auch *Streyl*, Doppelmandate, S. 155 f. mit Fn. 2.

583 *Altmeppen*, in MünchKommAktG, § 311 Rn. 443; weitergehend *Harms*, Konzerne, S. 147–159, unter Betonung der „milden Ansprüche an den Vertragsschluß" (S. 149), was angesichts der gesteigerten Anforderungen an den konkludenten Vertragsschluss zur Gesellschaft bürgerlichen Rechts heute fraglich scheint, vgl. etwa *Ulmer/Schäfer*, in MünchKommBGB, § 705 Rn. 25–28 mit Nachweisen.

584 Die Diskussion des Bestehens und des Umfangs der Treupflicht des Aktionärs zur AG und weiteren Aktionären soll hier mangels Erheblichkeit nicht weiter verfolgt werden. In der Rechtsprechung des BGH wird sie grundsätzlich, zwischen Aktionär und Gesellschaft sowie auch zwischen Aktionären, anerkannt, vgl. etwa BGH, Urteil vom 9. Juni 1954 – II ZR 70/53, BGHZ 14, 25, 38; BGH, Urteil vom 1. Februar 1988 – II ZR 75/87, BGHZ 103, 184, 194 f.; BGH, Urteil vom 20. März 1995 – II ZR 205/94, BGHZ 129, 136, 142–147; BGH, Urteil vom 5. Juli 1999 – II ZR 126/98, BGHZ 142, 167, 169 f.; BGH, Urteil vom 25. November 2002 – II ZR 49/01, BGHZ 153, 32, 43 f.; BGH, Urteil vom 25. November 2002 – II ZR 133/01, BGHZ 153, 47, 51; aus der Literatur vgl. insofern *Drygala*, in KK-AktG, § 53a Rn. 81–139; *Bungeroth*, in MünchKommAktG, vor § 53a Rn. 18–45; *Cahn/v. Spannenberg*, in Spindler/Stilz, § 53a Rn. 36–71; *Koch*, in Hüffer, § 53a Rn. 13–30; *Grigoleit*, in Grigoleit, § 311 Rn. 45–84; *Westermann*, in Bürgers/Körber, § 53a Rn. 12–17; *Servatius*, in Wachter, § 53a Rn. 35–59; *Janssen*, in Heidel, § 53a Rn. 26–31; *Henze*, in FS Hüffer, S. 309, 313–326; *Verse*, in Aktienrecht im Wandel, Bd. 2, S. 579, 594–622.

585 *Altmeppen*, in MünchKommAktG, § 311 Rn. 15, 396 f.; § 317 Rn. 121; *Koch*, in Hüffer, § 311 Rn. 2; *Habersack*, in Emmerich/Habersack, § 311 Rn. 89; *Fleischer*, in K. Schmidt/Lutter, § 53a Rn. 61; *J. Vetter*, in K. Schmidt/Lutter, § 311 Rn. 126; *Cahn/v. Spannenberg*, in Spindler/Stilz, § 53a Rn. 62–65; *H.-F. Müller*, in Spindler/Stilz, § 311 Rn. 67; *Drygala*, in KK-AktG, § 53a Rn. 93; *Koppensteiner*, in KK-AktG, § 311 Rn. 167–169; *Emmerich/Habersack*, Konzernrecht, S. 475 f.

Treupflicht aber auch neben den §§ 311 ff. AktG für anwendbar erklärt.[586] Jedenfalls besteht Einigkeit, dass die §§ 311, 317 AktG ein Sonderrechtsverhältnis zwischen den verbundenen Unternehmen begründen, ob per se aus der Treupflicht folgend[587] oder durch §§ 311, 317 AktG originär normiert, kann hier dahingestellt bleiben. Aus dem Sonderrechtsverhältnis folgt ein Schädigungsverbot, das als Pflicht zur Rücksichtnahme auf berechtigte Interessen des abhängigen Unternehmens verstanden werden kann.

Die hier vertretene Lösung bietet ebenfalls eine Möglichkeit der Begründung von Rücksichtnahmepflichten. Aus der Übernahme fremder Geschäfte resultiert ein gesetzliches Schuldverhältnis, das unter anderem eine Folgepflicht in bestimmten Fällen zur Folge hat.[588] Im Ergebnis besteht nach allem die Möglichkeit der Herleitung einer Sonderrechtsbeziehung (§ 280 BGB), die auch ohne ausdrückliche Vereinbarung Rücksichtnahmepflichten begründet, weil die Führung fremder Geschäfte immer pflichtgebunden ist.

Die Vorzugswürdigkeit der Lösung über negotiorum gestio folgt daraus, dass sie geeignet ist, eine unmittelbare pflichtkonstituierende Bindung zwischen dem abhängigen Unternehmen als Geschäftsherrn und dem Vertreter des herrschenden Unternehmens als Geschäftsführer zu begründen. Sowohl die Lösung über die Treupflicht als auch die Herleitung von Pflichten über die Innengesellschaftskonstruktion bewirken ein unmittelbares Pflichtverhältnis nur zwischen den verbundenen Unternehmen. Damit kann lediglich die Haftung nach § 317 Abs. 1 AktG dogmatisch begründet werden. Nach hier vertretener Auffassung folgt eine Pflichtbindung originär im Verhältnis

---

586 *Grigoleit*, in Grigoleit, § 311 Rn. 6; *Tröger*, Treupflicht, S. 210–213; *Voigt*, Haftung, S. 317–319; *Zöllner*, ZHR 162 (1998), 235, 241–247; *Burgard*, in FS Lutter, S. 1033, 1043–1045; *Henze*, in FS Hüffer, S. 309, 319–326; wohl auch *Fett*, in Bürgers/Körber, § 317 Rn. 20.

587 Die dogmatische Grundlage der Treupflicht wird überwiegend in der Mitgliedschaft des Aktionärs erblickt, ist aber umstritten; vgl. insofern *Fleischer*, in K. Schmidt/Lutter, § 53a Rn. 42, 45 f.; *Cahn/v. Spannenberg*, in Spindler/Stilz, § 53a Rn. 37, 43–45; *Janssen*, in Heidel, § 53a Rn. 26; *Laubert*, in Hölters, § 53a Rn. 14; *Bungeroth*, in MünchKommAktG, vor § 53a Rn. 20; *Servatius*, in Wachter, § 53a Rn. 38.

588 Siehe § 3 C II 2 d) dd). Teilweise wird darüber hinausgehend verlangt, die Übernahme müsse im Interesse und Willen des Geschäftsherrn liegen oder genehmigt sein, vgl. *Mansel*, in Jauernig, vor § 677 Rn. 5; *Larenz*, Schuldrecht II/1, § 57 I b. Überwiegend wird jedoch vertreten, dass auch ohne diese Voraussetzung ein gesetzliches Schuldverhältnis mit entsprechenden Pflichten nach § 677 BGB entstehe, vgl. *Seiler*, in MünchKommBGB, § 677 Rn. 50; *Bergmann*, in Staudinger, vor §§ 677 ff. Rn. 96–101; *Beuthien*, in Soergel, vor §§ 677 ff. Rn. 5; *Gehrlein*, in Bamberger/Roth, § 677 Rn. 1; *Dornis*, in Erman, § 677 Rn. 45. Der Streit kann wohl im Ergebnis dahinstehen, denn durch die Vornahme der veranlassten Maßnahme liegt eine Genehmigung des Geschäftsherrn im Sinne von § 684 Satz 2 BGB vor. Es kommt dann auf das Interesse und den Willen des Geschäftsherrn nicht an, vgl. *Seiler*, in MünchKommBGB, § 683 Rn. 15.

zum Vertreter (§ 317 Abs. 3 AktG). Die Haftung des herrschenden Unternehmens ergibt sich aus allgemeinen Zurechnungserwägungen (§ 31 BGB analog), wenn und weil sich der nicht handlungsfähige Verband das Verhalten seiner organschaftlichen Vertreter zurechnen lassen muss.

III. Ergebnis

Dogmatisch ist § 311 Abs. 2 AktG als Rücksichtnahmepflicht des herrschenden Unternehmens zu verstehen. Die Pflicht resultiert aus dem Schuldverhältnis, das nach den Grundsätzen über die Geschäftsführung ohne Auftrag wie bei jeder Führung von Geschäften im Fremdinteresse entsteht.

D. Resümee

Die abhängige Gesellschaft darf sich nur dann auf eine Streckung des Nachteilsausgleichs einlassen, wenn andernfalls die veranlasste Maßnahme nicht durchgeführt werden könnte. Wird der Ausgleich zulässigerweise suspendiert, ist alsbald der Nachteil auszugleichen. Modalitäten sind schon in einer Grundsatzvereinbarung festzuhalten. Der Nachteilsausgleich bedarf nach beiden Varianten des § 311 AktG stets eines Vertrages. Die Ausgleichsvereinbarung stellt einen schuldrechtlichen Vertrag dar, für den die allgemeinen Regeln des bürgerlichen Rechts gelten. In dogmatischer Hinsicht ist § 311 Abs. 2 AktG als klagbare Rücksichtnahmepflicht zu verstehen, deren schuldhafte Verletzung die Schadensersatzpflicht des § 317 AktG nach sich zieht. Rechtsgrund der Pflicht ist das durch den Fremdgeschäftsführungscharakter bestimmte Schuldverhältnis zwischen den veranlassenden Vertretern des herrschenden Unternehmens und dem abhängigen Unternehmen. Es entsteht aufgrund der faktischen Einflussnahme und verpflichtet die agierenden Geschäftsleiter zur ordnungsgemäßen Geschäftsführung. Dazu gehört die Wahrung der Integritätsinteressen der abhängigen Gesellschaft, was im Falle der nachteiligen Einflussnahme die Pflicht zum Nachteilsausgleich beinhaltet.

§ 5 Pflichtenpluralismus, der zu ersetzende Schaden und der „innere Haftungsgrund"

Um den im Rahmen der Ansprüche nach § 317 Abs. 1 und Abs. 3 AktG zu ersetzenden Schaden bestimmen zu können, muss noch geklärt werden, was der zum Ersatz verpflichtende Umstand ist. Denn adäquat-kausal darauf beruhende Vermögensnachteile sind zu ersetzen (§ 249 Abs. 1 Satz 1 BGB).[589] Diese für den Schadensumfang relevante Frage deckt sich mit der vieldiskutierten Problematik, worin der

589 Allgemeine Meinung im Rahmen von §§ 311, 317 AktG, vgl. statt aller *Habersack*, in Emmerich/Habersack, § 317 Rn. 15, 25.

Haftungsgrund im Rahmen der §§ 311, 317 AktG zu sehen ist.[590] Praktisch relevant wird diese verschiedentlich rein theoretisch-abstrakt behandelte Thematik im hier aufgezeigten Zusammenhang.[591] Was der innere Haftungsgrund für die Haftung nach §§ 311, 317 AktG ist, wird unterschiedlich beurteilt.

A. Meinungsstand

Es werden im Wesentlichen vier Ansichten vertreten. Mitunter wird an die Veranlassung der abhängigen AG zu einem nachteiligen Rechtsgeschäft oder einer nachteiligen Maßnahme durch das herrschende Unternehmen angeknüpft. Dabei wird teilweise bereits die Veranlassung als per se haftungsbegründend beurteilt.[592] Andere, die grundsätzlich auch in der Veranlassung die zur Haftung führende Handlung sehen und nicht nur den aus dem Ausbleiben des Ausgleichs entstehenden Schaden für ersatzfähig halten, sprechen von einer „Schwebelage", die durch die Veranlassung erzeugt werde und sich erst auflöse, wenn ein Ausgleich nicht mehr geleistet werden könne, was spätestens am Ende des Geschäftsjahres der Fall sei. Denn erst dann stehe endgültig fest, ob die Veranlassung rechtmäßig oder rechtswidrig gewesen sei. Insofern könne von einer schwebend rechtmäßigen oder schwebend rechtswidrigen Veranlassung gesprochen werden.[593] Sollte sich die Veranlassung als rechtswidrig herausstellen, wird vertreten, es sei sowohl der aus der Veranlassung entstandene als auch der aus dem Nichtausgleich resultierende Schaden zu ersetzen.[594]

---

590 Siehe nur *Koppensteiner*, in KK-AktG, § 317 Rn. 6.

591 So auch *Fischbach*, Haftung, S. 164; teilweise wird die Frage nach dem inneren Haftungsgrund für wenig bedeutend erklärt, vgl. etwa *Koch*, in Hüffer, § 317 Rn. 6. Das mag bei einer rein dogmatischen Erforschung des inneren Haftungsgrundes zutreffen, darf aber nicht darüber hinwegtäuschen, dass eine pflichtwidrige Handlung für die Schadensberechnung bestimmt werden muss, um einen durch sie äquivalent-kausal entstandenen Schaden erfassen zu können. Ob des dafür maßgeblichen Anknüpfungspunktes besteht Unsicherheit.

592 *Würdinger*, in GroßKommAktG, § 317 Anm. 2; § 311 Anm. 5; *Bommert*, Vermögensverlagerungen, S. 166 f.; *Schatz*, Sicherung, S. 36 f.; *Voigt*, Haftung, S. 309–324; *Geßler*, in FS Westermann, S. 145, 160; *Immenga*, ZGR 1978, 269, 273 f.; *K. Müller*, ZGR 1977, 1, 17; *Kellmann*, ZGR 1974, 220, 221–224; *ders.*, BB 1969, 1509, 1512 f.; *Brüggemeier*, AG 1988, 93, 100.

593 Begriffsprägend *Beuthien*, DB 1969, 1781, 1783; vgl. auch *Koppensteiner*, in KK-AktG, § 317 Rn. 8; *Fischbach*, Haftung, S. 165–167 mit Fn. 661; *Ihde*, GmbH-Konzern, S. 72 f.; *Strohn*, Verfassung, S. 13; *Geßler*, NB 1972, 13, 18; wohl auch *Paehler*, Zulässigkeit, S. 63 f. und *Rothley*, in Wachter, § 317 Rn. 2; so auch *Möhring*, in FS Schilling, S. 253, 261, der auf S. 263 für den Schadensersatzanspruch an die „nachteilige Weisung" anknüpft; dezidiert gegen das Verständnis einer schwebenden Rechtslage *Voigt*, Haftung, S. 310, der jene Auffassung als „indirekte" Anknüpfung an den Nichtausgleich bezeichnet.

594 *Beuthien*, DB 1969, 1781, 1783.

Es wird jedoch auch ein anderer Ansatz vertreten, namentlich durch Abstellen auf den Nichtausgleich von die abhängige AG belastenden Nachteilen.[595] Scheide ein Ausgleich nicht anfänglich aus, sei nicht auf die Veranlassung des abhängigen Unternehmens zu nachteiligen Maßnahmen, sondern auf den Nichtausgleich zu rekurrieren. Könne der Ausgleich bereits anfänglich nicht vorgenommen werden, sei die Veranlassung als solche rechtswidrig.[596] Zur Begründung stützen sich die Vertreter dieser Ansicht auf den Wortlaut von § 317 Abs. 1 Satz 1 AktG, wonach der Nichtausgleich als Tatbestandsmerkmal des Schadensersatzanspruchs ausgestaltet ist, was seine Berücksichtigung auch bei der Frage nach dem inneren Haftungsgrund der Norm erfordert. Zudem komme durch das Abstellen auf die Veranlassung nicht die vom Gesetzgeber intendierte Privilegierungsfunktion der §§ 311 ff. AktG zum Ausdruck.[597] Die Konzernleitung habe durch den suspensiven Nachteilsausgleich Spielraum gewinnen sollen. Damit stehe die Ansicht, die die Veranlassung als inneren Haftungsgrund verstehe, nicht in Einklang.[598] Als Argument gegen die Annahme des Unterbleibens des Nachteilsausgleichs als inneren Haftungsgrund der §§ 311 ff. AktG wird angeführt, dies impliziere eine Veränderung des Verbandzwecks der abhängigen Gesellschaft, der jedoch zwingend der Mitwirkung der Anteilseigner, namentlich in Form einer Satzungsänderung, bedürfe und nicht ipso iure eintreten könne.[599] Mit der gleichen Argumentation könne auch nicht „indirekt" auf den Nachteilsausgleich abgestellt werden, was aber der Fall sei, wenn bis zum Feststehen des Ausbleibens von Ausgleichsleistungen die Veranlassung als „schwebend rechtswidrig" bezeichnet werde, denn so werde der Nichtausgleich mit in Bezug genommen.[600]

Schließlich wird ein variabler Ansatz verfolgt, indem die Haftung daran geknüpft wird, dass der Konzerngeschäftsleiter nicht unverzüglich dafür gesorgt habe, aus veranlassten Maßnahmen resultierende Schäden von der abhängigen AG abzuwenden.[601] Durch die eingeräumte gestreckte Nachteilsausgleichsmöglichkeit komme

---

595 *Habersack*, in Emmerich/Habersack, § 317 Rn. 9 f.; *Kropff*, in MünchKommAktG, 2. Aufl. 2000, § 317 Rn. 17–21; *Koch*, in Hüffer, § 317 Rn. 6; *J. Vetter*, in K. Schmidt/Lutter, § 317 Rn. 6; *Fett*, in Bürgers/Körber, § 317 Rn. 5; *Leuering/Goertz*, in Hölters, § 317 Rn. 7 f.; *Wimmer-Leonhardt*, Konzernhaftungsrecht, S. 139; *Bachelin*, Minderheitenschutz, S. 2; *Bollmann*, Schadensersatzanspruch, S. 81 f.; *Mielert*, Leitungsbefugnis, S. 24, 31, 39; *Kropff*, DB 1967, 2174, 2152; wohl auch *Leo*, AG 1965, 352, 356–358; unklar *Werner*, AG 1967, 122, 125.

596 *Habersack*, in Emmerich/Habersack, § 317 Rn. 19; *Leuering/Goertz*, in Hölters, § 317 Rn. 8; unklar insofern *Mielert*, Leitungsbefugnis, S. 24, 31, 39.

597 *Kropff*, in MünchKommAktG, 2. Aufl. 2000, § 317 Rn. 18; *Bollmann*, Schadensersatzanspruch, S. 81 f.

598 Vgl. die Nachweise in Fn. 595.

599 *Voigt*, Haftung, S. 310–324.

600 *Voigt*, Haftung, S. 310 mit Fn. 1970; gegen die Konstruktion einer „schwebenden Rechtswidrigkeit" auch *Mielert*, Leitungsbefugnis, S. 31 („unserer Rechtsordnung nicht bekannt").

601 *Altmeppen*, in FS Priester, S. 1, 12–14; *ders.*, ZHR 171 (2007), 320, 330–334; ähnlich *Voigt*, Haftung, S. 357 („Innerer Haftungsgrund der Norm ist somit die sorgfalts- bzw.

für eine Pflichtwidrigkeit neben dem Zeitpunkt der Veranlassung auch jener der Ausgleichsmöglichkeit in Betracht, weil jedenfalls bis zum Ende des Geschäftsjahres ein Ausgleich erfolgen müsse. Demgemäß wird entweder an die Veranlassung zu einer nachteiligen Maßnahme oder an den Nichtausgleich trotz Möglichkeit angeknüpft. Abgestellt wird jeweils darauf, ob der Konzerngeschäftsleiter pflichtwidrig gehandelt habe. Das sei schon bei der Veranlassung der Fall, wenn die Maßnahme nicht ausgleichsfähig oder nicht im Interesse der verbundenen Unternehmen liege. Werde der Ausgleich aufgeschoben, handele der Konzerngeschäftsleiter pflichtwidrig, wenn er nicht alsbald, spätestens zum Ende des Geschäftsjahres, für einen Ausgleich sorge. Dass der die Haftung begründende Vorwurf eine Variabilität aufweise, weil die Pflichtwidrigkeit in unterschiedlichen Handlungen und zu differierenden Zeitpunkten begründet gesehen werden könne, folge aus der gewährten Flexibilität hinsichtlich des Zeitpunkts des Ausgleichs.[602]

B. Stellungnahme

Der Hinweis, dass die Frage nach dem Haftungsgrund irrelevant sei, da § 317 AktG „die Rechtswidrigkeit nun einmal nicht zum Tatbestandsmerkmal hat“[603], offenbart das hilflose Agieren im Bereich der §§ 311 ff. AktG, ohne Erkenntnisgewinn beizutragen. Dabei muss die Frage nach dem Haftungsgrund, der zu einer Aussage über das pflichtwidrige Verhalten führen muss, zwingend beantwortet werden, wenn sich ein nachteilhaftes Geschäft zum Zeitpunkt der Schadensgeltendmachung bei vermögensmäßiger Gegenüberstellung besser oder schlechter für die abhängige Gesellschaft darstellt, als dies zum Zeitpunkt der Nachteilsfeststellung der Fall war. Im ersten Fall ist der Schaden kleiner als der Nachteil, im zweiten Fall größer. Der Schaden, der aus dem unterbliebenen Nachteilsausgleich resultiert, ist in dieser Konstellation von der jeweils anderen Einordnung nicht beeinflusst. Er besteht in Höhe des ursprünglich entstandenen Nachteils. Der durch die Veranlassung zur Geschäftsvornahme entstandene Schaden hingegen ist abhängig von späteren Wertenwicklungen.[604]

Darüber hinaus muss die Rechtswissenschaft jede Haftungsnorm dogmatisch zutreffend erfassen können, nicht nur um auf Basis einer systematisch nachvollziehbaren Methodik zu arbeiten, sondern um Einzel- und Folgeprobleme lösen zu können, was bei nicht hinreichender Aufarbeitung der Grundlagen der Haftung häufig misslingt, wie nicht zuletzt das Recht des faktischen Aktienkonzerns zeitigt.

---

treuwidrige Ausübung faktischer Leitungsmacht“) sowie *Luchterhandt*, ZHR 133 (1970), 1, 36–38, 59 f. („pflichtbezogenes Unrecht“, S. 37).

602 *Altmeppen*, in FS Priester, S. 1, 17; so im Ansatz auch *Luchterhandt*, ZHR 133 (1970), 1, 36–38, 59 f.

603 *Kellmann*, BB 1969, 1509, 1513.

604 Plastisch dargestellt bei *Fischbach*, Haftung, S. 180, in Anlehnung an ein Beispiel von *Beuthien*, DB 1969, 1781, 1783.

I. Keine universelle Maßgeblichkeit der Veranlassung

Pflichtwidrig kann einerseits bereits die Veranlassung des herrschenden Unternehmens sein. Sowohl für den Fall, dass eine Maßnahme veranlasst wird, die nicht ausgleichsfähig ist, als auch bei Veranlassungen zu Maßnahmen, die nicht im Interesse des Unternehmensverbundes liegen, kann dem Nichtausgleich keine Bedeutung zukommen. Zwar würde sich der nach §§ 249 ff. BGB zu berechnende Schaden in diesen Fällen auch als Schaden, der aus dem Nichtausgleich herrührt, beschreiben lassen, weil zum Zeitpunkt der Veranlassung die Nichtausgleichsfähigkeit bereits feststeht, der Schadensumfang also nicht abweichen würde. Doch ist ein Ausgleich in diesen Fällen gar nicht geschuldet, er wäre auch unmöglich. Jener setzt eine Benachteiligung voraus, die bis zum Ende des Geschäftsjahres ausgeglichen werden kann. Das ist hier nicht der Fall, so dass der Schaden, der aus der Veranlassung resultiert, zu ersetzen ist.

1. Notwendigkeit einer Pflichtwidrigkeit zum Zeitpunkt der Veranlassung

Nicht gefolgt werden kann der Ansicht, die aus den Ausführungen die Konsequenz zieht, stets an die Veranlassung anzuknüpfen und darin den universell pflichtwidrigen und zum Schadensersatz führenden Umstand sehen will.[605] Die Annahme beruht auf der Prämisse, der Ausgleich stelle eine Leistung auf den Schadensersatzanspruch dar und widerspreche der Intention des Gesetzgebers, wonach in bestimmten Fällen eine Veranlassung zu nachteilhaften Maßnahmen rechtmäßig ist, wenn der Ausgleich innerhalb der Rechnungslegungsperiode erfolgen kann und tatsächlich erfolgt. Nachteil und Schaden sowie Ausgleich und Schadensersatz sind keineswegs begriffsidentisch. Innerhalb der Ausführungen zur Begriffsabgrenzung ist die These der Sinnidentität falsifiziert worden.[606] Die Ausgleichsleistung als Erfüllung eines Ersatzanspruchs zu verstehen, wurde ebenfalls abgelehnt.[607]

Wird der Ausgleich zulässigerweise aufgeschoben, weil der Nachteil ausgleichsfähig ist und die genaue Bezifferung zu diesem Zeitpunkt noch nicht erfolgen kann, kann diese Vorgehensweise nicht als pflichtwidrig qualifiziert werden. Denn die Geschäftsleiter nutzen nur den ihnen eingeräumten Spielraum aus. Ohne Überschreitung des durch das Geschäftsleiterermessen vorgegebenen Rahmens darf das Verhalten zu diesem Zeitpunkt nicht pönalisiert werden.

2. Der Wortlaut von § 317 Abs. 3 AktG

a) Bezugnahme auf die veranlassenden Personen

Für die universelle Maßgeblichkeit der Veranlassung kann auch nicht auf den Wortlaut von § 317 Abs. 3 AktG rekurriert werden. Es wird argumentiert, dass wenigstens

605 So aber die in Fn. 592 Genannten.
606 Siehe § 3 B I.
607 Siehe § 4 C II 2 a).

hinsichtlich der Haftung der gesetzlichen Vertreter des herrschenden Unternehmens nicht auf die Nichtleistung des Ausgleichs verwiesen werden könne, wenn der Haftungsgrund in Frage stehe.[608] Der Wortlaut von § 317 Abs. 3 AktG ordnet eine Haftung derjenigen Personen an, „die die Gesellschaft zu dem Rechtsgeschäft oder der Maßnahme veranlaßt haben". Auf diejenigen Personen, die befugt wären einen Ausgleich zu gewähren, stellt das Gesetz an dieser Stelle nicht ab.[609] Unabhängig von der internen personellen Geschäftsverteilung müssen aufgrund der möglichen zeitlichen Streckung des Ausgleichs Veranlasser und zum Ausgleich befugte Personen nicht identisch sein.[610] Hätte der Gesetzgeber an den Nichtausgleich als potenziellen inneren Haftungsgrund gedacht, ist anzunehmen, dass die Sanktion der Konzerngeschäftsleiter entsprechend ausgestaltet worden wäre. Der Wortlaut deutet dazu konträr auf die Veranlassungshandlung als Haftungsgrund hin.

Dem wird entgegengehalten, § 317 Abs. 3 AktG bestimme nur den Kreis der Personen, die der Haftung unterliegen und enthalte des Weiteren keinen Hinweis auf den Grund der Sanktionierung. Dieser sei im Nichtausgleich von Nachteilen zu sehen, was sich aus der Bezugnahme auf die Veranlassung und damit § 317 Abs. 1 Satz 1 AktG ergebe.[611] Ob der Hinweis, dass der Wortlaut von § 317 Abs. 3 AktG insofern an § 317 Abs. 1 Satz 1 AktG anknüpfe,[612] weiterführt, darf bezweifelt werden. Zutreffend ist, dass die Personen, die für die Veranlassung verantwortlich zeichnen, nicht mit denen, die für den Ausgleich zuständig sind, identisch sein müssen.[613] Die Befürworter der potenziellen Maßgeblichkeit des Nichtausgleichs müssen mit der Diskrepanz der Wortlaute von § 317 Abs. 1 Satz 1 AktG und § 317 Abs. 3 AktG leben und diesen auch wertungsmäßigen Bruch, der zu einem dogmatischen führt, weil die gesamtschuldnerische Haftung des herrschenden Unternehmens und seiner gesetzlichen Vertreter nicht an dasselbe Verhalten und damit nicht an denselben Zeitpunkt geknüpft wäre, erklären.

Sofern man am Wortlaut von § 317 Abs. 3 AktG festhalten möchte, bleibt für eine abweichende Auffassung ausschließlich bezüglich der Haftung des herrschenden Unternehmens nach § 317 Abs. 1 Satz 1 AktG Raum. Ob eine Differenzierung zwischen der Haftung des herrschenden Unternehmens und seiner gesetzlichen Vertreter hinsichtlich des inneren Haftungsgrundes sinnvoll und wertungsmäßig überzeugend ist, darf bezweifelt werden.[614] Gegen eine unterschiedliche Anknüpfung spricht die Anordnung der gesamtschuldnerischen Haftung der gesetzlichen Vertreter und des herrschenden Unternehmens.[615] Würde für Erstere an die Veranlassung

608 *Voigt*, Haftung, S. 309 f.; dagegen *Habersack*, in Emmerich/Habersack, § 317 Rn. 9.
609 *Koppensteiner*, in KK-AktG, § 317 Rn. 7.
610 *Fischbach*, Haftung, S. 166 f.; *Voigt*, Haftung, S. 309.
611 *Habersack*, in Emmerich/Habersack, § 317 Rn. 9; dagegen *Voigt*, Haftung, S. 309 f.
612 *Habersack*, in Emmerich/Habersack, § 317 Rn. 9 am Ende.
613 Siehe die Nachweise in Fn. 610.
614 Zur Differenzierung bei der Einordnung der Haftung von herrschendem Unternehmen und seiner gesetzlichen Vertreter vgl. die Nachweise in Fn. 359.
615 *Altmeppen*, in MünchKommAktG, § 317 Rn. 88.

als pflichtwidrige und haftungsbegründende Handlung angeknüpft und für Letztere an das Ausbleiben des Nachteilsausgleichs, würde dies bedeuten, dass der jeweils zu ersetzende Schaden unterschiedlich hoch ausfallen könnte.[616] Es ist bei Vorliegen der Voraussetzungen von §§ 311, 317 AktG derjenige Zustand herzustellen, der bestehen würde, wenn der zum Ersatz verpflichtende Umstand nicht eingetreten wäre, § 249 Abs. 1 Satz 1 BGB.[617] Wenn der zum Ersatz verpflichtende Umstand bei der Haftung nach § 317 Abs. 1 Satz 1 AktG und § 317 Abs. 3 AktG nicht identisch wäre, würde daraus eine nur teilweise gesamtschuldnerische Haftung von herrschendem Unternehmen und seiner gesetzlichen Vertreter resultieren. Dass Gesamtschuldner nicht im gleichen Umfang einer Haftung unterliegen, ist nach §§ 421 ff. BGB zwar möglich,[618] im Rahmen von §§ 311, 317 AktG aber sicherlich nicht gewollt. Denn die Haftung der gesetzlichen Vertreter soll dem abhängigen Unternehmen Sicherheit für den Fall bieten, dass das herrschende Unternehmen der Ersatzpflicht nicht nachkommt,[619] beispielsweise im Falle der Insolvenz des herrschenden Unternehmens und aus Sicht der Außenseiter insbesondere im Falle der Doppelinsolvenz von herrschendem und abhängigem Unternehmen.[620] Des Weiteren leistet die Haftungsandrohung des § 317 Abs. 3 AktG präventiv einer allzu intensiven Konzernleitung Vorschub. Daher liegt es nahe, eine identische Haftung beider Haftungsadressaten zu gewährleisten. Diesem Bedürfnis kann aufgrund des Wortlauts von § 317 Abs. 3 AktG de lege lata die Auffassung nicht nachkommen, die den inneren Haftungsgrund beim ausbleibenden Ausgleich sucht. Für eine identische Haftung von herrschendem Unternehmen und seiner gesetzlichen Vertreter spricht sodann, dass das herrschende Unternehmen nicht selbst handeln kann und sich dazu seiner gesetzlichen Vertreter bedienen muss. Jenes Verhalten wird dem Unternehmen nach allgemeinen Grundsätzen zugerechnet. Folglich hätte es der Haftungsanordnung in § 317 Abs. 1 Satz 1 AktG nicht bedurft, denn die Haftung der Vertreter nach § 317 Abs. 3 AktG trifft analog § 31 BGB stets ihre Anstellungskörperschaft.[621] Aus alledem folgt, dass ein Gleichlauf der Haftung von herrschendem Unternehmen und seiner gesetzlichen Vertreter bestehen muss.

---

616 Siehe dazu die Beispiele von *Fischbach* und *Beuthien*, oben Fn. 604.

617 Vgl. die Nachweisen in Fn. 589.

618 Siehe statt aller *Bydlinksi*, in MünchKommBGB, § 421 Rn. 50: „Bei ungleicher Haftungshöhe besteht selbstverständlich nur im Ausmaß der Haftung beider Schädiger eine Gesamtschuld".

619 *Altmeppen*, in MünchKommAktG, § 317 Rn. 87; *H.-F. Müller*, in Spindler/Stilz, § 317 Rn. 15: „Effektuierung des Schutzes der §§ 311 ff. [AktG]"; *Altmeppen*, Haftung, S. 63.

620 Vgl. *Altmeppen*, NJW 2008, 1553, 1555; *dens.*, ZIP 2009, 49, 51; *dens.*, NZG 2010, 401, 404 f.

621 Vgl. die Nachweise in Fn. 404.

b) Historisch bedingte Ungenauigkeit des Wortlautes?

Allerdings wird auch von auf die Veranlassung abstellenden Vertretern darauf hingewiesen, dass diese Schlussfolgerung der Wortlautauslegung aus historischen Gründen nicht unangreifbar sei. Denn der RegE habe noch einen haftungsbewährten sofortigen, in viel engerem Maße zulässigen, Nachteilsausgleich vorgesehen. Die Möglichkeit, den Ausgleich zeitlich zu strecken, wurde erst später in der Fassung des heutigen § 317 Abs. 1 Satz 1 AktG eingefügt.[622] Der Gesetzgeber könnte folglich versehentlich unterlassen haben, § 317 Abs. 3 AktG an die Änderungen in § 317 Abs. 1 AktG entsprechend anzupassen. Damit könnte erklärt werden, warum in Abs. 3 weiterhin eine Anknüpfung an die Veranlassung vorgefunden werden kann, während zweifelsohne Fälle denkbar sind, in denen die Veranlassung nicht pflichtwidrig war, gleichwohl eine Einstandspflicht des herrschenden Unternehmens und seiner Geschäftsleiter wegen unterbliebenen Ausgleichs zu begründen ist.[623]

c) § 317 Abs. 3 AktG vor dem Hintergrund der Haftung wegen fremdnütziger Geschäftsführung

Vor dem Hintergrund der Ausführungen zur Einordnung der Haftung als gesetzlich normierten Fall der Verantwortlichkeit wegen pflichtwidriger Fremdgeschäftsführung stellt sich der Wortlaut von § 317 Abs. 3 AktG als präzise heraus. Die Folgepflicht des § 311 Abs. 2 AktG kann nur denjenigen treffen, der die Geschäftsführung durch Veranlassung übernommen hat. Es handelt sich um eine persönliche und unbeschränkte Haftung im Außenverhältnis, so dass eine Verantwortlichkeit der nicht beteiligten natürlichen Personen ausscheiden muss. Wer nicht veranlasst hat, schuldet der abhängigen AG keinen Schadensersatz. Analog § 31 BGB ist jedoch das herrschende Unternehmen verpflichtet (§ 317 Abs. 1 Satz 1 AktG), dem jedes Verhalten der einzelnen Organmitglieder zugerechnet wird. Für die ordnungsgemäße Abwicklung der Ansprüche sind die intern zuständigen Personen verantwortlich, die bei schuldhaftem Fehlverhalten dem herrschenden Unternehmen gegenüber haften (§ 93 AktG). Dass keine Verantwortlichkeit im Außenverhältnis eintritt, ist jedoch überzeugend. Wer im Rahmen der Veranlassung nicht pflichtwidrig gehandelt hat, den trifft auch keine Folgepflicht (§ 311 Abs. 2 AktG). Damit macht § 317 Abs. 3 AktG lediglich diejenigen Personen haftbar, die für die Geschäftsführung pflichtwidrig übernommen haben.

Damit wird deutlich, dass rechtsdogmatisch das herrschende Unternehmen haftet, weil einer oder mehrere Vertreter verantwortlich sind und nicht umgekehrt. Das ist auch insofern überzeugend, als dass nicht sämtliche Mitglieder des leitungsbefugten

---

622 Siehe zur Fassung des RegE und der schließlich beschlossenen Gesetzesfassung § 2 C II und III.

623 In diesem Sinne *Kropff*, in MünchKommAktG, 2. Aufl. 2000, § 317 Rn. 84.

Kollegialorgans haftbar sind, sondern nur die im Einzelfall handelnden Personen.[624] § 317 Abs. 3 AktG normiert demnach keine Mithaftung der Organwalter, sondern § 317 Abs. 1 AktG statuiert deklaratorisch, was schon aus §§ 31, 278 BGB folgt.

3. *Zur Frage der Überlagerung des Verbandszwecks*

Des Weiteren wird für die ausschließliche Relevanz der Veranlassung als Haftungsgrund mit dem andernfalls überlagerten Unternehmenszweck argumentiert. Es wird vertreten, das Abstellen auf den Nichtausgleich als inneren Haftungsgrund impliziere eine Modifikation des Verbandszwecks, was ohne Zustimmung der Anteilseigner nicht legitim sei, so dass der Nichtausgleich nicht innerer Haftungsgrund sein könne.[625]

Diesem Ansatz kann nicht gefolgt werden. Unabhängig davon, ob der innere Haftungsgrund und damit die für die Schadensberechnung maßgebliche Maßnahme im Veranlassen von Nachteilen oder im Unterlassen des Nachteilsausgleichs liegt, ist damit keine Konsequenz für die Frage nach der Verbandszweckmodifikation oder -überlagerung verbunden.

Teilweise wird von einer Zweckänderung unabhängig von der hier im Raum stehenden Streitfrage ausgegangen. Es wird vertreten, die §§ 311 ff. AktG hätten ipso iure eine Modifikation des Verbandszwecks der abhängigen Gesellschaft zur Folge.[626] Dies kann an dieser Stelle dahingestellt bleiben, obschon gute Gründe für diese Annahme sprechen. Die Erwägungen gelten unabhängig davon, ob an die Veranlassung als pflichtwidrige Handlung angeknüpft wird oder an den Nichtausgleich. Warum nur Letzteres zu den obigen Folgerungen führen sollte, ist nicht einsichtig. Denn auch wenn der innere Haftungsgrund in der Veranlassung zu sehen sein sollte, ist die Veranlassung möglicherweise rechtmäßig, so dass eine nicht verbotene Willensbeeinflussung durch das herrschende Unternehmen vorliegen

---

624 Vgl. zur Haftung nur der veranlassenden gesetzlichen Vertreter statt aller *Koch*, in Hüffer, § 317 Rn. 14; vgl zur Verantwortlichkeit der Mitglieder eines Kollegialorgans *Löbbe/Fischbach*, AG 2014, 717.

625 *Voigt*, Haftung, S. 310–313.

626 Aufgezeigt wurde der potenzielle Konflikt der §§ 311 ff. AktG zum Verbandszweck von *Mülbert*, Aktiengesellschaft, S. 272–282, 453–455. Auf die mangelnde Auseinandersetzung mit diesem Problem weist auch *Tröger*, Treupflicht, S. 163 (mit einer eingehenden Befassung damit auf S. 163–209, insbesondere S. 199–209; vgl. auch *dens.*, ZGR 2009, 447, 460–471) hin. Während *Mülbert* den §§ 311 ff. AktG partiell zweckändernde Wirkung entnimmt, arbeitet *Tröger*, auf einer These *Zöllners* (vgl. *dens.*, in FS Kropff, S. 333, 343; *dens.*, ZHR 162 [1998], 235, 240) aufbauend, heraus, dass eine inhaltliche Überlagerung des Verbandszwecks nicht vorliege; vgl. hierzu auch *Altmeppen*, in MünchKommAktG, § 311 Rn. 443; *Habersack*, in Emmerich/Habersack, § 311 Rn. 77; *J. Vetter*, in K. Schmidt/Lutter, § 311 Rn. 108–116; *Fett*, in Bürgers/Körber, § 311 Rn. 60; *Würdinger*, in GroßkommAktG, § 318 Anm. 1; *Strohn*, Verfassung, S. 56–61; *Luchterhandt*, ZHR 133 (1970), 1, 7–9.

würde und die Ausführungen zum Inhalt der verbleibenden Leitungsmacht nicht weniger relevant wären.

Festzuhalten bleibt, dass die Modifikation des Verbandzwecks keine Implikationen betreffs der Frage hervorzurufen vermag, ob es die Veranlassung zu Nachteilen oder das Unterbleiben des Ausgleichs ist, das den inneren Haftungsgrund der §§ 311, 317 AktG darstellt.[627]

4. *Zwischenergebnis*

Als Zwischenresümee ist festzuhalten, dass die Veranlassung nicht in jeglichem Fall zur Begründung der Pflichtwidrigkeit und damit zur Berechnung des ersatzfähigen Schadens herangezogen werden kann. Es sind zweifelsohne Fälle denkbar, in denen es auf die Nichtleistung des Nachteilsausgleichs ankommen muss.

II. Kein universelles Abstellen auf das Ausbleiben des Ausgleichs

Es kann auch nicht ausschließlich auf den Schaden ankommen, der aus dem Nichtausgleich resultiert.

1. *Rechtswidrigkeit bei Veranlassung*

Es kann nicht per se die Nichtvornahme der Ausgleichsleistung sein, die die Pflichtwidrigkeit begründet und zum Anspruch aus § 317 Abs. 1 Satz 1 und Abs. 3 AktG führt, weil Fallvarianten existieren, in denen die Veranlassung die zu sanktionierende Verhaltensweise darstellt. Hierzu gehören etwa Veranlassungen zu nicht ausgleichsfähigen Nachteilen. Es bedarf keines Rückgriffs auf den nicht möglichen Ausgleich, um zu einer Haftung nach § 317 AktG zu gelangen. Die Ausgleichsmöglichkeit ist für derartige Fälle ebenso wenig eröffnet wie für Veranlassungen, die mit keinem Vorteil für ein Verbundunternehmen einhergehen.[628]

2. *Die Anerkennung präventiven Rechtsschutzes*

Darüber hinaus könnte bei pauschaler Maßgeblichkeit des Nichtausgleichs die Anerkennung präventiven Rechtsschutzes im Rahmen der §§ 311, 317 AktG rechtssystematisch nicht begründet werden.[629] Es entspricht allgemeiner Ansicht, dass sich das abhängige Unternehmen gegen eine rechtswidrige Beeinflussung durch das

---

627 AA *Voigt*, Haftung, S. 310–313.

628 Zu den Fällen der Rechtswidrigkeit der Veranlassung siehe § 5 B I.

629 Diese Kontrollüberlegung soll lediglich verdeutlichen, dass das universelle Abstellen auf den Nichtausgleich zu systematischen Folgeproblemen führen würde. Es wird kein Schluss vom Bestehen präventiven Rechtsschutzes auf eine pflichtwidrige Handlung vorgenommen. Vielmehr folgt die Berechtigung präventiven Rechtsschutzes aus der rechtswidrigen Verhaltensweise.

herrschende Unternehmen wehren kann, bevor es zur Benachteiligung kommt.[630] Dieser Schutz wird durch einen Unterlassungsanspruch gewährleistet, wobei die Anspruchsgrundlage überwiegend in § 317 AktG gesehen wird.[631] Der präventive Schutz folge aus dem Rechtswidrigkeitsurteil und dem damit einhergehenden Schadensersatzanspruch. Zurückgegriffen wird auf einen in § 1004 BGB nicht abschließend normierten Rechtsgedanken.[632] Die Überlegung lautet, dass eine Schädigung nicht hingenommen werden müsse, nur um anschließend auf ihre Beseitigung in Form von Naturalrestitution zu klagen. Deshalb kann der Gefährdete den potenziellen Schädiger auf Unterlassung der rechtswidrigen Maßnahme in Anspruch nehmen.[633] Ziel ist, dass die schließlich schädigende Maßnahme unterbleibt, um die Naturalrestitution obsolet zu machen.

Auf den Fall des § 317 AktG übertragen bedeutet dies, dass das abhängige Unternehmen Unterlassen der Einflussnahme durch das herrschende Unternehmen verlangen kann. Daraus folgt, dass die Veranlassung den Haftungsgrund darstellt, mithin die Veranlassung pflicht- und somit rechtswidrig wäre. Etwas anderes wird, soweit ersichtlich, nicht vertreten.

Wäre es hingegen die Nichtvornahme der Ausgleichsleistung, die innerer Haftungsgrund wäre, müsste die Unterlassung einer Unterlassung begehrt werden, also letztlich die tatsächliche Vornahme der Ausgleichsleistung. Dem abhängigen Unternehmen steht jedoch nach allgemeiner Ansicht kein Anspruch auf den Ausgleich zu. Eine Erzwingung des Ausgleichs scheide mangels Durchsetzbarkeit aus. Die

---

630 LG Köln, Urteil vom 23. November 2007 – 82 O 214/06, AG 2008, 327, 334; LG Düsseldorf, Urteil vom 6. Juni 2006 – 32 O 31/06, AG 2006, 892, 892 f.; *Altmeppen*, in MünchKommAktG, § 317 Rn. 48; *J. Vetter*, in K. Schmidt/Lutter, § 317 Rn. 22; *Habersack*, in Emmerich/Habersack, § 317 Rn. 19; *Koppensteiner*, in KK-AktG, § 317 Rn. 26–29; *Koch*, in Hüffer, § 317 Rn. 10; *Grigoleit*, in Grigoleit, § 317 Rn. 8; *H.-F. Müller*, in Spindler/Stilz, § 317 Rn. 13; *Krieger*, in MünchHdbAG, § 69 Rn. 121; *Bödeker*, in Henssler/Strohn, § 317 AktG Rn. 7; *Leuering/Goertz*, in Hölters, § 317 Rn. 19 f.; *Neuhaus*, Organhaftung, S. 63 f.; *Lutter*, in FS Peltzer, S. 241, 257 f.; vgl. auch OLG Stuttgart, Urteil vom 30. Mai 2007 – 20 U 12/06, ZIP 2007, 1210, 1212–1217.

631 LG Köln, Urteil vom 23. November 2007 – 82 O 214/06, AG 2008, 327, 334; *Altmeppen*, in MünchKommAktG, § 317 Rn. 48; *Habersack*, in Emmerich/Habersack, § 317 Rn. 19; *Lutter*, in FS Peltzer, S. 241, 257; für eine Herleitung des Anspruchs aus §§ 1004, 823 Abs. 2 BGB i.V.m. §§ 311, 317 AktG: LG Düsseldorf, Urteil vom 6. Juni 2006 – 32 O 31/06, AG 2006, 892 f.; tendenziell auch *Geßler*, in FS Westermann, S. 145, 160; für eine Herleitung aus der Treuepflicht plädierend *Koch*, in Hüffer, § 317 Rn. 10; ähnlich (auf die Sonderrechtsbeziehung und daraus folgende besondere Pflichtenbindung abstellend) *J. Vetter*, in K. Schmidt/Lutter, § 317 Rn. 22; offengelassen von *Bödeker*, in Henssler/Strohn, § 317 AktG Rn. 7; *Leuering/Goertz*, in Hölters, § 317 Rn. 19; *Koppensteiner*, in KK-AktG, § 317 Rn. 27; *Grigoleit*, in Grigoleit, § 317 Rn. 8 mit Fn. 21; *Nitsche*, Nachteilszufügungen, S. 72 f.

632 *J. Vetter*, in K. Schmidt/Lutter, § 317 Rn. 8; *Grigoleit*, in Grigoleit, § 317 Rn. 8.

633 Allgemein zum Unterlassungsanspruch und seiner Schutzrichtung *Baldus*, in MünchKommBGB, § 1004 Rn. 34, 294 in Verbindung mit Rn. 218.

Unterlassung einer Unterlassung kann nicht begehrt werden, weil es sich um eine Leistungsklage gerichtet auf positives Tun handeln würde. Eine solche bedarf einer Anspruchsgrundlage im materiellen Recht, die hinsichtlich der Ausgleichsleistung nach allgemeiner Ansicht nicht existiert.[634]

Der Unterlassungsanspruch setzt voraus, dass das drohende Rechtsgeschäft nicht ausgleichsfähig ist oder dass damit gerechnet wird, dass der Ausgleich nicht vorgenommen wird, um § 311 Abs. 2 AktG gerecht zu werden.[635] Damit wird offenbar, dass, wenn zum Zeitpunkt der Veranlassung keine Pflichtwidrigkeit festgestellt werden kann, sich ein Rechtswidrigkeitsverdikt und somit eine haftungsbewährte Konsequenz selbstverständlich verbieten. Nichts anderes ist durch die Voraussetzungen, die an einen Unterlassungsanspruch gestellt werden, bezweckt. Damit wird die pflichtwidrige Verhaltensweise in den Mittelpunkt der Betrachtung gestellt, was eine Annäherung an die zutreffende dogmatische Erfassung der Haftung nach §§ 311, 317 AktG bedeutet, worauf noch zurückzukommen sein wird.

Den inneren Haftungsgrund der §§ 311, 317 AktG in dem Nichtausgleich von Nachteilen zu sehen und gleichzeitig im Rahmen des präventiven Rechtsschutzes ein Vorgehen gegen die Einflussnahme zu vertreten, würde die Hinnahme eines logischen Bruchs in der Dogmatik bedeuten. Es zeigt sich, dass das Konstrukt der Annahme, es komme maßgeblich auf den Nichtausgleich an, dogmatisch wie logisch nicht stimmig in den vielseitig wirkenden Regelungsbereich der §§ 311 ff. AktG integriert werden kann. Im Ergebnis bleibt festzuhalten, dass präventiver Rechtsschutz nur dort gewährt wird, wo die Veranlassung bereits pflichtwidrig wäre.

3. Zwischenergebnis

Als Zwischenergebnis ist festzuhalten, dass auch der Nichtausgleich nicht als universeller Zeitpunkt und das Verhalten zu diesem Zeitpunkt als stets zutreffender Anknüpfungspunkt für die Schadensberechnung herangezogen werden können.

Damit vermögen die Ansichten, die entweder nur die Veranlassung oder den Nichtausgleich im Auge haben, nicht zu überzeugen. Die Definition eines inneren Haftungsgrundes muss diese Variabilität berücksichtigen. Im Folgenden sollen die relevanten Fallgestaltungen daraufhin untersucht werden, welcher Schaden jeweils zu ersetzen ist.

---

634 Der Klarstellung halber sei erwähnt, dass, sobald es eine Einigung zwischen abhängigem und herrschendem Unternehmen über den Ausgleich gibt, dieser Vertrag natürlich als Anspruchsgrundlage dient.

635 *Altmeppen*, in MünchKommAktG, § 317 Rn. 49; *Leuering/Goertz*, in Hölters, § 317 Rn. 20.

III. *Die Frage nach der Pflichtwidrigkeit bei Insuffizienz des zeitgleich mit der Veranlassung gewährten Ausgleichs*

Fraglich ist die Behandlung der Fälle, in denen das abhängige Unternehmen zum Abschluss eines ungünstigen Geschäfts veranlasst wird. Die Gegenleistung des herrschenden Unternehmens kompensiert den erlittenen Nachteil des abhängigen Unternehmens in diesen Fällen nicht. Wird nun Schadensersatz geltend gemacht, muss die Frage beantwortet werden, ob die pflichtwidrige Handlung in der Veranlassung zum Nachteil zu sehen ist oder in dem Nichtausgleich der verbleibenden Höhe nach. Weil durch die Naturalrestitution im Sinne der §§ 249 ff. BGB jeder adäquat-kausal entstandene Schaden ersetzt werden muss, lautet die Frage also, durch welches pflichtwidrige Verhalten ein Kausalverlauf in Gang gesetzt worden ist, der in einem Vermögensschaden für das abhängige Unternehmen resultiert. Dass Umstände hinzutreten, die Auswirkungen auf den Kausalverlauf haben, ändert nichts daran, dass er durch eine pflichtwidrige Verhaltensweise in Gang gesetzt worden sein muss. Pflichtwidrige Handlung und Umstände, die den Kausalverlauf beeinflussen, gilt es auseinanderzuhalten.[636] Haftungssystematisch ist insofern die haftungsbegründende Kausalität von der haftungsausfüllenden zu scheiden.[637]

Bei genauer Betrachtung kann der Nichtausgleich in diesen Konstellationen gar nicht relevant sein für die Frage, was der zum Ersatz verpflichtende Umstand ist. Denn pflichtwidrig ist in den hier relevanten Fällen die Fehleinschätzung des Geschäftsleiters, dass ein ausgeglichenes Geschäft abgeschlossen worden sei, das Geschäft durch die gewährte Gegenleistung jedenfalls als ausgeglichen zu gelten habe. Tatsächlich deckt der Ausgleich den Nachteil nicht, so dass eine Schädigung der abhängigen AG vorliegt.

Die pflichtwidrige Handlung kann in diesen Konstellationen nur in der Veranlassung des herrschenden Unternehmens liegen, während der Ausgleich Auswirkungen auf die haftungsausfüllende Kausalität hat, aber nicht den Ursprung des Geschehensablaufs (in Gang gesetzt durch die Veranlassung) ersetzen kann.[638] Ein dem Grunde nach zu ersetzender Schaden kann durch die Ausgleichsleistung nur vermindert werden. Der mangelnde Ausgleich kann den Schaden aber nicht hervorrufen.[639] Denn ein Ausgleich zielt auf Kompensation von Nachteilen, setzt also das Bestehen von Nachteilen voraus. Es würden also, der Ansicht folgend, die den Nichtausgleich als Haftungsgrund anführt, Ereignisse vor dem damit herangezogenen Zeitpunkt außer Acht gelassen. Dabei handelt es sich aber um Umstände, die den Ausgleich erst nötig machen, was ihre Relevanz im hier untersuchten Zusammenhang abermals hervortreten lässt. Diese Sichtweise fügt sich auch ein in die historischen Beweggründe, die eine Ausgleichsnormierung neben die Schadensersatzpflicht gestellt

636 *Altmeppen*, in MünchKommAktG, § 317 Rn. 37–41.
637 Vgl. *Lange/Schiemann*, Schadensersatz, § 3 II.
638 Prägnant *Altmeppen*, in MünchKommAktG, § 317 Rn. 39.
639 *Altmeppen*, in MünchKommAktG, § 317 Rn. 39.

haben. Es sollte sichergestellt werden, dass den Schaden vermindernde Vorteile nicht außer Acht gelassen werden. Der Ausgleich durch Vorteilszuführung sollte auch historisch betrachtet lediglich eine potenziell schadensminimierende Funktion erfüllen. Beweggrund des historischen Gesetzgebers waren Unsicherheiten hinsichtlich der Reichweite der Grundsätze über die Vorteilsausgleichung.[640]

Kann der Ausgleich eine Nachteilszufügung demnach gegebenenfalls erlauben,[641] entspricht dies – trotz der Differenzen hinsichtlich der dogmatischen Haftungseinordnung – der These, dass durch den Ausgleich die Rechtfertigung einer im Kern rechtswidrigen Handlung zu sehen sei.[642] Damit ist gemeint, dass eine endgültige Legitimation nur dann nötig wird, wenn zuvor ein illegitimer Zustand bestand. Die Auffassung, die stets das Ausbleiben des Ausgleichs als inneren Haftungsgrund versteht, ist somit ad absurdum geführt: Mit der Anerkennung einer rechtfertigenden Wirkung des Ausgleichs offenbart sich, dass der mangelnde Ausgleich nicht Haftungsgrund sein und die Rechtswidrigkeit nur aus der Veranlassung herrühren kann. Andernfalls könnte dem Ausgleich keine rechtfertigende Wirkung zukommen.

Es steht zur Wahl, den Haftungsgrund in einer rechtswidrigen Verhaltensweise (Veranlassung zum Abschluss eines ungünstigen Geschäfts) zu sehen oder im Ausbleiben der Rechtfertigung (Erhöhung der Gegenleistung). Letzteres würde im Bereich des Strafrechts etwa zur Konsequenz haben, den Strafgrund nicht in der rechtswidrigen Tat, sondern in der Nichtinanspruchnahme eines Rechtfertigungsgrundes zu sehen. Damit würde der Strafgrund ebenso pervertiert wie der Haftungsgrund im Rahmen von §§ 311, 317 AktG.

IV. Die Frage nach der Pflichtwidrigkeit bei zulässiger Suspendierung und Ausbleiben des Ausgleichs

Grundlegend anders stellt sich der Sachverhalt dar, wenn der aus einer Veranlassung entstehende Nachteil nicht beziffert werden kann und der Ausgleich deshalb aufgeschoben wird. Erfolgt die Suspendierung zulässigerweise, eignet sich die Veranlassung nicht als Anknüpfung für einen Schadensersatzanspruch, wenn der Ausgleich bis zum Geschäftsjahresende nicht mehr geleistet wurde. Denn ursprünglich war die Vereinbarung inklusive Aufschub pflichtgemäß, weil § 311 Abs. 2 AktG genau jenen Fall im Sinne von mehr Flexibilität bezüglich der Ausgleichsleistung billigt.

640 Siehe § 2 C.

641 *Altmeppen*, in MünchKommAktG, § 317 Rn. 39; *ders.*, in FS Priester, S. 1, 18; *ders.*, ZHR 171 (2007), 320, 334.

642 Zur Dogmatik der Ausgleichsnorm des § 311 Abs. 2 AktG siehe § 4 C. Zur Rechtfertigungswirkung des Ausgleichs vgl. etwa *Habersack*, in Emmerich/Habersack, § 311 Rn. 5, 61; *J. Vetter*, in K. Schmidt/Lutter, § 311 Rn. 84 (Legitimation); *Emmerich/Habersack*, Konzernrecht, S. 468, 496; *Martens*, AG 1974, 9, 13; vgl. auch *Streyl*, Doppelmandate, S. 84; aA *Würdinger*, in GroßKommAktG, § 311 Anm. 5, wonach der Ausgleich die Rechtswidrigkeit der Schädigung nicht beseitigt; auch zu dieser Ansicht eingehend unter § 4 C.

Demnach könnte nur der Ersatz des Schadens, der aus dem nicht erfolgten Ausgleich herrührt, verlangt werden, weil ein Ausgleich hätte gewährt werden müssen.

Der Unterschied zum von Anfang an ungünstigen Geschäft besteht darin, dass in dieser Fallgruppe zum Zeitpunkt der Veranlassung kein pflichtwidriges Verhalten festgestellt werden kann, wenn und weil die Geschäftsleiter nicht a priori ein aus ihrer Sicht ausgeglichenes Geschäft zu den bezeichneten Konditionen schließen wollen. Vielmehr wissen sie, dass es eines Nachteilsausgleichs bedarf, den sie aufschieben wollen und dürfen, sofern sie das ihnen gewährte Geschäftsleiterermessen bei der Entscheidung über den Aufschub nicht überschreiten.

1. *Entstehen einer Schwebelage mit Veranlassung*

Es wird gleichwohl vertreten, dass auch in diesen Fällen der aus der Veranlassung herrührende Schaden zu ersetzen sei.[643] Dass ex ante betrachtet keine Pflichtwidrigkeit begründet werden kann, weil die Suspendierung rechtmäßig war, versucht man über die Konstruktion einer Schwebelage zu lösen. Demnach erfolgt die Veranlassung schwebend rechtmäßig, bis feststeht, dass der Nachteilsausgleich ausbleibt oder geleistet wird. Im ersteren Fall würde sich die Schwebelage mit der Folge der Rechtswidrigkeit der Veranlassung auflösen, im zweiten Fall würde die Veranlassung als endgültig rechtmäßig qualifiziert.[644] Damit wird versucht, die ungewollte, aber naheliegende Konsequenz zu umgehen, eine Veranlassung als rechtswidrig einzuordnen,[645] obgleich ausschließlich im von § 311 AktG gewährten Rahmen gehandelt wird. Um in der Folge gleichwohl an die Veranlassung anknüpfen zu können, muss diese nach allgemein schadensrechtlichen Prinzipien pflichtwidrig sein oder werden; das verlangt bereits der Wortlaut von § 249 Abs. 1 Satz 1 BGB. Die Lösung über die Schwebelage rekurriert auf die beiden in §§ 311, 317 AktG angelegten Tatbestandsmerkmale, wonach einerseits ein aktives Tun durch Veranlassen zu Nachteilen, andererseits ein Unterlassen des Ausgleichs verlangt wird, und entnimmt den beiden Elementen für die Zeit, in der beide Voraussetzungen noch erfüllt werden können, einen Zustand rechtlicher Ungewissheit, der spätestens am Geschäftsjahresende aufgelöst wird. Denn erst wenn feststeht, ob eine Veranlassung endgültig keine Nachteile für das abhängige Unternehmen nach sich zieht, wird das Verhalten insgesamt gebilligt. Soweit ist an dieser Konstruktion, obgleich eine Schwebelage nicht naheliegend ist, aus rechtssystematischer Sicht nichts auszusetzen. Denn der Wortlaut von §§ 311, 317 AktG nimmt unzweifelhaft beide Merkmale in Bezug. Ob ein Nachteilsausgleich erfolgt, kann tatsächlich niemand vorhersehen.

643 Vgl. die in Fn. 593 Genannten.
644 Vgl. die in Fn. 593 Genannten.
645 So *Beuthien*, DB 1969, 1781, 1783.

2. Kritik an der Konstruktion eines Schwebezustands

Problematisch wird die Vorgehensweise jedoch jedenfalls, sobald eine Rückwirkung ins Spiel kommt. Insofern kann der Ansicht auf keinen Fall gefolgt werden. Eine Geschäftsleitungsmaßnahme ist hinsichtlich ihrer Pflichtmäßigkeit und Vorwerfbarkeit stets zum Zeitpunkt ihrer Vornahme zu beurteilen. Jede andere Auffassung läuft auf eine Erfolgshaftung hinaus. Es würde eine zunächst gebilligte Maßnahme nachträglich sanktioniert werden. Außer Acht gelassen werden würde, dass zum Zeitpunkt der Veranlassung keine pflichtwidrige und schuldhafte Verhaltensweise erblickt werden konnte. Die Meinung hat zur Konsequenz, dass Tatbestandsmerkmal einer zulässigen Ausgleichssuspendierung nicht nur die Ausgleichsfähigkeit, sondern der Erfolg des tatsächlichen Ausgleichs würde. Dass die Beurteilung einer vom Konzerngeschäftsleiter initiierten Maßnahme erst am Ende des Geschäftsjahres umfassend bewertet werden kann, sagt noch nichts darüber aus, ob die handelnden Personen wegen Fehlverhaltens in diesem Zusammenhang in die Haftung geraten sollen.

Auch dogmatisch ist dieses Konstrukt zweifelhaft. Bezweckt werden soll offenbar, einen einheitlichen Anknüpfungspunkt für die Frage des inneren Haftungsgrundes und der Schadensberechnung zu erlangen. Bei diesem Verständnis bestünden keine abweichenden Ergebnisse bei nichtausgleichsfähigen Nachteilen. Es würde stets auf die Veranlassungshandlung abgestellt, wenn der Schaden zu beziffern ist.[646]

Ob eine Differenzierung angezeigt ist oder nicht, kann nur aus Wertungsgesichtspunkten heraus entschieden werden. Gegen die Sichtweise der Maßgeblichkeit des Nichtausgleichs von Nachteilen spricht nach Vertretern der Schwebelage-Lösung offenbar die damit einhergehende Notwendigkeit, für den Fall der Ausgleichsfähigkeit von Nachteilen einen anderen inneren Haftungsgrund anzunehmen als für den Fall der Nichtausgleichsfähigkeit. Die unterschiedliche Behandlung der Fälle ist jedoch wertungsmäßig gerechtfertigt, denn nur zum Zeitpunkt des Ausbleibens kann dem Geschäftsleiter der Vorwurf der Verkennung der Grenzen des Geschäftsleiterermessens gemacht werden. Dafür – und nicht etwa für eine vorher zutreffend als rechtmäßig beurteilte Verhaltensweise – soll er einstehen müssen.

Das Risiko der Schadensentwicklung liegt in diesen Konstellationen bis zum Zeitpunkt des Feststehens des Ausbleibens des Nachteilsausgleichs bei der abhängigen Gesellschaft. Das ist deshalb gerechtfertigt, weil der herrschenden Gesellschaft bis dato kein Pflichtverstoß angelastet werden kann, der es rechtfertigen würde, das Risiko auf die Obergesellschaft zu verlagern. Wird der Ausgleich des Nachteils zunächst zulässig aufgeschoben und bis zum Ende des Geschäftsjahres nicht entsprechend § 311 Abs. 2 AktG gewährt, ist dem Konzerngeschäftsleiter lediglich der Vorwurf zu machen, dass er den Nachteil nicht ausgeglichen hat. Die ursprüngliche Veranlassung hingegen

---

646 Für diese einheitliche Berücksichtigung der Veranlassungshandlung *Voigt*, Haftung, S. 309; *Koppensteiner*, in KK-AktG, § 317 Rn. 7; nach *Fischbach*, Haftung, S. 166, handele es sich bei einer Differenzierung um eine „zwar grundsätzliche denkbare, aber immerhin seltsame [...] Konzeption"; für eine Differenzierung hingegen die in Fn. 595 Genannten.

kann nicht rückblickend missbilligt werden. Es kommt also keine Schwebelage, gleich ob schwebend rechtmäßig oder rechtswidrig, zustande. Vielmehr sind zu unterschiedlichen Zeitpunkten die Grenzen des Geschäftsleiterermessens zu überprüfen. Nur für den Zeitpunkt, zu dem ein Überschreiten der Grenze des Zulässigen festgestellt werden kann, ist eine Sanktionierung daran geknüpft. Diese wirkt nicht zurück, weil ansonsten die Grenzen zu einer Erfolgshaftung, die nach dem Willen des historischen Gesetzgebers mit dem RegE aufgegeben worden ist, überschritten wären.

Zudem würde die Anerkennung einer Schwebelage ein Ergebnis zur Folge haben, das wertungsmäßig nicht haltbar ist. Paradoxerweise ist dies von einem Vertreter der „Schwebelage"-Lösung aufgezeigt, allerdings durch nicht überzeugende Folgeadjustierungen zu kaschieren versucht worden.[647] Tatsächlich verdeutlicht dies nur die Ungeeignetheit der Anerkennung einer Schwebelage. Es geht darum, dass in Folge der Schwebelage das Verhalten zum Zeitpunkt der Veranlassung als Anknüpfungspunkt für einen Schadensersatzanspruch herangezogen wird, wenn feststeht, dass der Ausgleich nicht erfolgen wird. Nun stehe fest, dass die Veranlassung rechtswidrig war. Die Konstellation ist folglich jene, in der eine zunächst nicht rechtswidrige Veranlassung zu Nachteilen des abhängigen Unternehmens führt, der Nachteilsausgleich jedoch aufgeschoben wird. Nach der Veranlassung zieht die Maßnahme weitere negative Folgen nach sich, so dass der bei Maßnahmendurchführung bemessene Nachteil im weiteren Verlauf größer wird. Es stünde in diesen Fällen der den Nachteil nicht ausgleichende und sich auf Schadensersatz verklagen lassende Geschäftsleiter besser als derjenige, der seiner Pflicht folgend den Nachteil ausgleicht. Dieser Zustand, dass ein rechtswidrig handelnder Geschäftsleiter (kein Ausgleich) besser stünde als ein rechtmäßig Handelnder (Ausgleich) sei nicht hinnehmbar, so dass ein Mindestschaden in Höhe des Nachteils bei Maßnahmendurchführung beachtlich sei.[648]

Die Erkenntnis, dass im Falle des zulässigen Ausgleichsaufschubs das Veranlassungsverhalten nicht pflichtwidrig war und daran keine Schadensersatzpflicht geknüpft werden kann, vermeidet die Entstehung des Dilemmas, die Bevorzugung eines rechtswidrig Handelnden im Vergleich zum rechtmäßig Handelnden zu privilegieren. Denn im genannten Fall handelt derjenige pflichtwidrig, der den Ausgleich nicht leistet. Und nur wegen dieses Pflichtenverstoßes ist sein Verhalten zu sanktionieren. Auf einen Schaden, der durch die Veranlassung entstanden sein könnte, kommt es nicht an. Das Verhalten war pflichtgemäß. Unter Heranziehung einer „Schwebelage" entstünden hingegen nicht überzeugende Ergebnisse, so dass sie auch deswegen abzulehnen ist. Es erledigt sich zugleich die Anerkennung eines Mindestschadens.

3. *Zwischenergebnis*

Kann zum Zeitpunkt der Veranlassung ein Überschreiten der Grenzen des Geschäftsleiterermessens nicht festgestellt werden, scheidet dieses Verhalten als Anknüpfung für einen Schadensersatzanspruch aus. Steht fest, dass ein Ausgleich

647 Vgl. *Fischbach*, Haftung, S. 183 f. sowie die weiteren Nachweise in Fn. 282.
648 Vgl. die Nachweise in Fn. 282.

nicht vorgenommen wird, ist das Unterlassen pflichtwidrig. Der daraus entstandene Schaden ist zu ersetzen, wenn keine Exkulpation möglich ist. Eine Konstruktion über eine Schwebelage begründet demgegenüber eine nicht zu begründende Erfolgshaftung, um gleichwohl an die Veranlassung zur Schadensberechnung anzuknüpfen. Sie ist abzulehnen.

V. Die Frage nach der Pflichtwidrigkeit bei zulässiger Suspendierung und Insuffizienz des Ausgleichs

Es bleibt noch die Betrachtung der Fälle, in denen eine Suspendierung des Ausgleichs ohne Überschreitung der Grenzen des Geschäftsleiterermessens erfolgt, der später eingeräumte Ausgleich aber den Nachteil nicht vollständig zu kompensieren vermag. Nach dem oben Gesagten kommt es wiederum darauf an, ob und zu welchem Zeitpunkt der Konzerngeschäftsleiter die Grenzen der §§ 311, 317 AktG überschreitet. Dies kann zum Zeitpunkt der Vereinbarung des Aufschubs der Ausgleichsleistung nicht angenommen werden. Fehlerhaft war die Einschätzung der Sach- und Rechtslage erst, als der insuffiziente Ausgleich gewährt worden ist. Der aus dieser Verhaltensweise entstandene Schaden ist gemäß § 317 AktG zu ersetzen.

Jede andere Betrachtung würde auf die oben abgelehnte Erfolgshaftung hinauslaufen, insbesondere, wenn eine wie auch immer geartete Schwebelage anerkannt werden würde. Folglich ist der Schaden, der aus dem Ausbleiben des vollständigen Ausgleichs resultiert, zu ersetzen.

C. Resümee

Weder die Veranlassungshandlung noch der Nichtausgleich sind als universeller innerer Haftungsgrund und demnach Anknüpfungspunkt für die Frage nach der den Schadensersatz begründenden pflichtwidrigen Verhaltensweise geeignet. Erforderlich ist eine im Einzelfall vorzunehmende Betrachtung, zunächst bezogen auf den Zeitpunkt der Veranlassung. Ist ein Ausgleich nicht möglich, ist das Verhalten pflichtwidrig und demnach ist hierauf abzustellen, so dass für diese Fälle der aus der Veranlassung herrührende Schaden zu ersetzen ist. Sollte der simultan mit der Veranlassung geleistete Ausgleich unzureichend sein, gilt Entsprechendes. Erfolgt eine Veranlassung unter Einhaltung der durch §§ 311, 317 AktG gesteckten Grenzen, kann nur eine nachgelagerte Verhaltensweise pflichtwidrig sein. Entweder erfolgt der Ausgleich gar nicht oder er ist insuffizient. In diesen Fällen ist die Nichtvornahme des geschuldeten Ausgleichs pflichtwidrig, so dass der Schaden, der aus dem Ausbleiben des Nachteilsausgleichs resultiert, vom herrschenden Unternehmen und seinen Geschäftsleitern zu ersetzen ist. Im Ergebnis entspricht dieser Ansatz demjenigen, der grundsätzlich auf den Nichtausgleich rekurrieren möchte, außer ein Ausgleich scheidet anfänglich aus. Mit der Betonung der Flexibilität der Haftung wird jedoch vermieden, dem einen oder anderen Verhalten grundsätzlich Vorrang bei der Frage nach der Erforschung des Haftungsgrundes einzuräumen. Ein solches Regel-/Ausnahmeverhältnis existiert haftungsdogmatisch nicht.

3. Kapitel: Unbezifferte Nachteile und unbezifferter Nachteilsausgleich

Vor dem Hintergrund der soeben behandelten allgemeinen Dogmatik von Nachteil, Ausgleich und Schadensersatz im Zusammenhang der §§ 311 ff. AktG stellt sich die Frage, wie Nachteile, die der Höhe nach nicht beziffert sind, weil sie (noch) nicht beziffert werden können oder sich die handelnden Personen dazu nicht in der Lage sehen, in das Haftungssystem einzuordnen sind. Damit zusammenhängend ist zu klären, ob pauschale, weil nicht bezifferte Nachteilsausgleichsversuche geeignet sind, jene Nachteile zu kompensieren.

§ 6 Ökonomische Hintergründe der unbezifferte Nachteile hervorrufenden Geschäftsleitungsmaßnahmen

Vor der rechtlichen Würdigung der Handhabung unbezifferter Nachteile und ihres potenziellen Ausgleichs soll der Blick auf die konzernweit wirkenden Geschäftsleitungsmaßnahmen geworfen werden, die die Ursachen der hier sodann zu behandelnden Rechtsfragen bilden.

Wenn in der Literatur von nicht quantifizierbaren Nachteilen für das abhängige Unternehmen die Rede ist, wird fast immer von konzernintegrativen Strukturmaßnahmen im Zusammenhang mit der Aufbauorganisation des Unternehmensverbundes gesprochen.[649] Dabei handelt es sich um Entscheidungen der Konzerngeschäftsleiter, die dazu führen, dass grundsätzliche Fragen der Geschäftsleitung nicht mehr unternehmensspezifisch eigenverantwortlich entschieden, sondern zentralisiert im Unternehmensverbund abgestimmt werden. Unternehmerischen Entscheidungen ist immanent, dass sie Ermessensentscheidungen sind, wenn und weil einem Geschäftsleiter nicht nur zwei Handlungsmöglichkeiten offenstehen, von denen eine richtig und die andere falsch wäre. Die Unternehmensführung hat sich mit einer Vielzahl an Verhaltensvarianten auseinanderzusetzen, wobei eine gegenseitige Beeinflussung

---

649 Vgl. etwa *Altmeppen*, in MünchKommAktG, § 311 Rn. 225–276, 297 f.; *J. Vetter*, in K. Schmidt/Lutter, § 311 Rn. 71; *Habersack*, in Emmerich/Habersack, § 311 Rn. 57a, 65; *Grigoleit*, in Grigoleit, § 311 Rn. 41; *Altmeppen*, Abschied, S. 30–38; *Tröger*, Treupflicht, S. 182; *Bollmann*, Schadensersatzanspruch, S. 66–70; *Bous*, Konzernleitungsmacht, S. 85; *Ederle*, Beherrschungsverträge, S. 32–35, 45 f.; *Streyl*, Doppelmandate, S. 86–94; *Scheffler*, in FS Goerdeler, S. 469, 478; *Wirth*, in Liber Amicorum M. Winter, S. 775, 781–785; *Arnold/Gärtner*, in FS Stilz, S. 7, 15–22; *Altmeppen*, ZHR 171 (2007), 320, 334–339; *E. Vetter*, ZHR 171 (2007), 342, 349–352, 358 f.; *Luchterhandt*, ZHR 133 (1970), 1, 28–34; *Riegger*, ZGR 2008, 233, 233 f., 239–242; vgl. auch *Möschel*, ZRP 1973, 162, 162 f. am Beispiel der Mehrheitsübernahme der Rheinstahl AG durch die August Thyssen-Hütte AG sowie *Decher*, ZHR 171 (2007), 126, 132–136 zu den Fällen Vodafone/Mannesmann und Procter & Gamble/Wella.

mehrerer Verhaltensweisen die Regel sein wird. Unternehmerische Ermessensentscheidungen wähnen Auswirkungen in sich, die vor ihrer Einleitung hinsichtlich Ausmaß und Wahrscheinlichkeit des bestimmten Eintretens beachtet, analysiert und berücksichtigt werden können. Die immer immanente prognostische Unsicherheit beinhaltet jedoch die Feststellung, dass ein Ergebnis nicht bestimmt vorhergesagt werden kann.[650] Schlimmstenfalls beinhalten sie ein unkalkulierbares Risiko für die Gesellschaft. Eine solche Entscheidung wird der eigenverantwortlich auf das Wohl seiner Gesellschaft bedachte Geschäftsleiter regelmäßig unterlassen.[651] Gleichwohl sollte sich dem Gedanken nicht vollständig verschlossen werden, dass es Situationen geben mag, in denen Geschäftsleiter trotz immenser Risiken für ihr Unternehmen gewillt sein mögen, das Risiko einzugehen, ohne ermessensfehlerhaft zu handeln. Der Regelfall wird dies gleichwohl nicht sein.

Angesprochen sind damit unterschiedlich stark auf die – zuvor dezentral und unbeeinflusst von Dritten geplante und durchgeführte – Unternehmensleitung wirkende Maßnahmen, die hier nicht erschöpfend aufgezählt, geschweige denn einer eingehenden Untersuchung unterzogen werden können.[652] Hintergrund der Entscheidung für diese Leitungs- und Organisationsmaßnahmen ist regelmäßig die einzelfallabhängig ausgestaltete Konzernstrategie der Koordination von Produktion, Handel und Absatz,[653] die vom Geschäftsleiter der herrschenden Gesellschaft entworfen wird,[654] um die Verbundrentabilität zu optimieren, und deren Umsetzung Wirkungen auf allen Verbundebenen zeitigt.[655] Prononciert kommt dies bei der Integration von Unternehmen oder Unternehmensteilen in die vorhandene Unternehmensorganisationseinheit infolge von Unternehmensübernahmen zum Ausdruck, die sodann doppelt vorhandene Strukturen teilweise obsolet macht.[656]

---

650 *Arnold/Gärtner*, in FS Stilz, S. 7, 15.

651 *Altmeppen*, in MünchKommAktG, § 311 Rn. 197.

652 Vgl. zu Integrationsmaßnahmen nach einer Unternehmensübernahme *Austmann*, ZGR 2009, 277, 281–307; siehe auch *E. Vetter*, ZHR 171 (2007), 342, 349–352; kursorisch *Hüffer*, ZHR 172 (2008), 572, 589–591; *Decher*, ZHR 171 (2007), 126, 135 f.; weitere Beispiele typischer Maßnahmen bei *Krieger*, in MünchHdbAG, § 69 Rn. 82–84.

653 *Semler*, in Semler/Volhard, § 1 Rn. 69–77; *Streyl*, Doppelmandate, S. 86 f.; *Altmeppen*, Abschied, S. 30; *ders.*, ZHR 171 (2007), 320, 334 f.; *E. Vetter*, ZHR 171 (2007), 342, 349–352; *Möschel*, ZRP 1973, 162, 162 f.

654 Während die (isoliert nicht nachteilhafte) Planung auf Ebene der Konzernspitze erfolgen kann, ist die Konzerngeschäftsleitung hinsichtlich der Umsetzung freilich auf die Mitwirkung der Verwaltungen der Verbundunternehmen angewiesen.

655 *Tröger*, Treupflicht, S. 177–179; vgl. auch *Semler*, in Semler/Volhard, § 1 Rn. 42–113.

656 Ausführlich *Austmann*, ZGR 2009, 277; vgl. auch *E. Vetter*, ZHR 171 (2007), 342, 349–352; siehe zur wirtschaftlichen Bedeutung und zu Beweggründen von Unternehmensübernahmen eingehend *Semler*, in Semler/Volhard, § 1 Rn. 42–113; *Wirtz*, M&A Management, S. 63–83; vgl. aus der Sicht der Erwerbergesellschaft *Cahn*, in FS Stilz, S. 99.

Exemplarisch seien jeweils eine typischerweise mit einer Unternehmensübernahme einhergehende Integrationsmaßnahme[657] und eine Segregationsmaßnahme erwähnt.[658] Am eindrücklichsten ist die Segregationsstrategie bei auf Veranlassung des herrschenden Aktionärs erfolgten Veräußerungen von Unternehmensteilen einer Tochtergesellschaft dargestellt. Hintergrund ist häufig die Fokussierung auf zum Konzern passende Geschäftseinheiten oder die Veräußerung – mitunter rentabler Geschäftsbereiche – zur Generierung liquider Mittel, die etwa zur Finanzierung von weiteren Unternehmenstransaktionen oder zur Stärkung der Eigenkapitalquote eingesetzt werden sollen.[659] Ein Integrationsmaßnahmen bedingendes Beispiel bildet die Bündelung von Unternehmensbereichen in einer konzernzugehörigen Gesellschaft, in die die einzelnen Einheiten auf Veranlassung des herrschenden Unternehmens einzubringen sind, um eine Aufgabe und Zuständigkeit dort zu zentralisieren. Folge kann die Aushöhlung der veräußernden Gesellschaft um einen ihrer wesentlichen Geschäftsbereiche sein.

Ein wesentliches Feld, das aus Synergie-[660] und damit Rentabilitätsgründen regelmäßig zentralisiert organisiert wird, ist die Finanzverfassung der Verbundeinheiten (cash management). Zusammenfassend steht diese für die Planung des Finanzbedarfs auf sämtlichen Ebenen der Konzerngesellschaften, die Entscheidung darüber, wie der Finanzbedarf, insbesondere unter Berücksichtigung steuerlicher Optimierung, gedeckt werden soll und kann (Eigen- oder Fremdmittel), und für die eventuell notwendige Absicherung im Falle der Aufnahme von weiterem Kapital sowie die Kontrolle der Mittelverwendung.[661]

Weniger naheliegende Einflussnahmen, die sich an den §§ 311 ff. AktG messen lassen müssen, sind Maßnahmen zur Gewährleistung von Informationsfluss im Unternehmensverbund, wovon häufig die Muttergesellschaft profitieren wird, zumal auf Basis dieser so gewonnenen Informationen Entscheidungen hinsichtlich der

---

657 Kursorisch zu sogenannten post-merger-Maßnahmen *Semler*, in Semler/Volhard, § 1 Rn. 136–143; *Wirtz*, M&A Management, S. 121–125; eingehend *Brammer*, in Semler/Volhard, § 33; *Wirtz*, M&A Management, S. 195–446; vgl. aus der Perspektive der Erwerbergesellschaft *Cahn*, in FS Stilz, S. 99.

658 Vgl. hierzu und zu weiteren Maßnahmen die in Fn. 656 Genannten.

659 *Wirtz*, M&A Management, S. 79–83.

660 Vgl. bezüglich der im Einzelnen zu realisierenden Synergien *Semler*, in Semler/Volhard, § 1 Rn. 78–110.

661 Vgl. zum cash management *Altmeppen*, in MünchKommAktG, § 311 Rn. 225–276; *J. Vetter*, in K. Schmidt/Lutter, § 311 Rn. 65; *Leuering/Goertz*, in Hölters, § 311 Rn. 71; *Krieger*, in MünchHdbAG, § 69 Rn. 59–65; *Kropff*, in Semler/Volhard, § 28 Rn. 54; *J. Vetter*, in Lutter, Holding-Handbuch, § 8; *Tröger*, Treupflicht, S. 177–179; *Streyl*, Doppelmandate, S. 86 f.; *Scheffler*, in FS Goerdeler, S. 469, 478–480; *E. Vetter*, ZHR 171 (2007), 342, 351; *Spindler*, ZHR 171 (2007), 245, 246–250, 279 f.; *Hüffer*, ZHR 172 (2008), 572, 590 f.; *Austmann*, ZGR 2009, 277, 280, 292–294; aus betriebswirtschaftlicher Sicht *Scheffler*, Konzernmanagement, S. 196–233; *M. R. Theisen*, Konzern, S. 439–485.

Konzernstrategie getroffen werden.[662] Darüber hinaus umfasst sind Verlagerungen von Konzernteilen und die Neuordnung von einzelnen gruppenweit nutzbaren Bereichen auf Veranlassung des herrschenden Unternehmens, beispielsweise der Informationstechnik.[663]

Neben den integrativen und segregativen Strukturmaßnahmen werden in diesem Zusammenhang als Anwendungsfall häufig spezifische, die Konzernstrategie konkret ausführende Nachteils-/Ausgleichs-Konstellationen angeführt, in denen die abhängige Gesellschaft beispielsweise einen Auftrag zugunsten der Übernahme eines anderen Auftrags ablehnt, der nicht weniger erfolgsversprechend scheint[664] oder ein Verlustrisiko gegen Gewährung einer entsprechenden Gewinnchance eingeht.[665] Eine weitere hierher gehörige Kategorie von Geschäftsleitungsmaßnahmen ist die der Risikoübernahme durch die abhängige Gesellschaft, beispielsweise durch Übernahme einer Leistungsgarantie oder einer Bürgschaft, wobei das Risiko durch das herrschende Unternehmen aber etwa durch Gewährung einer Garantie vollständig abgenommen werden soll.[666] Auch im Falle der unbeschränkten Regressmöglichkeit bei einem Schuldner bester Bonität stellt sich die Frage, ob ein Nachteil entsteht und gegebenenfalls ausgeglichen wird.[667]

Häufig handelt es sich um langfristig wirkende Maßnahmen, die die Geschäftsleiter im Rahmen der §§ 311 ff. AktG gleichwohl nicht davon entbinden, die vermögensmäßigen Auswirkungen jedes einzelnen Geschäfts zum Zeitpunkt seiner Durchführung zu beurteilen.[668] Die prognostischen Schwierigkeiten zwingen die Beteiligten dazu festzustellen, ob überhaupt ein nachteilhaftes Geschäft vorliegt und wenn dies bejaht werden muss, in welcher Höhe, was eine Bewertung jedes einzelnen Vorgangs notwendig macht.

Jeder der aufgezeigten Sachverhalte führt den Geschäftsleiter der betroffenen abhängigen Gesellschaft regelmäßig in Konfliktsituationen, da der Einfluss des Konzerngeschäftsleiters offensichtlich einzige Triebfeder der Entscheidungen ist, und

---

662 *Austmann*, ZGR 2009, 277, 285 f.

663 *Austmann*, ZGR 2009, 277, 291 f.; *Hüffer*, ZHR 172 (2008), 572, 589 f.

664 *Habersack*, in Emmerich/Habersack, § 311 Rn. 64; *J. Vetter*, in K. Schmidt/Lutter, § 311 Rn. 87; *Krieger*, in MünchHdbAG, § 69 Rn. 87.

665 *Altmeppen*, in MünchKommAktG, § 311 Rn. 346; *H.-F. Müller*, in Spindler/Stilz, § 311 Rn. 52; *J. Vetter*, in K. Schmidt/Lutter, § 311 Rn. 87; *Krieger*, in MünchHdbAG, § 69 Rn. 87.

666 *Altmeppen*, in MünchKommAktG, § 311 Rn. 346; *Koppensteiner*, in KK-AktG, § 311 Rn. 134; *H.-F. Müller*, in Spindler/Stilz, § 311 Rn. 52; *J. Vetter*, in K. Schmidt/Lutter, § 311 Rn. 87; *Grigoleit*, in Grigoleit, § 311 Rn. 47; *Dierdorf*, Herrschaft, S. 257 f.; *Bollmann*, Schadensersatzanspruch, S. 69; *Wirth*, in Liber Amicorum M. Winter, S. 775, 780 f.; vgl. auch *Kropff*, DB 1967, 2204, 2206 f.; *Kellmann*, BB 1969, 1509, 1517 mit Fn. 77.

667 *J. Vetter*, in K. Schmidt/Lutter, § 311 Rn. 87.

668 *Haesen*, Abhängigkeitsbericht, S. 115 f.; vgl. auch *Scheffler*, in FS Goerdeler, S. 469, 478; *Decher*, ZHR 171 (2007), 126, 135 f.

die vom Geschäftsleiter der abhängigen Gesellschaften zu wahrenden Interessen des Unternehmens (§ 76 AktG) auf der einen Seite nicht nur formal postuliert sind, auf der anderen Seite eine Abberufung als Organmitglied droht, so dass ein Verschluss gegenüber jeglicher Kooperation keine Alternative darstellen wird. Es besteht die akute Gefahr eines Interessenkonflikts in der Person des Geschäftsleiters des abhängigen Unternehmens, weil Letzteres regelmäßig mehr oder weniger intensiv in eine fremde Organisationsstruktur eingebunden werden soll. Dies geschieht nicht selten als Vorbereitungsmaßnahme zur wirtschaftlichen oder rechtlichen Fusion – Erstere etwa umgesetzt durch Abschluss eines Beherrschungs- und Gewinnabführungsvertrages, Letztere häufig durch Maßnahmen nach dem Umwandlungsgesetz, beispielsweise in Form einer Verschmelzung der Tochter- auf die Muttergesellschaft. Der Vorstand der abhängigen AG ist bei diesen Integrationsmaßnahmen notwendig in den Prozess eingebunden, und er sieht sich ebenso wie alle beteiligten Manager mit Erfolgsdruck konfrontiert, die Unternehmenstransaktion erfolgreich zu gestalten.[669]

§ 7 Die Problematik der Bezifferung

Während die unmittelbaren Ursachen der in dieser Arbeit zu untersuchenden Rechtsfragen betriebswirtschaftlicher Natur sind, weil sie aufgrund von unternehmensspezifischen Managemententscheidungen entstehen, stellt sich als Kern des Problems der zutreffenden Bezifferung einer Maßnahme die Preisfindung und damit ein der Mikroökonomie als Teilbereich der Volkswirtschaftslehre zugehöriger Themenkomplex dar, der sich der Analyse des Verhaltens individueller wirtschaftlicher Einheiten widmet.[670]

A. Existenz von Marktpreisen

Als rechtlich unproblematisch wird die Bezifferung bei Vorhandensein von Marktpreisen angesehen, wenn und weil sie aufgrund eines funktionsfähigen Marktes[671] ermittelt werden. Dies setzt das Bestehen vollkommener Konkurrenz voraus, die üblicherweise einen einheitlichen Marktpreis für ein substituierbares Wirtschaftsgut hervorbringt.[672]

Einheitliche Marktpreise bieten den in einem marktwirtschaftlich geprägten Umfeld besten verfügbaren Indikator für die Bewertung. Sind sie verfügbar, sollten sie für die Frage der zutreffenden Quantifizierung einer Maßnahme herangezogen

669 *E. Vetter*, ZHR 171 (2007), 342, 349–352, 367; zur Erfolgskontrolle nach einer Unternehmenstransaktion vgl. auch *Wirtz*, M&A Management, S. 435–446.

670 Vgl. *Linsmann*, Ausgleichsanspruch, S. 36; vgl. zur Preisfindung auch *Bofinger*, Volkswirtschaftslehre, S. 7; *Baßeler/Heinrich/Utecht*, Volkswirtschaft, S. 167 f.; *Pindyck/Rubinfeld*, Mikroökonomie, S. 26, 28 f.

671 Vgl. hierzu *Reichert*, in FS Stilz, S. 479, 488 f.

672 *Pindyck/Rubinfeld*, Mikroökonomie, S. 33; *Baßeler/Heinrich/Utecht*, Volkswirtschaft, S. 169.

werden.[673] Nur in Ausnahmesituationen würde der Geschäftsleiter einer unabhängigen Gesellschaft eine unter dem Marktpreis liegende Kompensation verlangen, so dass eine Unterschreitung regelmäßig pflichtwidrig und damit nachteilig sein wird.[674]

B. Preisfindung im Übrigen

In den hier relevanten Fällen – unabhängig davon, ob es um Rechtsgeschäfte oder Maßnahmen geht – stehen einheitliche Marktpreise nicht zur Verfügung, was ein alternatives Vorgehen notwendig macht. Obgleich einige Methoden und Indizien für die zutreffende Quantifizierung diskutiert und herangezogen werden, besteht Einigkeit, dass eine exakte Preisfindung nicht gelingen und nur ein Anhaltspunkt anhand betriebswirtschaftlicher Prinzipien zur Annäherung an den hypothetischen Marktpreis gefunden werden kann.[675]

---

673 *Habersack*, in Emmerich/Habersack, § 311 Rn. 55; *Krieger*, in MünchHdbAG, § 69 Rn. 81; *J. Vetter*, in K. Schmidt/Lutter, § 311 Rn. 52; WP Handbuch, Abschn. F Rn. 974–978; *Haesen*, Abhängigkeitsbericht, S. 106 f.; *Paehler*, Zulässigkeit, S. 114–125; *Emmerich/Habersack*, Konzernrecht, S. 491 f.; *Stilz*, in FS Goette, S. 529, 537–539; *Emmerich*, in FS Stilz, S. 135, 142; *Reichert*, in FS Stilz, S. 479, 489–499; *K. Müller*, ZGR 1977, 1, 20 f.; *Neuhaus*, DB 1970, 1913, 1918; *Leo*, AG 1965, 352, 357 f.; *Albach*, NB 1966, 203, 204 f.

674 Zu diesen Ausnahmesituationen *Altmeppen*, in MünchKommAktG, § 311 Rn. 210; *J. Vetter*, in K. Schmidt/Lutter, § 311 Rn. 52; *Habersack*, in Emmerich/Habersack, § 311 Rn. 55; *Haesen*, Abhängigkeitsbericht, S. 106 f.; *Leo*, AG 1965, 352, 357 f.; im Ergebnis weitergehend für zulässig gehalten von *K. Müller*, ZGR 1977, 1, 21; vgl. zu Ausnahmen von der Berücksichtigung des Börsenkurses OLG München, Beschluss vom 17. Juli 2014 – 31 Wx 407/13, NZG 2014, 1230; *Riegger/Wasmann*, in FS Stilz, S. 509, 510–515.

675 *Altmeppen*, in MünchKommAktG, § 311 Rn. 196; *Grigoleit*, in Grigoleit, § 311 Rn. 34–37; *Habersack*, in Emmerich/Habersack, § 311 Rn. 56; *J. Vetter*, in K. Schmidt/Lutter, § 311 Rn. 53; *Fett*, in Bürgers/Körber, § 311 Rn. 54; *Krieger*, in MünchHdbAG, § 69 Rn. 83; *W. Müller*, in Semler/Volhard, § 10 Rn. 189–192; *Großfeldt*, Unternehmensbewertung, Rn. 21–27; Rn. *Bollmann*, Schadensersatzanspruch, S. 68 f.; *Tröger*, Treupflicht, S. 182–184; *Paehler*, Zulässigkeit, S. 126–140; *Dreger*, Gläubigerschutz, S. 54–60; *Emmerich/Habersack*, Konzernrecht, S. 492; *Wirth*, in Liber Amicorum M. Winter, S. 775, 781 f.; *Arnold/Gärtner*, in FS Stilz, S. 7, 18 f. mit Fn. 72; *E. Vetter*, ZHR 171 (2007), 342, 354; *K. Müller*, ZGR 1977, 1, 21: „[Einmal] werden mit einer an Sicherheit grenzenden Wahrscheinlichkeit immer wieder Bewertungsschwierigkeiten auftreten"; *Luchterhandt*, ZHR 133 (1970), 1, 24, 28: „Die Feststellung der Nachteiligkeit von Maßnahmen [...] muß in der Praxis fast unüberwindliche Schwierigkeiten bereiten"; *Immenga*, ZGR 1978, 269, 275: „Das Problem liegt in der großzügigen Möglichkeit zur Nachteilskompensation, die jedoch voraussetzt, daß die Nachteile konkretisiert und quantifiziert werden können. Das ist bei Rechtsgeschäften kaum und bei Maßnahmen praktisch nicht möglich"; *Neuhaus*, DB 1970, 1913, 1918; *Möschel*, ZRP 1973, 162, 162 f. bezeichnet die Versuche der Bezifferung

Gleichwohl wird eine genaue „Bezifferung" der Nachteile verlangt,[676] was eine Berechnung der einzugehenden Risiken erfordert. Es darf jedoch nicht verkannt werden, dass es sich bei der „Berechnung" nicht um eine mathematische Aufgabe[677] handelt, die zutreffend oder fehlerhaft gelöst werden kann.[678] Vielmehr ist eine Bewertung vorzunehmen.[679] Genauso wie die unternehmerische Entscheidung eine von vielen denkbaren Handlungsvarianten darstellt, die eine fundierte Prognose als Basis hat, ist auch eine dies bewertende Betrachtung eine von prognostischen Elementen bestimmte.[680] Die Berechnung des Risikos erfolgt anhand einer Methodik, die abstrakt betrachtet eine zutreffende Bewertung eines Vermögenswertes darstellen kann. Die Berücksichtigung dieser theoretisch funktionierenden Methodik führt dazu, dass eine Bewertung nicht willkürlich sein, sondern aufgrund von bewertungsmethodischen und, soweit vorhanden, auch praktischen Erfahrungswerten erfolgen wird.

In der Praxis ist die Problematik der Bezifferung aus betriebswirtschaftlicher, steuerrechtlicher sowie gesellschaftsrechtlicher Sicht virulent.[681] Es werden regelmäßig Verrechnungspreise[682] bestimmt, um den verbundinternen Güteraustausch sowie die damit einhergehende Konzernfinanzierung zu gewährleisten. Die Festlegung der einzelnen Preise erfolgt unter Heranziehung unterschiedlicher, vom Einzelfall abhängiger Kalkulationsprinzipien.[683] Über den Bereich des konzernweiten Leistungs- und Lieferverkehrs hinaus hilft diese Vorgehensweise, die im Übrigen von den gleichen, Unsicherheiten hinnehmenden Methoden bestimmt ist, jedoch nicht weiter.

I. Methoden zur Annäherung an Marktpreise

Der Rückgriff auf Methoden zur Preisfindung ist notwendig, da der unabhängig von objektiv nachvollziehbaren Kriterien festgelegte Preis der Verbundunternehmen

---

konzernintegrativer Maßnahmen als „Spekulation"; vgl. auch *Leo*, AG 1965, 352, 357 f.; *Schubert*, BFuP 1966, 223, 224–230; *Buchner*, ZfbF 1967, 32, 37, 41.

676 Zum Grundsatz der Quantifizierbarkeit bereits § 4 B III; vgl. auch *Bous*, Konzernleitungsmacht, S. 85 f.

677 Vgl. *Emmerich*, in FS Stilz, S. 135, 136: „pseudo-mathematische Modelle".

678 *Grigoleit*, in Grigoleit, § 311 Rn. 34–37; *W. Müller*, in Semler/Volhard, § 10 Rn. 189–192; *Luchterhandt*, ZHR 133 (1970), 1, 24; *Luttermann*, in Petersen/Zwirner/Brösel, Handbuch Unternehmensbewertung, S. 155: „Eine Sache hat keinen objektiven Wert".

679 *Altmeppen*, ZIP 1996, 693, 696. Zum historischen Streit über die (Notwendigkeit) der Bestimmung eines „objektiven" oder „subjektiven" Unternehmenswert vgl. *Widmann*, in Hölters, Handbuch Unternehmenskauf, S. 71-81.

680 *Bous*, Konzernleitungsmacht, S. 85.

681 *Wiedemann/Fleischer*, in Konzernfinanzierung, Rn. 29.2–29.5.

682 Synonym verwendet werden die Begriffe konzerninterne Verrechnungspreise, Konzernverrechnungspreise sowie Verrechnungspreise, vgl. etwa *Sieker*, in Konzernfinanzierung, Rn. 28.1; eingehend *Vögele*, Verrechnungspreise.

683 Vgl. *Sieker*, in Konzernfinanzierung, Rn. 28.10–28.97; *Wiedemann/Fleischer*, in Konzernfinanzierung, Rn. 29.15–29.45.

keine Richtigkeitsgewähr beanspruchen kann. Der Grund dafür liegt in den unterschiedlich stark ausgeprägten Verhandlungspositionen von herrschendem und abhängigem Unternehmen,[684] so dass die für die Vertragsverhandlung klassischerweise bestehende Gegenmacht durch jeweiliges Verhandeln im eigenen Interesse nicht gewährleistet ist.[685]

Mangels Marktpreises wird zunächst auf bekannte Bedingungen rekurriert, die bei Transaktionen mit konzernfremden Dritten gelten. Im Zusammenhang mit Lieferungen und Leistungen können so häufig Konditionen herangezogen werden, die einem Marktpreis im oben beschriebenen Sinne nahekommen. Dabei ist nicht nur der jeweilige Preis relevant, sondern auch die übrigen Parameter (Gewährleistungsregelungen, Qualitätsstandards etc.), die als Nebenbedingungen Einfluss auf den Wert der Leistung haben. Unter Berücksichtigung von einzelfallabhängigen Zu- und Abschlägen, etwa weil Dritten Kosten entstehen, die verbundintern nicht anfallen,[686] entspricht der so gefundene Wert jedenfalls näherungsweise einem Marktpreis.[687]

Regelmäßig wird zudem auf die Grundsätze der verdeckten Gewinnausschüttung, ein dem Steuerrecht entstammendes Prinzip, verwiesen, welche zur Bestimmung der Nachteiligkeit von Maßnahmen heranzuziehen seien.[688] Dabei ist der Ansatz schon deshalb im Grundsatz in Frage zu stellen, da im Rahmen der verdeckten Gewinnausschüttung die Vorteile eines Gesellschafters gemessen werden, während es im vorliegenden Zusammenhang auf die Frage der Nachteiligkeit auf Ebene der abhängigen AG ankommt.[689] Zwar mögen in einfach gelagerten Fällen die Grundsätze der verdeckten Gewinnausschüttung zu zutreffenden Ergebnissen führen. Die Methode ist jedoch nicht geeignet, eine universelle Lösung der Problematik zu liefern. Um sich dem hypothetischen Marktpreis zu nähern, kann gleichwohl – unter

684 Vgl. zur Macht des Mehrheitsaktionärs bei der Personalpolitik die Ausführungen unter § 1 C.

685 Vgl. *Buchner*, ZfbF 1967, 32, 36–39; grundlegend zur Richtigkeitsgewähr bei Vertragsverhandlungen *Schmidt-Rimpler*, AcP 147 (1941), 130.

686 Beispiel von *Altmeppen*, in MünchKommAktG, § 311 Rn. 212; vgl. auch WP Handbuch, Abschn. F Rn. 975–978.

687 *Altmeppen*, in MünchKommAktG, § 311 Rn. 212; *J. Vetter*, in K. Schmidt/Lutter, § 311 Rn. 52; *Grigoleit*, in Grigoleit, § 311 Rn. 32, 34.

688 *Habersack*, in Emmerich/Habersack, § 311 Rn. 54; *Grigoleit*, in Grigoleit, § 311 Rn. 32; *Koppensteiner*, in KK-AktG, § 311 Rn. 61; *Fett*, in Bürgers/Körber, § 311 Rn. 40; *H.-F. Müller*, in Spindler/Stilz, § 311 Rn. 32 f.; *Schatz/Schödel*, in Heidel, § 311 Rn. 57; *Emmerich/Habersack*, Konzernrecht, S. 491; zurückhaltend A/D/S, § 311 AktG Rn. 47; *Neuhaus*, DB 1970, 1913, 1918; kritisch *Albach*, NB 1966, 203, 203 f.; eingehend zur verdeckten Gewinnausschüttung im Zusammenhang mit der Nachteilsfeststellung *Hogh*, Nachteilsermittlung, S. 83–276.

689 Vgl. auch *Habersack*, in Emmerich/Habersack, § 311 Rn. 54; *J. Vetter*, in K. Schmidt/Lutter, § 311 Rn. 49; *Koch*, in Hüffer, § 311 Rn. 27; *H.-F. Müller*, in Spindler/Stilz, § 311 Rn. 33; *Grigoleit*, in Grigoleit, § 311 Rn. 32; A/D/S, § 311 AktG Rn. 47; *Emmerich/Habersack*, Konzernrecht, S. 491.

Berücksichtigung der aufgezeigten Einschränkungen – darauf zurückgegriffen werden, um einen Anhaltspunkt für die Bezifferung zu erhalten.[690]

Daneben werden, insbesondere wenn weder Marktpreise noch Drittkonditionen zur Verfügung stehen, diverse betriebswirtschaftliche Kalkulationsprinzipien herangezogen, um einen Indikator für den zutreffenden Wert einer Maßnahme oder eines Rechtsgeschäftes zu erhalten. Dazu zählen die Kostenaufschlagsmethode und das Absatzpreisverfahren.[691] Weil diese Methoden einzelfallspezifische Umstände berücksichtigen und im Übrigen ebenfalls nur Anhaltspunkte liefern, soll keine eingehende Befassung mit den Berechnungsmethoden erfolgen.

Nur vereinzelt wird angenommen, zum Zwecke der Quantifizierung der Nachteile könne auf die Grundsätze der richterlichen Schadensschätzung gemäß § 287 ZPO rekurriert werden.[692] Es wird argumentiert, es handele sich beim Nachteil um einen „vorweggenommenen" Schaden, so dass auch Ersterer entsprechend § 287 ZPO geschätzt werden können müsse.[693] Ganz überwiegend wird aber zutreffend eine konkrete Bezifferung verlangt,[694] wobei hinsichtlich der notwendigen Präzision bei der Quantifizierung und der maßgeblichen Prognosesicherheit unterschiedliche Vorstellungen bestehen. Hinsichtlich der genauen Bezifferung wird teilweise vertreten, es genüge, wenn sich Nachteile „zwar nicht exakt, wohl aber innerhalb gewisser Grenzen bestimmen lassen".[695] Teilweise wird von „hinreichend quantifizierbaren Nachteilen" gesprochen.[696] Verglichen mit den Regelungen zum Vertragskonzern wird betont, dass sich das herrschende Unternehmen „vergleichbare Ergebnisse" nicht „auf billigerem Wege" beschaffen können solle.[697] Teilweise wird sogar die Bezifferung zum Zeitpunkt der potenziellen Ausgleichsgewährung für ausreichend gehalten, während die Quantifizierung zum Zeitpunkt der Nachteilszufügung nicht zu fordern sei.[698]

Zusammenfassend ist zu konstatieren, dass zwar diverse Methoden existieren, um sich einem zutreffenden Wert zu nähern, der einem Marktpreis gleichkommt. Die gemeinsame Grenze dieser Vorgehensweisen besteht jedoch in ihrer jeweils nicht vorhandenen Genauigkeit. Eine feste Bezugsgröße, die als Äquivalent für

---

690 *Altmeppen*, in MünchKommAktG, § 311 Rn. 204 (Starkes Indiz für Nachteiligkeit); vgl. auch *Koppensteiner*, in KK-AktG, § 311 Rn. 61 („Nähe" von steuerlich verdeckter Gewinnausschüttung zum Nachteil im Sinne von § 311 AktG); *Neuhaus*, DB 1970, 1913, 1918 (Ergebnisse decken sich häufig, aber nicht immer).

691 *Altmeppen*, in MünchKommAktG, § 311 Rn. 213–216; *J. Vetter*, in K. Schmidt/Lutter, § 311 Rn. 53; *Grigoleit*, in Grigoleit, § 311 Rn. 35; WP Handbuch, Abschn. F Rn. 979–983.

692 *Haarmann*, Hachenburg-Gedächtnisvorlesung, S. 45, 66 f.

693 *Haarmann*, Hachenburg-Gedächtnisvorlesung, S. 45, 66.

694 Ausdrücklich gegen die Zulässigkeit der Schätzung analog § 287 ZPO: *J. Vetter*, in K. Schmidt/Lutter, § 311 Rn. 86; *Grigoleit*, in Grigoleit, § 311 Rn. 46.

695 *Dierdorf*, Herrschaft, S. 258; ähnlich *Haesen*, Abhängigkeitsbericht, S. 109.

696 *Hüffer*, ZHR 172 (2008), 572, 589 f.

697 *Dierdorf*, Herrschaft, S. 258.

698 *Bollmann*, Schadensersatzanspruch, S. 69.

den nicht vorhandenen Marktpreis herangezogen werden könnte, resultiert aus der Anwendung der Kalkulationsprinzipien nicht.

II. Sonderfall: Unternehmensbewertung

Im Rahmen der Planung und Implementierung einer Verbundorganisationsstruktur von besonderem Interesse ist die Preisfindung, wenn es sich beim Transaktionsobjekt um ein Unternehmen handelt. Hier gelangen die Grundsätze der Unternehmensbewertung zur Anwendung. Sie dienen ebenfalls der Ermittlung eines Marktpreises, namentlich für ein Unternehmen. In der Praxis stellt die Unternehmensbewertung, obschon eine regelmäßig vorzunehmende Aufgabe, die beteiligten Personen vor Schwierigkeiten.

Die Problematik der Nachteilsbezifferung ist auch in diesem Zusammenhang folglich eine Problematik der Bewertung und die zutreffende Bewertung ist eine Rechtsfrage, die unter Heranziehung wirtschaftswissenschaftlicher Methoden zu beantworten ist.[699] Bezüglich der Frage der heranzuziehenden Methode und der angemessenen Parameter wird danach differenziert, welchem Zweck die Bewertung dienen soll. Der Bewertungsanlass bestimmt demnach das heranzuziehende Bewertungsverfahren (mit).[700]

Dass die Unternehmensbewertung eine Vielzahl anerkannter Vorgehensweisen mitsamt einer Fülle mal mehr, mal weniger als relevant angesehenen Parametern involviert,[701] deren Handhabung zudem von den Gerichten nicht einheitlich praktiziert

---

699 Vgl. zum Zusammenspiel von Unternehmensbewertung und Rechtsanwendung *Luttermann*, in Petersen/Zwirner/Brösel, Handbuch Unternehmensbewertung, S. 464–477; *Großfeldt*, Unternehmensbewertung, Rn. 3; *Hüttemann*, in Fleischer/Hüttemann, Unternehmensbewertung, § 1 Rn. 5–8; vgl. auch *Arnold/Gärtner*, in FS Stilz, S. 7, 18 f. mit Fn. 72.

700 Vgl. zur auch als Funktionslehre, funktionale Werttheorie oder funktionale Unternehmensbewertung beschriebenen Anlassbezogenheit des Bewertungsverfahrens *Matschke*, in Petersen/Zwirner/Brösel, Handbuch Unternehmensbewertung, S. 31–33; *Drukarczyk/Schüler*, Unternehmensbewertung, S. 87–91; *Nölle*, in Schacht/Fackler, Unternehmensbewertung, S. 15–18; *Peemöller*, in Peemöller, Unternehmensbewertung, S. 7–14; vgl. aus juristischer Sicht *Hüttemann*, in Fleischer/Hüttemann, Unternehmensbewertung, § 1 Rn. 7; *Böcking/Rauschenberg*, in Fleischer/Hüttemann, Unternehmensbewertung, § 2 Rn. 15; *Stilz*, in FS Goette, S. 529, 535 mit Fn. 43.

701 Vgl. zur Unternehmensbewertung etwa die Ausführungen von *Widmann*, in Hölters, Handbuch Unternehmenskauf, S. 77–204; *Heidemann/Weiß*, in Picot, Unternehmenskauf, § 3; *Böcking/Nowack*, in Fleischer/Hüttemann, Unternehmensbewertung, § 4; *Hommel/Grass/Prokesch*, in Picot, Handbuch M&A, S. 151–175; *Großfeldt*, Unternehmensbewertung, passim; vgl. aus der konzernrechtlichen Literatur etwa *Habersack*, in Emmerich/Habersack, § 305 Rn. 36–41b, 51–77; *Paulsen*, in MünchKommAktG, § 305 Rn. 71–78, 96–140; *Veil*, in Spindler/Stilz, § 305 Rn. 70–93; *Emmerich*, in FS U. H. Schneider, S. 323, 324–331; *Stilz*, in FS Goette, S. 529, 531–543; vgl. aus der betriebswirtschaftlichen Literatur die überblicksartigen

wird,[702] ist nicht zuletzt Juristen bekannt, die in den Unternehmensbewertungen beinhaltenden Verfahren zur Bestimmung von Abfindungswerten im Rahmen des aktien-, übernahme- oder umwandlungsrechtlichen Squeeze-Out (§§ 327a AktG, 39a WpÜG, 62 Abs. 5 UmwG) oder in Folge des Abschlusses eines (Beherrschungs- und) Gewinnabführungsvertrages (§§ 304, 305 AktG) involviert sind.[703]

In der sich mit dieser Problematik befassenden Literatur wird eingeräumt, dass es keinen „eindeutig zu bestimmenden, sozusagen ‚wahren' Unternehmenswert" gebe.[704] Auch in der Rechtsprechung wird konstatiert, es existiere kein „wahrer" Unternehmenswert.[705]

Ausführungen von *Matschke*, in Petersen/Zwirner/Brösel, Handbuch Unternehmensbewertung, S. 50–83; *Mandl/Rabel*, in Peemöller, Unternehmensbewertung, S. 55–91; vgl. zur Preisfindung auch *Buchner*, ZfbF 1967, 32, 36–40; zur Relevanz des Börsenkurses unter Berücksichtigung der dazu ergangenen Rechtsprechung siehe auch *Bungert/Wettich*, in FS Hoffmann-Becking, S. 157, 163–177.

702 Vgl. den Überblick zu den unterschiedlichen Vorgehensweisen der Gerichte bei der Bemessung des im Rahmen der Ertragswertmethode relevanten Risikozuschlags im Zusammenhang mit der Berechnung des Kapitalisierungszinssatzes *Wirth*, in Liber Amicorum M. Winter, S. 775, 782 mit Fn. 17, 18, 19, 21. Während einige Oberlandesgerichte eine Variante des Capital Asset Pricing Modells (CAPM) anwenden (vgl. hierzu und zu den Besonderheiten des eine Nachsteuerbetrachtung anstellenden, sogenannten Tax-CAPM die in der vorigen Fn. Zitierten), wird insbesondere herausgestellt, dass das OLG München letztlich mit einer Schätzung arbeitet, was freilich in der Praxis zu kaum handhabbaren Schwierigkeiten führt (vgl. neben den bei *Wirth* zitierten Entscheidungen etwa OLG München, Beschluss vom 18. Februar 2014 - 31 Wx 211/13, NJW-RR 2014, 473, 474: „Den Risikozuschlag schätzt der *Senat* mit dem LG auf 4,5% für die Detailplanungsphase und auf 4% für die Phase der ewigen Rente"); vgl. zur Frage, welche Bewertungsgrundsätze anzuwenden sind OLG Düsseldorf, Beschluss vom 28. August 2014 – I-26 W 9/12 (AktE), NZG 2014, 1418; OLG Frankfurt, Beschluss vom 28. März 2014 – 21 W 15/11, BeckRS 2014, 08608.

703 *Luttermann*, in Petersen/Zwirner/Brösel, Handbuch Unternehmensbewertung, S. 464; *Großfeldt*, Unternehmensbewertung, Rn. 72–124; *Stilz*, in FS Goette, S. 529; überblicksartig *Emmerich*, in FS Stilz, S. 135, 136–142; vgl. auch *dens.*, in FS Mestmäcker, S. 137; *dens.*, in FS U. H. Schneider, S. 323.

704 Vgl. etwa *W. Müller*, in Semler/Volhard, § 10 Rn. 189; *Emmerich*, in FS Mestmäcker, S. 137, 141; *Wirth*, in Liber Amicorum M. Winter, S. 775, 781 f.; *Stilz*, in FS Goette, S. 529, 534; *Arnold/Gärtner*, in FS Stilz, S. 7, 18 f. mit Fn. 72; vgl. auch *Fett*, in Bürgers/Körber, § 311 Rn. 54; vgl. aber *Haarmann*, Hachenburg-Gedächtnisvorlesung, S. 45, 66: „Daß die Bewertung insbesondere von Unternehmen schwierig und im Ergebnis umstritten sein mag, ändert nichts daran, daß methodisch gesehen jedem Vermögensgegenstand ein bezifferbarer Wert zugewiesen werden kann. Warum für die Bewertung von Vermögensnachteilen grundsätzlich anderes gelten soll, ist nicht ersichtlich".

705 Vgl. LG München I, Beschluss vom 21. Juni 2013 – 5 HK O 19183/09, NZG 2014, 498, 501; OLG Stuttgart, Beschluss vom 5. Juni 2013 – 20 W 6/10, AG 2013, 724, 725 f.

Ursache dieser Befunde ist wohl der Versuch, einem Unternehmen einen Marktwert zuweisen zu wollen, wie er für verkehrsfähige Güter besteht. Ob diese Simulation einer Methode zur Preisfindung geeignet ist, scheint in der Tat fraglich,[706] beruht doch die Marktpreisermittlung auf einem Prinzip von Angebot und Nachfrage, das in hier relevanten Fällen nicht funktioniert. Deswegen muss ein mit Unsicherheiten behaftetes alternatives Vorgehen gewählt werden, um wenigstens einen methodengerechten Preis zu ermitteln.

Hintergrund jener Unsicherheit ist die Erkenntnis, dass eine Hauptaufgabe der Unternehmensbewertung darin liegt, unsichere zukünftige Ereignisse in einen möglichst verlässlichen exakten Wert zu übertragen.[707] Diese Zielsetzung, in Verbindung mit Gerichtsentscheidungen, die häufig eine Korrektur des zunächst in Wertgutachten – unter Anwendung des grundsätzlich gebilligten Ertragswertverfahrens – gefundenen Ergebnisses bewirken, hat teils vehemente Kritik an der Methodik zu Tage gefördert. Die Schätzung zukünftiger Erträge geschehe in der Praxis „nahezu willkürlich“[708] und „meistens grundfalsch“[709], ebenso wie sich die aufgestellten Unternehmensplanungen als „oft genug grundfalsch“ erwiesen.[710] Die Methodik habe „mit dem letztlich unlösbaren Prognoseproblem sowie den inakzeptabel vielfältigen Ermessensspielräumen und damit verbundenen Manipulationsmöglichkeiten und Scheingenauigkeiten“ zu arbeiten.[711] Die Rechtsprechung beschränke sich „in der Masse der Fälle nur noch [auf] die achselzuckende Resignation vor der überbordenden Komplexität der zur Unternehmensbewertung angewandten Verfahren“, was dazu führe, dass eine über eine Plausibilitätskontrolle hinausgehende Prüfung zum Nachteil der außenstehenden Aktionäre unterbleibe.[712]

Die Aussagekraft des methodengerecht erarbeiteten Ergebnisses ist angesichts der Vorgehensweise deshalb fragwürdig, weil mit derartig unspezifischen Risiken und Unsicherheiten gearbeitet wird, dass eine Bezifferung Annahmen impliziert, deren unwesentliche Veränderung das Ergebnis entsprechend modifizieren würde.[713] Eine Alternative ist gleichwohl nicht erkennbar. Interdependenzen im Konzern bedingen

---

706 *Ruthardt/Hachmeister*, NZG 2014, 885, 889 (mit grundsätzlicher Kritik am Versuch, einem Unternehmen einen Verkehrswert zuweisen zu wollen).

707 *Emmerich*, in FS Stilz, S. 135, 137; *Stilz*, in FS Goette, S. 529, 531 f.; vgl. auch *Franken/Schulte*, in Fleischer/Hüttemann, Unternehmensbewertung, § 5; plastisch formuliert von *Gleißner*, in Petersen/Zwirner/Brösel, Handbuch Unternehmensbewertung, S. 693: „Es ist die Herausforderung von Bewertungsverfahren, unsichere Zahlungsströme in einen interpretierbaren Wert zu transferieren“; vgl. zum „Konzept des Zukunftserfolgswerts“ auch *Barthel*, DB 2011, 719.

708 *Emmerich*, in FS Stilz, S. 135, 137.

709 *Emmerich*, in FS Stilz, S. 135, 137 f.

710 *Emmerich*, in FS Stilz, S. 135, 139.

711 *Barthel*, DB 2011, 719.

712 *Emmerich*, in FS Stilz, S. 135.

713 Vgl. hierzu auch *Arnold/Gärtner*, in FS Stilz, S. 7, 19 mit Fn. 72 unter Bezugnahme auf die „Grundsätze zur Durchführung von Unternehmensbewertungen“ des Instituts

die situationsspezifische Berücksichtigung diverser Parameter, die eine Unternehmensbewertung ohne jegliche Verbundintegration nicht beachten würde,[714] so dass Konzernsachverhalte sogar eine weitere Unsicherheit bedeuten.

C. Resümee

Die Problematik der Bezifferung ist eine solche der zutreffenden Bewertung. Existieren keine Marktpreise, kann nur eine methodengerechte Annäherung an einen hypothetischen Marktpreis erreicht werden. Dabei handelt es sich um ein generelles Problem der unterschiedlichen betriebswirtschaftlichen Kalkulationsmodelle. Insbesondere im Rahmen der Unternehmensbewertung sind die damit einhergehenden Risiken und Ungewissheiten bekannt und treten regelmäßig auch in Gerichtsentscheidungen, die sich mit der Erfassung des Unternehmenswertes beschäftigen, zu Tage. Dass im Rahmen der Nachteilsfeststellung analog § 287 ZPO auf die Grundsätze der Schadensschätzung rekurriert werden könne, wird nur von einer Mindermeinung vertreten. Überwiegend wird eine Bezifferung anhand gängiger Bewertungsprinzipien verlangt. Bezüglich der notwendigen Bezifferung veranlassungsbedingter Nachteile muss berücksichtigt werden, dass das Bewertungsverfahren unter Inkaufnahme prognostischer Unsicherheiten erfolgt, so dass der aus ihm resultierende Wert ebenso unwägbar ist.

§ 8 Unbezifferte Nachteile und ihr Ausgleich in der Rechtsprechung

Welche Konsequenzen die beschriebenen Unwägbarkeiten in der Praxis zeitigen, soll anhand der Darstellung der die Problematik behandelnden Entscheidungspraxis dargestellt werden. Bei der Analyse der Rechtsprechung ragen zwei Themenkomplexe, die die Gerichte beschäftigt haben, heraus. Zwischen 2007 und 2012 ergingen sechs Entscheidungen, die sich mit (möglicherweise) unbezifferten Nachteilen und ihrem Ausgleich befassten. Dabei handelt es sich um zwei erstinstanzliche Urteile sowie die Berufungs- und Revisionsentscheidungen hierzu. Sämtliche Gerichtsentscheidungen lassen einerseits ein Eingehen auf die eigentlich relevanten Fragen des Nachteilsausgleichs vermissen. Andererseits lassen die Urteile jedoch einige Ansätze und Tendenzen erkennen, wie der Ausgleichsmechanismus in der Praxis genutzt wird und warum der Ausgleich im Einzelfall nach Ansicht der Gerichte erlaubt oder nicht von §§ 311 ff. AktG gedeckt ist. Diese Einschätzungen gilt es hier herauszuarbeiten und, aufbauend auf der bereits eingehend behandelten Dogmatik des Haftungsregimes, kritisch zu würdigen.

---

der Wirtschaftsprüfer (IDW S 1, aktuell in der Fassung vom 2. April 2008); vgl. auch *Barthel*, DB 2011, 719.

714 *Meichelbeck*, in Peemöller, Unternehmensbewertung, S. 833–853.

A. 3. Börsengang der Deutschen Telekom AG

Den ersten hier darzustellenden Rechtsstreit hatte das LG Bonn erstinstanzlich zu entscheiden.[715] Zugrunde lag der Entscheidung die Umplatzierung von Aktien der Deutschen Telekom AG am nationalen und internationalen Kapitalmarkt durch die Bundesrepublik Deutschland und die Kreditanstalt für Wiederaufbau (KfW) im Rahmen des sogenannten 3. Börsengangs der Deutschen Telekom AG im Juni 2000.[716] In diesem Zusammenhang kam es zu Rechtsstreitigkeiten in den USA, gestützt auf Fehler im von der Deutschen Telekom AG verantworteten Verkaufsprospekt, die schließlich mit einer Vergleichszahlung der Deutschen Telekom AG in Höhe von US-Dollar 120 Mio. an die Kläger[717] in den USA ihr Ende fanden.[718] Zwischen der Deutschen Telekom AG und den Altaktionären (Bundesrepublik Deutschland und KfW) bestand für die beiden vorherigen Börsengänge eine Vereinbarung, wonach die Deutsche Telekom AG für Schäden durch potenzielle Prospekthaftungsansprüche verantwortlich sein sollte. Eine von der klagenden Deutschen Telekom AG begehrte anderweitige Regelung der Verantwortlichkeit für die streitgegenständliche Umplatzierung von Aktien kam nicht zustande.[719] Die Deutsche Telekom AG begehrte von ihren Altaktionären Erstattung der bisher von ihr getragenen Kosten für die Verfahren in den USA.

I. LG Bonn, Urteil vom 1. Juni 2007 – 1 O 552/05

Das LG Bonn gab der Klage dem Grunde nach statt. In der Übernahme des Prospekthaftungsrisikos[720] liege eine verbotene Ausschüttung nach § 57 Abs. 1 Satz 1

715 LG Bonn, Urteil vom 1. Juni 2007 – 1 O 552/05, ZIP 2007, 1267.

716 Ursprünglich hielt die Bundesrepublik Deutschland sämtliche Aktien der klagenden Deutschen Telekom AG. Im Rahmen der Privatisierung der Deutschen Telekom AG wurden Aktien in drei Tranchen am Kapitalmarkt angeboten. Die Beteiligung der Bundesrepublik Deutschland an der Klägerin betrug zum 31.3.2000 64,78%, wobei ihr 21,60% über die KfW, ebenfalls Beklagte im Prozess vor dem LG Bonn, zugerechnet wurden, vgl. LG Bonn, Urteil vom 1. Juni 2007 – 1 O 552/05, ZIP 2007, 1267, 1267 f.

717 Es handelte sich ausweislich des Tatbestandes des Urteils des LG Bonn (ZIP 2007, 1267 f.) ursprünglich um mehrere Sammelklagen, die später in einer Sammelklage zusammengefasst wurden.

718 LG Bonn, Urteil vom 1. Juni 2007 – 1 O 552/05, ZIP 2007, 1267, 1268.

719 LG Bonn, Urteil vom 1. Juni 2007 – 1 O 552/05, ZIP 2007, 1267, 1267 f.

720 Die Emission diente der Platzierung von Aktien, die die KfW hielt. Gleichwohl übernahm die Deutsche Telekom AG die Prospektverantwortung; vgl. dazu auch *Habersack*, in FS Hommelhoff, S. 303, 305 f.; *Nodoushani*, ZIP 2012, 97, 98 f. sowie zur Verantwortlichkeit in casu BGH, Beschluss vom 21. Oktober 2014 – XI ZB 12/12, NZG 2015, 20.

AktG, so dass die beklagten Altaktionäre der Klägerin zur Erstattung nach § 62 AktG verpflichtet seien.[721]

Wiewohl die Entscheidung somit auf verbotene Eigenkapitalrückgewähr gestützt wurde und konzernrechtliche Aspekte keine Erwähnung fanden,[722] sind für den vorliegenden Zusammenhang interessante Passagen bereits im erstinstanzlichen Urteil zu finden. So kann die Qualifizierung der Übernahme des Prospektrisikos als verbotene Ausschüttung auch als Nachteil im Sinne von § 311 AktG angesehen werden.[723] Zudem führt das LG Bonn aus, dass der Übernahme, mit der „ein nicht unerhebliches Haftungsrisiko"[724] einhergehe, „ein bestimmter wirtschaftlicher Vermögenswert" zukomme.[725] Über die Höhe des der Klägerin zu ersetzenden Betrages könne die Kammer noch keine Ausführungen tätigen, weil die Höhe davon abhänge, „welcher Wert der von der Klägerin übernommenen Prospekthaftung als solcher beizumessen" sei.[726] Das LG Bonn ging also davon aus, dass die Übernahme des Haftungsrisikos konkret bewert- und bezifferbar sei und stellte sodann dar, wie die Feststellung zu erfolgen habe, namentlich müsse geklärt werden, „welchen Betrag die Klägerin (vor dem Verkauf der Aktien auf dem Markt) hätte aufwenden müssen, wenn ein Dritter die Prospektverantwortung übernommen hätte".[727] Damit ist auch für die Einordnung unter §§ 311, 317 AktG ausgesagt, dass es sich, nach Ansicht des LG Bonn, um einen konkret bewert- und damit bezifferbaren Nachteil zu Lasten der Klägerin gehandelt haben muss. Denn ein und dieselbe Maßnahme kann nicht im Rahmen von § 57 AktG bewert- und bezifferbar sein, im Zusammenhang mit §§ 311, 317 AktG aber nicht mehr. Die fraglichen tatsächlichen Geschehnisse sind dieselben. Diese Passagen des Urteils haben Auswirkungen auf die Ausgleichsfähigkeit des entstandenen Nachteils im Sinne von §§ 311, 317 AktG,[728] zu der sich das LG Bonn nur im Hinblick auf §§ 57, 62 AktG geäußert hat. Ein Ausgleich sei nicht durch eine „die Übernahme der Prospekthaftung kompensierende Gegenleistung" erfolgt, so dass die Übernahme einem Drittvergleich nicht standhalte und eine verbotene Rückgewähr im Sinne von § 57 Abs. 1 Satz 1 AktG vorliege.[729]

Unter Ausblendung der §§ 57, 62 AktG hätte die Entscheidung des LG Bonn unter dem Gesichtspunkt der Ausgleichsfähigkeit von Nachteilen in einer faktischen Unternehmensverbindung[730] mutmaßlich gelautet, dass in der Übernahme der Prospekthaftung ein nachteilhaftes Rechtsgeschäft im Sinne von § 311 AktG gelegen

721 LG Bonn, Urteil vom 1. Juni 2007 – 1 O 552/05, ZIP 2007, 1267, 1268.
722 Anders in dem Berufungs- und Revisionsurteil, dazu sogleich.
723 Vgl. insofern insbesondere das Revisionsurteil, dazu sogleich.
724 LG Bonn, Urteil vom 1. Juni 2007 – 1 O 552/05, ZIP 2007, 1267, 1269.
725 LG Bonn, Urteil vom 1. Juni 2007 – 1 O 552/05, ZIP 2007, 1267, 1269.
726 LG Bonn, Urteil vom 1. Juni 2007 – 1 O 552/05, ZIP 2007, 1267, 1271.
727 LG Bonn, Urteil vom 1. Juni 2007 – 1 O 552/05, ZIP 2007, 1267, 1271.
728 Vgl. dazu die Urteile der beiden folgenden Instanzen.
729 LG Bonn, Urteil vom 1. Juni 2007 – 1 O 552/05, ZIP 2007, 1267, 1269 f.
730 Zur Qualifizierung der Bundesrepublik Deutschland (nicht aber der KfW) als die Deutsche Telekom AG beherrschendes Unternehmen vgl. das Berufungsurteil

habe, wobei der Nachteil konkret hätte bewertet und beziffert werden können.[731] Wie ein den Nachteil kompensierender Ausgleich hätte aussehen können, wurde nicht aufgezeigt. Da ein Ausgleich aber in keiner Weise von den Beklagten angestrebt worden ist, hätte eine Haftung aus § 317 AktG angenommen worden können, jedenfalls, wenn das Gericht der Ansicht gewesen wäre, dass ein ordentlicher und gewissenhafter Geschäftsleiter einer unabhängigen Gesellschaft das Rechtsgeschäft nicht vorgenommen oder die Maßnahme nicht getroffen hätte (§ 317 Abs. 2 AktG). Zu diesem letzten Aspekt sollten sich die beiden Gerichte in den folgenden Instanzen noch widersprüchlich äußern.[732]

II. OLG Köln, Urteil vom 28. Mai 2009 – 18 U 108/07

Der 18. Zivilsenat des OLG Köln hatte über die Berufungen der Klägerin und der Beklagten gegen das Urteil des LG Bonn zu entscheiden und erklärte das Rechtsmittel der Beklagten für begründet, denn es bestehe kein Anspruch der Klägerin.[733] Neben sonstigen Anspruchsgrundlagen[734] hat sich der Senat mit Ansprüchen aus §§ 311, 317 AktG[735] und §§ 57, 62 AktG[736] auseinandergesetzt und im Ergebnis ihre Einschlägigkeit jeweils abgelehnt, allerdings die Revision gegen sein Urteil ausdrücklich zugelassen.[737]

---

des OLG Köln, Urteil vom 28. Mai 2009 – 18 U 108/07, ZIP 2009, 1276, 1280; dazu sogleich.

731 Dafür fehlten dem LG Bonn zum damaligen Zeitpunkt die notwendigen Informationen, vgl. LG Bonn, Urteil vom 1. Juni 2007 – 1 O 552/05, ZIP 2007, 1267, 1271. Dazu, dass eine Bewertung und Bezifferung unmöglich gewesen sein könnte, ist der Entscheidung nichts zu entnehmen. Diese Problematik wurde erst in der Berufungsinstanz aufgeworfen; dazu sogleich.

732 Das LG Bonn hätte sich zum Verschulden (entweder als Merkmal des Nachteilsbegriffs unter Rückgriff auf § 317 Abs. 2 AktG oder als Element des verschuldensabhängigen Schadensersatzanspruchs, siehe dazu bereits § 3 C) äußern müssen, was es im Rahmen von §§ 57, 62 AktG, die verschuldensunabhängig ausgestaltet sind, offenlassen konnte, vgl. insofern LG Bonn, Urteil vom 1. Juni 2007 – 1 O 552/05, ZIP 2007, 1267, 1271.

733 OLG Köln, Urteil vom 28. Mai 2009 – 18 U 108/07, ZIP 2009, 1276, 1277.

734 Der Senat hatte vertragliche und quasivertragliche (§§ 670; 683 S. 1, 670 BGB) Ansprüche abgelehnt, vgl. OLG Köln, Urteil vom 28. Mai 2009 – 18 U 108/07, ZIP 2009, 1276, 1277–1280.

735 OLG Köln, Urteil vom 28. Mai 2009 – 18 U 108/07, ZIP 2009, 1276, 1280–1281.

736 OLG Köln, Urteil vom 28. Mai 2009 – 18 U 108/07, ZIP 2009, 1276, 1281–1284.

737 Der Senat war der Ansicht, die Rechtssache habe grundsätzliche Bedeutung (§ 543 Abs. 2 Nr. 1 ZPO) und diene hinsichtlich der „Mitwirkung einer Gesellschaft am Verkauf von Aktien durch ihren Aktionär" der Fortbildung des Rechts (§ 543 Abs. 2 Nr. 2 Alt. 1 ZPO), weil hierzu unterschiedliche Auffassungen in der Literatur bestünden, vgl. OLG Köln, Urteil vom 28. Mai 2009 – 18 U 108/07, ZIP 2009, 1276, 1284.

Im Gegensatz zur erstinstanzlichen Entscheidung enthält das Urteil der zweiten Instanz Ausführungen zu den §§ 311, 317 AktG und damit zur Frage der Nachteiligkeit von veranlassten Maßnahmen oder Rechtsgeschäften und ihres Ausgleichs. Nachdem das OLG Köln festgestellt hatte, dass die Bundesrepublik Deutschland die Klägerin Deutsche Telekom AG aufgrund der Zurechnung der Anteile der KfW (§ 16 Abs. 4 AktG) beherrscht hat (§ 17 Abs. 2 AktG), Letztere wiederum aber nicht selbst herrschendes Unternehmen im Verhältnis zur Deutschen Telekom AG war, weil insbesondere eine gemeinsame Beherrschung durch die Bundesrepublik Deutschland und die KfW nicht angenommen werden konnte, ließ der Senat zunächst offen, ob eine Veranlassung der Bundesrepublik Deutschland zur Mitwirkung an der Prospekterstellung und der Übernahme des Prospektrisikos durch die Deutsche Telekom AG vorlag. Der Schadensersatzanspruch nach § 317 AktG wurde abgelehnt, „weil auch ein ordentlicher und gewissenhafter Geschäftsleiter einer unabhängigen Gesellschaft das Rechtsgeschäft zu denselben Konditionen vorgenommen hätte (§ 317 Abs. 2 AktG), so dass ein etwaiger Nachteil nicht Folge der Abhängigkeit wäre“.[738] Ein Geschäftsleiter einer unabhängigen Gesellschaft hätte aus der ex-ante-Sicht betrachtet nicht anders gehandelt. Unter Hinweis auf das dem Vorstand einer AG zugestandene unternehmerische Ermessen wurde durch eine „Abwägung zwischen den Risiken durch die Erstellung des Prospekts und den Vorteilen für die Klägerin aus der Umplatzierung der Aktien“ geschlussfolgert, dass die Mitwirkung an der Umplatzierung nicht nachteilig gewesen sei. Aufgrund des Eigeninteresses der Klägerin am 3. Börsengang und weil der Inhalt des Emissionsprospektes in ihrer Hand gelegen habe und folglich von ihr beherrschbar gewesen sei, sei es gerechtfertigt gewesen, das abstrakte Risiko einer Inanspruchnahme wegen fehlerhafter Angaben im Prospekt zu übernehmen.[739] Welcher Nachteil – unter Außerachtlassung der Prüfung von § 317 Abs. 2 AktG – vorgelegen hätte, ob und wie er hätte bewertet werden können und inwiefern ein Ausgleich jenen Nachteil hätte kompensieren können, wurde vom Senat im Zusammenhang mit §§ 311, 317 AktG nicht geprüft.

Des Weiteren wurde auch das Vorliegen der Voraussetzungen von §§ 57, 62 AktG verneint[740] und mitunter Bezug genommen auf eine ähnliche Prüfung wie im Rahmen von §§ 311, 317 AktG.[741] Nach Darstellung des Meinungsstandes in der Literatur schloss sich der Senat der Ansicht an, die einen Verstoß gegen § 57 AktG in Fällen der Aktienemission schon dann verneint, „wenn die Gesellschaft ein eigenes, konkretes Interesse an der Umplatzierung der Aktien hat“.[742] Eine andere Ansicht fordert, um eine verbotene Einlagenrückgewähr nach § 57 AktG auszuschließen,

---

738 OLG Köln, Urteil vom 28. Mai 2009 – 18 U 108/07, ZIP 2009, 1276, 1280.

739 OLG Köln, Urteil vom 28. Mai 2009 – 18 U 108/07, ZIP 2009, 1276, 1281.

740 OLG Köln, Urteil vom 28. Mai 2009 – 18 U 108/07, ZIP 2009, 1276, 1281–1284.

741 OLG Köln, Urteil vom 28. Mai 2009 – 18 U 108/07, ZIP 2009, 1276, 1284.

742 OLG Köln, Urteil vom 28. Mai 2009 – 18 U 108/07, ZIP 2009, 1276, 1282 mit Nachweisen zum Meinungsstand. Obzwar es im Ergebnis nicht relevant war, verweist das OLG Köln (a.a.O., S. 1282) auf die Bedenken, die im Schrifttum teilweise hinsichtlich der Bewertbarkeit insbesondere des Prospekthaftungsrisikos bestehen,

dass „das Prospekthaftungsrisiko durch eine angemessene Vergütung [...] oder zumindest konkret erfassbare und bezifferbare Vorteile [...] aufgewogen“ werde.[743] Begründet wird die vom Senat vorgenommene Entscheidung des Meinungsstreites im Sinne der Berücksichtigung von Vermögensinteressen über konkret bezifferbare Vorteile hinaus damit, dass ein „Nachteil der Gesellschaft durch Eingehung des Prospekthaftungsrisikos [...] ex ante kaum bezifferbar“ sei, was sich schon daran zeige, dass die Parteien vergeblich versucht hätten, die Versicherungskosten des konkreten Risikos zu ermitteln.[744] Gleiches gelte für den „Vorteil der Beklagten aus der Mitwirkung der Klägerin an der Prospekterstellung und der Registrierung der Aktien auf dem amerikanischen Kapitalmarkt“. Auch er lasse „sich nicht konkret beziffern, die Auswirkungen auf den Erlös aus den Aktienemissionen lassen sich ebenfalls nicht feststellen“. Mangels Quantifizierbarkeit könne für einen Ausgleich nicht verlangt werden, dass die Vorteile konkret bezifferbar seien. Der Fall liege genauso wie bei der Nachteilsermittlung im Rahmen von §§ 311, 317 AktG, so dass es darauf ankomme, ob der Geschäftsleiter der abhängigen Gesellschaft unter Überschreitung seines Ermessensspielraums gehandelt habe oder ob er aus der ex-ante-Sicht „annehmen durfte, im Hinblick auf die eigenen Interessen der Gesellschaft an der Platzierung Aktien zum Wohle der Gesellschaft zu handeln“. Um einen Verstoß gegen § 57 AktG verneinen zu können, müsse „nach Abwägung der Vor- und Nachteile aus der ex-ante-Sicht eines verantwortlichen Geschäftsleiters keine Zuwendung aus dem Vermögen der Gesellschaft vorliegen bzw. der Nachteil – hier in Form des übernommenen Risikos – durch die Vorteile für die Gesellschaft kompensiert“ werden. Wenn und weil „zwischen den Vorteilen aus dem 3. Börsengang und den für die Klägerin mit ihrer Mitwirkung und der Prospekthaftung eingegangenen Risiken“ kein Missverhältnis bestanden habe, hätten „die Vorteile das eingegangene Risiko“ aufgewogen.[745]

Der Senat wägt, mit anderen Worten, Vor- und Nachteile gegeneinander ab, unter Herausstellung, dass er sich nicht dazu in der Lage sehe, Vor- oder Nachteile jeweils zu quantifizieren. Der Meinungsstreit wird also – jedenfalls auch – deshalb in diesem Sinne entschieden, weil eine von zwei Meinungen[746] nach Auffassung des Senats in der praktischen Umsetzung nicht durchführbar ist.[747] Es wird einmal mehr

namentlich auf *Henze*, in GroßkommAktG, § 57 Rn. 56 und *Meyer*, in Marsch-Barner/Schäfer, HdbAG, § 7 Rn. 21.

743 OLG Köln, Urteil vom 28. Mai 2009 – 18 U 108/07, ZIP 2009, 1276, 1282 mit Nachweisen zum Meinungsstand.

744 OLG Köln, Urteil vom 28. Mai 2009 – 18 U 108/07, ZIP 2009, 1276, 1284 unter Hinweis auf *Meyer*, Marsch-Barner/Schäfer, in HdbAG, § 7 Rn. 21.

745 OLG Köln, Urteil vom 28. Mai 2009 – 18 U 108/07, ZIP 2009, 1276, 1284.

746 Nämlich diejenige, die eine Vergütung für die übernommenen Risiken oder eine konkrete Bezifferbarkeit verlangt, vgl. OLG Köln, Urteil vom 28. Mai 2009 – 18 U 108/07, ZIP 2009, 1276, 1282 mit Nachweisen zum Meinungsstand.

747 Der Senat führt aus, dass die Nachteile „kaum bezifferbar“ seien und auch die Vorteile sich „nicht konkret beziffern“ ließen, vgl. OLG Köln, Urteil vom 28. Mai

deutlich, dass der Versuch unternommen wird, die Frage, ob ein Nachteil vorliegt und ob er kompensiert werden kann, auf der Ebene des Geschäftsleiterermessens und ihres Beurteilungsspielraums zu beantworten. Diese Erwägungen sind für den Senat sowohl im Rahmen von §§ 57, 62 AktG als auch bei §§ 311, 317 AktG entscheidend. Eine Beurteilung, ob rein rechnerisch ein objektives Missverhältnis zwischen Nachteil und Kompensation vorgelegen habe, scheint aus Sicht des OLG Köln nicht möglich, aufgrund der Lösung des Problems in casu allerdings auch nicht nötig.

III. BGH, Urteil vom 31. Mai 2011 – II ZR 141/09

Der II. Zivilsenat des BGH hat auf die Revision der Klägerin Deutsche Telekom AG das Berufungsurteil aufgehoben und den Rechtsstreit an das OLG Köln zurückverwiesen.[748] In der Übernahme des Prospekthaftungsrisikos ohne Vereinbarung einer Freistellung zu Gunsten der Klägerin sei eine Leistung an einen Aktionär und damit ein Verstoß gegen § 57 AktG zu sehen.[749] Die Leistung an die Altaktionäre bestehe in der „Übernahme der Prospektverantwortung mit der daran ggf. anknüpfenden Haftung für Prospektmängel".[750] Der Senat führt aus, dass es die Altaktionäre seien, die wirtschaftlich von der Umplatzierung profitierten, weil es sich nicht um eine Emission junger Aktien handele, bei welcher die Emittentin Profiteurin sei.[751] Im hier gegebenen Fall der Umplatzierung fließe der Erlös den Altaktionären zu, die deshalb bei wirtschaftlicher Betrachtung Empfänger der Leistung der Klägerin seien.[752] Es widerspräche dem Zweck von § 57 Abs. 1 Satz 1 AktG, würde den Altaktionären der Erlös der Umplatzierung „auf Kosten der Haftung der Gesellschaft, damit der Gläubiger und übrigen Aktionären, [...] belassen".[753]

Es liege keine gleichwertige Gegenleistung der Bundesrepublik Deutschland vor, durch die der Nachteil der Klägerin kompensiert und eine verbotene Zuwendung nach § 57 AktG ausgeglichen hätte werden können.[754] Diese Kompensation der Haftungsübernahme könne „grundsätzlich nur durch eine Freistellungsvereinbarung"

2009 – 18 U 108/07, ZIP 2009, 1276, 1284. Wie und anhand welcher Kriterien dennoch eine Abwägung vorgenommen werden kann, bleibt offen. Es muss sich um eine richterliche Schätzung der Vor- und Nachteile in Anlehnung an die Schadensschätzung nach § 287 ZPO handeln. Dies wird in der Literatur zur Nachteilsfeststellung im Rahmen von § 311 AktG, soweit sie erörtert wird, überwiegend abgelehnt, vgl. die Nachweise in Fn. 692.

748 BGH, Urteil vom 31. Mai 2011 – II ZR 141/09, ZIP 2011, 1306, 1307 Tz. 8 (insofern nicht abgedruckt in BGHZ 190, 7, 10).

749 BGH, Urteil vom 31. Mai 2011 – II ZR 141/09, BGHZ 190, 7, 12–19 Tz. 13–28.

750 BGH, Urteil vom 31. Mai 2011 – II ZR 141/09, BGHZ 190, 7, 12 f. Tz. 15.

751 BGH, Urteil vom 31. Mai 2011 – II ZR 141/09, BGHZ 190, 7, 13 f. Tz. 17.

752 BGH, Urteil vom 31. Mai 2011 – II ZR 141/09, BGHZ 190, 7, 12–14 Tz. 15–18.

753 BGH, Urteil vom 31. Mai 2011 – II ZR 141/09, BGHZ 190, 7, 14 f. Tz. 19.

754 BGH, Urteil vom 31. Mai 2011 – II ZR 141/09, BGHZ 190, 7, 16–18 Tz. 24–27.

erfolgen.[755] Das „Eigeninteresse der Klägerin an der Platzierung der Altaktien [...] oder nicht bezifferbare Vorteile bilden nach der maßgeblichen ‚bilanziellen' Betrachtungsweise [...] keine ausreichende Kompensation für die Übernahme des Haftungsrisikos".[756] „Konkrete, bilanziell messbare Vorteile" seien „nicht erkennbar".[757] Die Übernahme des Risikos, aufgrund der Prospekthaftung in Anspruch genommen zu werden, wird vom Senat als „ungewisse Verbindlichkeit" bezeichnet, die durch einen Freistellungsanspruch gegen den Aktionär hätte kompensiert werden können.[758]

Zu § 317 AktG führt der BGH aus, dass ein Geschäftsleiter einer unabhängigen Gesellschaft das Prospekthaftungsrisiko nicht hätte übernehmen dürfen, weil er damit Einlagen entgegen § 57 AktG zurückgewähre, was nach § 93 Abs. 3 Nr. 1 AktG nicht mehr vom Ermessen eines Geschäftsleiters gedeckt sei, so dass eine Haftung nach § 317 AktG nicht hätte verneint werden dürfen.[759]

Im Rahmen der Zurückverweisung an das Berufungsgericht stellte der BGH fest, dass für die Haftung aus § 317 AktG jedenfalls von einem nachteiligen Rechtsgeschäft im Sinne von § 311 AktG auszugehen sei. Eine Vermögensminderung liege „in der Belastung mit dem Haftungsrisiko ohne Freistellung". Zumindest eine Gefährdung sei wegen der Haftungseingehung ohne Abschluss einer Freistellungsvereinbarung anzunehmen.[760] Nach Ansicht des BGH handelt es sich um eine Abhängigkeitsfolge, „weil der Vorstand einer unabhängigen Gesellschaft die Prospektverantwortung nicht ohne Freistellungsvereinbarung mit dem Altaktionär [...] hätte übernehmen dürfen".[761] Hinsichtlich der vom Berufungsgericht noch offengelassenen Frage der Veranlassung verweist der BGH auf Stimmen in der Literatur, die diesbezüglich von einem Beweis des ersten Anscheins oder gar einer Vermutung ausgehen.[762]

Der II. Zivilsenat des BGH hat folglich das Dilemma, in dem sich das OLG Köln sah, weil es keine Bezifferung des Nachteils vornehmen konnte, dadurch zu lösen versucht, dass er eine Kompensation durch (unbezifferte) Freistellung erlaubt hätte.[763] Die Vorfrage, ob es sich um einen bezifferbaren Nachteil handelte oder ob die Bedenken, die in der Literatur gegen die Bezifferung vorgebracht werden und die das OLG Köln gesehen hatte, berechtigt seien, beantwortet der BGH nicht. Dies

---

755 BGH, Urteil vom 31. Mai 2011 – II ZR 141/09, BGHZ 190, 7, 16 f. Tz. 25 mit Nachweisen zur dies befürwortenden Literatur.
756 BGH, Urteil vom 31. Mai 2011 – II ZR 141/09, BGHZ 190, 7, 16 f. Tz. 25 mit Nachweisen zur Rechtsprechung und zum Meinungsstand diesbezüglich.
757 BGH, Urteil vom 31. Mai 2011 – II ZR 141/09, BGHZ 190, 7, 17 f. Tz. 26.
758 BGH, Urteil vom 31. Mai 2011 – II ZR 141/09, BGHZ 190, 7, 18 Tz. 27.
759 BGH, Urteil vom 31. Mai 2011 – II ZR 141/09, BGHZ 190, 7, 20 Tz. 33.
760 BGH, Urteil vom 31. Mai 2011 – II ZR 141/09, BGHZ 190, 7, 20 f. Tz. 37.
761 BGH, Urteil vom 31. Mai 2011 – II ZR 141/09, BGHZ 190, 7, 21 Tz. 38.
762 BGH, Urteil vom 31. Mai 2011 – II ZR 141/09, BGHZ 190, 7, 21 f. Tz. 40 mit Nachweisen zum Meinungsstand.
763 Darauf kam es in casu freilich gar nicht an, weil eine Freistellungsvereinbarung am Mitwirken der Bundesrepublik Deutschland gescheitert war, vgl. BGH, Urteil vom 31. Mai 2011 – II ZR 141/09, BGHZ 190, 7, 9, 18 Tz. 3, 27.

eröffnet folgende Deutungsmöglichkeiten: Entweder (Var. 1) der BGH geht implizit von der Nichtbezifferbarkeit aus und eröffnet gerade deswegen einen unbezifferten Ausgleich mittels Freistellungsvereinbarung oder (Var. 2) der II. Zivilsenat teilt die Bedenken nicht, geht von der Quantifizierbarkeit aus und lässt gleichwohl den pauschalen Ausgleich zu oder (Var. 3) es kommt auf die Bezifferbarkeit des Nachteils gar nicht an, weil ein Pauschalausgleich in unbegrenzter Höhe jederzeit möglich ist, sei der Nachteil bezifferbar oder sei er es nicht.

IV. Zwischenresümee

Obschon sich die Entscheidungen zu einem sehr speziellen kapitalmarkt- und gesellschaftsrechtlichen Thema verhalten, nämlich der Haftung bei Umplatzierung von Aktien,[764] enthalten die Ausführungen der Gerichte Aspekte, die im hier relevanten Zusammenhang von Bedeutung sind. So wirft das OLG Köln die Frage auf, ob die in Frage stehenden Nachteile durch Übernahme des Prospekthaftungsrisikos überhaupt genau erfasst und beziffert werden können, während in der Vorinstanz ohne nähere Befassung von der Quantifizierbarkeit ausgegangen worden ist. Die Konsequenzen, die die Beantwortung dieser Frage nach sich ziehen, werden noch aufzuzeigen sein. Eine Möglichkeit des Ausgleichs bringt der BGH ins Spiel, namentlich die der Freistellungsvereinbarung. Der II. Zivilsenat behandelt die „Gefährdung“ durch Risikoübernahme als „ungewisse Verbindlichkeit“. Welche Nachteile der BGH damit als ausgleichsfähig erachtet, ist unklar, da er sich zu den spezifischen Nachteilen bei der Umplatzierung von Aktien nicht festlegt, mit anderen Worten, die Fragen, die das OLG Köln um die Bezifferung der Nachteile aufgeworfen hat, nicht beantwortet.

B. Verkauf des Osteuropageschäfts der Bayerischen Hypo- und Vereinsbank AG an die UniCredito Italiano S.p.A.

Den zweiten hier aufzuzeigenden Sachverhalt bildet der Verkauf des Osteuropageschäfts[765] der damaligen Bayerischen Hypo- und Vereinsbank AG[766] (HVB) an die sie beherrschende UniCredito Italiano S.p.A[767] (UniCredit), wobei sich die Parteien bezüglich der einzelnen zu veranschlagenden Kaufpreise auf ein Bewertungsgutachten einer Wirtschaftsprüfungsgesellschaft stützten.[768]

---

764 Monografisch zur Umplatzierung von Aktien *D. Theisen*, Umplatzierung, passim und zur Entscheidung des BGH auf S. 275–298.

765 Zu den Einzelheiten der verkauften Unternehmensanteile und -gegenstände vgl. die Ausführungen im Tatbestand des LG München I, Urteil vom 10. Dezember 2009 – 5 HK O 13261/08, AG 2010, 173.

766 Die Gesellschaft firmiert nun als UniCredit Bank AG.

767 Die Gesellschaft firmiert mittlerweile als UniCredit S.p.A.

768 LG München I, Urteil vom 10. Dezember 2009 – 5 HK O 13261/08, AG 2010, 173, 173 f. mit Angaben zu den von der Wirtschaftsprüfungsgesellschaft zugrunde gelegten Kapitalisierungszinssätzen.

Die Parteien schlossen, nachdem sich abzeichnete, dass der Verkauf mutmaßlich unter Wert erfolgt war, am 21. Dezember 2007 eine Ausgleichsvereinbarung, durch die potenzielle Nachteile unter bestimmten Voraussetzungen ausgeglichen werden sollten.[769] Im hier relevanten § 2 Abs. 1 der Vereinbarung hieß es, dass die UniCredit Zahlungen in bar erbringt, sollte in einer rechtskräftigen Gerichtsentscheidung mit gesetzlicher oder vertraglicher Wirkung gegenüber der UniCredit ausgesprochen werden, dass der Abschluss oder der Vollzug der entsprechenden Verträge für die HVB Nachteile im Sinne von §§ 311 ff. AktG darstellt, insbesondere, dass der Abschluss oder der Vollzug eines Vertrages einem Drittvergleich nicht standhält oder unangemessen ist.[770] Nach § 2 Abs. 4 soll der Anspruch unabhängig vom Zeitpunkt des Gerichtsurteils als am 31. Dezember 2007 entstanden und von diesem Zeitpunkt an fällig sein.[771]

Den einzelnen Verträgen der Unternehmenskäufe hatten die Aktionäre der HVB jeweils mehrheitlich zugestimmt;[772] Gleiches gilt für die später gefassten Bestätigungsbeschlüsse. Gegen jene Bestätigungsbeschlüsse wurde von einigen Aktionären Anfechtungsklage mit der Begründung erhoben, die Zustimmungsbeschlüsse seien (unter anderem) deshalb nichtig, weil die Veräußerung der Unternehmensanteile und -gegenstände unter Wert erfolgt und mit § 57 Abs. 1 AktG nicht vereinbar sei. Die Vereinbarung vom 21. Dezember 2007 ändere daran nichts.[773]

I. LG München I, Urteil vom 10. Dezember 2009 – 5 HK O 13261/08

Das LG München I wies die Anfechtungsklagen als unbegründet ab und entschied, dass die getroffene Vereinbarung vom 21. Dezember 2007 den Anforderungen des § 311 Abs. 2 AktG genüge, also einen tauglichen Nachteilsausgleich darstelle. Es seien „hinreichend deutlich Art und Umfang der als Ausgleich zu bestimmenden Vorteile“ bezeichnet. Hinsichtlich der Art des Ausgleichs wird auf die Vereinbarung einer Barzahlung verwiesen, der Umfang ergebe sich aus einer für die ausgleichspflichtige herrschende Gesellschaft verbindlichen Gerichtsentscheidung. Dieser

---

769 Die Ausgleichsvereinbarung ist dem Tatbestand des LG München I, Urteil vom 10. Dezember 2009 – 5 HK O 13261/08 Tz. 180–194, zitiert nach juris, zu entnehmen. Auszugsweise ist sie auch bei *Heidel*, in FS Meilicke, S. 125, 129 f. abgedruckt. Die hier zitierte Fundstelle der Entscheidung (AG 2010, 173) enthält die entsprechenden Tatbestandspassagen nicht.

770 LG München I, Urteil vom 10. Dezember 2009 – 5 HK O 13261/08 Tz. 186, zitiert nach juris; vgl. auch *Heidel*, in FS Meilicke, S. 125, 130.

771 LG München I, Urteil vom 10. Dezember 2009 – 5 HK O 13261/08 Tz. 189, zitiert nach juris; vgl. auch *Heidel*, in FS Meilicke, S. 125, 130.

772 LG München I, Urteil vom 10. Dezember 2009 – 5 HK O 13261/08, AG 2010, 173 f.; gegen die Zustimmungsbeschlüsse wurden Anfechtungsklagen erhoben, die das LG München I (Urteil vom 31. Januar 2008 – Az. 5 HK O 19782/06, ZIP 2008, 555) als begründet ansah.

773 LG München I, Urteil vom 10. Dezember 2009 – 5 HK O 13261/08, AG 2010, 173, 174.

„Hinweis auf ein Gerichtsurteil" genüge den Anforderungen an einen Ausgleich im Sinne von § 311 Abs. 2 AktG. Zwar bestünden grundsätzlich Bedenken gegen die Einräumung eines unbezifferten Ausgleichs noch festzustellender Nachteile. Die Besonderheit des streitgegenständlichen Vertrages bestehe aber in dem Hinweis auf ein Gerichtsurteil. Es stelle die objektiv bestehende Rechtslage im Sinne einer Klarstellung fest. Nur die Vertragspartner seien „im Ungewissen" über die objektive Rechtslage. Weil darüber hinaus bereits „eine bezifferte Klage" beim erkennenden Gericht rechtshängig sei, mit der Ausgleich von Aktionären verlangt werde, bestehe „eine entsprechende Grundlage für eine zahlenmäßige Ausgleichsverpflichtung".[774]

II. OLG München, Urteil vom 22. Dezember 2010 – 7 U 1584/10

Das OLG München als Berufungsgericht bestätigte die Sichtweise der erstinstanzlich zuständigen Richter bezüglich der Ausgleichsvereinbarung vom 21. Dezember 2007.[775] Diese stelle „eine fristgerechte und wirksame Nachteilsausgleichsvereinbarung im Sinne des § 311 Abs. 2 AktG" dar. Der Senat ließ ausdrücklich offen, ob es sich bei der Übertragung des Osteuropageschäfts an die UniCredit um ein für die HVB nachteiliges Rechtsgeschäft handelte.[776] Die HVB habe einen „durchsetzbaren Rechtsanspruch [...] erhalten", der „auf eine Geldzahlung gerichtet" sei und alle Nachteile erfasse, „die [...] durch den Verkauf des Osteuropageschäfts entstanden sein können". „Unschädlich" sei, „dass diese in der Höhe nicht beziffert sind und deren Bestehen von der Entscheidung eines Gerichts abhängig gemacht werden. Dies ist der besonderen Situation geschuldet, in der die Vereinbarung geschlossen wurde".[777] Zu dieser Situation wird vom OLG München ausgeführt: Die Parteien hätten eine Wirtschaftsprüfungsgesellschaft beauftragt, das zu übertragende Osteuropageschäft der HVB zu bewerten, um einen Kaufpreis ermitteln zu können. Sie seien nach wie vor der Überzeugung, dass die Transaktion nicht unter Wert erfolgt sei.[778] Werde die Bewertung von Aktionären angezweifelt, sehe sich die Gesellschaft nun vor der Entscheidung, weiterhin von einem angemessenen Kaufpreis auszugehen und gegebenenfalls der Haftung nach § 317 AktG ausgesetzt zu sein, oder aber ein zweites Gutachten auf Kosten der Gesellschaft einzuholen.[779] Diese Sachlage bezeichnet der Senat als „besondere Situation"[780], in der „ein Rechtsstreit absehbar ist oder wie hier bereits anhängig war". In dieser „dürfen die Gesellschaft und das beherrschende Unternehmen eine Vereinbarung über einen Nachteilsausgleich schließen, der

774 LG München I, Urteil vom 10. Dezember 2009 – 5 HK O 13261/08, AG 2010, 173, 174 f.
775 OLG München, Urteil vom 22. Dezember 2010 – 7 U 1584/10 Tz. 71–80, zitiert nach juris.
776 OLG München, Urteil vom 22. Dezember 2010 – 7 U 1584/10 Tz. 71, zitiert nach juris.
777 OLG München, Urteil vom 22. Dezember 2010 – 7 U 1584/10 Tz. 73, zitiert nach juris.
778 OLG München, Urteil vom 22. Dezember 2010 – 7 U 1584/10 Tz. 74, zitiert nach juris.
779 OLG München, Urteil vom 22. Dezember 2010 – 7 U 1584/10 Tz. 75, zitiert nach juris.
780 OLG München, Urteil vom 22. Dezember 2010 – 7 U 1584/10 Tz. 73, zitiert nach juris.

bedingt ist durch eine den Nachteil feststellende Gerichtsentscheidung, welche die Zweifel ausräumt". Diese rückwirkend fällig und verzinslich gestellte Vereinbarung enthalte auch keine unzulässige Bedingung.[781] Des Weiteren sei die streitgegenständliche „Nachteilsvereinbarung [...] nicht deshalb unzulässig, weil die Feststellung der Verpflichtung zum etwaigen Nachteilsausgleich einem Dritten überlassen ist". Die gewählte Gestaltung sei deshalb mit § 311 AktG zu vereinbaren, weil „die Feststellung hier durch ein unabhängiges staatliches Gericht" erfolge.[782]

Das OLG München hat damit einen prophylaktischen Nachteilsausgleich als für mit § 311 Abs. 2 AktG vereinbar angesehen und gleichzeitig die Frage, ob ein nachteilhaftes Rechtsgeschäft vorliegt, dahingestellt gelassen.[783] Weil dieser Nachteilsausgleich der Höhe nach an potenzielle Nachteile gekoppelt war, hätte er jene Nachteile, der Idee nach, vollständig kompensiert, ohne darüber hinaus zu gehen. Würde dies funktionieren, kämen auch §§ 57, 62 AktG nicht zur Anwendung.[784] In einer Situation, in der ein potenzieller Nachteil nicht genau beziffert werden kann, könnte so eine den tatsächlich bestehenden Nachteil kompensierende Ausgleichsleistung vereinbart werden, so dass Unsicherheiten beseitigt und die vom herrschenden Unternehmen veranlasste Maßnahme dennoch im Rahmen von §§ 311 ff. AktG durchgeführt werden könnte. Den Belangen der Konzerngeschäftsleiter wäre so jedenfalls gedient. Die kaum vorhandenen Begründungen an tragenden Stellen, insbesondere in Tz. 75 (Zulässigkeit eines bedingten Anspruchs) und Tz. 76 (Bezifferung des Nachteils durch eine gerichtliche Entscheidung) des Urteils, und der Hinweis auf die „besondere Situation"[785] lassen die Entscheidung angreifbar erscheinen.

III. BGH, Urteil vom 26. Juni 2012 – II ZR 30/11

Auf die (vom OLG München nicht zugelassene) Revision[786] einiger Kläger hin hat der II. Zivilsenat des BGH die Sache an das Berufungsgericht zurückverwiesen.[787] Der BGH liefert für seine Entscheidung zwei Begründungsansätze. Der Senat stellt primär auf die Kollision von gestrecktem Nachteilsausgleich und dem Beschlussmängelrecht ab.[788] „Wenn die Hauptversammlung einem nachteiligen Rechtsgeschäft

781 OLG München, Urteil vom 22. Dezember 2010 – 7 U 1584/10 Tz. 75, zitiert nach juris.
782 OLG München, Urteil vom 22. Dezember 2010 – 7 U 1584/10 Tz. 76, zitiert nach juris.
783 OLG München, Urteil vom 22. Dezember 2010 – 7 U 1584/10 Tz. 71, zitiert nach juris.
784 OLG München, Urteil vom 22. Dezember 2010 – 7 U 1584/10 Tz. 69, zitiert nach juris, mit Nachweisen zur Rechtsprechung und zur Literatur betreffs des Vorrangs von §§ 311, 317 AktG gegenüber §§ 57, 62 AktG.
785 OLG München, Urteil vom 22. Dezember 2010 – 7 U 1584/10 Tz. 73, zitiert nach juris.
786 OLG München, Urteil vom 22. Dezember 2010 – 7 U 1584/10 Tz. 114, zitiert nach juris.
787 BGH, Urteil vom 26. Juni 2012 – II ZR 30/11, ZIP 2012, 1753, 1754 Tz. 7.
788 BGH, Urteil vom 26. Juni 2012 – II ZR 30/11, ZIP 2012, 1753, 1755 f. Tz. 15–20. Der Problematik soll hier aufgrund anderer Schwerpunktsetzung nicht näher nachgegangen werden; vgl. zum Meinungsstand etwa *Hüffer*, in MünchKommAktG,

zustimmt, muss bereits der Hauptversammlungsbeschluss einen Nachteilsausgleich vorsehen".[789] Der II. Zivilsenat nimmt Bezug auf einen bisher nicht höchstrichterlich geklärten Meinungsstreit und schließt sich der „überwiegend" vertretenen Auffassung an, die einen Nachteilsausgleich bereits im Beschluss fordert.[790] Begründet wird dies damit, dass ein für die abhängige Gesellschaft nachteiliger Beschluss regelmäßig auch einen Sondervorteil für das herrschende Unternehmen beinhalte, so dass gemäß § 243 Abs. 2 Satz 2 AktG ein Ausgleich im Beschluss selbst festgesetzt sein müsse und die Möglichkeit des gestreckten Ausgleichs (§ 311 Abs. 2 AktG) insofern nicht in Betracht komme. Andernfalls würde einem Aktionär zugemutet werden, „den Beschluss in der Hoffnung auf einen ungewissen Ausgleich unanfechtbar werden zu lassen". Dies müsse schon deshalb gelten, weil die Hauptversammlung „nicht selbst nach der nachteiligen Veranlassung dafür Sorge tragen [kann], dass der Nachteil spätestens bis zum Ende des Geschäftsjahres durch Vorteile ausgeglichen oder ein Rechtsanspruch auf die Vorteile vereinbart wird, weil sie nicht ständig zusammentritt".

Anschließend beurteilt der II. Zivilsenat die Vereinbarung vom 21. Dezember 2007 als nicht den Anforderungen des § 311 Abs. 2 AktG entsprechende Ausgleichsregelung.[791] Grundsätzlich, nämlich wenn ein Nachteil konkret beziffert werden könne, müsse eine Ausgleichsvereinbarung den Ausgleichsanspruch konkret beziffern „und darf ihn nicht von der späteren Feststellung des Nachteils abhängig machen".[792] Der Kaufpreis für Unternehmensanteile bzw. Rechtsgüter eines Unternehmens sei bezifferbar, so dass im Falle eines Kaufes unter Wert durch das herrschende Unternehmen ein Ausgleichsanspruch konkret beziffert werden müsse. Der Senat ist der Ansicht, dass „die Vereinbarung nicht mehr [beinhaltet,] als das Anerkenntnis, einen Nachteil ausgleichen zu müssen, wenn und soweit ein solcher gerichtlich festgestellt" wird.[793]

---

§ 243 Rn. 105; *Altmeppen*, in MünchKommAktG, § 311 Rn. 132–134; *Koppensteiner*, in KK-AktG, § 311 Rn. 166; *Habersack*, in Emmerich/Habersack, § 311 Rn. 86; *H.-F. Müller*, in Spindler/Stilz, § 311 Rn. 65; *J. Vetter*, in K. Schmidt/Lutter, § 311 Rn. 123; *Schwab*, in K. Schmidt/Lutter, § 243 Rn. 20; *Krieger*, in MünchHdbAG, § 69 Rn. 71; *K. Schmidt*, in GroßKommAktG, § 243 Rn. 58; *Würthwein*, in Spindler/Stilz, § 243 Rn. 209, 219–221; *Ehmann*, in Grigoleit, § 243 Rn. 22; *Englisch*, in Hölters, § 243 Rn. 73 f.; *Fett*, in Bürgers/Körber, § 311 Rn. 54, 59; *Leuering/Goertz*, in Hölters, § 311 Rn. 14; *Rothley*, in Wachter, § 311 Rn. 34; *Grigoleit*, in Grigoleit, § 311 Rn. 54; *Arnold/Gärtner*, in FS Stilz, S. 8–15; *A. Wilhelm*, NZG 2012, 1287, 1288–1290.

789 BGH, Urteil vom 26. Juni 2012 – II ZR 30/11, ZIP 2012, 1753, 1755 Tz. 15.

790 BGH, Urteil vom 26. Juni 2012 – II ZR 30/11, ZIP 2012, 1753, 1755 f. Tz. 19 f.

791 BGH, Urteil vom 26. Juni 2012 – II ZR 30/11, ZIP 2012, 1753, 1756 Tz. 22–25.

792 BGH, Urteil vom 26. Juni 2012 – II ZR 30/11, ZIP 2012, 1753, 1756 Tz. 23.

793 BGH, Urteil vom 26. Juni 2012 – II ZR 30/11, ZIP 2012, 1753, 1756 Tz. 24.

IV. Zwischenresümee

Auch die zweite Entscheidungsreihe zeigt deutlich, dass eine überzeugende Behandlung der Probleme, die der Nachteilsausgleichs in der Praxis aufwirft, nicht gelingt. Das LG München I stellte darauf ab, dass die Vereinbarung der Abhängigkeit eines Ausgleichs von einem rechtskräftigen Urteil angemessen gewesen sei, da eine solche Entscheidung in absehbarer Zeit ergehen werde. Auch das OLG München billigte einen vorbeugenden Nachteilsausgleich, freilich unter Hinweis auf die „besondere Situation",[794] in der sich die Parteien befunden hätten. Damit wollte der Senat den Beteiligten offenbar eine ohne weiteres praktikable Möglichkeit an die Hand geben, um bei Zweifeln der Geschäftsleiter über die Angemessenheit einer Gegenleistung den Schadensersatzanspruch nach § 317 AktG zu vermeiden. Anders als die beiden vorhergehenden Instanzen vertrat der BGH die Ansicht, dass die streitgegenständliche Veräußerung ein nachteilhaftes Rechtsgeschäft darstelle und dass darüber hinaus jene Nachteile auch konkret bezifferbar gewesen seien.

C. Resümee

Während der II. Zivilsenat des BGH im Falle des 3. Börsengangs der Deutschen Telekom AG die Kompensation des Prospekthaftungsrisikos mittels einer Freistellungsvereinbarung, also einer nicht bezifferten Ausgleichsgestaltung, akzeptiert hätte, versagte er der HVB und der UniCredit den unbezifferten Nachteilsausgleich. Der nicht quantifizierte Ausgleich unter Abstellen auf einen in einer rechtskräftigen Gerichtsentscheidung festgestellten Nachteil wurde von den beiden Vorinstanzen allerdings noch aufgrund der „besonderen Situation" gebilligt.

Die Rechtsprechung offenbart demnach erhebliche Unsicherheit im Umgang mit Ausgleichsvereinbarungen. Jene Unsicherheit spiegelt die Unsicherheit der Konzerngeschäftsleiter wider, wenn es um die zutreffende (wirtschaftliche) Bewertung von Rechtsgeschäften und Maßnahmen im faktischen Unternehmensverbund und damit um die begrenzte Reichweite konzernweiter Leitungsmacht geht.

Obschon die den Entscheidungen zugrunde liegenden Sachverhalte nicht vergleichbar sind, ist zu konstatieren, dass der BGH den verbundenen Unternehmen jedenfalls in einem Fall die Zulässigkeit des nicht bezifferten Nachteilsausgleichs attestiert hätte. Es gilt folglich zu untersuchen, ob es sich um divergierende Entscheidungen handelt oder ob die Differenzierung sachlich gerechtfertigt ist.

794 OLG München, Urteil vom 22. Dezember 2010 – 7 U 1584/10 Tz. 73, zitiert nach juris.

§ 9 Unbezifferte Nachteile und ihr Ausgleich in der Literatur

In der rechtswissenschaftlichen Literatur werden verschiedene Fallkonstellationen behandelt und daraufhin untersucht, ob sie mit §§ 311 ff. AktG vereinbar sind.

A. Übernahme unbezifferter Nachteile

I. Grundsätzliche Unzulässigkeit

Es entspricht allgemeiner Meinung im Schrifttum, dass Nachteile, die der Höhe nach nicht zu beziffern sind, von der abhängigen Gesellschaft regelmäßig nicht übernommen werden dürfen. Die Veranlassung zu derartigen Maßnahmen durch ein herrschendes Unternehmen sei rechtswidrig und daraus resultierende Nachteile seien grundsätzlich nicht durch die Einräumung von Vorteilen ausgleichsfähig.[795] Rechtsfolge einer Veranlassung zu derartigen Maßnahmen seien Schadensersatzansprüche des abhängigen Unternehmens gegen das herrschende Unternehmen und die veranlassenden Geschäftsleiter (§ 317 Abs. 1 und Abs. 3 AktG), vorausgesetzt es könne ein ersatzfähiger Schaden gerichtlich festgestellt werden (§ 287 ZPO).[796] Auf Ebene des abhängigen Unternehmens bestünden Schadensersatzansprüche gegen

---

795 *Koch*, in Hüffer, § 311 Rn. 24; *Habersack*, in Emmerich/Habersack, § 311 Rn. 43; *J. Vetter*, in K. Schmidt/Lutter, § 311 Rn. 42, 87, 113; *H.-F. Müller*, in Spindler/Stilz, § 311 Rn. 40; *Grigoleit*, in Grigoleit, § 311 Rn. 28, 47; *Altmeppen*, in MünchKommAktG, § 311 Rn. 197; *Koppensteiner*, in KK-AktG, § 311 Rn. 54; *Leuering/Goertz*, in Hölters, § 311 Rn. 56; *Schatz/Schödel*, in Heidel, § 311 Rn. 67; *Fett*, in Bürgers/Körber, § 311 Rn. 52; A/D/S, § 311 AktG Rn. 59; *Krieger*, in MünchHdbAG, § 69 Rn. 80; *Strohn*, Verfassung, S. 66; *Paehler*, Zulässigkeit, S. 69–99; *Dierdorf*, Herrschaft, S. 257 f.; *Ederle*, Beherrschungsverträge, S. 45; *Neuhaus*, Organhaftung, S. 24–26; *Bollmann*, Schadensersatzanspruch, S. 67–69; *Bous*, Konzernleitungsmacht, S. 85 f.; *Weigl*, Haftung, S. 23; *Scheffler*, in FS Goerdeler, S. 469, 478 f.; *Lutter*, in FS Peltzer, S. 241, 251; *Ulmer*, in FS Hüffer, S. 999, 1003; *Geßler*, in FS Westermann, S. 145, 156, 164; *Heidel*, in FS Meilicke, S. 125, 131–144; *Wirth*, in Liber Amicorum M. Winter, S. 775, 779–781; *Raiser/Veil*, Recht der Kapitalgesellschaften, § 53 Rn. 35; *E. Vetter*, ZHR 171 (2007), 342, 355; *Hüffer*, ZHR 172 (2008), 572, 589 f.; *Neuhaus*, DB 1970, 1913, 1917.

796 Vgl. die in der vorigen Fn. Genannten. Nicht eingegangen werden soll auf die teilweise immer noch in Bezug genommene, mittlerweile jedoch überkommene Rechtsfigur des sogenannten „qualifiziert faktischen“ Konzerns bei unmöglicher Bezifferung des Schadens, vgl. dazu etwa *Habersack*, in Emmerich/Habersack, § 311 Rn. 43; Anh. § 317 Rn. 1–30; *Leuering/Goertz*, in Hölters, § 311 Rn. 97 f.; *Fett*, in Bürgers/Körber, § 311 Rn. 27–33; *Emmerich/Habersack*, Konzernrecht, S. 518–527; *Schall*, in FS Stilz, S. 537, 548–553; vgl. auch *Ederle*, Beherrschungsverträge, S. 48–54; *Weigl*, Haftung, S. 36–42; monografisch *Nitsche*, Nachteilszufügungen, S. 77–167. Zur Irrelevanz dieser Rechtsfigur vgl. *Altmeppen*, in MünchKommAktG, § 311 Rn. 197; § 317 Anh. Rn. 3–8, 13–60; *Schatz/Schödel*, in Heidel, § 311 Rn. 67; *Altmeppen*, Abschied, S. 19–44, insbesondere S. 30–42; *Decher*, in FS Hüffer, S. 145,

die Geschäftsleiter nach § 93 AktG.[797] Nur vereinzelt wird vertreten, die Nichtausgleichsfähigkeit von Nachteilen führe zur Unanwendbarkeit der §§ 311 ff. AktG insgesamt, so dass auf allgemein aktienrechtliche Konsequenzen der Einflussnahme zurückgegriffen werden müsse.[798]

Angeführt werden die Notwendigkeit der genauen Bezifferung von veranlassten nachteiligen Maßnahmen und die widrigenfalls eingreifenden Schadensersatzansprüche mit Schutzinteressen außenstehender Gläubiger sowie Renditeinteressen von Minderheitsaktionären.[799] § 311 AktG setze die Ausgleichsfähigkeit von Nachteilen voraus, was die exakte Quantifizierung des Nachteils bedinge, weil ansonsten keine volle Kompensation der veranlassungsbedingt entstandenen Nachteile erfolgen könne.[800] Der Schutzzweck des § 311 AktG gelte in besonderem Maße, wenn auf ein abhängiges Unternehmen Einfluss ausgeübt werden könne und das Ausmaß des zu tragenden Risikos nicht abzusehen sei.[801] Seien Nachteile nicht zu beziffern, würden sie ein unübersehbares Risiko darstellen, so dass sie als rechtswidrig und grundsätzlich nicht ausgleichsfähig anzusehen seien.[802] Zudem würde ein gewissenhaft handelnder Geschäftsleiter einer unabhängigen Gesellschaft derartige Risiken nicht eingehen.[803] Darüber hinaus wird mit der ansonsten fehlenden Kontrollierbarkeit argumentiert. Dem Abhängigkeitsbericht müsse aufgrund des Einzelausgleichsystems entnommen werden können, welchen potenziell nachteilhaften Geschäften welche konkreten Vorteile gegenüberstünden. Diese Abwägung setze eine Bezifferung voraus.[804]

II. Ausnahmsweise Zulässigkeit bei Ausgleichsfähigkeit

Ein bedingungsloses Verbot der Veranlassung zu Maßnahmen oder Rechtsgeschäften mit solchen Konsequenzen soll damit nach herrschender Ansicht jedoch nicht einhergehen. Vielmehr sei ein nicht quantifizierbarer Ausgleich geeignet, einen nicht bezifferbaren Nachteil auszugleichen.[805] Sofern eine Kompensationsleistung erfolge,

---

159 f.; vgl. auch *Altmeppen*, ZHR 171 (2007), 320, 334 f.; kritisch auch OLG Schleswig, Beschluss vom 27. August 2008 – 2 W 160/05, NZG 2008, 868, 874 f.

797 Vgl. die Nachweise in Fn. 66.

798 *Linsmann*, Ausgleichsanspruch, S. 41.

799 *Koch*, in Hüffer, § 311 Rn. 24.

800 *Lutter*, in FS Peltzer, S. 241, 251 f.

801 *Altmeppen*, in MünchKommAktG, § 311 Rn. 197 f.; *Grigoleit*, in Grigoleit, § 311 Rn. 28; *Koppensteiner*, in KK-AktG, § 311 Rn. 54.

802 *Altmeppen*, in MünchKommAktG, § 311 Rn. 197 f.; *Grigoleit*, in Grigoleit, § 311 Rn. 28; *Koppensteiner*, in KK-AktG, § 311 Rn. 54; großzügiger wohl *E. Vetter*, ZHR 171 (2007), 342, 357.

803 *Altmeppen*, in MünchKommAktG, § 311 Rn. 345; A/D/S, § 311 AktG Rn. 56.

804 *Altmeppen*, in MünchKommAktG, § 311 Rn. 197 f.; *Bollmann*, Schadensersatzanspruch, S. 68.

805 In unterschiedlichem Ausmaß für zulässig gehalten von *Altmeppen*, in MünchKommAktG, § 311 Rn. 198–200, 221, 299, 338, 345 f.; *J. Vetter*, in K. Schmidt/Lutter,

die das „mögliche Ausmaß des Nachteils jedenfalls“ abdecke, sei „die dauerhaft erfolgreiche Unternehmensentfaltung seitens der AG nicht beeinträchtigt“, so dass ausnahmsweise ein nicht quantifizierbarer Nachteil nicht zur Rechtswidrigkeit führe.[806] Wirtschaftlich wird verlangt, dass unübersehbare Risiken mit entsprechenden Instrumentarien letztlich wieder von der abhängigen auf die herrschende Gesellschaft verlagert werden, um damit einen vollständigen Ausgleich zu gewährleisten.[807]

Für möglich gehalten wird dieser Ausgleich durch zwei unterschiedliche Gestaltungsvarianten. Einerseits sei ein plastisch als „Tausch“ zu bezeichnender Vorgang denkbar. Dabei werden dem abhängigen Unternehmen als Kompensation für die nicht bezifferbare Benachteiligung Vorteile zugeführt. Diese Vorteile müssen für die abhängige Gesellschaft mindestens gleichwertig den Nachteilen sein. Als Beispiel wird angeführt, dass die veranlassungsbedingte Aufgabe einer Geschäftschance durch Gewährung einer gleichwertigen Geschäftschance kompensiert werden könne. Ein Nachteil würde in solchen Fällen nicht entstehen, so dass sich ein Ausgleich erübrige. Zugleich würden sich die potenziell schwierigen Fragen um die Quantifizierbarkeit eines Ausgleichs erledigen.[808]

Andererseits vermöge auch eine pauschale Risikoübernahme, die nicht beziffert ist, einen unbezifferten Nachteil auszugleichen. Insbesondere sei vorstellbar, dass das herrschende Unternehmen durch fristgerechte Einräumung einer Garantie oder

---

§ 311 Rn. 87, 113; *Koppensteiner*, in KK-AktG, § 311 Rn. 110, 134–137; *Grigoleit*, in Grigoleit, § 311 Rn. 47; *Leuering/Goertz*, in Hölters, § 311 Rn. 84; *Krieger*, in MünchHdbAG, § 69 Rn. 80, 87; A/D/S, § 311 AktG Rn. 59, 65; *Liebscher*, in BeckHdbAG, § 15 Rn. 78; *Strohn*, Verfassung, S. 91–93; *Bollmann*, Schadensersatzanspruch, S. 68 f.; *Habersack*, in FS Hoffmann-Becking, S. 421, 428; *Wirth*, in Liber Amicorum M. Winter, S. 775, 780 f.; *Arnold/Gärtner*, in FS Stilz, S. 7, 17–20; *E. Vetter*, ZHR 171 (2007), 342, 356 f.; *K. Müller*, ZGR 1977, 1, 16 f.; ähnlich *Raiser/Veil*, Recht der Kapitalgesellschaften, § 53 Rn. 35; vgl. auch *Linsmann*, Ausgleichsanspruch, S. 124 f.; *Emmerich/Habersack*, Konzernrecht, S. 495; A/D/S, § 311 AktG Rn. 59, 75; zurückhaltend *Schatz/Schödel*, in Heidel, § 311 Rn. 71; *Ulmer*, in FS Hüffer, S. 999, 1003; unklar *Habersack*, in Emmerich/Habersack, § 311 Rn. 74, weil in Rn. 64, 66 ein (zeitversetzter) Ausgleich abgelehnt wird.

806 *Grigoleit*, in Grigoleit, § 311 Rn. 47; ähnlich *J. Vetter*, in K. Schmidt/Lutter, § 311 Rn. 87, 113; *Altmeppen*, in MünchKommAktG, § 311 Rn. 200; *Fett*, in Bürgers/Körber, § 311 Rn. 54; vgl. auch *Neuhaus*, DB 1971, 1193, 1194, der einen Ausgleich bezüglich von Maßnahmen für möglich hält, „bei denen nicht feststeht, ob überhaupt und wenn ja, wann und in welcher Höhe sie ‚Nachteile‘ für die Gesellschaft mit sich bringen“; tendenziell wohl auch *Koppensteiner*, in KK-AktG, § 311 Rn. 136.

807 *Koppensteiner*, in KK-AktG, § 311 Rn. 136.

808 *Habersack*, in Emmerich/Habersack, § 311 Rn. 64; *H.-F. Müller*, in Spindler/Stilz, § 311 Rn. 52; *J. Vetter*, in K. Schmidt/Lutter, § 311 Rn. 75; *Koppensteiner*, in KK-AktG, § 311 Rn. 120; *Fett*, in Bürgers/Körber, § 311 Rn. 52; *Krieger*, in MünchHdbAG, § 69 Rn. 87; *Habersack*, in FS Hoffmann-Becking, S. 421, 428; *Mertens*, Hachenburg-Gedächtnisvorlesung, S. 27, 34 f.; kritisch *Nitsche*, Nachteilszufügungen, S. 107–109.

eines Freistellungsanspruchs den Ausgleichsanspruch so ausgestalten könne, dass er den Erfordernissen der §§ 311, 317 AktG genüge.[809]

Es wird jedoch auch vertreten, dass ein nicht quantifizierbarer Nachteil nie durch Vorteile ausgeglichen werden könne.[810] Der Gesetzgeber habe bei der Bestimmung des Nachteils die Einbeziehung einer nicht bezifferbaren Größe nicht gewollt und demnach sei erst recht keine Gleichung mit zwei Unbekannten zuzulassen, worauf es jedoch hinauslaufen würde, wenn ein unbezifferter Ausgleich nicht quantifizierter Nachteile anerkannt werden würde. Der Ausgleichsmechanismus des § 311 AktG stehe den verbundenen Unternehmen nur offen, wenn eine Quantifizierung von Nachteil und Vorteil möglich und gewollt sei.[811] Ein nicht quantifizierter Nachteilsausgleich gewährleiste keine hinreichende Planungssicherheit für die abhängige AG, so dass er nicht mit dem Einzelausgleichssystem von § 311 AktG kompatibel sei.[812]

Teilweise wird die ausnahmsweise bestehende Zulässigkeit des Austausches von nicht quantifizierbaren Nachteilen durch ebenfalls nicht bezifferbare, aber das Ausmaß der zum Nachteil führenden Maßnahme jedenfalls abdeckende, Vorteile damit begründet, dass kein Ausgleich im Sinne von § 311 AktG stattfinde, wenn und weil eine zeitgleiche Gewährung vorliege. Weil kein Nachteil entstehe, seien auch nicht die an einen Ausgleich zu stellenden Anforderungen einzuhalten.[813]

III. Präventiver Nachteilsausgleich durch bedingte Ausgleichsgewährung

Elegant genutzt werden könnte der Ausgleich, wenn ein Anspruch eingeräumt werden könnte, der potenzielle Nachteile ausgleicht, so dass insofern die Haftung nach § 317 AktG nicht zu befürchten wäre. Es wird vertreten, die verbundenen Unternehmen könnten eine „unbezifferte Ausgleichsvereinbarung" schließen, wonach ein noch festzustellender Nachteil auszugleichen ist.[814] Mitunter wird betont, es müsse

---

809 Vgl. die Nachweise in Fn. 805.

810 *Habersack*, in Emmerich/Habersack, § 311 Rn. 64, 66 (unklar hingegen Rn. 74); *H.-F. Müller*, in Spindler/Stilz, § 311 Rn. 52; *Rothley*, in Wachter, § 311 Rn. 30; *H.-F. Müller*, in FS Stilz, S. 427, 436 f.; *Lutter*, in FS Peltzer, S. 241, 254 f.; *Mertens*, Hachenburg-Gedächtnisvorlesung, S. 27, 30 f., 34 f.; wohl auch *Möschel*, ZRP 1973, 162, 162–164; vgl. auch *Linsmann*, Ausgleichsanspruch, S. 36–42, insbesondere S. 41, allerdings mit – hier relevanten – Einschränkungen auf S. 124 f.

811 *Mertens*, Hachenburg-Gedächtnisvorlesung, S. 27, 34 f.; zustimmend *Lutter*, in FS Peltzer, S. 241, 254 f.

812 *H.-F. Müller*, in FS Stilz, S. 427, 436.

813 Vgl. neben den in Fn. 810 Genannten auch *J. Vetter*, in K. Schmidt/Lutter, § 311 Rn. 87; *Fett*, in Bürgers/Körber, § 311 Rn. 52; *Arnold/Gärtner*, in FS Stilz, S. 7, 18; kritisch, aufgrund anderen Nachteilsverständnisses, *Altmeppen*, in MünchKommAktG, § 311 Rn. 199; ebenfalls kritisch, mit dem Hinweis, dass nach § 311 AktG der Ausgleich dem Nachteil auch nachfolgen könne, *Koppensteiner*, in KK-AktG, § 311 Rn. 110 mit Fn. 288.

814 A/D/S, § 311 AktG Rn. 59, 71, 75; *Wirth*, in Liber Amicorum M. Winter, S. 775, 781–785; für die Zulässigkeit eines bedingten Anspruchs auch *von Godin/Wilhelmi*,

jedoch nicht nur der später eintretende tatsächlich messbare Vermögensnachteil, sondern bereits das Risiko als solches eliminiert werden.[815] Teilweise wird eine Regelung für möglich gehalten, die einen Ausgleichsanspruch begründet, sobald ein Gericht rechtskräftig über das Bestehen eines Nachteils befindet.[816]

Diese Variante stehe der Einräumung einer Garantie gleich, denn auch so sei das abhängige Unternehmen nicht weniger geschützt. Es sei keine Verringerung des Kapitalschutzes zu befürchten, denn es liege ein nach objektiven Kriterien bestimmbarer Zeitpunkt vor, zu dem über das Bestehen und den Umfang eines Ausgleichsanspruchs entschieden werde. Durch eine solche Gestaltung liege dann anfänglich kein Nachteil vor.[817] Die Vorgehensweise erfolge auch im Interesse des abhängigen Unternehmens und des Minderheitenschutzes. Denn während dem Schadensersatzanspruch entgegengehalten werden könne, dass jene Vereinbarung auch von einem Geschäftsleiter einer unabhängigen Gesellschaft abgeschlossen worden sei (§ 317 Abs. 2 AktG), sei dieser Ausweg im Falle einer „unbezifferten Nachteilsausgleichsvereinbarung" nicht zu befürchten. Das Schutzniveau mittels Nachteilsausgleichsvereinbarung sei damit sogar höher einzuschätzen, weil der Entlastungsbeweis nicht zugelassen werde.[818]

---

4. Aufl. 1971, § 311 Anm. 5; ähnlich *Luchterhandt*, ZHR 133 (1970), 1, 27 f. (Einräumung eines Ausgleichsanspruchs für zukünftige Nachteile, die am Ende des Geschäftsjahres festgestellt werden); ähnlich *J. Vetter*, in K. Schmidt/Lutter, § 311 Rn. 100: „Als Ausnahme vom Erfordernis betragsmäßiger Konkretisierung ist die Verpflichtung anerkannt, noch nicht quantifizierbare Nachteile in Höhe der tatsächlich eintretenden Nachteile auszugleichen".

815 *Altmeppen*, in MünchKommAktG, § 311 Rn. 346; *Koppensteiner*, in KK-AktG, § 311 Rn. 135 f.; *Linsmann*, Ausgleichsanspruch, S. 121–126; vgl. zum Ausgleich bei Gefährdungslagen auch *Hüffer*, 10. Aufl. 2012, § 311 Rn. 47; *Fett*, in Bürgers/Körber, § 311 Rn. 54; *K. Müller*, ZGR 1977, 1, 16 f.; *Neuhaus*, DB 1971, 1193, 1194; vgl. darüber hinaus *Arnold/Gärtner*, in FS Stilz, S. 7, 17–20; eine Kompensation wird auch von *Ederle*, Beherrschungsverträge, S. 41 nicht für unmöglich gehalten, jedenfalls wenn „ein Mechanismus gefunden wird, der das Risiko des tatsächlichen Nachteilseintritts neutralisiert"; grundsätzlich für denkbar gehalten auch von *Tröger*, Treupflicht, S. 186 f.; tendenziell kritisch, im Ergebnis aber offenlassend, *Lutter*, in FS Peltzer, S. 241, 253 f.; wohl auch, obschon weniger deutlich, *J. Vetter*, in K. Schmidt/Lutter, § 311 Rn. 113 mit Rn. 87, 104.

816 *Arnold/Gärtner*, in FS Stilz, S. 7, 17–20; *Dürr*, GWR 2010, 62.

817 *Arnold/Gärtner*, in FS Stilz, S. 7, 17–20.

818 *Arnold/Gärtner*, in FS Stilz, S. 7, 19 unter Bezugnahme auf *Wirth*, in Liber Amicorum M. Winter, S. 775, 784 f. Die Argumentation basiert offenbar nicht auf dem Nachteilsverständnis der herrschenden Meinung (siehe dazu § 3 C I). Danach wäre nämlich bereits ein Nachteil zu verneinen, nicht erst die Ersatzpflicht, wenn auch ein ordentlicher und gewissenhafter Geschäftsleiter einer unabhängigen Gesellschaft die Maßnahme vorgenommen oder unterlassen hätte (§ 317 Abs. 2 AktG). Entfällt der Nachteil, entfällt auch die Ausgleichspflicht, nicht lediglich die Schadensersatzpflicht gemäß § 317 AktG. Das Schutzniveau steigt demnach

Vereinzelt wird vertreten, eine bedingte Ausgleichsleistung[819] sei nur zulässig, wenn es um den Ausgleich bloßer Vermögensgefährdungen gehe. Definitionsgemäß liege ein Nachteil bereits mit der Veranlassung zu einer Maßnahme vor, die „eine Vermögensminderung zwar nicht sicher, aber immerhin in solche[m] Grade möglich erscheinen läßt, daß ein unabhängiger Geschäftsleiter die Gesellschaft dieser Gefahrensituation nicht ausgesetzt hätte".[820] Diese Gefahr einer Vermögensminderung könne durch das herrschende Unternehmen kompensiert werden, indem für die Realisierung des Risikos eine Ausgleichspflicht begründet werde.[821]

Nach überwiegend vertretener Ansicht entspricht ein bedingter Anspruch nicht den Anforderungen des § 311 AktG. Gegen die Zulässigkeit vorsorglicher Ausgleichsvereinbarungen wird vorgebracht, es fehle an der notwendigen Einräumung konkreter Vorteile hinsichtlich Art und Umfang.[822] Zudem schüfen sie keine ausreichende Klarheit, wie sie § 311 AktG jedoch erfordere. Es liege auch eine Abweichung vom grundsätzlich relevanten Zeitpunkt für die Feststellung des Nachteils vor, wenn erst im Nachhinein eine Bezifferung erfolge.[823] Des Weiteren dürfe das Bestehen eines Anspruchs nicht von der Entscheidung eines Gerichts abhängig gemacht werden, das möglicherweise einmal darüber befinde, ob ein Nachteil vorgelegen habe, obwohl die Parteien die Bezifferung hätten anfänglich bereits vornehmen können.[824] Teilweise wird jedoch vertreten, dass, sofern es nur um die mangelnde Quantifizierbarkeit aufgrund einer konkreten Maßnahme und nicht um den pauschalen Ausgleich von Nachteilen gehe, eine Vereinbarung über den Ausgleich später festzustellender Nachteile möglich sei.[825]

B. Resümee

Im Ausgangspunkt herrscht Einigkeit: Die Übernahme unbezifferter Nachteile ist grundsätzlich rechtswidrig. Während teilweise keine Ausnahmen von diesem Verdikt

---

durch Abschluss einer von *Arnold/Gärtner* und *Wirth* präferierten Vereinbarung nur unter Zugrundelegung des hier vertretenen objektiven Nachteilsverständnisses (dazu § 3 C II), das die Rechtsprechung und die herrschende Ansicht in der Literatur freilich nicht teilen (vgl. die Nachweise in Fn. 293).

819 Gegen die Qualifikation als bedingten Anspruch, A/D/S, § 311 AktG Rn. 71.

820 *Linsmann*, Ausgleichsanspruch, S. 124 f.

821 *Linsmann*, Ausgleichsanspruch, S. 124 f.; ähnlich *Fett*, in Bürgers/Körber, § 311 Rn. 54; ähnlich argumentiert auch *Koppensteiner*, in KK-AktG, § 311 Rn. 136.

822 *H.-F. Müller*, in Spindler/Stilz, § 311 Rn. 60; *Habersack*, in Emmerich/Habersack, § 311 Rn. 74; *Schatz/Schödel*, in Heidel, § 311 Rn. 73; *Heidel*, in FS Meilicke, S. 125, 131–144; *Derlin*, BB 2012, 2398, 2398 f.; hinsichtlich pauschaler, nicht auf konkrete Maßnahmen bezogenen Vereinbarungen auch *Altmeppen*, in MünchKommAktG, § 311 Rn. 365; grundsätzlich ablehnend auch *Linsmann*, Ausgleichsanspruch, S. 121–124.

823 *Lutter*, in FS Peltzer, S. 241, 253; vgl. auch *Koppensteiner*, in KK-AktG, § 311 Rn. 136; vgl. zum relevanten Zeitpunkt bereits § 3 B I 1 mit Fn. 231.

824 *Fett*, in Bürgers/Körber, § 311 Rn. 54; *Derlin*, BB 2012, 2398, 2398 f.

825 *Habersack*, in Emmerich/Habersack, § 311 Rn. 74.

zugelassen werden, wird wohl überwiegend ein Ausgleich ausnahmsweise für möglich gehalten. Dies gelte für Fälle, in denen durch unbezifferte Vorteilseinräumung der Nachteil jedenfalls ausgeglichen werde. Die Grenze der Zulässigkeit der Veranlassung ist demnach in der Ausgleichsfähigkeit zu sehen. Eine Mindermeinung erkennt sogar unbezifferte Ausgleichsverträge für potenzielle Nachteile an. Dies wird ganz überwiegend jedoch als nicht mit §§ 311 ff. AktG vereinbar angesehen. Die Modalitäten und Anwendungsfälle des unbezifferten Nachteilsausgleichs sind im Übrigen umstritten.

Generell ist zu konstatieren, dass in der Literatur kein klares Meinungsbild vorherrscht, welche Gestaltungen noch vom Normzweck umfasst werden und einen Ausgleich zu gewährleisten vermögen, ohne dass die Grenzen der Leitungsmacht überschritten werden.

§ 10 Stellungnahme zum unbezifferten Nachteilsausgleich

Die Behandlung des Themenkomplexes im Schrifttum erfolgt überwiegend pauschalierend und entsprechend fallen die Aussagen über Ausnahmen vom allgemein geteilten Grundsatz des Verbots der Zufügung unbezifferter Nachteile aus. Auch die Rechtsprechung bietet aufgrund ihrer lediglich singulären Befassung mit dieser Problematik keine verallgemeinerungsfähigen Ansätze. Es wird einmal mehr deutlich, dass die Erfassung der Nachteils-Ausgleichskonstellationen maßgeblich vom Nachteilsverständnis bestimmt wird, das bereits eingehend behandelt worden ist[826] und den Weg für die Lösung der Fälle bereitet. Im Folgenden sollen diverse denkbare Fallgruppen auf die Entstehung eines Nachteils und die Möglichkeiten eines Ausgleichs hin untersucht werden. Die Kategorisierung hilft über die Vielzahl der denkbaren Einzelfälle hinweg und erlaubt eine Behandlung der relevanten Konstellationen, insbesondere der von der Rechtsprechung bislang untersuchten.

A. Zur Existenz unbezifferter Nachteile und der Auswirkungen der ihnen inhärenten Imponderabilität

In der Literatur wird fast ausnahmslos implizit davon ausgegangen, dass nicht quantifizierbare Nachteile denkbar sind, weil sich die Problematik um ihren Ausgleich ansonsten gar nicht stellen dürfte. Nur vereinzelt wird unter Hinweis auf die Methodik der Unternehmensbewertung darauf hingewiesen, dass jeglicher Vermögenswert einer methodengerechten Bezifferung zugänglich sei.[827] In diese Richtung tendiert wohl auch die Entscheidung des LG Bonn, wonach der Übernahme eines

826 Siehe § 3 C.

827 Im Sinne einer Bewertbarkeit aller erdenklichen Maßnahmen *Haarmann*, Hachenburg-Gedächtnisvorlesung, S. 45, 64–68.

Haftungsrisikos ein Wert zugemessen werden kann.[828] Damit wäre die Rechtsfrage nach dem Ausgleich solcher Nachteile obsolet.

Im Zusammenhang mit den Prinzipien zur Preisfindung ist jedoch dargestellt worden, dass bei Nichtvorhandensein von Marktpreisen kein gleichwertiges Äquivalent zur Bezifferung existiert. Es kommt nur eine Annäherung an einen hypothetischen Marktpreis in Betracht. Diese Annäherung beinhaltet eine Unsicherheit, die im Rahmen der §§ 311 ff. AktG bedeutet, dass Maßnahmen existieren, deren vermögensmäßige Auswirkungen nicht exakt beziffert werden können. Zwar mag es sein, dass jeglicher Vermögenswert methodisch nachvollziehbar bewertet werden kann, so dass auch komplexe Unternehmen einer Unternehmensbewertung zugänglich sind, doch wird dabei notwendigerweise mit Prognosen und damit mit Unwägbarkeiten gearbeitet. Dies kann in jenem Zusammenhang nicht vermieden werden und ist Teil der Methode, deren es bedarf, um eine Bewertung vorzunehmen.

Im hiesigen Kontext bedarf es der Hinnahme dieser Unsicherheitsfaktoren nicht zwingend. Denn während am Ende einer Unternehmensbewertung ein quantitativ ausgedrücktes Resultat stehen muss, stellt sich die Lage im Kontext der §§ 311 ff. AktG anders dar. Die Frage ist nicht, wie das Ergebnis einer methodisch korrekten, aber unsichere Prognosen beinhaltenden Bewertung ist, sondern ob es eine zuverlässige und kalkulierbare Methode gibt, die es erlaubt, einen Vermögensnachteil festzustellen. Anders als im Rahmen der Unternehmensbewertung kann im Rahmen der Nachteilsfeststellung das Ergebnis lauten, dass eine Bewertung nicht abschließend möglich ist. Die Rechtsfolge ist dann entweder, dass ein unbezifferter Nachteil nicht ausgeglichen werden kann, oder dass es eines unbezifferten, weil der Höhe nach offenen Ausgleichs bedarf, der den Nachteil in jedem Fall auszugleichen vermag. Es kommt bei der Nachteilsfeststellung, mit anderen Worten, nicht auf das alternativlose Hinnehmen eines pragmatischen Ergebnisses unter Inkaufnahme von Unwägbarkeiten an.

Die Lösung kann jedenfalls nicht in der von einer Mindermeinung[829] für zulässig gehaltenen Schätzung der entstandenen Nachteile analog § 287 ZPO gesehen werden. Mit der herrschenden Ansicht[830] ist die Vorgehensweise schon deshalb zu untersagen, weil die für eine analoge Anwendung notwendige planwidrige Regelungslücke nicht vorliegt und auch die Interessenlage nicht vergleichbar ist.[831] Dem Richter wird die Schätzung ermöglicht, weil er eine Entscheidung im Prozess treffen muss, obschon Unsicherheiten betreffs der Schadenshöhe vorliegen mögen. Hintergrund der Eröffnung der Schätzung ist, dass im Gemeinen Recht viele Schadensersatzklagen an der Bezifferbarkeit gescheitert waren.[832] Hier bedarf es,

828 LG Bonn, Urteil vom 1. Juni 2007 – 1 O 552/05, ZIP 2007, 1267, 1271; dazu bereits unter § 8 A I.

829 Vgl. die Nachweise in Fn. 692.

830 Vgl. die Nachweise in Fn. 694.

831 Eingehend zu den rechtsmethodischen Voraussetzungen einer analogen Gesetzesanwendung *Larenz*, Methodenlehre, S. 370–391.

832 *Foerste*, in Musielak/Voit, § 287 Rn. 1.

wie bereits ausgeführt, nicht zwingend einer Entscheidung, weil die hinnehmbare Alternative in der Unzulässigkeit derartiger Veranlassungen besteht.

Die in diesem Zusammenhang zu beantwortenden Fragen lauten demnach, ob die Ergebnisse dieser Methodik zufriedenstellend sind und die §§ 311 ff. AktG hierfür zu öffnen sind, oder ob der Nachteilsbegriff und der Nachteilsausgleich eine quantitative Gegenüberstellung von Nachteil und Vorteil dergestalt verlangen, dass jegliches prognostische Element die Unmöglichkeit des Ausgleichs zur Folge hat. Dies würde bedeuten, dass derartige Maßnahmen nicht eingegangen werden dürften, was eine Haftung der Geschäftsleiter beider verbundenen Unternehmen zur Folge hätte (§§ 93, 317 Abs. 3 AktG).

Die Berücksichtigung der Gesetzgebungshistorie verdeutlicht, dass die Problematik im Ansatz bekannt war und hingenommen worden ist. Denn genau aufgrund dieser potenziellen Unsicherheit hinsichtlich der Bezifferung wurde den Verbundunternehmen im Rahmen des Gesetzgebungsverfahrens Flexibilität konzediert, wenn jedenfalls mit Erkenntnissen, die einen Ausgleich möglich machen, bis zum Ende des Geschäftsjahres gerechnet werden kann. Ein anderes Ergebnis wäre auch nicht sachgerecht. Denn die zugrundeliegenden ökonomischen Entscheidungen[833] veranschaulichen, dass Geschäftsleitungsmaßnahmen häufig den juristischen Problemen zugrunde liegen, denen ein gewisses Maß an Imponderabilität bezüglich ihrer wirtschaftlichen Auswirkungen inbegriffen ist. Daraus resultiert die nicht ohne weiteres mögliche exakte Quantifizierung einer einzelnen Maßnahme, weil diese häufig Wirkungen auf andere Maßnahmen zeitigt. §§ 311 ff. AktG wurden aber gerade geschaffen, um die Einflussnahme des herrschenden Unternehmens auf die abhängige AG betreffend dieser Geschäftsleitungsmaßnahmen rechtlich fassbar zu machen. Daraus folgt, dass das Nichtvorhandensein von Marktpreisen nicht zu einer generellen Unanwendbarkeit der §§ 311 ff. AktG führt.[834] Dieses Ergebnis steht freilich unter dem Vorbehalt, dass derartige Beeinträchtigungen im Einzelfall ausgeglichen werden können.

In nuce kann festgehalten werden, dass im Einzelfall zu entscheiden ist, ob eine Maßnahme gar nicht bewertet werden kann und damit einen unbezifferbaren Nachteil darstellt, oder ob eine, wenn auch prognostisch unsichere, Quantifizierung

833 Siehe hierzu § 6.

834 Vgl. in diesem Zusammenhang auch OLG Köln, Urteil vom 28. Mai 2009 – 18 U 108/07, ZIP 2009, 1276, 1284; BGH, Urteil vom 31. Mai 2011 – II ZR 141/09, BGHZ 190, 7, 18 Tz. 27; vgl. auch *Grigoleit*, in Grigoleit, § 311 Rn. 35: Die Unsicherheit „ist im Lichte des Schutzzwecks von § 311 bedenklich, aber kaum zu vermeiden"; *Altmeppen*, in MünchKommAktG, § 311 Rn. 198: „Wie bei jeder Geschäftstätigkeit und ihrer Bewertung genügt es aber, wenn die Auswirkungen auf Grund von Annahmen quantifiziert werden können, die nicht willkürlich oder unwahrscheinlich sind, sondern vernünftiger, sorgfältiger kaufmännischer Überlegung und – soweit Erfahrungswerte vorliegen – nachprüfbaren Erfahrungswerten entsprechen"; *dens.*, in MünchKommAktG, § 311 Rn. 221: „Bewertungsprobleme [mögen] erheblich sein [...], die Annahme der Unzulässigkeit der Maßnahme wegen dieser Bewertungsschwierigkeiten [ist] aber nicht selten voreilig".

möglich ist. Insbesondere in Konstellationen, in denen ein Risiko für die abhängige AG entsteht, kann schon das Vorliegen eines Nachteils zu verneinen sein. Eine pauschale Lösung, wann eine unter Inkaufnahme von Unwägbarkeiten durchzuführende Bewertung möglich ist und wann die Unsicherheiten zu einer Unbezifferbarkeit führen, ist angesichts der Vielzahl der Fälle und der möglichen Besonderheiten des Einzelfalles nicht möglich. Sofern ein Ausgleich durchführbar ist, ist eine Ausnahme vom Rechtswidrigkeitsverdikt im Falle der Veranlassung zu nicht quantifizierbaren Nachteilen zu erwägen. Die entscheidende Frage lautet demnach – wenn feststeht, dass ein Nachteil vorliegt –, ob und wie ein das immanente Bewertungsrisiko berücksichtigender Ausgleich vollzogen werden kann.

B. Ungewisse Nachteile und Präzisierung der Begriffe „Nachteil" und „Risiko" durch Bildung von Fallgruppen

Ein Nachteil, der nicht beziffert werden kann, ist von Fallgestaltungen zu scheiden, in denen kein Nachteil vorliegt. Denn während ein nicht quantifizierbarer Nachteil mittlerweile allgemeiner Meinung nach die Anwendung der §§ 311 ff. AktG nach sich zieht,[835] liegen Gefährdungssituationen nicht zwingend innerhalb des Anwendungsbereichs. Es bedarf folglich einer genaueren Definition des Nachteils und der Abgrenzung von Sachverhalten, in denen trotz Vermögensgefährdung kein Ausgleich zu fordern ist. Um sich dem zutreffenden Verständnis zu nähern, soll ein Blick auf Fallgruppen geworfen werden, in denen Ungewissheiten bestehen und die nicht ohne Weiteres als nachteilig eingeordnet werden können, weil nach der maßgeblichen ex-ante-Betrachtung[836] auch lediglich von einem keine Konsequenzen erfordernden Risiko für die Vermögens- und Ertragslage ausgegangen werden könnte.

I. Entstehung und Höhe eines Nachteils „objektiv unklar" (1. Fallgruppe)

Die erste Fallgruppe beinhaltet Gestaltungen, in denen die Entstehung eines Nachteils „objektiv unklar" ist und auch die Höhe – Nachteiligkeit dem Grunde nach unterstellt – nicht beziffert werden kann.

Dabei geht es um Fälle, in denen das abhängige Unternehmen zu einer Maßnahme veranlasst wird, wobei noch nicht feststeht, ob sich die Ausführung jener Maßnahme als (messbar) nachteilhaft herausstellen wird. Es handelt sich beispielsweise um Veranlassungen zur Eingehung einer Haftungsverantwortung, etwa durch Gewährung einer der Höhe nach nicht begrenzten Garantie durch die abhängige AG.[837] Das abhängige Unternehmen geht also ein Risiko ein, da nicht ausgeschlossen werden kann, dass die Maßnahme messbare Beeinträchtigungen der Vermögens- und Ertragslage

835 Vgl. die Nachweise in Fn. 795 und 798.
836 Siehe § 3 B I 1 mit Nachweisen in Fn. 231.
837 *Koppensteiner*, in KK-AktG, § 311 Rn. 134; *Wirth*, in Liber Amicorum M. Winter, S. 775, 780 f.

nach sich ziehen wird. Auch die Höhe der potenziellen Auswirkungen sind in den hier relevanten Fallgestaltungen nicht bezifferbar.

Maßgeblicher Zeitpunkt für die Feststellung der Nachteilhaftigkeit ist die Vornahme der veranlassten Maßnahme.[838] Folglich hat eine Bewertung zu diesem Zeitpunkt zu erfolgen, womit das Risiko zu bewerten ist, das das abhängige Unternehmen durch Ausführung der veranlassten Maßnahme eingeht. Die spätere Realisierung bleibt dagegen bei der Beantwortung der Frage, ob ein Nachteil vorliegt, außer Betracht und bekommt nur Relevanz bei der gegebenenfalls notwendigen Schadensbezifferung im Rahmen der haftungsausfüllenden Kausalität. Die Möglichkeit der Gefahraktualisierung stellt die zu bewertende Maßnahme dar. Nur wenn das auf Veranlassung eingegangene Risiko als Nachteil im Sinne von § 311 AktG eingeordnet werden kann, stellt sich die Frage des Ausgleichs dieser Beeinträchtigung.

Die Sachlage ist zu unterscheiden von Fällen, in denen anhand gängiger betriebswirtschaftlicher Kalkulationsprinzipien das Bestehen und die Höhe eines Nachteils beziffert werden kann – dann handelt es sich nicht um „objektiv unklare" Nachteile.[839] Aufgrund der den Bewertungsmethoden immanenten Einbeziehung von unsicheren Werten befinden sich die Geschäftsleiter oft in der Lage, aufgrund unsicherer Grundlagen Entscheidungen treffen zu müssen, was aber an der grundsätzlich methodengerechten Bewertbarkeit nichts ändert.[840]

1. Die „konkrete Gefährdung" als Nachteil

Wesentlicher Aspekt ist also die Bewertung des eingegangen Risikos. Nach allgemein gebräuchlicher Definition kann ein Nachteil auch in einer „konkreten Gefährdung" der Vermögens- und Ertragslage[841] der abhängigen Gesellschaft liegen.[842] Im Falle der Inkaufnahme eines Risikos muss folglich geklärt werden, ob schon dies einen Nachteil im Sinne von § 311 AktG darstellt. Wann eine solche konkrete Gefährdung vorliegt und wann es sich um eine Gefahr handelt, die die Vermögens- und Ertragslage der abhängigen Gesellschaft nicht ausreichend zu gefährden vermag, ist nicht geklärt.

---

838 Siehe § 3 B I 1 mit Nachweisen in Fn. 231.

839 Siehe zur Bewertungsproblematik § 7 und zum Umgang mit den Ungewissheiten bei objektiv möglicher Bezifferung sogleich unter § 10 B IV (zum Nachteil) und unter § 10 C V (zum Ausgleich).

840 Siehe § 10 A mit Nachweisen in Fn. 834.

841 Siehe zum Begriff Fn. 245.

842 Dazu § 3 C I mit Nachweisen in Fn. 295; vgl. nur *Koch*, in Hüffer, § 311 Rn. 24; tendenziell auch *Mielert*, Leitungsbefugnis, S. 20 („unter Umständen" könne ein Nachteil auch als „Gefahr einer Vermögensminderung zu verstehen" sein). Insofern kann der Meinungsstreit, ob dem Nachteilsbegriff ein subjektives Element durch Bezugnahme auf § 317 Abs. 2 AktG immanent ist, ausgeklammert werden. Siehe dazu § 3 C.

a) Ziel: Schutz der Vermögens- und Ertragslage der abhängigen AG

Ausgangspunkt der Überlegung muss sein, dass nicht jegliche Gefährdung dazu geeignet ist, die Vermögens- und Ertragslage der abhängigen Gesellschaft zu beeinträchtigen. Dass es maßgeblich auf die Vermögens- und Ertragslage ankommt, ergibt sich aus dem Schutzzweck der §§ 311 ff. AktG, die namentlich deshalb ihre heutige Ausgestaltung erfahren haben, weil der Gesetzgeber des Aktiengesetzes von 1965 erkannt hat, dass es eine Einflussnahme auf die abhängige Gesellschaft auch ohne vertragliche Grundlage geben kann,[843] jene aber nicht dazu führen soll, dass die abhängige Gesellschaft vermögensmäßig messbare Einbußen erleidet. Führt der Einfluss durch ein herrschendes Unternehmen nicht zu einer messbaren Einbuße, die eindeutig eine Beeinträchtigung der Vermögens- und Ertragslage darstellt, stellt sich die Frage, ob und wann eine Gefährdung selbiger die gleichen Konsequenzen nach sich ziehen sollte und wann es sich um eine nicht relevante, weil lediglich abstrakte Gefährdung handelt, die keinen Nachteil im Sinne von § 311 AktG darzustellen vermag.

b) Unterscheidung von „konkreter" und „abstrakter" Gefährdung?

Die Beeinträchtigung wird der „konkreten Gefährdung" regelmäßig gleichgestellt.[844] Der Begriff erinnert an die im Sicherheitsrecht gebräuchliche Beschreibung einer Sachlage, für die eine hinreichende Wahrscheinlichkeit einer Beeinträchtigung von schützenswerten Rechtsgütern in absehbarer Zeit besteht.[845] Als Pendant dient in diesem Zusammenhang die abstrakte Gefahr. Sie liegt schon dann vor, wenn nach allgemeiner Lebenserfahrung die Möglichkeit des Entstehens einer konkreten Gefahr droht.[846]

Obgleich lediglich die konkrete Gefahr als „Nachteil" im Sinne von § 311 AktG aufgefasst wird, findet regelmäßig weder eine Abgrenzung zu einer nicht mehr konkreten Gefährdung statt, noch wird eine Subsumtion vorgenommen, die eine Definition der „konkreten Gefahr" erforderlich machen würde. In der Sache wird auch ein „abstraktes Risiko" als ausreichend erachtet, eine Benachteiligung der abhängigen Gesellschaft darzustellen.[847] Denn wenn dieses Risiko für die Gefährdung der

843 Dazu unter § 2 C.

844 Vgl. Fn. 842.

845 *Schmidbauer*, in Schmidbauer/Steiner, Bay. PolR, Art. 2 PAG Rn. 11; Art. 11 Rn. 11, 21–38; *Pewerstorf*, in Pewerstorf/Söllner/Tölle, POR-BerlKomm, Teil 1 § 1 Rn. 1; *Söllner*, in Pewerstorf/Söllner/Tölle, POR-BerlKomm, Teil 1 § 17 Rn. 10.

846 *Schmidbauer*, in Schmidbauer/Steiner, Bay. PolR, Art. 2 PAG Rn. 8; Art. 11 PAG Rn. 30–33; vgl. auch *Pewerstorf*, in Pewerstorf/Söllner/Tölle, POR-BerlKomm, Teil 1 § 1 Rn. 16 f.; § 55 Rn. 12.

847 So OLG Köln, Urteil vom 28. Mai 2009 – 18 U 108/07, ZIP 2009, 1276, 1280; dazu bereits unter § 8 A II; vgl. auch *H.-F. Müller*, in Spindler/Stilz, § 311 Rn. 47a am Beispiel des Urteils des BGH vom 3. März 2008 – II ZR 124/06, BGHZ 175, 365. (In Frage stand die Haftung der Bundesrepublik Deutschland wegen Veranlassung der von

Vermögens- und Ertragslage der abhängigen AG nicht ausreichend wäre, um einen Nachteil im Sinne von § 311 AktG darzustellen, würden sich weitere Ausführungen bezüglich eines Ausgleichs mangels Nachteils und auch ein Rekurs auf § 317 Abs. 2 AktG erübrigen. Weil jene Überlegungen in Rechtsprechung und Schrifttum gleichwohl angestellt werden,[848] ist wohl davon auszugehen, dass das „abstrakte Risiko" in den jeweiligen Zusammenhängen entweder „konkrete Gefährdungen" darstellt oder aber der durchgängig verwendete Begriff der „konkreten Gefährdung" zu eng ist.

Eine Bestimmung der „konkreten Gefahr" in Anlehnung an die sicherheitsrechtlichen Begriffe würde es erforderlich machen zu unterscheiden, ob eine Beeinträchtigung schützenswerter Rechtsgüter nur möglich (abstrakte Gefahr) oder bereits in absehbarer Zeit hinreichend wahrscheinlich (konkrete Gefahr) wäre.

c) Überlegungen zum strafrechtlichen Gefährdungsschaden

Darüber hinaus verspricht ein Rückgriff auf die Erwägungen zum im Strafrecht gebräuchlichen Gefährdungsschaden, Aufschluss über die Reichweite des Begriffs der „konkreten Gefahr" zu liefern. Auch in diesem Kontext wird die „konkrete" von der „abstrakten" Vermögensgefährdung abgegrenzt.[849]

aa) Überblick im Zusammenhang mit §§ 263, 266 StGB

Im Rahmen der Betrugs- und Untreuestrafbarkeit ist als Vermögensschaden nicht nur die tatsächlich eingetretene rechnerische Vermögensminderung, sondern bereits die konkrete Gefährdung anerkannt, unter der Voraussetzung, dass sie bei wirtschaftlicher Betrachtung bereits eine Minderung der Vermögensverhältnisse

---

ihr abhängigen Deutschen Telekom AG zur Ersteigerung von UMTS-Lizenzen zu möglicherweise überhöhten Preisen, vgl. dazu auch *Altmeppen*, NJW 2008, 1553.) Im Ergebnis nicht nachteilig sei die Ersteigerung unter anderem deshalb gewesen, weil „dem zunächst nur abstrakten Risiko einer Prospekthaftung [...] die enormen Möglichkeiten der Kapitalbeschaffung auf den internationalen Kapitalmärkten gegenüber" standen. Damit ist implizit ausgesagt, dass das abstrakte Risiko der Haftung zunächst einen Nachteil bedeutet hätte, wäre er nicht ausgeglichen worden. Im Ergebnis schied nach Ansicht des Senats ein Nachteil auch deshalb aus, weil ein Geschäftsleiter einer unabhängigen Gesellschaft sich nicht anders verhalten hätte (§ 317 Abs. 2 AktG); kritisch zur unpräzisen Definition einer „Gefährdung", weil eine „konkrete" verlangt werde, ein Nachteil aber mitunter auch bei lediglich „abstrakter" Gefahrenlage angenommen werde, *Tröger*, Treupflicht, S. 179 f. mit Fn. 63 unter Hinweis auf *Zöllner*, ZHR 162 (1998), 235, 240.

848 Siehe die Nachweise in der vorigen Fn.

849 Vgl. etwa BVerfG, Beschluss vom 23. Juni 2010 – 2 BvR 2559/08, 105, 491/09, BVerfGE 126, 170, 222: „Die Annahme eines Gefährdungsschadens setzt nach gefestigter Rechtsprechung voraus, dass das Vermögen des Opfers durch die Tathandlung konkret gefährdet wird. Eine abstrakte Gefährdungslage reiche nicht aus".

darstellt.[850] Begründet wird die Gleichstellung unter anderem damit, dass auch im Bilanzrecht bereits auf Gefährdungen mit der Bildung von Rückstellungen (§ 249 Abs. 1 HGB) reagiert werden müsse, bevor es zu einer messbaren Beeinträchtigung käme.[851] Zudem resultiere die Gleichbehandlung aus dem geltenden Vermögensverständnis, das Exspektanzen mit einschließe, so dass konträr auch Gefährdungen zu berücksichtigen seien.[852]

Die Vermögensgefährdung stelle einen Schaden dar und wirke nicht lediglich „schadensgleich". Letzteres sei im Hinblick auf Art. 103 Abs. 2 GG bedenklich. Es liege bei wirtschaftlicher Betrachtung lediglich ein quantitativer, kein qualitativer Unterschied zum Eintritt der endgültigen Benachteiligung vor.[853]

Zur Abgrenzung müsse eine wirtschaftliche Bewertung erfolgen, anhand derer festgestellt werde, ob bereits eine schadensbegründende Gefährdung vorliege.[854] Während die schadensbegründende Vermögensgefährdung vom Bundesverfassungsgericht mehrfach als grundsätzlich verfassungsrechtlich unbedenklich eingestuft worden ist,[855] werden zur Unterscheidung zu nicht schadensbegründenden Gefährdungen in Rechtsprechung und Literatur unterschiedliche Kriterien zu Rate gezogen,[856] um den Anforderungen des Gerichts an eine verfassungsmäßige Auslegung ohne „Überdehnung"[857] des Tatbestandsmerkmals gerecht zu werden.

Überwiegend wird vertreten, es komme darauf an, ob das Vermögen des Getäuschten durch seine Verfügung bereits konkret gefährdet werde. Dies sei im Einzelfall anhand der Höhe der Verlustgefahr sowie der Wahrscheinlichkeit des Eintritts eines

850 *Perron*, in Schönke/Schröder, § 263 Rn. 143; *Tiedemann*, in LK-StGB, § 263 Rn. 168–172a; *Kindhäuser*, in Kindhäuser/Neumann/Paeffgen, § 263 Rn. 297–303; *Hoyer*, in SK-StGB, § 263 Rn. 230–235; eingehend *Hefendehl*, in MünchKommStGB, § 263 Rn. 588–687; vgl. auch *Satzger*, in SSW-StGB, § 263 Rn. 235 unter Hinweis auf die aus dem Vermögensbegriff resultierende Einbeziehung der Gefährdung in den Schadensbegriff; vgl. aus der Rechtsprechung etwa BGH, Urteil vom 20. Dezember 2012 - 4 StR 55/12, NJW 2013, 883, 886 f.

851 *Tiedemann*, in LK-StGB, § 263 Rn. 168; *Kindhäuser*, in Kindhäuser/Neumann/Paeffgen, § 263 Rn. 297; vgl. auch BVerfG, Beschluss vom 23. Juni 2010 – 2 BvR 2559/08, 105, 491/09, BVerfGE 126, 170, 223 f.; zurückhaltend BGH, Urteil vom 20. Dezember 2012 - 4 StR 55/12, NJW 2013, 883, 887.

852 Vgl. BVerfG, Beschluss vom 23. Juni 2010 – 2 BvR 2559/08, 105, 491/09, BVerfGE 126, 170, 223.

853 *Satzger*, in SSW-StGB, § 263 Rn. 235; vgl. auch BVerfG, Beschluss vom 23. Juni 2010 – 2 BvR 2559/08, 105, 491/09, BVerfGE 126, 170, 224.

854 *Tiedemann*, in LK-StGB, § 263 Rn. 169.

855 Vgl. etwa BVerfG, Beschluss vom 10. März 2009 – 2 BvR 1980/07, BVerfGK 15, 193, 198–206; BVerfG, Beschluss vom 23. Juni 2010 – 2 BvR 2559/08, 105, 491/09, BVerfGE 126, 170, 221–230; BVerfG, Beschluss vom 7. Dezember 2011 – 2 BvR 2500/09, 1857/10, BVerfGE 130, 1, 46–48.

856 Vgl. den Überblick bei *Tiedemann*, in LK-StGB, § 263 Rn. 169–172.

857 BVerfG, Beschluss vom 23. Juni 2010 – 2 BvR 2559/08, 105, 491/09, BVerfGE 126, 170, 226.

endgültigen Verlustes zu entscheiden.[858] Solange das Vermögen des Getäuschten bei wertender Betrachtung objektiv noch nicht als gemindert anzusehen sei, könne lediglich von einer abstrakten Gefahr gesprochen werden. Gleiches gelte, wenn die Tatsachen, die die konkrete Gefahr begründen sollen, noch nicht feststünden.[859]

Daneben werden auch andere Ansätze vertreten, um eine abstrakte Vermögensgefährdung von der vermögensschadenbegründenden konkreten Gefährdung abzugrenzen. Teilweise wird vorgebracht, eine konkrete Gefährdung sei zu verneinen, wenn weitere Akte des Getäuschten oder des Täters notwendig seien, um die endgültige Vermögensminderung herbeizuführen. Andere argumentieren aus der Perspektive des Opfers. Daraus resultiere, dass eine schadensgleiche Vermögensgefährdung dann vorliege, wenn das Opfer nicht einseitig den Eintritt der Schädigung verhindern könne.[860]

Stets notwendig sei eine genaue Bezifferung des Schadens, wobei im Einzelfall die Feststellung eines Mindestwertes und im Übrigen eine Schätzung unter Berücksichtigung des Zweifelsatzes möglich sei.[861]

bb) Übertragung auf § 311 AktG

Es stellt sich die Frage, ob die aufgezeigten Überlegungen auf § 311 AktG übertragen werden können. Dazu ist zunächst festzuhalten, dass es nicht um eine Definition des Schadensbegriffs im Rahmen der §§ 311, 317 AktG geht, sondern um eine Spezifizierung des Nachteils. Dieser ist mit dem Schaden nicht bedeutungsidentisch.[862]

Ausgehend von einer schutzzweckorientierten Auslegung des Nachteilsbegriffs im Normkontext überzeugen die Erwägungen zum Gefährdungsschaden auch im hier relevanten Zusammenhang. Maßgeblich ist eine teleologische Erfassung der Grenzen der Einflussnahme auf die abhängige AG, was den Einschluss von solchen Verhaltensweisen bedingt, die bereits so gefährlich sind, dass sie einen Ausgleich notwendig erscheinen lassen. Davon sind solche Veranlassungen zu scheiden, die zwar möglicherweise nicht ohne Relevanz für die Vermögens- und Ertragslage der abhängigen Gesellschaft sind, deren Auswirkungen aber so entfernt scheinen, dass

---

858 Vgl. die Zusammenfassung der Rechtsprechung bei *Tiedemann*, in LK-StGB, § 263 Rn. 170 mit im Ergebnis zustimmender Würdigung in Rn. 172a; vgl. auch BVerfG, Beschluss vom 23. Juni 2010 – 2 BvR 2559/08, 105, 491/09, BVerfGE 126, 170, 224.

859 *Satzger*, in SSW-StGB, § 263 Rn. 239; vgl. auch BVerfG, Beschluss vom 23. Juni 2010 – 2 BvR 2559/08, 105, 491/09, BVerfGE 126, 170, 222 f.

860 Vgl. *Tiedemann*, in LK-StGB, § 263 Rn. 172a; ähnlich *Kindhäuser*, in Kindhäuser/Neumann/Paeffgen, § 263 Rn. 303; *Hoyer*, in SK-StGB, § 263 Rn. 231, 235; im Ergebnis wohl auch *Hefendehl*, in MünchKommStGB, § 263 Rn. 620, der auf den Verlust der Verfügbarkeit über einen Vermögenswert abstellt.

861 Vgl. die Vorgaben des Bundesverfassungsgerichts in den in Fn. 855 zitierten Entscheidungen sowie zur Anwendung dieser Grundsätze etwa BGH, Beschluss vom 14. April 2011 – 2 StR 616/10, NStZ 2011, 638, 639 f. Tz. 12–18.

862 Dazu bereits unter § 3 B I.

ein Ausgleich auch bei vernünftiger Betrachtung aus der Sicht eines vorsichtigen Geschäftsleiters nicht erwartet werden kann.

Ebenso wie im strafrechtlichen Zusammenhang müssen auch im Rahmen von §§ 311 ff. AktG die Tatsachen, die zu einer Vermögensgefährdung für die abhängige AG führen, feststehen. Die Möglichkeit ihres tatsächlichen Eintretens ist nicht geeignet, eine konkrete Vermögensgefährdung darzustellen. Die Frage, ob ein Nachteil vorliegt, obschon eine messbare Beeinträchtigung noch nicht zu verzeichnen ist, hängt sodann von einer wertenden Betrachtung des Einzelfalles ab. Unter Rekurs auf die Kriterien zur strafrechtlichen Abgrenzung von nicht schädlichen Verfügungen müssen die Wahrscheinlichkeit der ernsthaft zu erwartenden Gefahrrealisierung sowie ihr potenzielles Ausmaß wesentliche Berücksichtigung finden.[863] Je wahrscheinlicher eine Aktualisierung des Risikos in Betracht kommt und je höher der zu erwartende Vermögensnachteil dadurch sein würde, desto eher kann von einer Beeinträchtigung ausgegangen werden, die einen gewissenhaften Geschäftsleiter dazu veranlasst, diese Gefährdungen durch entsprechende Sicherungsmechanismen auszugleichen. Die des Weiteren im strafrechtlichen Schrifttum vorgeschlagenen Abgrenzungskriterien werden häufig nicht zu anderen Ergebnissen führen, so dass ein Rückgriff auf eine Gesamtschau der Abgrenzungsmerkmale angezeigt scheint. In jedem Fall handelt es sich um eine wertende Gesamtbetrachtung der Situation im Einzelfall, so dass unterschiedliche Faktoren in die Entscheidungsfindung einfließen können und sollten.

Zusammenfassend liegt ein Nachteil jedenfalls immer dann vor, wenn das abhängige Unternehmen zur Vornahme oder Unterlassung einer Maßnahme veranlasst wird und diese, würde es sich um eine täuschungsbedingte Vermögensverfügung handeln, einen Gefährdungsschaden im Sinne der §§ 263, 266 StGB darstellen würde.

d) Nachteilsbegründende Vermögensgefährdung als Abgrenzungskriterium

Im vorliegenden Zusammenhang sollte statt der „konkreten Gefährdung" der Begriff der „nachteilsbegründenden Vermögensgefährdung" benutzt werden. Ist die Vermögens- und Ertragslage der abhängigen AG nicht rechnerisch beeinträchtigt, kann gleichwohl bereits eine relevante Gefahr bestehen, die es rechtfertigt, diese Sachlage eines Nachteils gleich zu behandeln. Mit der hier präferierten Terminologie wird klargestellt, dass eine rechnerische Beeinträchtigung noch nicht verzeichnet werden konnte, dass jedoch eine Gefahrlage vorliegt, die aufgrund der veranlassten Risikoverschiebung nicht weniger Schutz für die abhängige AG verlangt. Dies hat zur Folge, dass im Falle der nachteilsbegründenden Vermögensgefährdung ein Ausgleich zu erfolgen hat. Andernfalls liegt ein pflichtwidriges Verhalten vor, das sanktioniert wird, sofern ein Verschulden nicht widerlegt wird (§ 317 AktG).

Ein Nachteil liegt somit sowohl im Falle der veranlassten Beeinträchtigung der Vermögens- und Ertragslage der AG vor als auch bei einer nachteilsbegründenden

863 Insofern decken sich die Erwägungen mit denen zum sicherheitsrechtlichen Gefahrenbegriff, siehe § 10 B I 1 b).

Vermögensgefährdung. Mit der Einbeziehung Letzterer ist keine analoge Anwendung verbunden, weil lediglich der Nachteilsbegriff als in zwei Varianten darstellbar angesehen wird. Denn bereits die nachteilsbegründende Vermögensgefährdung stellt qualitativ einen Nachteil im Sinne von § 311 AktG dar. Der Begriff der nachteilsbegründenden Vermögensgefährdung dient den Schutzinteressen der abhängigen AG und ihrer Außenseiter und ist deutlicher konturiert als der der „konkreten Gefährdung", obschon beide Begrifflichkeiten die selbe Intention verfolgen.

e) Zwischenergebnis

Ob eine relevante Gefahrenlage vorliegt, ergibt sich aufgrund einer wertenden Einzelfallbetrachtung. Maßgeblich sind die gleichen Grundsätze, die zur Prüfung einer schadensbegründenden Vermögensverfügung im Rahmen von §§ 263, 266 StGB herangezogen werden. Im Zusammenhang mit § 311 AktG liegt gegebenenfalls eine nachteilsbegründende Vermögensgefährdung vor, so dass ein Ausgleich zu erfolgen hat.

2. *Bezifferung des Risikos aufgrund nachteilsbegründender Vermögensgefährdung*

Es schließt sich die Frage an, ob die nachteilsbegründende Vermögensgefährdung beziffert werden kann. Unter der Prämisse, dass jeder Vermögenswert bewertet werden kann[864] und die Quantifizierung wegen der zugrundeliegenden Methodik gelingt, wäre der Fragenkreis um unbezifferte Nachteile verlassen. Es stellten sich dann keine spezifischen Fragen um den Ausgleich dieser Nachteile, weil bezifferbare Nachteile durch bezifferte Vorteile ausgeglichen werden könnten, um der Haftung nach § 317 AktG zu entgehen. Es wird jedoch auch vertreten, dass insbesondere die Bewertung von Maßnahmen nahezu unmöglich sei.[865]

Im hier relevanten Zusammenhang geht es jedoch nicht um die Bewertung eines Vermögenswertes, sondern um die Bewertung des Risikos, dass mit einer gewissen Wahrscheinlichkeit mit einer Vermögenseinbuße für das abhängige Unternehmen zu rechnen ist. Diese Gefährdungslage rechtfertigt die Annahme eines Nachteils, obzwar rechnerisch noch keine Beeinträchtigung der maßgeblichen Vermögens- und Ertragslage der Gesellschaft verzeichnet werden kann. Zum Zeitpunkt der sie begründenden Veranlassung ist diese Gefährdung zu beziffern. In den hier zu

---

864 Prononciert in diesem Sinne *Haarmann*, Hachenburg-Gedächtnisvorlesung, S. 45, 64–68.

865 Vgl. die Nachweise auf mitunter sehr kritische Stimmen in Fn. 675. In diesem Sinne sind wohl auch die Entscheidungen des OLG Köln (siehe § 8 A II mit Nachweis in Fn. 744) und des BGH (siehe § 8 A III mit Nachweis in Fn. 754) zu deuten, obschon sich die Ausführungen teilweise zu §§ 57, 62 AktG und nicht zu §§ 311, 317 AktG verhalten.

behandelnden Fallkonstellationen steht das Ausmaß des Risikos – die Nachteiligkeit unterstellt – noch nicht fest.[866]

a) Rückgriff auf Prinzipien zur bilanziellen Rückstellungsbildung bei „ungewissen Verbindlichkeiten"?

Möglicherweise kann ein Rückgriff auf bilanzielle Prinzipien Hinweise auf die Bewertung auch im Rahmen von § 311 AktG liefern. Nach § 249 Abs. 1 Satz 1 HGB sind Rückstellungen für „ungewisse Verbindlichkeiten" zu bilden, die nach § 253 Abs. 1 Satz 2 HGB „in Höhe des nach vernünftiger kaufmännischer Beurteilung notwendigen Erfüllungsbetrages anzusetzen" sind. Demnach bedarf es auch im Bilanzrecht einer Bezifferung im Falle einer Vermögensgefährdung wegen des Risikos potenzieller Verbindlichkeiten. Die Problematik deckt sich im Ansatz mit der im Rahmen von § 311 AktG akuten, weil ein Risiko im Raum steht, das beziffert werden muss. Auch der BGH spricht im Rahmen der Risikoübernahme und § 311 AktG von „ungewisse[n] Verbindlichkeit[en]".[867]

Im Schrifttum wird hinsichtlich der Berücksichtigung bilanzieller Folgen von veranlassten Maßnahmen lediglich diskutiert, ob ein Nachteil nur dann vorliegt, wenn er bilanzielle Folgen zeitigt, und ob, wenn dies der Fall ist, auch die kompensierenden Vorteile bilanzielle Auswirkungen haben müssen.[868] Hier soll hingegen die Frage behandelt werden, ob Rückschlüsse auf die Nachteilsbemessung aufgrund der notwendigen Bezifferung möglicher Verbindlichkeiten zur Bildung von Rückstellungen denkbar sind.

aa) Der Begriff der „ungewissen Verbindlichkeit"

Eine ungewisse Verbindlichkeit im bilanzrechtlichen Sinne liegt unter anderem dann vor, wenn, wie im hier relevanten Kontext, die Entstehung einer Verbindlichkeit unsicher ist. Es sind derartige Gefahrenlagen auszuscheiden, bei denen die Entstehung einer Verbindlichkeit zwar möglich, aber nicht wahrscheinlich ist. Besteht eine ausreichende Wahrscheinlichkeit, ist der Kaufmann gehalten, entsprechende Rückstellungen zu bilden, obgleich nicht sicher ist, ob eine begründete Forderung besteht. Die Gefahrenlage verpflichtet ihn, Vorkehrungen in Form von Sicherheiten für eine potenzielle Inanspruchnahme durch Gläubiger zu treffen.[869]

---

866 Zu den Fällen, in denen ein Risiko besteht, dessen potenzielles Ausmaß feststeht, vgl. § 10 B II.

867 Vgl. den Nachweis in Fn. 758.

868 Vgl. etwa *Habersack*, in Emmerich/Habersack, § 311 Rn. 63; *H.-F. Müller*, in Spindler/Stilz, § 311 Rn. 50; eingehend *Altmeppen*, in MünchKommAktG, § 311 Rn. 347–355.

869 Vgl. *Hennrichs*, in MünchKommBilR, § 249 HGB Rn. 35–37; vgl. auch BFH, Urteil vom 26. April 2012 – IV R 43/09, DStR 2012, 1128, 1129 Tz. 14; vgl. zur Besicherung im Rahmen von §§ 311 ff. AktG auch *Riegger*, ZGR 2008, 233, 241 f.

Wann eine ausreichende Wahrscheinlichkeit besteht, ist anhand der Umstände des Einzelfalles zu entscheiden. Der Kaufmann muss jedenfalls ernsthaft mit dem Entstehen einer Verbindlichkeit zu rechnen haben.[870] Überwiegend wird angenommen, dass dies der Fall sei, „wenn mehr Gründe für als gegen das Bestehen der Verbindlichkeit sprechen".[871] Andererseits wird im Schrifttum aber auch vertreten, es könne nicht auf eine „statistische Wahrscheinlichkeit von mehr als 50%" ankommen. Maßgeblich sei eine am Vorsichtsprinzip orientierte Bewertung aller Umstände aus der Sicht eines ordentlichen Kaufmannes.[872]

bb) Die Bemessung der Rückstellungen für „ungewisse Verbindlichkeiten"

Besteht eine hinreichend konkrete Wahrscheinlichkeit, ist des Weiteren fraglich, in welcher Höhe eine Rückstellung für ungewisse Verbindlichkeiten zu erfolgen hat. Der Verweis von § 253 Abs. 1 Satz 2 HGB auf die Grundsätze vernünftiger kaufmännischer Beurteilung verdeutlicht zwar, dass ein Ermessensspielraum besteht.[873] Konkrete Anforderungen an den Wertansatz lassen sich dem Gesetz allerdings nicht entnehmen. Im Schrifttum wird deshalb die Formulierung dahingehend kritisiert, dass §§ 249, 253 HGB lediglich die willkürliche Ansetzung von Schätzwerten verbiete.[874]

Überwiegend wird vertreten, es sei der Betrag anzusetzen, der zur Erfüllung der Verbindlichkeit voraussichtlich erforderlich ist. Dies sei der Betrag, für den die höchste Wahrscheinlichkeit spreche.[875] Es bestehe zwar ein Rahmen, der eine Unter- und Obergrenze für die Bewertung durch den Kaufmann vorgebe, innerhalb dessen sich der Ansatz also zu bewegen habe. Dies zwinge ihn jedoch ganz herrschender Meinung

---

870 Insofern noch allgemeine Meinung, vgl. etwa *Kleindiek*, in GroßKommHGB, § 249 Rn. 35.

871 Unter Berufung auf die Rechtsprechung des Bundesfinanzhofes so *Hennrichs*, in MünchKommBilR, § 249 HGB Rn. 50.

872 *Kleindiek*, in GroßKommHGB, § 249 Rn. 35; *Böcking/Gros*, in E/B/J/S, § 249 Rn. 17; *Ballwieser*, in MünchKommHGB, § 249 Rn. 13.

873 *Kleindiek*, in GroßKommHGB, § 253 Rn. 34 f.; A/D/S, § 253 HGB Rn. 176 f., 188–190; *Tiedchen*, in MünchKommBilR, § 253 HGB Rn. 28; *Ekkenga*, in KK-RLR, § 253 Rn. 46; *Böcking/Gros*, in E/B/J/S, § 253 Rn. 17; *Winnefeld*, Bilanz-Hb, Kap. E Rn. 1536–1538.

874 *Göllert*, DB 2008, 1165, 1170.

875 *Winnefeld*, Bilanz-Hb, Kap. E Rn. 1536; *Kleindiek*, in GroßKommHGB, § 253 Rn. 38; *Tiedchen*, in MünchKommBilR, § 253 HGB Rn. 28; A/D/S, § 253 HGB Rn. 192; *Merkt*, in Baumbach/Hopt, § 253 Rn. 3; *Böcking/Gros*, in E/B/J/S, § 253 Rn. 22; *Schubert*, in BeckBilKomm, § 253 Rn. 154 f.; *Lezius*, in GK-HGB, § 253 Rn. 9; ähnlich *Morck*, in K/K/R/M, § 253 Rn. 4; kritisch, im Ergebnis aber wohl nicht abweichend, da ebenfalls auf die Wahrscheinlichkeitsprognose abstellend, *Ballwieser*, in MünchKommHGB, § 253 Rn. 83, wonach im Einzelfall lediglich die Plausibilität der Rückstellung zu überprüfen ist; grundsätzlich auch *Ekkenga*, in KK-RLR, § 253 Rn. 46, allerdings mit den Hinweis in Rn. 47, dass bei Unsicherheit über den Verpflichtungsgrund grundsätzlich ein Wertabschlag gerechtfertigt sei.

nach nicht dazu, obzwar die Beachtung des das Bilanzrecht prägenden Vorsichtsprinzips (§ 252 Abs. 1 Nr. 4 HGB) dazu verleiten könnte, den höchsten Betrag des Bewertungsrahmens zu wählen. Nur wenn mehrere Beträge gleich wahrscheinlich seien, sei der höhere anzusetzen.[876]

b) Übertragung der bilanziellen Erkenntnisse auf die Bezifferungsproblematik im Rahmen von § 311 AktG

Es stellt sich die Frage, ob im Rahmen von § 311 AktG ebenso verfahren werden kann, dass nämlich bei Annahme eines Nachteils aufgrund einer nachteilsbegründenden Vermögensgefährdung der wahrscheinlichste Betrag als Nachteil zu behandeln ist.

Die besseren Gründe sprechen gegen eine Handhabung im beschriebenen Sinne. Wenn und weil eine volle und nicht lediglich ungefähre Kompensation geschuldet ist[877] und da die Situation sich als noch unsicherer darstellt, als sie bei der üblichen Bewertung einer nachteilsbegründenden Maßnahme schon ist, kann hier nicht von Quantifizierbarkeit ausgegangen werden, wie sie § 311 AktG verlangt. Denn es ist nicht einmal sicher, ob es zu einer Beeinträchtigung des Vermögens der abhängigen AG kommen wird. Jeder Versuch einer Bezifferung läuft auf die Inkaufnahme von Ungewissheiten hinaus. Denn auch der „wahrscheinlichste" Wert ist prognostisch bedingt imponderabel, zumal nicht nur das Entstehen einer messbaren Einbuße, sondern auch ihr Ausmaß unvorhersehbar ist.

Dem Vorstand der abhängigen AG ist somit im Rahmen von §§ 311 ff. AktG nicht der Ermessensspielraum eröffnet, wie §§ 249, 253 HGB ihn begründen. Der entscheidende Unterschied liegt im jeweiligen Normkontext begründet. Denn während der Kaufmann zwingend eine – notwendigerweise einen konkreten Wert aufweisende – Rückstellung bilden muss und Schwierigkeiten bei der Bezifferung nicht dazu führen dürfen, dass die Rückstellungsbildung unterbleibt,[878] stehen dem Vorstand der abhängigen AG als Reaktion auf eine Veranlassung des herrschenden Unternehmens andere Handlungsmöglichkeiten offen. Er kann nämlich die Durchführung derjenigen Maßnahmen, die eine nachteilsbegründende Vermögensgefährdung für die abhängige AG bedeuten und deren Ausmaß nicht bezifferbar ist, ablehnen. Diese Möglichkeit hat der bilanzierende Kaufmann nicht, denn die Ursachen, die eine Rückstellungspflicht begründen, sind schon gelegt. Das heißt, dass mit der Ungewissheit umgegangen werden muss, während es in der Hand des Vorstandes der abhängigen AG liegt, den Eintritt einer derartigen Unsicherheit zu unterbinden. Im Rahmen von § 311 AktG steht darüber hinaus zur Diskussion, ob ein ungewisser Nachteil samt der nicht quantifizierbaren Auswirkungen nicht durch unbezifferte Vorteile eliminiert werden

876 A/D/S, § 253 HGB Rn. 192; *Lezius*, in GK-HGB, § 253 Rn. 9; *Tiedchen*, in MünchKommBilR, § 253 HGB Rn. 28; *Winnefeld*, Bilanz-Hb, Kap. E Rn. 1536; kritisch *Ballwieser*, in MünchKommHGB, § 253 Rn. 84.

877 *Lutter*, in FS Peltzer, S. 241, 252.

878 *Winnefeld*, Bilanz-Hb, Kap. E Rn. 1538.

kann.[879] Die Möglichkeit, unbezifferte Rückstellungen zu bilden, ist im Bilanzrecht nicht gegeben. Somit könnte – bei Ausgleichsfähigkeit, die noch zu behandeln ist – auch hingenommen werden, dass es sich bei den hier besprochenen Fällen um Nachteile handelt, die nicht quantifizierbar sind.

c) Zwischenergebnis

Damit liefern die bilanzrechtlichen Überlegungen für die Fälle, in denen das Entstehen und die Höhe einer veranlassten Maßnahme unsicher sind, keine Aufschlüsse über die Bezifferung im Rahmen von § 311 AktG. Die Frage der Zulässigkeit derartiger Nachteile ist somit nicht im Rahmen der – nur unzureichend möglichen – Bezifferung eines Risikos zu beantworten, sondern vielmehr auf Ebene der Ausgleichsmodalitäten. Es ist die Nachteiligkeit der Risikoübernahme zu beseitigen, denn dass die Gefährdungslage einen Nachteil darstellt, steht bereits fest. Der Versuch, der nachteilsbegründenden Vermögensgefährdung einen bezifferbaren Wert zuzuschreiben, nur um ihn in dieser Höhe ausgleichen zu können, wird der Problematik nicht gerecht. Diese ist geprägt von unsicheren Erwartungen. Darauf ist im Rahmen der die Gefährdung kompensierenden Ausgleichsleistung angemessen zu reagieren.

3. Ergebnis

Ist keine messbare Beeinträchtigung der Vermögens- und Ertragslage der abhängigen AG zu verzeichnen, kann gleichwohl ein Nachteil vorliegen. Dies setzt die Bejahung der Voraussetzungen der nachteilsbegründenden Vermögensgefährdung voraus. Im Falle ihres Vorliegens war die Veranlassung des herrschenden Unternehmens nachteilig. Lediglich die Höhe der zugefügten Nachteile ist problematisch. Aufgrund der dem festgestellten Risiko immanenten Unsicherheiten kann auch der Rückgriff auf den bilanziellen Umgang mit ungewissen Verbindlichkeiten, deren Ausmaß nicht beziffert werden kann, keinen weiteren Aufschluss liefern. Es liegt ein nicht quantifizierbarer Nachteil vor.

II. Entstehung eines Nachteils „objektiv unklar“ (2. Fallgruppe)

Die zweite zu behandelnde Konstellation unterscheidet sich von der bereits beschrieben Variante dadurch, dass im Falle der Aktualisierung der Gefahrenlage die Höhe des dann messbaren Nachteils schon bei Durchführung der veranlassten Maßnahme feststeht. Übernimmt die abhängige AG etwa eine bestimmte Verbindlichkeit, die der Höhe nach begrenzt ist, und ist nur die Inanspruchnahme unsicher, kann bereits die Gefahr der Geltendmachung eine nachteilsbegründende Vermögensgefährdung darstellen, so dass ein Nachteil im Sinne von § 311 AktG begründet wäre. Relevant wird diese Frage etwa, wenn die abhängige AG auf Veranlassung

879 Siehe hierzu § 10 C II.

eine Bürgschaft übernimmt[880] oder ein unbesichertes Darlehen gewährt, dessen Rückzahlungsanspruch nicht vollwertig ist.[881]

Fraglich ist, ob insofern eine den Anforderungen der §§ 311 ff. AktG genügende Quantifizierung vorgenommen werden kann. Obschon die potenziellen Auswirkungen der Höhe nach feststehen, ist weiterhin unsicher, ob es überhaupt zu einer messbaren Beeinträchtigung der Vermögens- und Ertragslage der abhängigen AG kommt. Es bleibt nämlich dabei, dass der Nachteil, der bereits im Risiko liegt, nicht ohne Weiteres beziffert werden kann, weil es sich lediglich um die Möglichkeit eines Eintritts handelt, auch wenn im Falle des Eintritts feststehende Einbußen bestehen mögen.

1. Behandlung im Bilanzrecht

Im Bilanzrecht wird für derartige Fälle überwiegend die Ansicht vertreten, eine Rückstellung (§§ 249 Abs. 1 Satz 1, 253 Abs. 1 Satz 2 HGB) müsse in voller Höhe der Verbindlichkeit gebildet werden.[882] Dies folge aus dem Vorsichtsprinzip (§ 252 Abs. 1 Nr. 4 HGB), weil damit gerechnet werden müsse, dass der Betrag bei tatsächlicher Verbindlichkeitsentstehung aufzuwenden sei. Vereinzelt wird vertreten, es sei nicht der volle Betrag anzusetzen, sondern aufgrund der bestehenden Unsicherheit über das „Ob" der Verbindlichkeitsentstehung ein Abschlag vom quantifizierbaren Ausmaß vorzunehmen.[883]

2. Übertragung der Überlegungen auf § 311 AktG

Fraglich ist, ob die Ausführungen zum Bilanzrecht für die Behandlung im Rahmen von § 311 AktG fruchtbar gemacht werden können. Analog der herrschenden Meinung zu §§ 249 Abs. 1 Satz 1, 253 Abs. 1 Satz 2 HGB müsste ein Nachteil in voller Höhe des potenziellen Ausmaßes angenommen werden, obschon fraglich ist, ob es überhaupt zu einer messbaren Beeinträchtigung kommt. Er würde also genauso behandelt, als ob die Gefahrrealisierung sicher wäre. Der Mindermeinung nach müsste ein Abschlag vorgenommen werden, wobei unklar ist, in welcher Höhe dies zu geschehen hätte.

Während im oben dargestellten Fall[884] die bilanzrechtlichen Überlegungen nicht weitergeführt haben, ist für die hier behandelte Variante davon auszugehen, dass

---

880 *Koppensteiner*, in KK-AktG, § 311 Rn. 134; *Wirth*, in Liber Amicorum M. Winter, S. 775, 780 f.

881 Die Darlehensgewährung ist, auch bei nicht vorhandener Besicherung, nicht per se nachteilig. Im Einzelfall kann dies jedoch aufgrund fraglicher Vollwertigkeit des Rückgewähranspruchs der Fall sein, vgl. *Habersack*, in Emmerich/Habersack, § 311 Rn. 62; *dens./Schürnbrand*, NZG 2004, 689, 693 f.

882 *Tiedchen*, in MünchKommBilR, § 253 HGB Rn. 28; *Lezius*, in GK-HGB, § 253 Rn. 9; grundsätzlich auch *Kleindiek*, in GroßKommHGB, § 253 Rn. 40.

883 *Ekkenga*, in KK-RLR, § 253 Rn. 47; A/D/S, § 253 HGB Rn. 193.

884 Siehe § 10 B I 2.

die Nachteilsfestsetzung in Höhe der maximalen Beeinträchtigung keinen Bedenken unterliegt. Sofern der Vorstand der abhängigen AG diesen Nachteil als zutreffend durchzusetzen vermag, ist aus Schutzzweckgesichtspunkten nichts dagegen einzuwenden. Denn auf diese Art und Weise wird das bestehende Risiko vollständig abgedeckt. Der Nachteil wäre zwar gegebenenfalls zu hoch angesetzt worden, doch lassen sich daraus keine Gefahren für die Vermögens- und Ertragslage der abhängigen Gesellschaft ableiten. Die Gefahr der Beeinträchtigung wird behandelt, als ob die Vermögensminderung feststehen würde. Sollte das Risiko nicht in eine messbare Vermögensbeeinträchtigung umschlagen, läge eine Überkompensation vor. Ob diese Gestaltung praktisch relevant werden wird, sei dahingestellt.

Die Vornahme eines Abschlages, wie ihn eine Mindermeinung zu §§ 249 Abs. 1 Satz 1, 253 Abs. 1 Satz 2 HGB vertritt, würde die Ungewissheit des messbaren Nachteilseintritts auf das abhängige Unternehmen verlagern und ist deshalb abzulehnen. Diese Vorgehensweise kann somit im Rahmen von § 311 AktG nicht zu einer zutreffenden Bezifferung des Nachteils führen.

3. Ergebnis

Steht das potenzielle Ausmaß eines Risikos fest, kann die maximal mögliche Vermögenseinbuße als Nachteil behandelt werden. Diese aus dem Bilanzrecht zu „ungewissen Verbindlichkeiten" folgende Überlegung ist geeignet, die veranlassungsbedingte Vermögensbeeinträchtigung abzudecken. Gleichwohl wird dieses Vorgehen regelmäßig nicht durchsetzbar sein, weil das herrschende Unternehmen einen Ausgleich für noch nicht messbare und im Übrigen unsichere Vermögensbenachteiligungen leisten würde. Sofern ein das denkbare Risiko ausgleichender tatsächlicher Ausgleich unterbleibt, liegen nicht quantifizierbare Nachteile vor.

III. Höhe eines Nachteils „objektiv unklar" (3. Fallgruppe)

Schließlich ist denkbar, dass lediglich die Höhe der Nachteile, die durch eine Veranlassung durch das herrschende Unternehmen eintreten, „objektiv unklar" sein kann. In diesen Fällen steht zum maßgeblichen Zeitpunkt der Ausführung der Maßnahme fest, dass es sich um ein nachteilhaftes Geschäft handelt. Insofern besteht ein Unterschied zu den beiden vorherigen Fallgruppen, weil der Eintritt einer messbaren Vermögensauswirkung außer Frage steht. Unsicher sind nur die Auswirkungen der ausgeführten Maßnahme. Damit liegt ein grundsätzlich messbarer, weil die Vermögens- und Ertragslage bereits beeinträchtigender Nachteil vor. Die maßgebliche ex-ante-Bewertung kann anhand der gängigen Kalkulationsprinzipien aber keine Bezifferung liefern.

Dabei kann es sich etwa um Fälle handeln, bei denen Unterlagen für eine Bewertung noch nicht vorliegen oder eilige Geschäfte vorgenommen werden sollen, ohne dass eine exakte Gegenleistung bei ihrer Durchführung bestimmt werden könnte. Ob es sich um einen theoretischen oder praktisch vorkommenden Fall handelt, sei dahingestellt. Aufgrund der Vielzahl der denkbaren Fallgestaltungen wird hier davon ausgegangen, dass diese Konstellation auftreten kann, so dass die Frage des potenziell möglichen Ausgleichs zu beantworten ist, der mangels Bezifferbarkeit des Nachteils ebenfalls nicht quantifizierbar sein muss, sofern §§ 311 ff. AktG eine Kompensation überhaupt zulassen.

IV. Subjektive Ungewissheit (4. Fallgruppe)

Neben den dargestellten Fällen ist noch folgende Konstellation beachtenswert, denn zu unterscheiden ist der Fall, dass (nur) die Parteien über die Höhe etwaiger Nachteile unsicher sind. Während in den anderen Fällen objektiv, also für jedermann, unklar ist, ob (und/oder in welcher Höhe) Nachteile bestehen, zeichnet sich diese Fallgruppe dadurch aus, dass ein Sachverhalt vorliegt, aufgrund dessen nach allgemeinen Methoden festgestellt werden kann, ob und in welcher Höhe ein Nachteil vorliegt.

In diesen Konstellationen wird es häufig um Bewertungsprobleme gehen, die dazu führen, dass externer Rat eingeholt wird, auf den sich die Parteien aber nicht verlassen wollen oder können. Beziffern sie den Nachteil nun wie von Expertenseite vorgeschlagen, ist eine spätere Gerichtsentscheidung, die den Nachteil anderweitig, namentlich höher beziffert, nicht auszuschließen. Die Geschäftsleiter stehen also vor einem Dilemma, weil Unsicherheit herrscht, wie hoch der Nachteil anzusetzen ist, um einen entsprechenden Ausgleich vorzunehmen und um so eine Schadensersatzhaftung zu vermeiden.[885]

Dabei handelt es sich gleichwohl nicht um einen unbezifferbaren Nachteil, sondern um einen Nachteil, über dessen Höhe (nur subjektive) Ungewissheit besteht.[886] Kommt es zu einer gerichtlichen Klärung, wird später rechtskräftig festgestellt, wie hoch der Nachteil zum Zeitpunkt der Zufügung durch das herrschende Unternehmen war und in welcher Höhe ein Ausgleich hätte erfolgen müssen, um die Schadensersatzhaftung nach § 317 Abs. 1 und Abs. 3 AktG zu vermeiden.[887] Vorgeworfen wird dem herrschenden Unternehmen und seinen Geschäftsleitern folglich, dass sie eine korrekte Bewertung – namentlich die vom Gericht festgestellte – hätten vornehmen müssen, obgleich ein Bewertungsgutachten, wie es etwa im Falle von Unternehmenstransaktionen üblich ist, eingeholt worden ist. Anders als im Falle der Risikoverlagerung auf die abhängige AG ist der Sachverhalt in diesen Konstellationen bereits abgeschlossen, denn Einflüsse Dritter vermögen die Sachlage nicht zu verändern. Wird hingegen ein Risiko auf die abhängige AG übertragen, ist unklar, ob es zur Gefahraktualisierung kommen wird. Diese Frage stellt sich in den hier relevanten Varianten nicht.

Dass diese Konstellation durchaus Praxisbezug hat, verdeutlich der Fall des Verkaufs des Osteuropageschäfts der HVB an die UniCredit.[888] Die Konstellation

885 Vgl. etwa *Wirth*, in Liber Amicorum M. Winter, S. 775, 781 f.
886 Zur Abgrenzung bereits unter § 10 B I.
887 Vgl. *Heidel*, in FS Meilicke, S. 125, 137.
888 Siehe dazu bereits § 8 B.

entspricht der hier beschriebenen.[889] Unter Bezugnahme auf ein Bewertungsgutachten wurde ein Preis festgelegt, der sich als zu niedrig herausgestellt hat. Es lag folglich ein Nachteil vor.[890]

V. Zwischenresümee

Nicht nur bereits eingetretene messbare Beeinträchtigungen der Vermögens- und Ertragslage können einen Nachteil darstellen. Zwar erfüllt eine lediglich mögliche Gefährdung der Vermögens- und Ertragslage den Tatbestand der §§ 311 ff. AktG nicht. Von einer nachteilsbegründenden Vermögensgefährdung, die einen Ausgleich notwendig macht, ist jedoch auszugehen, wenn nach den Grundsätzen der schadensbegründenden Vermögensgefährdung im Sinne der Betrugs- und Untreuestrafbarkeit ein Schaden anzunehmen wäre. Hinsichtlich der potenziellen Auswirkungen des Risikos kann die mögliche Höhe bereits feststehen oder ebenfalls nicht sicher sein. Es handelt sich jeweils um nicht bezifferbare Nachteile für das abhängige Unternehmen.

Darüber hinaus sind Fallgestaltungen nicht auszuschließen, in denen ein Nachteil dem Grunde nach zu bejahen ist, dessen quantitative Auswirkungen aber nicht bestimmt werden können. Auch insofern ist vom Bestehen nicht quantifizierbarer Nachteile auszugehen.

Davon zu unterscheiden ist die Konstellation, in der nach betriebswirtschaftlichen Prinzipien ein Nachteil besteht und seine Höhe bezifferbar ist, die beteiligten Geschäftsleiter aber subjektiv über das Vorhandensein oder die Höhe unsicher sind. Es handelt sich trotz der damit verbundenen Unwägbarkeiten um bewertbare und damit bezifferbare Nachteile. Ob diese Fälle ebenfalls einen nicht bezifferbaren Ausgleich erlauben, um die vorhandenen Risiken zu eliminieren, ist fraglich.

C. Unbezifferter Nachteilsausgleich

Nachdem die Bezifferung des Nachteils in verschiedenen denkbaren Fallgruppen behandelt worden ist, stellt sich die für die Konzernleitung aufgrund der Haftungsanordnung in § 317 Abs. 3 AktG praktisch extrem relevante Frage, ob es

---

889 Abweichend *Arnold/Aubel*, ZGR 2012, 113, 137, die meinen, in dem zugrundeliegenden Sachverhalt „stand die Frage, ob überhaupt, und wenn ja, in welcher Höhe ein Nachteil besteht, ex ante nicht fest". Demgegenüber ist wohl davon auszugehen, dass die Maßnahmen bewertet werden konnten; in diesem Sinne auch *Arnold/Gärtner*, in FS Stilz, S. 7, 19 f. Es handelte sich um eine übliche Unternehmenstransaktion (siehe zur Entscheidung die Ausführungen unter § 8 B), so dass lediglich subjektiv Ungewissheit bestand. Der Sachverhalt war in sich bereits abgeschlossen, da keine internen oder externen Maßnahmen mehr Auswirkungen auf die Bewertung (zum Stichtag) haben konnten.

890 Vertreter der herrschenden Meinung zum Nachteilsbegriff müssten sich die anschließende Frage des Verschuldens (§ 317 Abs. 2 AktG) bereits bei der Untersuchung des Nachteils stellen, vgl. dazu die Ausführungen unter § 3 C.

eine Möglichkeit der pauschalen Ausgleichung von etwaigen Nachteilen durch einen unbezifferten Nachteilsausgleich gibt. Sollte dies für einzelne Fälle möglich sein, wäre der Konzernleitung damit ein Mittel an die Hand gegeben, mit dem die Geschäftsleitung verbundweit betrieben werden könnte, ohne die persönliche Schadensersatzhaftung befürchten zu müssen, wenn und weil Nachteile durch die Einräumung unbezifferter Vorteile kompensiert werden würden.

Dass dies nicht unbeschränkt möglich sein kann, liegt im Angesicht der gesetzgeberischen Intention durch die Ausgestaltung der §§ 311 ff. AktG mit Hilfe eines Systems des Einzelausgleichs, das Außenseiterschutz durch Unterbindung jedes einzelnen nachteiligen Geschäfts bezweckt, auf der Hand.[891] Anders als nach § 302 AktG kann die Konzernleitung eine abhängige Gesellschaft und ihre Außenseiter nicht auf einen Ausgleich etwaiger Nachteile durch pauschale Ausgleichsleistung verweisen. Das System des Einzelausgleichs und die Notwendigkeit der Aufnahme einzelner nachteiliger Maßnahmen in den Abhängigkeitsbericht stellen dies mehr als deutlich dar. Im Übrigen würde § 302 AktG nur einen Ausgleich bei Entstehung eines Verlustes gewähren. §§ 311 ff. AktG zielen jedoch darauf ab, jeglichen Nachteil, also auch einen solchen, der einen entstandenen Gewinn verringert, ohne dass es zu einem Verlust kommt, zu ersetzen.

I. Denkbare Ausgleichsszenarien

Aufgrund der bisherigen Ausführungen kann die Bewertung der veranlassten Maßnahme entweder zur Folge haben, dass kein Nachteil entstanden ist, etwa weil lediglich eine keinen Ausgleich erfordernde Gefährdung vorliegt, oder dass ein Nachteil besteht. Ist der Nachteil quantifizierbar, ist er grundsätzlich in dieser Höhe auszugleichen.[892] Die Grenze zwischen Möglichkeit und Unmöglichkeit der Bezifferung kann nicht abstrakt, sondern nur im Einzelfall anhand der konkreten Umstände bestimmt werden.[893] Häufig werden die angewandten Bewertungsmethoden zu einem wenigstens gut begründbaren Ergebnis kommen, so dass der konkrete Nachteil durch Zuführung von entsprechenden Vorteilen kompensiert werden kann.[894]

Des Weiteren sind hinsichtlich des Ausgleichs die verschiedenen Ausgleichsszenarien zu unterscheiden. Ist das Bestehen eines Nachteiles sowohl seinem Grunde als auch der Höhe nach unsicher, liegt ein nicht quantifizierbarer Nachteil vor.[895] Darüber hinaus sind Fälle denkbar, in denen der Eintritt eines Nachteils wahrscheinlich, aber unsicher ist, die potenzielle Höhe des Nachteils aber feststehen würde. Auch insofern liegt ein nicht bezifferbarer Nachteil vor, wenn nicht ein Ausgleich

---

891 Siehe § 1 D II.

892 Siehe § 4 B III.

893 *Koppensteiner*, in KK-AktG, § 311 Rn. 137: „Es kommt also alles auf die Umstände des Einzelfalls an".

894 Siehe § 10 A mit Nachweisen in Fn. 834 zur Hinnahme der Unwägbarkeiten bei der Bewertung.

895 Siehe § 10 B I; zu dem Ausgleich in diesen Fällen siehe § 10 C II.

in Höhe der maximal möglichen Beeinträchtigung vorgenommen wird.[896] Drittens sind Konstellationen zu lösen, in denen die tatsächlich messbare Nachteiligkeit außer Frage steht, also nicht lediglich ein Risiko vorliegt, die Höhe des Nachteils aber nicht bestimmt werden kann.[897] Schließlich ist fraglich, wie mit der subjektiven Ungewissheit der Geschäftsleiter zu verfahren ist, obschon nach gängigen Kalkulationsprinzipien eine methodengerechte Bewertung der Maßnahmen gelingt.[898]

Es liegt auf der Hand, dass in vielen Fällen unklar sein wird, ob eine Bewertung eine derart konkrete Annäherung an einen Marktpreis liefert, dass ein bezifferter Ausgleich erfolgen kann. Die Annahme beinhaltet jedenfalls das Risiko der Haftung wegen nicht genügender Nachteilskompensation. Nicht nur im Sinne der sanktionslosen Konzernleitung, sondern auch, um den Schutz der abhängigen AG und ihrer Außenseiter zu gewährleisten, würde sich ein Ausgleich mittels unbezifferter Leistungszusage anbieten. Ob und in welchen Fällen diese Variante möglich ist, ist anhand der Ausgleichsfähigkeit im Einzelfall zu bestimmen.

II. Ausgleich dem Grund und der Höhe nach ungewisser Nachteile (1. Fallgruppe)

Die nachteilsbegründende Vermögensgefährdung stellt nach hier vertretenem Verständnis keine minder schwerwiegende Beeinträchtigung der Vermögens- und Ertragslage der abhängigen AG dar.[899] Sie ist daher grundsätzlich ebenso auszugleichen wie ein messbarer Nachteil.

1. Lösungsmöglichkeiten

Im Schrifttum wird teilweise, soweit ein Ausgleich überhaupt für denkbar gehalten wird,[900] ein solcher durch ausnahmsweise Einräumung eines nicht bezifferten Anspruchs für möglich erachtet. Es wird vertreten, das herrschende Unternehmen könne in den Fällen einer Vermögensgefährdung der abhängigen AG einen bedingten Anspruch auf Nachteilsausgleich anbieten.[901] Sobald eine Beeinträchtigung nicht nur sehr wahrscheinlich, sondern tatsächlich eingetreten sei, sei in der dann bekannten Höhe ein Ausgleich durchzuführen. So werde sichergestellt, dass eine tatsächlich messbare Vermögenseinbuße jedenfalls nicht das Vermögen der abhängigen AG belaste. Der Anspruch stünde demnach unter der aufschiebenden Bedingung des Eintritts einer „tatsächlichen Vermögensminderung“.[902] Andererseits wird

896 Siehe § 10 B II; zu dem Ausgleich in diesen Fällen siehe § 10 C III.
897 Siehe § 10 B III; zu dem Ausgleich in diesen Fällen siehe § 10 C IV.
898 Siehe § 10 B IV; zu dem Ausgleich in diesen Fällen siehe § 10 C V.
899 Siehe § 10 B I.
900 Siehe dazu § 9.
901 Siehe die Nachweise in Fn. 814.
902 Siehe die Nachweise in Fn. 814.

argumentiert, es müsse nicht erst die später messbare Beeinträchtigung, sondern bereits das durch die Vermögensgefährdung existierende Risiko eliminiert werden.[903]

Darüber hinaus wird vertreten, als Kompensation für nicht quantifizierbare Nachteile könnten dem abhängigen Unternehmen ebenfalls nicht bezifferbare Vorteile gewährt werden. Für die Verlagerung einer Gefahr, bei der nicht sicher sei, ob sie in eine messbare Vermögenseinbuße umschlage, könnte im Gegenzug etwa eine Geschäftschance eröffnet werden. Denn auch insofern sei unklar, ob diese sich vorteilhaft entwickele.[904]

2. *Grundsätzliche Ausgleichsfähigkeit*

Ob und wie ein Ausgleich nachteilsbegründender Vermögensgefährdungen in Frage kommt, muss anhand des Schutzzwecks der §§ 311 ff. AktG beurteilt werden. Solange die Ausgleichsfähigkeit gewährleistet werden kann, steht die anfängliche Unmöglichkeit der Quantifizierbarkeit der Konzernleitung nach §§ 311 ff. AktG nicht im Wege.

Aufgrund der Qualifikation der nachteilsbegründenden Vermögensgefährdung als konkret vorhandener Nachteil[905] muss diese Beeinträchtigung, obschon nicht quantifizierbar, beseitigt werden.[906] Es steht zum Zeitpunkt der Durchführung der zur konkreten Gefahr führenden Maßnahme fest, dass die abhängige AG benachteiligt ist. Folglich kann die Gesellschaft nicht darauf verwiesen werden, dass später möglicherweise eintretende Nachteile ausgeglichen werden. Damit wird ihr nicht das Risiko abgenommen, das durch Veranlassung auf sie verlagert worden ist. Das folgt schon daraus, dass sich die Liquiditätslage oder die Bonität des herrschenden Unternehmens bis zum Eintritt eines quantifizierbaren Nachteils verschlechtert haben kann. Dies würde ein Risiko der abhängigen AG darstellen, wenn und weil ein bezifferter Ausgleich dadurch gefährdet werden könnte. Es muss in geeigneter Form vielmehr bereits sichergestellt sein, dass der abhängigen AG ein Vorteil eingeräumt wird, der die Gefährdungslage wirtschaftlich betrachtet beseitigt. Insofern bedarf es eines – insoweit unbedingten – Anspruchs auf Freihaltung der AG von aufgrund der konkret zu bezeichnenden Maßnahme potenziell auftretenden (weiteren) Nachteilen.

Dafür spricht, dass der maßgebliche Zeitpunkt für die Feststellung des Nachteils (hier in Gestalt einer nachteilsbegründenden Vermögensgefährdung) derjenige der Durchführung der veranlassten Maßnahme ist.[907] Die in diesem Moment vorhandene Gefahr stellt einen Nachteil dar. Die Besonderheit besteht darin, dass die Gefahr nicht bezifferbar ist. Es könnte sich im Nachhinein sogar herausstellen, dass ein messbarer Nachteil aufgrund der konkreten Veranlassung gar nicht eingetreten ist.

---

903 Siehe die Nachweise in Fn. 815.
904 Siehe die Nachweise in Fn. 805.
905 Siehe § 10 B I 1.
906 Vgl. die in Fn. 815 Genannten.
907 Eingehend dazu unter § 3 B I 1.

Gleichwohl war es ex ante betrachtet wahrscheinlich, dass es zu einer vermögensmäßig messbaren Beeinträchtigung kommen würde. Um jenes Risiko zu beseitigen, helfen Versuche, aus der Wahrscheinlichkeit des Eintritts und der potenziellen Beeinträchtigungshöhe eine bezifferbare Größe als Nachteilsausgleich zu berechnen, nicht weiter. In Frage kommt nur ein nicht bezifferter Ausgleich. Damit ist in dieser Konstellation gemeint, dass der dem abhängigen Unternehmen zu gewährende Ausgleichsanspruch der Höhe nach nicht beschränkt sein darf.

Die Zulässigkeit der ausnahmsweise nicht bezifferbaren Nachteilsausgleichung ist auch materiell begründbar. Die Ursache, weshalb zutreffend davon ausgegangen wird, dass grundsätzlich nur ein bezifferter Vorteil geeignet ist, einen bestimmten quantifizierten Nachteil auszugleichen,[908] liegt unter anderem in der bereits eingetretenen messbaren Beeinträchtigung der Vermögens- und Ertragslage der abhängigen AG. Aus Gläubigerschutzgesichtspunkten muss ein Abfluss eines Vermögenswertes, also der Eintritt eines konkret messbaren Nachteils, durch eine entsprechende tatsächliche Zuführung von anderen Vermögenswerten ausgeglichen werden,[909] um eine entsprechende Zugriffsmasse für den Fall der Vollstreckung in das Vermögen der AG zu gewährleisten. Der Vorteil muss für den Gläubiger ein vergleichbares Sicherungsgut darstellen. Im Unterschied zur konkret messbaren Nachteilsentstehung stellt die nachteilsbegründende Vermögensgefährdung zwar ebenfalls einen Nachteil dar, es findet jedoch keine Verkürzung der Vermögenssubstanz statt, die andernfalls dem Gläubigerzugriff dienen könnte. Folglich muss auch ein Vorteil lediglich die Gefahr beseitigen und nicht Substanz bereitstellen, weil die Gefahr der Vermögensminderung einem Gläubiger noch nicht unmittelbar Zugriffsmasse entzieht.[910] Der Schutz der Gläubiger vor Aktualisierung der Gefährdung ist dadurch gewährleistet, dass eine Vollstreckung in den das Risiko kompensierenden Anspruch der abhängigen AG gegen das herrschende Unternehmen, der als Vorteil zu gewähren ist, möglich ist (§§ 829, 835 ZPO), auch wenn es sich im Einzelfall noch um bedingte Zahlungsansprüche handelt.[911]

Zudem spricht für die Notwendigkeit des Ausgleichs des anfänglichen Risikos, dass andernfalls eine Ausgleichssuspendierung vorliegen würde. Diese ist nach hier vertretenem Verständnis von § 311 Abs. 2 AktG jedoch nur dann erlaubt, wenn kein sofortiger Ausgleich möglich ist.[912] Im vorliegenden Zusammenhang kommt ein Ausgleich aber wie beschrieben in Betracht, so dass bereits die nachteilsbegründende Vermögensgefährdung zu kompensieren ist. Der Aufschub des Ausgleichs wäre in diesen Fällen pflichtwidrig und würde die Haftung gemäß § 317 AktG nach sich ziehen. Denn es ist nicht nur eine Grundsatzvereinbarung zu schließen, die

908 Siehe § 4 B III.
909 Im Regelfall erfolgt dies durch den Abschluss wirtschaftlich ausgeglichener Geschäfte.
910 *K. Müller*, ZGR 1977, 1, 16.
911 *Becker*, in Musielak/Voit, § 829 Rn. 5a; *Smid*, in MünchKommZPO, § 829 Rn. 12.
912 Siehe § 4 A II.

regelt, wie spätere Vermögensbeeinträchtigungen zu kompensieren sind, sondern der durch die Gefahrverlagerung auf Ebene des abhängigen Unternehmens entstandene Nachteil in Gestalt der nachteilsbegründenden Vermögensgefährdung ist auszugleichen. Dieser Ausgleich erfordert eine unmittelbar geltende und wirkende unbedingte Ausgleichsverpflichtung des herrschenden Unternehmens. Damit liegt kein Aufschub des Ausgleichs von Nachteilen vor. Ein solcher wäre nach hier vertretenem Verständnis auch nicht erlaubt.[913]

3. *Praktische Umsetzung des Nachteilsausgleichs*

a) Ausgleich durch Risikoeliminierung

Die Umstände des Einzelfalles bestimmen die Modalitäten des konkreten Nachteilsausgleichs. Eine Risikoeliminierung kann beispielsweise durch die unbedingte Freistellung im Innenverhältnis[914] oder die Einräumung einer Garantie[915] durch das herrschende Unternehmen in Betracht kommen. In jedem Fall muss sichergestellt werden, dass dem abhängigen Unternehmen diejenigen Risiken abgenommen werden, die es ohne die Veranlassung des herrschenden Unternehmens nicht tragen würde. Das setzt eine Risikobeurteilung bezüglich der ungefähren Ausmaße etwaiger Ausgleichszahlungen und eine ex ante anzustellende Bewertung der Solvenz des Schuldners dieser potenziellen Zahlungen voraus. Gegebenenfalls hat das abhängige Unternehmen Sicherheiten einzufordern, die die Erfüllung der Verpflichtungen sichern.[916] Bestehen Bedenken, ist die Risikoeliminierung nicht möglich, so dass eine Gefahrübernahme durch das abhängige Unternehmen zu unterbleiben hat.

---

913 Siehe § 4 A.

914 Vgl. zur Freistellungsvereinbarung etwa BGH, Urteil vom 31. Mai 2011 – II ZR 141/09, BGHZ 190, 7, 18 Tz. 27; *Habersack*, in Emmerich/Habersack, § 311 Rn. 51; *D. Theisen*, Umplatzierung, S. 218–220, 281 f.; vgl. zu den handelsrechtlichen Implikationen von ungewissen Verbindlichkeiten und der wirtschaftlichen Verlagerung des Risikos auch BFH, Urteil vom 26. April 2012 – IV R 43/09, DStR 2012, 1128; vgl. zur Aktivierungsfähigkeit einer Freistellungsvereinbarung *Schubert*, in BeckBilKomm, § 253 HGB Rn. 157; *Drygala/Staake*, ZIP 2013, 905, 914 mit Fn. 79; *Nodoushani*, ZIP 2012, 97, 105; nach Ansicht des BFH (a.a.O. Tz. 13–17) geht die Nichtaktivierung des Freistellungsanspruchs freilich mit der Nichtpassivierung der ungewissen Verbindlichkeit einher; in diesem Sinne auch *Arnold/Aubel*, ZGR 2012, 113, 133; vgl. zur Differenzierung zwischen der Frage der bilanziellen Messbarkeit einerseits und der Aktivierungsfähigkeit andererseits *Schäfer*, in FS Hoffmann-Becking, S. 997, 1001 f. sowie *Fleischer/Thaten*, NZG 2011, 1081, 1082; eingehend gegen das Erfordernis der Bilanzneutralität von Ausgleichsgestaltungen im Rahmen von § 311 AktG, so dass der Problemkreis nicht näher beleuchtet werden muss, *Altmeppen*, in MünchKommAktG, § 311 Rn. 347–355; vgl. auch *Westermann/Paefgen*, in FS Hoffmann-Becking, S. 1363, 1370.

915 Vgl. zu Möglichkeiten und Varianten einer Garantievereinbarung *Habersack*, in MünchKommBGB, vor § 765 Rn. 16–44.

916 Vgl. auch *Riegger*, ZGR 2008, 233, 241 f.

Wesentlich ist in diesem Zusammenhang die spezifische Bezeichnung, welche Maßnahme zu welcher Gefahrenlage geführt hat, um zu gewährleisten, dass dadurch möglicherweise (konkret) entstehende Nachteile ausgeglichen werden. Darüber hinaus sind die Modalitäten der Feststellung dieser Nachteile zu bestimmen. Insofern kann auf die Ausführungen zu den Fällen des Nachteilsaufschubs verwiesen werden.[917] Denn auch insofern sind die einzelfallbezogenen Quantifizierungsmodalitäten zu vereinbaren. Sollte es zur Aktualisierung der Gefahr in Gestalt von messbaren Vermögensbeeinträchtigungen kommen, muss feststehen, wie sich die auftretenden Nachteile berechnen und wie sie zu kompensieren sind. Die Freistellungsvereinbarung muss damit inhaltlich einer „Grundsatzvereinbarung" gleichkommen, wie sie für den suspendierten Nachteilsausgleich allgemein zu verlangen ist.[918] In diesem Zusammenhang kann auf die Besonderheiten des Einzelfalles eingegangen werden, so dass etwa mögliche Eingrenzungen von zu erwartenden Beeinträchtigungen vorgenommen und ihre Behandlung vereinbart werden können. Die konkret zu erfolgenden Zahlungen bestimmen sich sodann anhand der zum Zeitpunkt des Ausgleichs vorherrschenden Wertverhältnisse.[919] Es ist jedoch zu wiederholen, dass der Ausgleich im Sinne von § 311 AktG bereits durch den Abschluss der Vereinbarung vollzogen wird, der der abhängigen AG wirtschaftlich das Risiko der Realisierung der Gefahr abnimmt, und keine Suspendierung des Ausgleichs vorliegt.

Übernimmt beispielsweise die abhängige AG auf Veranlassung des herrschenden Unternehmens eine Verantwortlichkeit im Außenverhältnis und stellt dies aufgrund der Umstände des Einzelfalles eine nachteilsbegründende Vermögensgefährdung dar,[920] kommt eine Risikobeseitigung etwa durch Freistellung der abhängigen AG von Ansprüchen Dritter in Frage. Das herrschende Unternehmen übernimmt damit im Innenverhältnis das Risiko der Anspruchsgeltendmachung, wobei die Details in der Freistellungsvereinbarung zu regeln sind. Damit wird sichergestellt, dass, sollte sich das Risiko aktualisieren, letztlich das herrschende Unternehmen die Verantwortung trägt.

b) Ausgleich durch Kompensation mittels unbezifferter Vorteile

Im Schrifttum wird alternativ verbreitet die Möglichkeit konzediert, unbezifferte Nachteile durch Zuführung unbezifferter Vorteile zu kompensieren. Damit wird vermieden, eine veranlasste Maßnahme exakt beziffern zu müssen. Mit dem Austausch zweier Rechte oder Rechtsgüter würde versucht werden, die Prognoseunsicherheit durch eine gleichsam unsichere Gegenleistung zu kompensieren.[921]

---

917 Siehe § 4 A.
918 Siehe § 4 A.
919 Siehe § 3 B I 2 b).
920 Siehe zu den Kriterien § 10 B I 1.
921 Siehe § 9 A II mit Nachweisen in Fn. 808.

Auch in der Rechtsprechung ist angenommen worden, dass eine Abwägung der Vor- und Nachteile, obschon jeweils nicht bezifferbar, ergeben könne, dass eine Risikoeingehung durch die abhängige AG gerechtfertigt sein kann, wenn und weil kein Missverhältnis zwischen beiden Werten bestehe.[922]

aa) Kein äquivalenter Schutz der abhängigen AG

Fraglich ist, ob diese Möglichkeit, alternativ zur Verlagerung des Risikos im bereits beschriebenen Wege, in den hier gegenständlichen Fällen in Betracht kommt. Der soeben für zulässig erklärte unbezifferte Nachteilsausgleich beseitigt das veranlassungsbedingte Risiko vollständig, so dass der Schutz der abhängigen AG dadurch gewahrt wird, dass sichergestellt wird, dass keine vermögensmindernden Konsequenzen aus der Risikoverlagerung auf die abhängige AG resultieren. Es findet insofern keine Abwägung von Nachteilen mit Vorteilen statt, da gewährleistet wird, dass eine konkrete Gefährdung nicht in einen (darüber hinausgehenden) die Vermögens- und Ertragslage messbar beeinträchtigenden Nachteil umschlägt. Der Nachteilsausgleich ist insofern der Höhe nach unbegrenzt und deckt jede potenzielle Vermögensbeeinträchtigung ab.

Der Ansatz, der eine Kompensation mittels Einräumung von (nicht bezifferten) Chancen sucht, kann keinen gleichwertigen Vermögensschutz für die abhängige AG darstellen. Denn nur der unbezifferte Ausgleich durch Risikoeliminierung stellt sicher, dass das nicht beherrschbare Risiko, dessen Auswirkungen unbekannt sind, das abhängige Unternehmen wirtschaftlich nicht trifft. Es darf folglich nicht der Versuch unternommen werden, diesem Risiko eine mutmaßlich gleichwertige, aber – bei wirtschaftlicher Ertragsbetrachtung – ebenfalls unbekannte Chance gegenüberzustellen. Der Umstand, dass die nachteilsbegründende Vermögensgefährdung nicht beziffert werden kann, kann nicht dadurch kaschiert werden, dass ein Vorteil ebenfalls nicht quantifiziert werden kann, weil damit nicht zuverlässig eine Gefahraktualisierung vermieden wird.[923] Nur Letzteres stellt einen zuverlässigen Schutz der abhängigen AG zur Verfügung.

Der Ausgleich mit unbezifferten, weil unbegrenzten Vorteilen stellt sich aus Sicht der abhängigen AG als effektiver Schutz dar, wenn und weil an der Bonität des herrschenden Unternehmens keine Bedenken bestehen oder entsprechende Absicherungen vereinbart werden. Die Zuführung von Vorteilen, die ebenfalls unbeziffert, aber nicht unbegrenzt sind, ist eine vollständig andere Kompensationslösung. Übereinstimmung besteht mit der hier für zulässig erachteten Variante nur darin, dass der Vorteil keinen bezifferbaren Wert aufweist. Er ist aber jedenfalls begrenzt, wenn beispielsweise eine Geschäftschance als Ausgleich angeboten wird. Das Risiko eines negativen Saldos wegen insuffizienter Vorteilsgewährung zu Lasten

922 Siehe § 8 A II mit Fn. 745.

923 Vgl. *Mertens*, Hachenburg-Gedächtnisvorlesung, S. 27, 34 f.; zustimmend *Lutter*, in FS Peltzer, S. 241, 254 f.: keine Gleichung mit zwei Unbekannten.

der abhängigen AG würde bei ihr liegen. Das ist mit dem Schutzzweck von §§ 311 ff. AktG und nicht vereinbar.

bb) Auswirkungen von § 317 Abs. 2 AktG

Die wohl überwiegende Meinung lässt einen „Tausch" unbezifferbarer Nachteile mit gleichsam nicht bezifferbaren Vorteilen dessen ungeachtet zu und begründet dies mit der Vereinbarkeit der Gestaltung mit dem Geschäftsleiterermessen.[924] Es könne im Einzelfall im vertretbaren Rahmen beider Geschäftsleiter liegen, einen Vermögenswert als Ausgleich für die Eingehung eines Risikos hinzunehmen. Damit würden beide Entscheidungen einer Risikoeinschätzung unterliegen, was originäre Aufgabe des Geschäftsleiters sei und in welchem Rahmen er sich auf die business judgement rule und den damit eröffneten Ermessensspielraum stützen könne.

Gegen die Nachteilsvermeidung oder -beseitigung durch einen derartigen Austausch wird vorgebracht, dass darin kein Ausgleich im Sinne von § 311 AktG gesehen werden könne.[925] Erforderlich sei die Zuführung von Vermögensvorteilen, woran es fehle, wenn das herrschende Unternehmen lediglich die Voraussetzungen schaffe, aufgrund derer das abhängige Unternehmen durch Vornahme von Maßnahmen in der Lage sei, eine Vermögenslage zu erreichen, die es ohne Beeinflussung erlangt hätte. Der Tausch würde dazu führen, dass nicht der Nachteil ausgeglichen würde, sondern die zum Nachteil führende Maßnahme.

Während diese Kritik in hier besprochenen Konstellationen nicht verfängt, weil ein Risiko durch eine Chanceneröffnung ausgeglichen wird und nicht der tatsächlich messbare Vermögensabfluss,[926] scheidet die Ausgleichsvariante aus anderen Gründen aus. Nach dem hier vertretenen Nachteilsverständnis, wonach eine objektive Betrachtung unter Außerachtlassung von § 317 Abs. 2 AktG zu erfolgen hat, kann für die Frage der Nachteiligkeit ebensowenig auf das hypothetische Verhalten des Geschäftsleiters einer unabhängigen Gesellschaft abgestellt werden wie für die Feststellung etwaiger Vorteilsfähigkeit. Es bedarf einer rein quantitativen, objektiv vergleichenden Gegenüberstellung von Nachteil und Vorteil.[927]

Das Ergebnis dieses Vergleichs kann folglich lauten, dass der Nachteil durch Gewährung eines nicht bezifferten Vorteils nicht vollständig kompensiert worden ist. Erst bezüglich der Haftungsfrage, und es wird im Prozess regelmäßig um die Verantwortlichkeit nach § 317 AktG gehen, ist danach zu fragen, ob die Maßnahme

---

924 Vgl. die Nachweise in Fn. 808.

925 *K. Müller*, ZGR 1977, 1, 15.

926 Die Kritik von *K. Müller* (vgl. die vorige Fn.) ist auf Ausgleichssituationen gemünzt, in denen nicht die Vermögensgefährdung ausgeglichen werden soll, sondern die tatsächlich messbare Beeinträchtigung. Im Beispiel soll ein Marktbereich gegen Ermöglichung der Betätigung auf einem anderen Markt aufgegeben werden. Zum Ausgleich in diesen Fällen sogleich im Text.

927 Siehe zur dogmatischen Einordnung und der Irrelevanz von § 317 Abs. 2 AktG bei der Nachteilsbestimmung § 3 C II 2.

trotz Nachteiligkeit keine Schadensersatzsanktion nach sich zieht, weil auch ein ordentlicher und gewissenhafter Geschäftsleiter einer unabhängigen Gesellschaft das Rechtsgeschäft vorgenommen oder die Maßnahme getroffen oder unterlassen hätte (§ 317 Abs. 2 AktG).

Veranlasst das herrschende Unternehmen die abhängige AG zur Übernahme einer nachteilsbegründenden Vermögensgefährdung und gewährt das herrschende Unternehmen als Kompensation eine Geschäftschance, die die abhängige AG ohne die Unterstützung nicht erlangt hätte, kommt der Frage, ob ein Geschäftsleiter einer unabhängigen AG sich ebenfalls auf diese Vorgehensweise eingelassen hätte, entscheidende Bedeutung zu.

Im Rahmen der Haftung des Vorstands der abhängigen AG nach § 93 AktG ist zu eruieren, ob die konkrete (nachteilige) Geschäftsleitungsmaßnahme noch vom Ermessensspielraum des Geschäftsleiters (§ 93 Abs. 1 Satz 2 AktG) gedeckt war. Gegebenenfalls scheidet eine Verantwortlichkeit mangels pflichtwidrigen Verhaltens aus.[928] Aus den gleichen Gründen wird es regelmäßig zudem am nicht mehr streitentscheidenden Verschulden fehlen.

Entgegen der Ansicht der herrschenden Meinung ist bezüglich der Haftung des herrschenden Unternehmens und der involvierten Geschäftsleiter (§ 317 Abs. 1 und Abs. 3 AktG) die gleiche Frage nicht im Rahmen der Nachteiligkeit dieses Prozedere zu verorten, sondern im Zusammenhang mit der subjektiven Vorwerfbarkeit der Fehleinschätzung (§ 317 Abs. 2 AktG). Konkret bedeutet dies, dass, wenn feststeht, dass auch ein gewissenhafter und ordentlicher Geschäftsleiter einer unabhängigen AG sich nicht anders verhalten hätte, eine Haftung mangels Verschuldens nicht in Frage kommt. Der Befund ist jedoch nicht geeignet, die Nachteiligkeit der veranlassten Maßnahme in Frage zu stellen, weil jene objektiv festgestellt wird.[929]

Der Vergleich des tatsächlichen Verhaltens mit dem Verhalten, das einem unabhängigen Geschäftsleiter erlaubt ist, spielt demnach bei der Frage der Verantwortlichkeit des herrschenden Unternehmens und der abhängigen AG auf unterschiedlichen Ebenen eine Rolle. Diese Differenzierung liegt darin begründet, dass nur der organschaftliche Geschäftsleiter einen Ermessensspielraum bei seiner Entscheidungsfindung berücksichtigen darf, der ihn dazu berechtigt, riskante Geschäftsleitungsentscheidungen zu treffen. Obwohl diese sich als schädigend herausstellen können, kann das Verhalten pflichtgemäß gewesen sein, wenn und weil bei einer unternehmerischen Entscheidung vernünftigerweise angenommen werden durfte, auf der Grundlage angemessener Information zum Wohle der Gesellschaft zu handeln (§ 93 Abs. 1 Satz 2 AktG).[930] Auf ein Verschulden kommt es dann nicht mehr an.

---

928 *Altmeppen*, in MünchKommAktG, § 311 Rn. 199; vgl. auch die entsprechenden Nachweise in Fn. 320.

929 Siehe dazu § 3 C II 2.

930 Vgl. zum Ausschluss der Pflichtwidrigkeit in diesen Fällen etwa *Koch*, in Hüffer, § 93 Rn. 5, 8–10, 12–14 sowie eingehend *Spindler*, in MünchKommAktG, § 93 Rn. 36–72.

Demgegenüber ist der Geschäftsleiter des herrschenden Unternehmens kein organschaftlicher Geschäftsleiter der abhängigen AG. Die Anerkennung eines sanktionsfreien Ermessensspielraums bei der Ausübung unternehmerischer Entscheidungsbefugnisse, obschon diese rückblickend nachteilig waren, hängt aufs Engste mit der Leitungsverantwortung des fremdnützig tätig werdenden Organwalters zusammen. Der Einschätzungsspielraum folgt aus der eigenverantwortlichen Leitungsmacht des Vorstandes der AG und damit aus der Aufgabenzuweisung durch § 76 AktG.[931] Jene Leitungsbefugnis geht bei faktischer Konzernierung nicht auf den Konzerngeschäftsleiter über.[932] Er kann sich demnach bei der „Leitung" der abhängigen AG auch nicht auf die business judgement rule berufen. Seine Entscheidungen im Rahmen der Veranlassungen haben sich am Interesse des abhängigen Unternehmens zu orientieren (§ 677 BGB). Diese aus der Geschäftsführung ohne Auftrag folgende Pflichtenbindung[933] konkretisiert § 311 AktG dahingehend, dass eine (objektiv) nachteilsbegründende und keinen oder nur unzureichenden Ausgleich mit sich bringende Geschäftsführung verboten ist. Es bleibt lediglich die Möglichkeit, die Vermutung des Verschuldens (§ 317 Abs. 2 AktG) zu widerlegen.[934]

Dem steht auch nicht entgegen, dass der Geschäftsleiter des herrschenden Unternehmens bei der Geschäftsleitung im Rahmen von §§ 311 ff. AktG die gleiche Sorgfalt schuldet wie ein Geschäftsleiter der abhängigen AG. Denn damit ist lediglich ausgesagt, dass (faktische) Leitungsmacht im faktischen Aktienkonzern besteht.[935] Rechtlich fundierte Leitungsmacht hingegen wird nur gegen Abschluss eines Beherrschungsvertrages gewährt (§ 308 f. AktG).[936] Soweit sich der Konzerngeschäftsleiter innerhalb des Rahmens bewegt, der dem Vorstand der abhängigen AG offensteht, scheidet die Haftung aus § 317 AktG aus. Dabei kommt allerdings keine Berufung auf ein nicht pflichtwidriges, weil von der business judgement rule gedecktes Verhalten[937] in Betracht, da diese Ermessensspielräume nur organschaftlichen Vertretern eröffnet sind.

cc) Zwischenergebnis

Der Ausgleich einer nachteilsbegründenden Vermögensgefährdung durch Zurverfügungstellung unbezifferter Vorteile unterliegt erheblichen Bedenken. Die Möglichkeit

---

931 *Spindler*, in MünchKommAktG, § 93 Rn. 36: „Die Eigenverantwortlichkeit des Vorstandes nach § 76 [AktG] bei der Wahrnehmung unternehmerischer Aufgaben und Ziele schließt notwendig einen Spielraum für das eigene unternehmerische Ermessen ein".

932 Dazu unter § 1 C.

933 Siehe dazu § 3 C II 2 d) dd).

934 Zur Funktion von § 317 Abs. 2 AktG eingehend unter § 3 C II 2.

935 *Altmeppen*, in MünchKommAktG, § 311 Rn. 171.

936 Siehe dazu § 1 C und D.

937 Vgl. zur business jugdment rule bei unternehmerischen Entscheidungen etwa OLG Koblenz, Urteil vom 23. Dezember 2014 – 3 U 1544/13, BeckRS 2015, 00712.

der quantitativen Gegenüberstellung von Vor- und Nachteilen ist nicht gewährleistet und es findet auch keine vollständige Risikoeliminierung statt. Die Gefahr des nicht suffizienten Ausgleichs läge bei der abhängigen AG, was §§ 311 ff. AktG nicht erlauben.

Eine Haftung scheidet gleichwohl aus, wenn auch ein ordentlicher und gewissenhafter Geschäftsleiter einer unabhängigen Gesellschaft den „Tausch“ hätte riskieren dürfen. Es fehlt dann auf Ebene der abhängigen AG am pflichtwidrigen Verhalten des Vorstands (§ 93 Abs. 1 Satz 2 AktG) und das herrschende Unternehmen kann sich auf die Exkulpationsregel des § 317 Abs. 2 AktG berufen, obwohl dem abhängigen Unternehmen Nachteile verbleiben.

c) Ergebnis

Wird das abhängige Unternehmen zur Übernahme einer nachteilsbegründenden Vermögensgefährdung veranlasst, kann der daraus resultierende Nachteil durch Verlagerung des Risikos auf das herrschende Unternehmen ausgeglichen werden. Es handelt sich dabei um eine Ausnahme von der regelmäßig nicht zulässigen unbezifferten Ausgleichsgewährung. Die zu schließende Ausgleichsvereinbarung muss die Modalitäten der potenziell nötig werdenden weiteren Kompensation unter Bezugnahme auf die veranlasste Maßnahme bereits umfassend regeln. Nur so kann eine effektive Risikoverlagerung zurück auf das herrschende Unternehmen erreicht werden. Dabei handelt es sich nicht um einen Anwendungsfall der aufgeschobenen Nachteilsausgleichung, weil die Vermögensgefährdung unmittelbar durch Abschluss der Freistellungs- oder Garantievereinbarung ausgeglichen wird.

Ein Ausgleich der nachteilsbegründenden Vermögensgefährdung durch Einräumung nicht quantifizierbarer Vorteile, die es einem Geschäftsleiter einer unabhängigen Gesellschaft erlaubt hätten, jenen Austausch vorzunehmen, kann die Nachteiligkeit unter Umständen nicht beseitigen. Diese ist objektiv anhand einer quantitativen Vergleichsbetrachtung festzustellen. Es entfällt jedoch die subjektive Vorwerfbarkeit des Verhaltens des Konzerngeschäftsleiters (§ 317 Abs. 2 AktG), so dass eine Haftung ausscheidet. Hingegen handelt der Vorstand der abhängigen AG nicht pflichtwidrig, wenn die Geschäftsleitungsmaßnahme nach den Regeln der business judgement rule (§ 93 Abs. 1 Satz 2 AktG) erlaubt war. Die differenzierte Behandlung liegt darin begründet, dass nur das organschaftliche Leitungsorgan unternehmerische Entscheidungen treffen und insofern Risikogeschäfte eingehen darf, ohne pflichtwidrig zu handeln.

III. Ausgleich bei „objektiv unklarer“ Nachteilsentstehung (2. Fallgruppe)

Die nächste Fallgruppe beinhaltet Varianten, bei denen in Durchführung der veranlassten Maßnahme eine Gefahr entsteht, die (messbare) Nachteiligkeit jedoch nicht feststeht. Lediglich das Ausmaß, sollte es zur Gefahraktualisierung kommen, kann beziffert werden. Übernimmt die abhängige AG eine dem Umfang nach begrenzte Garantie oder Bürgschaft, kann nach oben beschriebenen Grundsätzen in der Gefährdung der Inanspruchnahme ein Nachteil liegen, wenn und weil es sich um eine nachteilsbegründende Vermögensgefährdung handelt.[938]

1. Ausgleich durch Vollkompensation aller potenziellen Beeinträchtigungen

Sofern der Vorstand der abhängigen AG den maximal als Nachteil zu befürchtenden Betrag als zutreffend durchzusetzen vermag und der Ausgleich sich hieran orientiert, ist aus Schutzzweckgesichtspunkten nichts dagegen einzuwenden. Denn auf diese Art und Weise wird das bestehende Risiko vollständig abgedeckt. Die Gefahr der Beeinträchtigung wird behandelt, als ob die Vermögensminderung feststehen würde. Sollte das Risiko nicht in eine messbare Vermögensbeeinträchtigung umschlagen, läge eine Überkompensation vor. Eine spätere Rückforderung des ex post betrachtet zu hoch bemessenen Ausgleichs (§ 812 BGB) scheidet aus, weil in der Nachteilsausgleichsvereinbarung der Rechtsgrund für die Gewährung der Kompensationsleistung liegt.

Ob diese Gestaltung praktisch relevant werden wird, sei dahingestellt. Denn sie führt dazu, dass vom herrschenden Unternehmen ein Ausgleich in dieser Höhe zu leisten wäre, obschon der Eintritt des Risikos ungewiss ist. Die Kompensation des maximal zu erwartenden Nachteils durch vorbeugende tatsächliche Ausgleichung in Form von Leistung der Garantie- oder Bürgschaftssumme in voller Höhe wird deshalb regelmäßig ausscheiden, obschon gegen ihre Zulässigkeit keine Einwände bestehen.

2. Ausgleich durch Risikoeliminierung

In Frage kommt in der Praxis wohl nur die Übertragung des Risikos der Inanspruchnahme von der abhängigen AG auf das herrschende Unternehmen oder einen anderen solventen Schuldner. Insofern gelten die gleichen Erwägungen und Umsetzungsmodalitäten wie im zuvor behandelten Fall, in dem das Ausmaß des veranlassungsbedingt übernommenen Risikos ungewiss ist.[939] Das herrschende Unternehmen muss das Risiko der abhängigen AG vollständig verlagern, so dass wirtschaftlich kein Risiko bei der AG verbleibt. Für den Beispielsfall der veranlassungsbedingten Gewährung eines unbesicherten Darlehens[940] bedeutet dies, dass der abhängigen AG entsprechende Sicherungen gewährt werden müssen, um das nachteilsspezifische Risiko, das aus der Nichtbesicherung resultiert, wirtschaftlich zu verlagern.[941]

---

938 Siehe § 10 B I 1 sowie § 10 B II.

939 Siehe § 10 C II 2.

940 Vgl. zur Frage der Nachteiligkeit einer unbesicherten Darlehensgewährung und der Relevanz der Vollwertigkeit des Rückzahlungsanspruches Fn. 881.

941 *Habersack*, in Emmerich/Habersack, § 311 Rn. 62a; *ders.*, ZGR 2009, 347, 357 f.; *ders./Schürnbrand*, NZG 2004, 689, 693 f.; vgl. aber auch *Mülbert/Leuschner*, NZG 2009, 281, 285 f.; eingehend im Zusammenhang mit cash pooling im Konzern *Altmeppen*, in MünchKommAktG, § 311 Rn. 225–276.

Auch bezüglich der Kompensation durch unbezifferte Vorteilsgewährung kann auf die obigen Ausführungen verwiesen werden.[942] Die Gewährung einer Geschäftschance als Gegenleistung für die Eingehung eines Risikos vermag unter Umständen den Nachteil nicht zu beseitigen. Ob es zu einer Haftung des herrschenden Unternehmens kommt, muss im Einzelfall anhand von § 317 Abs. 2 AktG beurteilt werden.

3. Ergebnis

Besteht eine nachteilsbegründende Nachteilsgefährdung, deren potenzielle Auswirkungen ex ante beziffert werden können, so kann ein Ausgleich auf zwei Wegen erfolgen. Entweder die abhängige AG erhält eine Kompensation in Höhe der maximal zu erwartenden Beeinträchtigungen oder ihr wird das Risiko durch unbezifferten Nachteilsausgleich vollständig abgenommen. Dazu gelten die gleichen Erwägungen wie zum Ausgleich dem Grunde und der Höhe nach unsicherer Nachteile.[943]

IV. Ausgleich bei „objektiv unklarer" Nachteilshöhe (3. Fallgruppe)

Fraglich ist, ob die Möglichkeit des unbezifferten Nachteilsausgleichs in den Fällen in Betracht kommt, in denen nicht die Nachteiligkeit als solche, sondern nur die Höhe unklar ist. Diese Konstellationen sind von den nachteilsbegründenden Vermögensgefährdungen abzugrenzen. Bei diesen ergibt sich die Nachteiligkeit aus der veranlassungsbedingten Gefährdung der Vermögens- und Ertragslage der abhängigen AG. Des Weiteren ist diese Konstellation von den Fällen zu unterscheiden, in denen eine Bewertung anhand gängiger Kalkulationsprinzipien gelingt. Auch sofern lediglich subjektiv Unklarheit über die zutreffende Bezifferung herrscht, handelt es sich nicht um Fälle, in denen die Nachteilshöhe „objektiv unklar" ist. In den hier zu behandelnden Fällen ist eine Bewertung anfänglich nicht möglich, so dass die abhängige AG zur Vorleistung veranlasst werden soll.

1. Bezifferbarkeit im Laufe des Geschäftsjahres erwartet

Sofern die Geschäftsleiter davon ausgehen, dass im Laufe des Geschäftsjahres eine Bezifferung möglich werden wird, kann von der Suspendierung des Nachteilsausgleichs nach § 311 Abs. 2 AktG Gebrauch gemacht werden. Nach hier vertretener Ansicht handelt es sich um den einzigen Anwendungsfall der zulässigen Berufung auf eine temporäre Benachteiligung der abhängigen AG, da ein ausgeglichenes Geschäft nicht abgeschlossen werden kann.[944] Zum Ende des Geschäftsjahres muss jedenfalls feststehen, welche Nachteile durch welche Vorteile kompensiert werden sollen.[945] Es sind sodann die bereits beschriebenen Sicherungsmechanismen zum

942 Vgl. insofern die Ausführungen unter § 10 C II 2 b) bb).
943 Siehe § 10 C II 3 a).
944 Siehe zu den Grenzen der Zulässigkeit der Ausgleichssuspendierung bereits § 4 A.
945 Vgl. die Nachweise in Fn. 451.

Schutz der abhängigen AG zu vereinbaren.[946] Die abhängige AG ist in diesen Fallvarianten ausnahmsweise zur Vorleistung berechtigt.

Sofern im Nachhinein festgestellt wird, dass es nicht vertretbar war, von Erkenntnissen zur Bezifferung im Laufe des Geschäftsjahres auszugehen, kann diese Pflichtwidrigkeit mit Schadensersatzansprüchen sanktioniert werden (§§ 93, 317 AktG).

2. Keine Bezifferung bis zum Ende des Geschäftsjahres zu erwarten

a) Unzulässigkeit der Ausgleichssuspendierung

Wenn kein tatsächlicher Ausgleich durch Einräumung konkreter, bezifferter Vorteile erfolgt, ist eine aufgeschobene Nachteilskompensation nur dann zulässig, wenn sichergestellt werden kann, dass am Ende des Geschäftsjahres die konkreten Vorteile bezeichnet werden können, auf die der abhängigen AG ein Rechtsanspruch einzuräumen ist (§ 311 Abs. 2 AktG). Weil es in den hier relevanten Konstellationen jedoch nicht möglich ist, die Konditionen zu bestimmen, zu denen ein Ausgleich am Ende des Geschäftsjahres erfolgen könnte, ist ein Ausgleichsaufschub nicht erlaubt. Auch wäre es nicht sinnvoll, einen Aufschub zu legitimieren, obschon anfänglich feststeht, dass auch am Ende der Suspendierungsperiode keine weitergehenden Hinweise auf eine zutreffende Bezifferung vorliegen werden. Die abhängige AG würde mit dem Risiko der späteren Realisierung des Nachteilsausgleichs oder Schadensersatzanspruchs belastet, was § 311 Abs. 2 AktG nach hier vertretener Ansicht nicht erlaubt.[947]

Ist mit Erkenntnisgewinn hinsichtlich der Nachteilsquantifizierung bis zum Ende des Geschäftsjahres nicht zu rechnen, steht die Möglichkeit der Suspendierung des Nachteilsausgleichs folglich nicht zur Verfügung, so dass ein sofortiger Ausgleich zu leisten ist. Denn in diesen Fällen kann auch eine Ausgleichsvereinbarung nicht bestimmen, durch welche konkreten Vorteile welche Nachteile ausgeglichen werden sollen (§ 311 Abs. 2 AktG).[948]

b) Verpflichtung zum späteren Nachteilsausgleich

Weil ein bezifferter Nachteilsausgleich und eine Ausgleichssuspendierung ausscheiden, kommt, ebenso wie im Falle des Ausgleichs einer nachteilsbegründenden Vermögensgefährdung, nur eine nicht quantifizierte Kompensationsleistung in Betracht. In der Literatur wird diesbezüglich vertreten, ein „Unterschied zwischen der Unsicherheit über das ‚Ob' oder […] die Höhe eines Nachteils ist allenfalls marginal".[949] Weil im erstgenannten Fall ein unbezifferter Nachteilsausgleich möglich sei,[950] müsse dies auch gelten, wenn lediglich die Höhe des Nachteils ungewiss sei.

---

946 Siehe dazu § 4 A.
947 Siehe zu den Grenzen der Zulässigkeit der Ausgleichssuspendierung bereits § 4 A.
948 Vgl. die Nachweise in Fn. 451.
949 *Arnold/Gärtner*, in FS Stilz, S. 7, 20.
950 Siehe zu diesen Fällen § 10 C II und III.

aa) Lösungsmöglichkeiten

Im Schrifttum wird teilweise eine Gestaltung für möglich erachtet, nach der später, etwa am Ende des Geschäftsjahres, festzustellende Nachteile auszugleichen sind.[951] In Betracht kommt etwa die Gewährung einer Garantie, noch nicht absehbare Beeinträchtigungen regelmäßig auszugleichen. Der zu schließende Vertrag müsste sodann, ebenso wie eine „Grundsatzvereinbarung", die einen Ausgleichsaufschub rechtfertigt,[952] alle Details der späteren Bezifferung oder ein Anpassungsrecht zu Gunsten des abhängigen Unternehmens enthalten, um sicherzustellen, dass ein effektiver Schutz gewährleistet bleibt, obschon erhebliche Risiken auf der abhängigen AG lasten. Sofern derartige Sicherungen implementiert werden würden, wäre die abhängige AG, Solvenz und Liquidität des herrschenden Unternehmens vorausgesetzt oder durch entsprechende Sicherungsmechanismen verbürgt, in diesen Fällen nicht weniger geschützt als im Falle des Nachteilsaufschubs nach § 311 Abs. 2 AktG.

bb) Kritische Würdigung

Ob diese nicht bezifferte Ausgleichsgestaltung dazu geeignet ist, den Nachteil zu kompensieren, hängt davon ab, ob die Vorgehensweise noch mit dem Außenseiterschutz zu vereinbaren ist.[953] Sofern mit der genannten Gestaltung ein Nachteilsaufschub impliziert sein soll, scheitert dieser bereits an den Voraussetzungen der Suspendierung.[954] Im Übrigen würde der maßgebliche Zeitpunkt der Nachteilsfeststellung (Zeitpunkt der Durchführung der veranlassten Maßnahme[955]) nach hinten verlagert, wobei unklar bleibt, ob ein Nachteil jemals quantifiziert werden kann.[956] Damit bleibt notwendigerweise unklar, ob ein Vorteil bestimmt werden kann, der den entstandenen Nachteil auszugleichen vermag.

Zudem verlangt der Außenseiterschutz in den Fällen, in denen sich die abhängige AG nicht nur einem Risiko der Beeinträchtigung der Vermögens- und Ertragslage gegenübersieht, sondern eine messbare, wenn auch nicht quantifizierbare Minderung vorliegt, dass diese Minderung durch konkrete Zuführung von messbaren Vermögensvorteilen kompensiert wird.[957] Einer Garantiezusage ist jedoch immanent, dass sie eine Zahlungspflicht enthält, die für bestimmte Fälle zu bestimmten Konditionen vereinbart wird. Der Garantiegeber verpflichtet sich zur Leistung, sollte es zum Eintritt eines zu bezeichnenden Garantiefalles kommen.[958] Die gleichen

951 Vgl. § 9 A III und die Nachweise in Fn. 814.
952 Siehe § 4 A.
953 *Altmeppen*, in MünchKommAktG, § 311 Rn. 199.
954 Siehe § 10 C IV 2 a).
955 Siehe dazu § 3 B I 1.
956 Vgl. zur darauf gestützten Kritik an der Ausgleichsgestaltung die Nachweise in Fn. 823.
957 Siehe § 10 C II 2.
958 *Habersack*, in MünchKommBGB, vor § 765 Rn. 18.

Grundsätze gelten für den Abschluss eines (abstrakten) Schuldversprechens.[959] Diese Modalitäten sind deshalb ein geeignetes Mittel, um auf die Verlagerung einer Gefahr angemessen zu reagieren.

Die Argumente, die für die Zulässigkeit des nicht bezifferten Nachteilsausgleichs im Falle einer nachteilsbegründenden Vermögensgefährdung angeführt wurden, verfangen in der hiesigen Konstellation allerdings nicht. Die Fallgestaltungen sind nicht vergleichbar, weil in den hier relevanten Varianten nicht nur die Wahrscheinlichkeit einer Vermögensbeeinträchtigung die Annahme eines Nachteils rechtfertigt, sondern sein Bestehen keinen Zweifeln unterliegt. Damit genügt ein das potenzielle Entstehen eines Nachteils verhindernder Schutzmechanismus dem Schutzbedürfnis der abhängigen AG nicht. Es ist deshalb davon auszugehen, dass ein unbezifferter Ausgleich lediglich das Risiko der Nachteilsentstehung eliminieren kann.[960] Denn in jenen Fällen wird das Risiko des Entstehens einer messbaren Beeinträchtigung von der abhängigen AG verlagert. Eine wirtschaftlich vergleichbare Gestaltung muss in den hier relevanten Fällen schon daran scheitern, dass kein Risiko, sondern Sicherheit besteht, wenn und weil eine messbare Beeinträchtigung vorliegt.

c) Zwischenergebnis

Im Ergebnis ist damit ein nicht quantifizierter Nachteilsausgleich mittels Verpflichtung zum späteren Nachteilsausgleich nicht zulässig. Ob eine Haftung die Folge der gewählten Gestaltung ist, hängt von den tatbestandlichen Voraussetzungen des verschuldensabhängigen (§ 317 Abs. 2 AktG) Schadensersatzanspruchs ab.

3. Ergebnis

Für die Fälle, in denen eine messbare Beeinträchtigung vorliegt und nur die Höhe des Nachteils objektiv unklar ist, kommt es hinsichtlich des Ausgleichs darauf an, ob die Voraussetzungen der Ausgleichssuspendierung vorliegen. Sollte dies der Fall sein, gelten die allgemeinen Grundsätze bezüglich des aufgeschobenen Ausgleichs. Es ist eine die Modalitäten der Kompensation enthaltende Ausgleichsvereinbarung zu schließen. Sofern die Voraussetzungen nicht vorliegen, scheidet ein Ausgleich von Nachteilen, die der Höhe nach nicht bestimmbar sind, aus. Im Unterschied zu den Fällen, in denen eine nachteilsbegründende Gefahrverlagerung auf die abhängige AG stattfindet, ist die Möglichkeit der unbezifferten Nachteilskompensation hier nicht eröffnet. Der wesentliche Unterschied zu den zuvor behandelten Fallgestaltungen liegt darin, dass der Eintritt einer messbaren Beeinträchtigung hier keinen Zweifeln unterliegt. Eine Risikoverlagerung ist demnach nicht geeignet, effektiven Außenseiterschutz zu gewährleisten.

959 *Habersack*, in MünchKommBGB, § 780 Rn. 13.
960 Ebenso die in Fn. 821 Genannten.

V. *Unbezifferter Ausgleich bezifferbarer Nachteile wegen subjektiver Ungewissheit (4. Fallgruppe)*

Sofern es sich nicht um nachteilsbegründende Vermögensgefährdungen handelt, hat ein Ausgleich in bestimmter Höhe stattzufinden.

1. *Bezifferter Nachteilsausgleich*

Ein bezifferter Nachteilsausgleich kommt nur in den Fällen in Betracht, in denen eine methodengerechte Bewertung durchgeführt werden kann. Die daraus resultierenden Ergebnisse sind – abhängig von den Umständen des Einzelfalles – in unterschiedlichem Maße von Prognosen beeinflusst, die sich im Nachhinein als unzutreffend herausstellen können.[961]

Relevanz erlangt die Frage der zutreffenden Bewertung regelmäßig erst im Schadensersatzprozess bei rückblickender Betrachtung der ex ante bezifferten Vermögenswerte. Stellt sich heraus, dass der Nachteil unzutreffend quantifiziert und dementsprechend ein zu geringer Ausgleich geleistet worden ist, kommt es wiederum maßgeblich auf die Frage der Einhaltung des Geschäftsleiterermessens an. Während das Verhalten des Vorstands der abhängigen AG unter Berufung auf die business judgement rule (§ 93 Abs. 1 Satz 2 AktG) noch als pflichtgemäß angesehen werden kann, bleibt dem Konzerngeschäftsleiter nur die Exkulpation nach § 317 Abs. 2 AktG.[962]

2. *Möglichkeit des unbezifferten Nachteilsausgleichs*

a) Problematik

Da die Frage der zutreffenden Ausgleichsleistung häufig nicht eindeutig beantwortet werden kann[963] und sich die Geschäftsleiter eines angemessenen Ausgleichs möglichst sicher wissen wollen, um der Sanktionierung durch §§ 93, 317 AktG zu entgehen, ist fraglich, ob auch ein unbezifferter Nachteilsausgleich in Betracht kommt. Dies setzt voraus, dass mittels unbezifferten Nachteilsausgleichs der Außenseiterschutz, dem der Schutz der abhängigen AG vor Nachteilen dient,[964] gewahrt bleibt.

Veranlasst das herrschende Unternehmen die abhängige AG beispielsweise zur Veräußerung einer Unternehmensbeteiligung an ein Verbundunternehmen, wird regelmäßig ein Bewertungsgutachten eingeholt, um eine angemessene Gegenleistung für die Beteiligung zu beziffern. Dabei besteht die Gefahr, dass aufgrund der mit der Unternehmensbewertung einhergehenden prognostischen Unsicherheiten, unter Anwendung der grundsätzlich zulässigen Ertragswertmethode, ein Gericht die Transaktion als verbotene Ausschüttung oder Verstoß gegen §§ 311, 317 AktG

---

961 Siehe § 7.

962 Siehe dazu § 10 C II 3 b) bb).

963 Siehe dazu § 7.

964 *Altmeppen*, in MünchKommAktG, § 311 Rn. 199.

einordnet, wenn der Wert der Unternehmensbeteiligung im Gutachten als zu gering angesehen wird, sich die Geschäftsleiter gleichwohl auf die Ergebnisse verlassen haben.[965] Die gleichen Erwägungen sind in dem häufig als Anwendungsfall gewählten Beispiel anzustellen, wonach die Aufgabe einer Geschäftschance durch das abhängige Unternehmen durch die Gewährung einer neuen Chance seitens des herrschenden Unternehmens kompensiert werden kann. Die – unterstellte – grundsätzlich mögliche Bewertung der beiden Geschäftschancen erfolgt notwendigerweise unter Inkaufnahme von prognostischen Unsicherheiten.

b) Lösungsmöglichkeiten

Aufgrund dieser Unwägbarkeit wird auch bei grundsätzlich bewertbaren Maßnahmen und Rechtsgeschäften im Schrifttum vorgeschlagen, einen Wert mittels eines Gutachtens feststellen zu lassen und in der darin vorgesehenen Höhe auszugleichen. Es wird damit ein Weg gesucht, möglichst objektiv eine Festlegung zu erlangen. Zusätzlich soll umstrittener Ansicht nach eine Vereinbarung geschlossen werden, wonach ein darüber hinausgehender Nachteil ebenfalls auszugleichen ist.[966] In der Rechtsprechung wurde die Vorgehensweise vom LG München I und dem OLG München für zulässig erachtet.[967] Der Bundesgerichtshof hat die Variante sodann jedoch als rechtswidrig angesehen.[968]

c) Stellungnahme

Im Gegensatz zu bereits behandelten Fallgruppen[969] findet in diesen Konstellationen nicht lediglich eine Risikoverlagerung auf die abhängige AG statt. Denn die im Beispiel gewählte Veräußerung einer Unternehmensbeteiligung stellt ohne Ausgleich eine messbare Vermögensbenachteiligung dar. Die Geschäftsleiter beabsichtigen zwar, jenen Nachteil sogleich zu kompensieren. Dabei besteht jedoch subjektive Ungewissheit über die Höhe des Nachteils und damit korrespondierend betreffs der Ausgleichshöhe.

Um diese Unsicherheit nicht in eine Haftungsverantwortung umschlagen zu lassen, werden Möglichkeiten gesucht, einen anfänglich zu niedrigen Ausgleich abzusichern. Zwar verlassen sich die beteiligten Geschäftsleiter grundsätzlich auf das Votum eines Sachverständigen, etwa wenn sie eine Wirtschaftsprüfungsgesellschaft mit der Bewertung der konkreten Maßnahme betrauen, doch sind sie sich der Unwägbarkeiten bewusst, mit denen in jenem Zusammenhang gearbeitet werden muss.

Es ist bereits fraglich, ob ein Ausgleich erlaubt sein kann, wenn die Geschäftsleiter davon ausgehen, ein ausgeglichenes Geschäft abgeschlossen und damit ihrer

---

965 Anschaulich dargestellt im Zusammenhang mit dem Verkauf des Osteuropageschäfts der HVB an die UniCredit, siehe dazu § 8 B.

966 Siehe zum Meinungsstand § 9 A III mit Nachweisen in Fn. 814 und 816.

967 Siehe § 8 B I und II.

968 Siehe § 8 B III.

969 Siehe § 10 C II und § 10 C III.

Ansicht nach keinen Nachteil verursacht haben. Es würde sich um eine prophylaktische Lösung handeln, die nicht mit dem „Anerkenntnis" einherginge, die abhängige AG benachteiligt zu haben.[970]

Bei der Frage der Kompensation, um einen Nachteil nicht entstehen zu lassen oder ihn auszugleichen, stellt sich zudem die Frage der konkreten praktischen Umsetzung. Denn anders als im zuvor behandelten Fall kommt hier ein Ausgleich für die Risikoverlagerung auf das abhängige Unternehmen nicht in Betracht. Gegenstand der Problematik ist im hiesigen Zusammenhang zwar auch ein Risiko. Dieses besteht aber nicht in der Unwägbarkeit, ob die abhängige AG mit der Gefahr einer Vermögensbeeinträchtigung belastet worden ist, sondern darin, ob der bezifferte Ausgleich ausreichend ist.

Deshalb kommt nur eine unbegrenzt hohe Verpflichtung des herrschenden Unternehmens in Betracht. Auch insofern muss – die Zulässigkeit der Vereinbarung unterstellt – jedoch geklärt werden, wann der abhängigen AG welche wie festzustellenden Vorteile zufließen sollen. Es muss das praktische Problem gelöst werden, wie der Nachteil letztlich verbindlich beziffert werden soll, denn ohne eine Bezifferung wird keine tatsächliche Vorteilsgewährung (Zahlung) an das abhängige Unternehmen erfolgen können. Diesbezüglich wird teilweise die Feststellung durch eine rechtskräftige Gerichtsentscheidung vorgeschlagen.[971]

aa) Voraussetzungen der Ausgleichssuspendierung

Berücksichtigt werden muss bei der Suche nach einer Gestaltungsvariante, dass die Möglichkeit, den Ausgleich aufzuschieben (§ 311 Abs. 2 AktG), nicht gegeben sein wird.[972] Es müsste nämlich unmöglich sein, die Ausgleichsleistung zu beziffern. Davon kann in den hier relevanten Fällen nicht ausgegangen werden. Denn zur Bezifferung der Nachteiligkeit wird ein Bewertungsgutachten erstellt, welches als Basis des Nachteilsausgleichs dient, weil anhand des Urteils eines Sachverständigen der Kaufpreis bestimmt wird. Damit ist die Maßnahme einer Bewertung zugänglich. Vertrauen die beteiligten Geschäftsleiter dennoch nicht auf das Ergebnis, ändert dies nichts an der methodengerecht erfolgten Bewertung. Denn Voraussetzung der Suspendierung ist des Weiteren, dass im Laufe des Geschäftsjahres mit einer

---

970 Kritisch, weil ein solches Anerkenntnis fordernd (unter Berufung auf *Henze*, BB 1996, 489, 499, der eine „Anerkenntnisvereinbarung" verlangt), *Heidel*, in FS Meilicke, S. 125, 136: „Wer nicht *anerkennt*, dass der AG durch seine Veranlassung tatsächlich Nachteile entstanden sind und welche das sind, der leugnet auch die Pflicht zur Leistung von Vorteilen".

971 *Wirth*, in Liber Amicorum M. Winter, S. 775, 781–785; *Arnold/Gärtner*, in FS Stilz, S. 7, 17–20; vgl. auch *Dürr*, GWR 2010, 62; für zulässig erachtet von LG München I, Urteil vom 10. Dezember 2009 – 5 HK O 13261/08, AG 2010, 173, 174 f.; OLG München, Urteil vom 22. Dezember 2010 – 7 U 1584/10 Tz. 73–76, zitiert nach juris; siehe zu den Entscheidungen § 8 B I und II.

972 Siehe zu den Voraussetzungen bereits § 4 A.

Bezifferung gerechnet werden kann, die einen Ausgleich ermöglicht. In den hier angesprochenen Fällen werden die Geschäftsleiter jedoch keine weiteren Informationen bis zum Ende des Geschäftsjahres erlangen, die ihnen eine verlässlichere Bewertung erlauben würden. Einem Wirtschaftsprüfer oder anderweitig qualifizierten Sachverständigen stünden keine die Bewertung prognostisch weniger unwägbarer machenden Bewertungsgrundlagen zur Verfügung. Folglich darf in diesen Fällen ein Ausgleich nicht aufgeschoben werden.

bb) Bedingte Nachteilsfeststellung

Des Weiteren begegnet die Nachteilsfeststellung durch einen Dritten, im gewählten Beispielsfall eines rechtskräftig entscheidenden Gerichts, erheblichen Bedenken. Die Gestaltung einer Ausgleichsvereinbarung mit dem Inhalt, dass ein Ausgleich erfolge, sobald von einem Dritten das Bestehen eines Nachteils festgestellt werde, stellt eine aufschiebende Bedingung (§ 158 Abs. 1 BGB) dar, weil die Leistung des Ausgleichs von einem zukünftigen ungewissen Ereignis abhängig gemacht wird.[973] Daraus folgt, dass der Anspruch nicht mit Abschluss der Vereinbarung begründet ist, denn die Wirkungen eines aufschiebend bedingten Rechtsgeschäfts treten erst mit Eintritt der Bedingung ein.[974] Einstweilen entsteht ein Schwebezustand (§§ 160 Abs. 1, 161 Abs. 1 BGB).

Nicht nur die Privatautonomie, sondern auch das Gesetz (§ 159 BGB) erlauben es den Parteien jedoch, dem Eintritt der Bedingung (schuldrechtliche) Rückwirkung auf den Zeitpunkt des Vertragsschlusses beizumessen.[975] Damit könnte gewährleistet werden, dass bei Eintritt der Bedingung sichergestellt wird, dass die Parteien den Ausgleich so ausgestalten müssen, als wäre er bei zum – beliebig disponiblen[976] – Zeitpunkt in der Vergangenheit erfolgt. So wäre zwar berücksichtigt, dass ein Nachteil, der aus der Verzögerung der Ausgleichsleistung resultiert, kompensiert wird. Die Gestaltung ändert jedoch nichts an der Ungewissheit des abhängigen Unternehmens, ob es zur Ausgleichsleistung kommt. Denn bis feststeht, dass das maßgebliche Ereignis eintritt, verbleibt die Unsicherheit den Ausgleich und seine Höhe betreffend. Auch wenn der Eintritt des Ereignisses ausschließlich vom Willen des abhängigen Unternehmens abhängen würde, würde so das Risiko der Geltendmachung verlagert werden. Mit dem Schutzzweck von § 311 AktG, wonach ein sofortiger, konkreter Vorteil für nachteilige Maßnahmen zu gewähren ist, ist diese Gestaltung nicht zu vereinbaren.[977]

---

973 *Heidel*, in FS Meilicke, S. 125, 133 f.

974 Vgl. etwa *Westermann*, in MünchKommBGB, § 158 Rn. 38: „Bei der aufschiebend bedingten Verpflichtung entsteht also keine Forderung"; vgl. auch *Heidel*, in FS Meilicke, S. 125, 135.

975 *Westermann*, in MünchKommBGB, § 159 Rn. 1–3.

976 *Westermann*, in MünchKommBGB, § 159 Rn. 3.

977 *Heidel*, in FS Meilicke, S. 125, 135.

Es handelt sich nämlich gerade nicht um Fälle, in denen ein Risiko auf die abhängige AG verlagert wird und Vorkehrungen für den möglichen Fall des Eintritts einer messbaren Beeinträchtigung getroffen werden sollen. In diesen Fällen ist das Vorgehen mittels einer unbezifferten Ausgleichsvereinbarung, etwa durch Abschluss einer Freistellung zu Gunsten des abhängigen Unternehmens, für legitim erklärt worden.[978] Die Vereinbarung kompensiert das Risiko. Für den Fall, dass es dann doch zur Gefahrrealisierung kommt, muss die Vereinbarung bereits die Konditionen des Ausgleichs bestimmen. Insofern handelt es sich um zulässige aufschiebend bedingte Ansprüche des abhängigen Unternehmens. Sie beziehen sich jedoch auf den Eintritt noch nicht sicherer messbarer Nachteile, nicht auf die Ausgleichung der nachteilsbegründenden Vermögensgefährdung. Diese ist bereits unbedingt vollständig ausgeglichen worden.[979] Der hier gegenständliche Fall ist mit der Konstellation aber nicht vergleichbar, weil nicht lediglich ein Risiko besteht, sondern eine sichere Vermögensbeeinträchtigung, die auch messbar ist. Diese ist zwingend sofort auszugleichen und darf nicht von der ungewissen Feststellung eines Dritten abhängig gemacht werden.

cc) Insbesondere: Entscheidung eines Gerichts über das Bestehen und den Umfang eines Nachteils

Auch aus einem anderen Grund kann es nicht einem Gericht überantwortet werden, das Bestehen eines Nachteils festzustellen. Problematisch ist dies insofern, als dass der Ausgleich dann nicht mehr aufgrund einer Parteivereinbarung geleistet werden würde, sondern aufgrund einer (rechtskräftigen) Entscheidung eines Gerichtes. Der Grund der Verpflichtung läge dann nicht mehr in einem Vertrag, sondern in der gerichtlichen Entscheidung begründet. Denn einer Vereinbarung, die einen Leistungsbefehl an die Verurteilung durch ein Gericht knüpft, kann nur deklaratorische Wirkung zukommen. Die konstitutive Leistungspflicht folgt aus dem vollstreckungsfähigen Tenor der gerichtlichen Entscheidung.[980] Die Vereinbarung, aufgrund einer rechtskräftigen Entscheidung eine Leistung erbringen zu wollen, ist materiell nicht als konstitutive Anspruchsgrundlage geeignet.[981] Demnach ist auch eine Fallgestaltung, in der eine Klage wegen eines unzureichenden Nachteilsausgleichs

978 Hierzu § 10 C II und III.

979 Siehe § 10 C II 2 und 3 a).

980 BGH, Urteil vom 26. Juni 2012 – II ZR 30/11, ZIP 2012, 1753, 1756 Tz. 24; *Heidel*, in FS Meilicke, S. 125, 137.

981 Zutreffend *Heidel*, in FS Meilicke, S. 125, 136: „Die Ausgleichsvereinbarung regelt nicht mehr als eine pure Selbstverständlichkeit: [Eine Partei] muss eine ihr gegenüber wirksame Gerichtsentscheidung befolgen"; so auch BGH, Urteil vom 26. Juni 2012 – II ZR 30/11, ZIP 2012, 1753, 1756 Tz. 24 („Anerkenntnis" der Pflicht, wie verurteilt leisten zu müssen).

anhängig ist, entgegen den Ansichten des LG München I und des OLG München[982] keine „besondere Situation", die eine bedingte Ausgleichsleistung rechtfertigt.[983]

dd) Relevanz von § 317 Abs. 2 AktG

Führen die vorgeschlagenen praktischen Umsetzungsmöglichkeiten nach allem nicht weiter und stehen auch rechtliche Bedenken dem präventiven Nachteilsausgleich im Wege, stellt sich die Frage, wie mit den verbleibenden Unsicherheiten der Bezifferung umzugehen ist. Die einfachste Variante wäre, den Geschäftsleitern die Rechtswidrigkeit ihres Vorgehens zu attestieren, wenn nicht der „korrekte" Wert ausgeglichen wird.

In diesem Zusammenhang spielt § 317 Abs. 2 AktG eine Rolle, unabhängig davon, ob die Norm als Tatbestandsmerkmal des Nachteilsbegriff interpretiert wird oder als Verschuldenselement einer culpa-Haftung.[984] Das herrschende Unternehmen wird einwenden, dass auch ein Geschäftsleiter einer unabhängigen Gesellschaft sich auf ein Bewertungsgutachten verlassen hätte und den Kaufpreis im Falle einer Unternehmenstransaktion anhand der Feststellung der Gutachter ausgerichtet hätte. Es wird also deutlich, dass sich die Geschäftsleiter (beider Unternehmen) nicht dazu in der Lage sahen, eine eigene Bewertung vorzunehmen. Gleichwohl wollten sie das Geschäft vollziehen. Damit öffnen sie sich dem Risiko der späteren Feststellung der Nachteilhaftigkeit und dessen nicht erfolgten Ausgleichs. Es fragt sich also, ob dieser Einwand durchgreift und die Geschäftsleiter entlastet.

In der Literatur wird diesbezüglich vertreten, dass eine Bezifferung unter Berufung auf ein Gutachten eines unabhängigen Sachverständigen die Pflichtwidrigkeit des darauf vertrauenden Geschäftsleiters ausschließe, wenn auch ein Geschäftsleiter einer unabhängigen Gesellschaft sich auf die Bewertung verlassen hätte.[985]

Nach hier vertretenem dogmatischem Verständnis von §§ 311, 317 AktG handelt es sich um eine verschuldensabhängige Geschäftsleiterhaftung, die es ermöglich, daran anknüpfende, das Verschulden betreffende Rechtsinstitute zu bemühen, um zu sachlich angemessenen Ergebnissen zu gelangen. Es wurde schon darauf hingewiesen, dass insbesondere die Grundsätze über den unverschuldeten Rechtsirrtum

---

982 LG München I, Urteil vom 10. Dezember 2009 – 5 HK O 13261/08, AG 2010, 173, 174 f.; OLG München, Urteil vom 22. Dezember 2010 – 7 U 1584/10 Tz. 73, zitiert nach juris; zu beiden Entscheidungen eingehend unter § 8 B I und II.

983 Zutreffend *Heidel*, in FS Meilicke, S. 125, 136: „Dass bereits eine Schadensersatzklage gegen [das herrschende Unternehmen] anhängig war und Ersatzansprüche gegen [das herrschende Unternehmen] schon daher nicht im luftleeren Raum standen, ändert entgegen dem LG München I nichts daran, dass die Ersatzpflicht erst durch das rechtskräftige Gerichtsurteil verbindlich festgestellt wird, nicht aber durch die Ausgleichsvereinbarung".

984 Eingehend dazu unter § 3 C II 2.

985 *H.-F. Müller*, in FS Stilz, S. 427, 436.

geeignet sind, einen angemessenen Ausgleich von persönlicher Verantwortung und ausnahmsweise unbegründeter Haftungssanktion zu erzielen.[986]

Auch § 278 BGB führt dann nicht zur Haftung des Konzerngeschäftsleiters, da die entsprechenden Verträge mit dem unabhängigen Sachverständigen in der Regel mit der Gesellschaft und nicht ihren Geschäftsleitern abgeschlossen werden.[987] Beauftragt jedoch das herrschende Unternehmen den Wirtschaftsprüfer oder einen anderweitig qualifizierten Experten, kommt eine Verschuldenszurechnung nach § 278 BGB in Betracht. Somit kann eine Haftung des Geschäftsleiters mangels Verschuldens ausscheiden. Weil sein Verhalten der Anstellungskörperschaft jedoch gleichwohl zugerechnet wird und das Verschulden des Sachverständigen aus § 278 BGB folgt, kann das Unternehmen dennoch in die Haftung geraten. Dazu bedarf es freilich der Darlegung eines schuldhaft pflichtwidrigen Verhaltens des Sachverständigen bei der Wertermittlung.

3. Zwischenergebnis

Bezifferbare Nachteile sind durch quantifizierte Vorteile auszugleichen. Ein unbezifferter Nachteilsausgleich scheidet trotz subjektiver Ungewissheit bei der Nachteilsbewertung aus. Angemessene Ergebnisse werden durch das notwendige Verschulden einer Haftung des herrschenden Unternehmens und der handelnden Geschäftsleiter erreicht (§ 317 Abs. 2 AktG). In Ausnahmefällen können die anzuwendenden Grundsätze über den schuldausschließenden Rechtsirrtum dazu führen, dass trotz Bestehens der Verschuldensvermutung die pflichtwidrige, weil unzureichende Kompensation keine Schadensersatzhaftung nach sich zieht. Im Regelfall, wenn keine Exkulpation und keine Berufung auf einen schuldausschließenden Rechtsirrtum in Betracht kommen, kommt es zur Verantwortlichkeit nach § 317 Abs. 1 und Abs. 3 AktG. Die Haftung in diesen Fällen verdeutlicht die Gefahren bei der Veranlassung zu Nachteilen, die mit Unsicherheiten behaftet sind. Veranlassungen zu derartigen Nachteilen sollte deshalb im Zweifel nicht gefolgt werden.

VI. Ergebnis

In bestimmten Fällen ist den Geschäftsleitern der Ausgleich mittels nicht quantifizierter Vorteile eröffnet. Eine solche Kompensation kommt jedoch nur dann in Betracht, wenn ein nachteilsbegründendes Risiko, das veranlassungsbedingt die abhängige AG trägt, verlagert werden soll und der Außenseiterschutz gewährleistet werden kann. Dabei handelt es sich um Fälle, in denen eine nachteilsbegründende Vermögensgefährdung besteht und die Entstehung einer messbaren Vermögensbeeinträchtigung dem Grunde nach unsicher ist. Irrelevant ist, ob die potenziellen Ausmaße im Falle der Risikoaktualisierung bekannt sind. In diesen Fällen muss das

---

986 Siehe § 3 C II 2 e) cc).

987 Vgl. etwa BGH, Urteil vom 20. September 2011 – II ZR 234/09, ZIP 2011, 2097, 2099 Tz. 17; *Spindler*, in MünchKommAktG, § 93 Rn. 179.

Risiko der abhängigen AG vollständig auf das herrschende Unternehmen oder einen anderen geeigneten Schuldner verlagert werden. In Betracht kommen die Einräumung eines Freistellungsanspruchs oder, je nach Einzelfall, die Gewährung einer das Risiko jedenfalls abdeckenden Garantie. Ist die maximale Höhe der drohenden Beeinträchtigung ex ante feststellbar, kann alternativ auch ein bezifferter Ausgleich in jener Höhe erfolgen.

Die Einräumung von gleichsam unbezifferten Vorteilen, etwa durch Tausch von Geschäftschancen, kann unter Umständen nicht ausreichen, um einen Nachteil zu vermeiden oder auszugleichen. Es kommt im Sinne eines effektiven Minderheiten- und Gläubigerschutzes allein auf die objektive Angemessenheit von Leistung und Gegenleistung an. Erst im Rahmen der Schadensersatzhaftung wegen nicht suffizienten Ausgleichs kommt der Frage der Überschreitung des Ermessensspielraums der Geschäftsleiter Bedeutung zu. Bewegt sich das Handeln des Vorstands der abhängigen AG im Rahmen des Erlaubten (§ 93 Abs. 1 Satz 2 AktG), liegt kein pflichtwidriges Verhalten vor. Der Geschäftsleiter des herrschenden Unternehmens kann sich gegebenenfalls exkulpieren (§ 317 Abs. 2 AktG).

In Fällen, in denen die Nachteiligkeit als solche feststeht, die Ausmaße aber noch nicht beziffert werden können, kommt eine Ausgleichssuspendierung in Betracht, wenn im Laufe des Geschäftsjahres damit zu rechnen ist, dass eine Bezifferung erreicht werden kann. Andernfalls scheidet der Ausgleichsaufschub ebenso aus wie eine unbezifferte Ausgleichsleistung. Eine bedingte Vorteilsgewährung verschafft der abhängigen AG noch keinen Anspruch, weil die Wirkungen eines aufschiebend bedingten Rechtsgeschäfts erst mit Eintritt des ungewissen Ereignisses eintreten.

Ist nur die Nachteilshöhe unklar und steht die messbare Beeinträchtigung fest, kommt keine Risikoverlagerung in Betracht. Diese Gestaltung ist nur im Falle der Kompensation einer Gefährdungslage geeignet, das bestehende Risiko zu eliminieren. Auch kann die Feststellung eines Nachteils nicht von einer rechtskräftigen Gerichtsentscheidung abhängig gemacht werden. Wird rechtskräftig festgestellt, dass ein Nachteil bestand und ein Ausgleich nicht zur Kompensation genügte, ist aufgrund der entsprechenden Verurteilung Schadensersatz zu leisten. Die Ausgleichsvereinbarung mag dies deklaratorisch wiederholen, begründet konstitutiv jedoch keine Ausgleichsvereinbarung im Sinne von § 311 AktG.

D. Kohärenz der Entscheidungspraxis des BGH

Bei oberflächlicher Betrachtung mag es verwundern, dass der BGH in einem Fall einen unbezifferten Nachteilsausgleich akzeptiert hätte,[988] während in einem anderen Fall eine solche Gestaltung als unzulässig erklärt wurde.[989]

Nach den vorstehenden Ausführungen zum Nachteilsausgleich ist jedoch zu differenzieren. Im erstgenannten Sachverhalt ging es um die Kompensation für eine

---

988 Siehe § 8 A III.
989 Siehe § 8 B III.

Gefährdungslage, die nach hier verwendeter Terminologie als „objektiv unklar" hinsichtlich Nachteilsentstehung und -höhe bezeichnet wird.[990] Die Veranlassung zur Übernahme eines Haftungsrisikos wegen Prospektfehlern führt zu unbezifferbaren Nachteilen für die abhängige AG, wenn und weil es sich um eine nachteilsbegründende Vermögensgefährdung handelt. Es kommt auf die Umstände des Einzelfalles an, die hier nicht zu vertiefen sind, jedoch spricht viel für die Annahme eines Nachteils durch Risikoübernahme.[991] Denn dass es im Nachgang zu einem Börsengang zu einer Inanspruchnahme wegen Fehlern kommt, ist nicht unwahrscheinlich. Ob die Ansprüche berechtigt sind, kann hier dahingestellt bleiben, weil derartige Fälle häufig – so auch im konkreten Fall – mit den Rechtsstreit erledigenden Vergleichszahlungen enden.[992]

Dieses, einen Nachteil darstellende, Risiko hätte, weil es sich um eine nachteilsbegründende Vermögensgefährdung gehandelt hat, ausgeglichen werden können. Dazu hätte es einer unbezifferten Kompensationsleistung bedurft, weil das Risiko nicht hätte beziffert werden können. Eine Freistellungsvereinbarung wäre geeignet gewesen, das Risiko der Inanspruchnahme wegen Prospektfehlern von der Deutschen Telekom AG auf das herrschende Unternehmen zu verlagern.[993]

Grundlegend anders stellt sich die Rechtslage im zweiten Falle dar. Der Wert der zu veräußernden Beteiligungen und Rechtsgüter des Osteuropageschäfts der HVB war anhand von Bewertungsgutachten beziffert worden. Auf Basis dieser Einschätzung handelten die beteiligten Geschäftsleiter. Damit wurde nicht lediglich ein Risiko verlagert, sondern eine Maßnahme veranlasst, die aufgrund der nicht angemessenen Bewertung in einen Nachteil der abhängigen HVB resultierte. Die Parteien der Nachteilsausgleichsvereinbarung stellten klar, dass der bezifferte Kaufpreis von ihnen als angemessen angesehen werde. Gleichwohl wurde die Vereinbarung abgeschlossen, wonach ein rechtskräftig festgestellter Nachteil ausgeglichen und rückwirkend fällig gestellt wird.[994]

Nach den bisherigen Ausführungen zum Nachteilsausgleich muss konstatiert werden, dass die Voraussetzungen für eine Nachteilsausgleichssuspendierung nicht vorlagen, weil eine Bewertung vorgenommen und eine Bezifferung darauf basierend erfolgen konnte. Deshalb ist die Vereinbarung keine im Sinne von § 311 Abs. 2 AktG. Es lag auch kein unbezifferter Nachteil vor, der ausgeglichen werden sollte. Im Unterschied zum erstgenannten Fall konnte hier keine Risikoverlagerung mittels unbezifferten Nachteilsausgleichs stattfinden, weil keine nachteilsbegründende Vermögensgefährdung in Frage stand, sondern ein konkret messbarer Nachteil. Der Unsicherheit im Umgang mit diesem Risiko ist auf der Ebene von § 317 Abs. 2 AktG

---

990 Siehe § 10 B I.
991 So auch *Schäfer*, in FS Hoffmann-Becking, S. 997, 1003.
992 Siehe § 8 A mit Wiedergabe der entsprechenden Stellen des Tatbestandes.
993 Siehe § 10 C II.
994 Siehe § 8 B.

und § 93 Abs. 1 Satz 2 AktG zu begegnen. Es handelt sich nicht um eine Frage des unbezifferten Nachteilsausgleichs.[995]

Den insofern kohärenten Entscheidungen des BGH ist demnach im Ergebnis zuzustimmen. Anhand der Darlegungen zu unbezifferten Nachteilen und ihres Ausgleichs wird deutlich, dass es sich um zwei Fallgestaltungen mit Bezug zum Recht des faktischen Aktienkonzerns handelt, die gegenständlichen Problematiken aber nur dann zutreffend verortet und gelöst werden können, wenn die unterschiedlichen Erscheinungsformen von unbezifferten Nachteilen und der Umgang mit subjektiven Ungewissheiten, die keine Auswirkungen auf die Bemessung von Nachteil und Ausgleich haben, zutreffend erfasst werden. Die Grundlage dieser differenzierten Betrachtung bildet das hier vertretene Nachteilsverständnis, das den Nachteilsbegriff nicht mit Erwägungen zur Vorwerfbarkeit von Geschäftsleitungsmaßnahmen verquickt.[996]

E. Resümee

Unbezifferte Ausgleichsgestaltungen vermögen nur solche Nachteile zu beseitigen, die aufgrund der veranlassungsbedingten Eingehung nachteilsbegründender Vermögensgefährdung entstehen. Während in diesen Gefährdungssituationen der Außenseiterschutz dadurch gewährleistet wird, dass eine Absicherung in Form einer Garantie oder eines Freistellungsanspruchs, verbunden mit einer konkreten Grundsatzvereinbarung, die den Ausgleich (zukünftiger) messbarer Nachteile bereits regelt, die Risiken der abhängigen AG eliminiert, ist in den Fällen, in denen nicht lediglich eine Gefahr des Eintritts messbarer Beeinträchtigungen vorliegt, eine solche Gestaltung unzulässig. Eine sicher eingetretene rechnerische Vermögensbeeinträchtigung erfordert einen unbedingten Ausgleich mittels konkreter, messbarer Vorteile, weil andernfalls einem Gläubiger konkrete Vermögenssubstanz als potenzielle Zugriffsmasse ohne entsprechenden gleichwertigen Ausgleich entzogen wird.

Vor diesem Hintergrund stellen sich beide hier thematisierten Entscheidungen des BGH bezüglich der Behandlung unbezifferter Ausgleichsgestaltungen als im Ergebnis zutreffend heraus. Während einer Gefährdungssituation (3. Börsengang) mittels unbezifferten Nachteilsausgleichs durch Freistellungsvereinbarung hätte begegnet werden können, war eine nicht quantifizierte Ausgleichsgestaltung im Falle HVB/UniCredit deshalb abzulehnen, weil sie keinen Fall der nachteilsbegründenden Vermögensgefährdung betraf.

Ob eine Schadensersatzhaftung in den Gestaltungen, in denen kein, ein nicht geeigneter oder nicht suffizienter Ausgleich gewährt worden ist, die Folge ist, ist von der Frage der Nachteiligkeit zu trennen. Während eine nachteilige Veranlassung für den Vorstand der abhängigen AG gleichwohl nicht pflichtwidrig gewesen sein kann (§ 93 Abs. 1 Satz 2 AktG), kann der Konzerngeschäftsleiter sich möglicherweise trotz Nachteiligkeit exkulpieren, wenn und weil auch ein

995 Siehe § 10 C V.
996 Eingehend unter § 3 C II.

Geschäftsleiter einer unabhängigen Gesellschaft die Maßnahme in der konkreten Gestaltung durchgeführt hätte (§ 317 Abs. 2 AktG).

§ 11 Fazit

Abschließend stellt sich der unbezifferte Nachteilsausgleich damit als kein geeignetes Mittel dar, mittels dessen Konzerngeschäftsleiter unter Meidung persönlicher Haftung Leitungsmacht ausüben könnten. Oft werden Bewertungsprobleme zu erheblichen Unsicherheiten führen, die gleichwohl nicht darüber hinwegtäuschen dürfen, dass im Sinne eines effektiven Außenseiterschutzes ein Nachteilausgleich zu objektiv angemessenen Bedingungen zu erfolgen hat und die Fehleinschätzung nur im Falle der Exkulpation (§ 317 Abs. 2 AktG) nicht zur Verantwortlichkeit des herrschenden Unternehmens und seiner Geschäftsleiter führt. Denn die Möglichkeit des unbezifferten Ausgleichs steht nur im Falle der Veranlassung zu nachteilsbegründenden Vermögensgefährdungen zur Verfügung. Einzig in diesen Konstellationen kann eine quantitative Vergleichsbetrachtung von Nachteil und Ausgleich unterbleiben, weil ein Ausgleich durch geeignete Risikoeliminierungsmechanismen, die notwendigerweise unbeziffert sein müssen, zu erfolgen hat. Dies ist eine Konsequenz der Einordnung der Haftung im faktischen Aktienkonzern als Verantwortlichkeit wegen schuldhaft pflichtwidriger Fremdgeschäftsführung. Eine Pflichtwidrigkeit des herrschenden Unternehmens liegt nach § 311 AktG unter Zugrundelegung dieses Verständnisses in der objektiv nachteiligen Veranlassung. Die Frage, ob auch ein ordentlicher und gewissenhafter Geschäftsleiter die veranlasste nachteilige Maßnahme hätte durchführen oder unterlassen dürfen, ist für diese Frage irrelevant. Sie kann nur zur Entschuldigung des gleichwohl pflichtwidrigen Verhaltens führen. Die damit im faktischen Aktienkonzern bestehenden Risiken verdeutlichen, dass Maßnahmen, denen erhebliche Bewertungsrisiken anhaften, nicht veranlasst werden sollten.

Die prophezeite „Renaissance des faktischen Konzerns“[997] wird folglich nur dann eintreten, wenn eine dezentrale Verbundorganisationsleitung bezweckt ist. Sobald beabsichtigt ist, in erheblichem Maße auf die Geschäftsleitung einer abhängigen AG einzuwirken, bietet das geltende Recht des faktischen Aktienkonzerns keine tauglichen Instrumentarien, sich gegen die Inanspruchnahme aufgrund von Fehleinschätzungen bei der Nachteilsausgleichsbezifferung abzusichern. Solche Einmischungen in die Geschäftsleitung werden weiterhin nur durch Abschluss eines Beherrschungsvertrages rechtssicher legitimiert, obschon er zur Erzielung steuerlicher Organschaft nicht mehr erforderlich sein mag. Er ist, aufgrund des damit verbundenen effektiven Schutzes von Gläubigern und außenstehenden Aktionären, nicht durch Vereinbarung unbezifferter Ausgleichsvereinbarungen zu ersetzen.

997 Vgl. Fn. 1.

Zusammenfassung

1. Kapitel: Grundlagen des Rechts der verbundenen Unternehmen

§ 1: Die Konzerngefahr

Das Recht des „faktischen Konzerns" (§§ 311 ff. AktG) stellt einen Teilbereich der Regelungen über verbundene Unternehmen (§§ 15 ff. AktG) im Aktiengesetz dar. Die Normen regeln die zwischen herrschenden und abhängigen Unternehmen auftretende „Konzerngefahr" für den Fall, dass kein Beherrschungsvertrag abgeschlossen worden ist. Die Gefahr besteht darin, dass ein herrschendes Unternehmen seine Interessen über den Eigenwillen und das Eigeninteresse der abhängigen AG und damit zugleich ihrer Minderheitsaktionäre sowie Gläubiger (Außenseiter) stellen könnte. Eine solche Verfolgung von Partikularinteressen soll durch das Konzernrecht eingedämmt werden. Neben diesen Schutzzweckgedanken („klassische Schutzzwecklehre") wird den Regelungen auch – in unterschiedlich ausgeprägtem Maße – ein Organisationsgehalt zugemessen („Konzernorganisationslehre"). Diesem Verständnis nach existieren Grundzüge einer Konzernorganisationsverfassung, die es der Konzernobergesellschaft erlauben, Interessen des Unternehmensverbundes gegen Einzelinteressen der Verbundunternehmen durchzusetzen.

In der normtypischen, weil nicht verbundenen AG leitet der Vorstand diese gemäß § 76 AktG unter eigener Verantwortung. Diese Zuständigkeitsordnung wird durch Begründung von Abhängigkeit im Sinne von § 17 AktG nicht modifiziert, so dass keine rechtlich verfasste Leitungsmacht des herrschenden Unternehmens im faktischen Unternehmensverbund existiert. Nichtsdestoweniger besteht eine faktische Einflussmöglichkeit des herrschenden Unternehmens, wobei es jedoch auf die Kooperation der abhängigen AG angewiesen ist, weil ihr Vorstand eine begehrte Maßnahme letztlich ausführen muss, so dass faktisch verbundene Unternehmen rechtlich gleichberechtigt sind.

Denn anders als im Falle des Bestehens eines Beherrschungsvertrages kann der Konzerngeschäftsleiter keine verbindlichen Weisungsrechte (§§ 308, 309 AktG) ausüben, die eine Folgepflicht des abhängigen Unternehmens bedeuteten. Als Korrelat zum Übergang der Leitungsmacht ist das herrschende Unternehmen im Vertragskonzern verpflichtet, jeden Jahresfehlbetrag der abhängigen AG zu übernehmen (§ 302 AktG) sowie außenstehende Aktionäre abzufinden oder eine Garantiedividende anzubieten (§§ 304, 305 AktG). Für sorgfaltswidrige Weisungen unterliegen das herrschende Unternehmen und seine Geschäftsleiter einer verschuldensabhängigen Haftung (§ 309 AktG).

Demgegenüber ist, aufgrund diametral gegensätzlicher Ausgestaltung der Leitungsmacht, die Haftung im „faktischen Konzern" gänzlich anders ausgestaltet. Rechtlich nicht verbindliche Veranlassungen des herrschenden Unternehmens dürfen nicht zu einem Nachteil der abhängigen AG führen (§ 311 AktG). Ein etwaiger Nachteil ist jedenfalls auszugleichen, was spätestens am Ende des Geschäftsjahres zu erfolgen hat (§ 311 Abs. 2 AktG). Widrigenfalls haften das herrschende Unternehmen und die veranlassenden Geschäftsleiter für entstandene Schäden (§ 317 AktG). Der Schutz der abhängigen AG wird zusätzlich durch eine Dokumentationspflicht mittels des Abhängigkeitsberichts gewährleistet (§ 312 AktG).

§ 2: Historische Entwicklung des Konzernrechts

Die heutigen §§ 311 ff. AktG sind vor dem Hintergrund ihres historischen Ursprungs zu verstehen. Weder das ADHGB noch seine Nachfolgegesetze enthielten Regelungen zur Konzerngefahr. Erst allmählich begann die Diskussion über das Bestehen eines Schädigungsprivilegs. Fraglich war, ob im Interesse des Gesamtunternehmens Konzern die kompensationslose Benachteiligung einzelner Konzernunternehmen zulässig war. Die Rechtsprechung erlaubte dies, weil die Grenze der Zulässigkeit im Verstoß gegen die guten Sitten gesehen wurde.

Mit dem Aktiengesetz 1937 wurde diese konzerngünstige Tendenz normativ fundiert. Das grundsätzliche Verbot des schädigenden Strebens nach gesellschaftsfremden Sondervorteilen (§§ 101 Abs. 1, 197 Abs. 2 Satz 1 AktG 1937) wurde überlagert durch eine Ausnahme im Falle der Geltendmachung schützenswerter Belange (§§ 101 Abs. 3, 197 Abs. 2 Satz 2 AktG 1937), womit nach der amtlichen Begründung des Gesetzes auch Konzerninteressen berücksichtigt werden konnten. Allerdings zeichnete sich nach einiger Zeit im Schrifttum eine Auslegung dahingehend ab, dass es trotz ausnahmsweise erlaubter Einflussnahme eines angemessenen Ausgleichs bei Vorhandensein von Außenseitern bedurfte.

Die erste legislative Befassung mit dem Phänomen der Konzerngefahr und des Schädigungsprivilegs erfolgte im Rahmen der Beratungen zu einem neuen Aktiengesetz. Im Referentenentwurf eines Aktiengesetzes vom 7. Oktober 1958 schufen die Entwurfverfasser eine Möglichkeit, Leitungsmacht im Unternehmensverbund auszuüben. Dazu bedurfte es des Abschlusses eines Weisungsvertrages, der mit entsprechenden Vorabsicherungsmechanismen für Außenseiter einherging. Ohne Abschluss eines Weisungsvertrages war die Einflussnahme auf eine abhängige AG verboten und wurde widrigenfalls mittels einer verschuldensunabhängigen Erfolgshaftung des herrschenden Unternehmens sanktioniert.

Nach teilweise heftiger Kritik am Entwurf wurde der Konzerngefahr mit dem Regierungsentwurf eines Aktiengesetzes vom 13. Juni 1960 in abgeänderter Form begegnet. Im Regierungsentwurf wurde die Parallelität von vertraglich legitimierter und lediglich tatsächlich bestehender Abhängigkeit begründet. Erstere wurde durch Abschluss eines Beherrschungsvertrages erreicht, der zur verbindlichen (nachteiligen) Weisungserteilung ermächtigte. Andernfalls galt ein striktes Schädigungsverbot, das jedoch nicht jegliche einheitliche Verbundleitung unterbinden sollte. Veranlassungsbedingte Nachteile konnten namentlich durch mit ihnen zusammenhänge Vorteile wieder ausgeglichen werden. Voraussetzung war, dass die Vorteile auf einem Vertrag beruhten und wirtschaftlich mit der zum Nachteil führenden

Maßnahme als ein einheitliches Geschäft erschienen. Dieser im Einzelfall notwendige Zusammenhang wurde statuiert, da die Entwurfsverfasser Ungewissheit bezüglich der Geltung der allgemeinen schadensrechtlichen Vorteilsausgleichsregeln befürchteten. Begleitet wurde diese Grenze der Einflussnahme durch eine Dokumentationspflicht des Vorstands der abhängigen AG im neu geschaffenen Abhängigkeitsbericht, in den potenziell nachteilige Geschäfte aufzunehmen waren und der gegebenenfalls einer Prüfung unterlag. Einer Haftungsverantwortung sahen sich herrschendes Unternehmen und die handelnden Geschäftsleiter, in Abkehr von der Erfolgshaftung des Referentenentwurfs, nur gegenüber, wenn Nachteile nicht durch Vorteile ausgeglichen worden waren. Die Ersatzpflicht war zudem ausgeschlossen, wenn auch ein ordentlicher und gewissenhafter Geschäftsleiter einer unabhängigen Gesellschaft die Maßnahme getroffen oder unterlassen hätte.

Auf dem Weg zur endgültigen Fassung der Regelungen im Aktiengesetz vom 6. September 1965 wurde kritisiert, dass der Ausgleich von Nachteilen in zu engem Rahmen zugelassen sei. Am Ende der Diskussion stand ein Kompromiss, nach dem ein Nachteil durch tatsächliche Vorteilsgewährung oder Einräumung eines Anspruchs innerhalb des Geschäftsjahres ausgeglichen werden kann, wobei es eines Zusammenhanges zwischen Nachteil und Vorteil nicht mehr bedarf (§ 311 AktG). Hintergrund dieser Konzession ist, dass befürchtet worden war, dass bestimmte Geschäfte nicht veranlasst werden können, nur weil eine anfängliche Bezifferung des notwendigen Ausgleichs nicht möglich ist. Anstatt einen beliebig verzögerten Ausgleich zu gestatten, gewährte der Gesetzgeber eine Frist bis zum Ende des Geschäftsjahres, innerhalb derer der konkret zu gewährende Vorteil als Anspruch eingeräumt werden kann (§ 311 Abs. 2 AktG). Die Verantwortlichkeit der herrschenden Gesellschaft und ihrer die Veranlassung betreibenden Geschäftsleiter entfällt, wenn auch ein ordentlicher und gewissenhafter Geschäftsleiter einer unabhängigen Gesellschaft die Maßnahme unterlassen oder vorgenommen hätte (§ 317 AktG).

Das am 11. September 1965 verkündete Aktiengesetz enthält bis heute diese in Bezug auf den Nachteilsausgleich und daran knüpfende Sanktionen enthaltenen Regeln.

2. Kapitel: Nachteil, Ausgleich und Schadensersatz im Sinne der §§ 311 ff. AktG

§ 3: Der Nachteilsbegriff des § 311 AktG und daran anknüpfende dogmatische Überlegungen

Im Zentrum des Ausgleichsregimes steht der Nachteilsbegriff. Anhand seiner Einordnung wird die Haftung nach §§ 311, 317 AktG dogmatisch beurteilt. Der Aufnahme dieses unbestimmten Rechtsbegriffs bedurfte es, da aus Sicht des Gesetzgebers Klarstellungsbedarf hinsichtlich der Reichweite der Vorteilsausgleichungsregeln bestand, denn gewisse Vorteile sollten Auswirkungen auf die Nachteiligkeit veranlasster Maßnahmen haben. Am Zweck der §§ 311 ff. AktG, die abhängige AG vor

Schädigungen zu bewahren, sollte die Wortwahl durch Aufnahme des „Nachteils" nichts ändern.

Nachteil und Schaden sind zwei nicht bedeutungsidentische Begriffe. Das folgt schon aus dem unterschiedlichen Zeitpunkt, zu dem ihr Vorliegen festgestellt wird. Während sich die Beurteilung bezüglich des Nachteils bei Vornahme der veranlassten Maßnahme auf Ebene der abhängigen AG ergibt, bestimmt sich der Umfang eines Schadens nach den allgemeinen Regeln der §§ 249 ff. BGB zum Zeitpunkt der Kompensation. Liegt im relevanten Zeitpunkt kein Nachteil vor, ändert auch die spätere Verschlechterung der Vermögens- und Ertragslage nichts an dieser Einordnung. Eine Verbesserung der Vermögensverhältnisse führt ebenfalls nicht zu einer die Feststellung beeinflussenden Beurteilung.

In welcher Höhe ein Ausgleich zu erfolgen hat, beurteilt sich anhand der Wertverhältnisse zum Zeitpunkt seiner Gewährung. Bei zeitgleicher Kompensation bedarf es daher keiner zusätzlichen Bewertung. Im Falle des zeitversetzten Ausgleichs kommt sowohl eine Erhöhung als auch eine Verminderung der notwendigen Leistung im Vergleich zum anfänglichen Nachteil in Betracht. Die Ansicht, die einen gesetzlichen Mindestausgleich in Höhe des Nachteils bei Maßnahmendurchführung verlangt und nur einer Wertverschlechterung Auswirkungen bezüglich der Ausgleichshöhe beimessen möchte, ist abzulehnen. Dazu bedarf es einer Parteivereinbarung, in der herrschendes und abhängiges Unternehmen die Modalitäten des Ausgleichs festlegen und so einen Garantieausgleich vereinbaren können. Gleichfalls abzulehnen ist ein in Höhe des anfänglichen Nachteils zu kompensierender Mindestschaden im Falle der nicht suffizienten oder gar nicht erfolgten Ausgleichsleistung. Ob und in welcher Höhe ein Schaden vorliegt, bestimmt sich nach §§ 249 ff. BGB anhand der Differenzhypothese. Zwar sind Abweichungen von dem so gefundenen Ergebnis unter Hinweis auf eine normative Schadensbetrachtung möglich, die dazu notwendigen teleologischen Erwägungen, dass der Schädiger unbillig entlastet wird, greifen hier jedoch nicht durch.

Bezüglich der Definition des Nachteils gehen die ganz herrschende Meinung im Schrifttum und die Rechtsprechung davon aus, dass ein solcher bei jeder Minderung oder konkreten Gefährdung der Vermögens- und Ertragslage der abhängigen AG vorliege, soweit sie auf die Abhängigkeit vom herrschenden Unternehmen zurückzuführen sei, so dass kein Nachteil vorliege, wenn ein ordentlicher und gewissenhafter Geschäftsleiter einer unabhängigen Gesellschaft sich ebenso verhalten hätte wie der Vorstand der abhängigen AG. § 317 Abs. 2 AktG wird dieser Ansicht nach bereits in den Nachteilsbegriff des § 311 AktG hineingelesen, so dass sich die Verantwortlichkeit nach §§ 311, 317 AktG als verschuldensunabhängig erzeige. Demgegenüber geht eine auch hier vertretene Mindermeinung davon aus, dass die Bestimmung des Nachteils sich in einer rein objektiven, quantitativen Betrachtung erschöpft. Die Bejahung der Frage, dass die so festgestellte Beeinträchtigung der Vermögens- und Ertragslage auch von einem unabhängigen Geschäftsleiter hervorgerufen worden wäre (§ 317 Abs. 2 AktG), stellt eine Exkulpationsmöglichkeit dar. Damit stellen sich §§ 311, 317 AktG als eine verschuldensabhängige Haftung für pflichtwidrige Fremdgeschäftsführung dar. Auf demselben Grundverständnis basieren alle Verantwortlichkeiten für

Tätigwerden im fremden Interesse (negotiorum gestio), weil bei jeder fremdnützigen Geschäftsführung die Interessen des Geschäftsherrn vor schuldhafter Beeinträchtigung durch den negotiorum gestor geschützt sind. Das Verständnis als Normierung einer Haftung für pflichtwidrige Fremdgeschäftsführung vermag auch zu erklären, warum eine Verantwortlichkeit sowohl für aktives Tätigwerden als auch im Einzelfall für Unterlassen begründet wird. Denn auch der Geschäftsführer ohne Auftrag ist ausnahmsweise zur Fortführung begonnener Geschäfte und damit zum aktiven Tätigwerden verpflichtet, wenn er dadurch in zumutbarer Weise Benachteiligungen des Geschäftsherrn vermeiden kann. Diese Folgepflicht, die Hintergrund der Verpflichtung zur Leistung des Nachteilsausgleichs ist und eine Rücksichtnahmepflicht auf die Integritätsinteressen der abhängigen AG statuiert, resultiert aus dem hier vertretenen Verständnis der §§ 311, 317 AktG als eines positiv-rechtlich normierten Spezialfalls einer Haftung wegen schuldhaft pflichtwidriger Fremdgeschäftsführung ohne Auftrag. So lässt sich auch der Wortlaut von § 317 Abs. 3 AktG erklären, der eine persönliche Haftung (nur) der veranlassenden Geschäftsleiter vorsieht und nicht auf diejenigen Geschäftsleiter abstellt, die den Nichtausgleich zu verantworten haben. Denn der Ausgleich stellt sich als Folgepflicht der nachteiligen Veranlassung dar, so dass die verpflichteten Personen zunächst eine Veranlassung betrieben haben müssen, um in die Haftung zu geraten.

Damit stellt sich die Haftung weder als Organhaftung noch als Deliktshaftung dar, obschon die fehlende Organbeziehung zwischen Konzerngeschäftsleiter und abhängiger AG überwunden wird. Nicht zu überzeugen vermag die Ansicht, die in § 317 Abs. 2 AktG einen „Doppeltatbestand“ erblickt und eine Berücksichtigung sowohl bei der Nachteilsbestimmung als auch bei der Frage des Verschuldens vertritt. Die Argumentation, der Fall liege genauso wie im Rahmen von §§ 93, 309 AktG, 43 GmbHG, versagt schon deshalb, weil es im Rahmen der faktischen Herrschaft über eine abhängige AG an der für durch §§ 93, 309 AktG, 43 GmbHG vermittelten rechtlichen Leitungsmacht eines Unternehmens oder Unternehmensverbundes fehlt. Der Konzerngeschäftsleiter kann nur faktisch Einfluss ausüben, ohne dass er dazu rechtlich legitimiert oder befugt wäre. § 317 Abs. 2 AktG stellt sich folglich als typisierter Verschuldensmaßstab nach Vorbild der §§ 276 Abs. 2 BGB, 347 Abs. 1 HGB dar.

Die mit dieser Einordnung verbundenen Konsequenzen überzeugen auch hinsichtlich der systematisch daran anknüpfenden Berücksichtigung von Mitverschulden (§ 254 BGB) der abhängigen AG, wenn und weil der Körperschaft das Verhalten und Verschulden der für sie handelnden Personen zugerechnet wird (§§ 31 analog, 278 BGB). Im Verhältnis zum herrschenden Unternehmen nicht zu realisierende Schadensersatzansprüche muss die abhängige AG gegen ihre Organwalter geltend machen (§ 93 AktG). Zudem ermöglicht das Verständnis der culpa-Haftung die Berücksichtigung von schuldausschließenden Rechtsirrtümern, die eine Begrenzung der Haftungsverantwortlichkeit in Ausnahmefällen rechtfertigt.

Unabhängig von dieser zentralen Streitfrage werden die Grenzen der Zulässigkeit der Ausgleichssuspendierung unterschiedlich beurteilt. Überzeugend ist die von einer Mindermeinung im Schrifttum vertretene Ansicht, wonach vom Aufschub des Nachteilsausgleichs nur dann Gebrauch gemacht werden darf, wenn ein zeitgleicher Ausgleich der veranlassungsbedingt entstehenden Nachteile nicht möglich ist, etwa weil den Geschäftsleitern die Bezifferung zu diesem Zeitpunkt noch nicht gelingt, hiermit bis zum Ende des Geschäftsjahres aber zu rechnen ist. Es steht damit nicht im Belieben des Vorstands der abhängigen AG, diese zeitweise zu benachteiligen, obschon ein Ausgleich vorgenommen werden könnte. Eine Vorleistung ist ihm nur dann erlaubt, wenn die veranlasste Maßnahme deshalb unterbleiben müsste, weil kein angemessener Ausgleich festgesetzt werden kann. Grundsätzlich hat der Ausgleich durch quantifizierte Gewährung von Vorteilen zu erfolgen. Dies dient der Überprüfbarkeit vollständiger Kompensation und soll die abhängige AG vor Vermögensnachteilen schützen, die durch die Ausgleichssuspendierung entstehen könnten. Liegen die Voraussetzungen der Suspendierung vor, muss in einer Grundsatzvereinbarung festgelegt werden, durch welche Maßnahmen die abhängige AG temporär benachteiligt wird und wie ein Ausgleich erfolgen soll. Alle vorhandenen Parameter zur Bestimmung der Ausgleichsmodalitäten sind in diese Vereinbarung aufzunehmen. Darüber hinaus darf die Benachteiligung nur so lange andauern, wie der Ausgleich unmöglich ist. Die normierte Grenze des Ende des Geschäftsjahres (§ 311 Abs. 2 Satz 1 AktG) stellt nur die maximal mögliche Suspendierungsdauer dar. Ein Ausgleich ist sobald wie möglich zu leisten. Nur so ist ein effektiver Außenseiterschutz gewährleistet.

Mit diesem Verständnis wird zudem die rechtliche Gleichberechtigung der verbundenen Unternehmen betont. Diese führt bei konsequenter Berücksichtigung dazu, dass sowohl ein gleichzeitig mit der Benachteiligung erfolgender Ausgleich als auch ein gestreckter Nachteilsausgleich zwingend einer Vereinbarung bedürfen, die die Modalitäten des konkreten Ausgleichs regelt. Eine Oktroyierung durch das herrschende Unternehmen kommt weder hinsichtlich der Art noch der Höhe der Vorteile in Betracht. Das folgt schon daraus, dass der Vorstand der abhängigen AG nicht verpflichtet ist, eine Veranlassung umzusetzen. Die zwingend rechtsgeschäftlich vereinbarte Ausgleichspflicht entfällt auch nicht, wenn und weil ein Schadensersatzanspruch der abhängigen AG an § 317 Abs. 2 AktG scheitern würde, weil dem Konzerngeschäftsleiter eine Exkulpation gelingt. Die Ausgleichsvereinbarung regelt die Modalitäten der Nachteilskompensation. Auf einen solchen Vertrag finden die allgemeinen bürgerlich-rechtlichen Vorschriften der §§ 275 ff., 320 ff. BGB Anwendung. Ist der Ausgleich unmöglich geworden, gelten §§ 311a Abs. 2, 280, 283 BGB. Eine Garantiehaftung ist demnach ausgeschlossen, weil die Ansprüche von einem Verschulden abhängig sind. Aus §§ 326 Abs. 5, 346 Abs. 2 Satz 1 Nr. 1 BGB kann sich freilich eine Schadensersatz gleichkommende Wertersatzpflicht ergeben, die verschuldensunabhängig ausgestaltet ist. Der Schadensersatzanspruch gemäß

§ 317 AktG lebt jedoch nicht wieder auf, wenn der Ausgleich unterbleibt, weil ein Rücktritt keine rückwirkenden Konsequenzen entfaltet.

Das herrschende Unternehmen ist zum Nachteilsausgleich verpflichtet. Es handelt sich nicht lediglich um eine Obliegenheit. Konkret stellt sich § 311 Abs. 2 AktG als eine Rücksichtnahmepflicht dar, die aus der faktischen Leitungsmacht im nicht vertraglich verfassten Unternehmensverbund folgt. Ihren Rechtsgrund hat diese, die berechtigten Interessen der abhängigen AG schützende Pflicht in einem Schuldverhältnis, das aufgrund der Übernahme fremder Geschäfte durch den Konzerngeschäftsleiter entsteht (§§ 677, 280 BGB). Diese Lösung ist dem ebenfalls vertretenen Ansatz der Herleitung des Pflichtgrundes über die Treupflicht oder eine Innengesellschaft bürgerlichen Rechts deshalb vorzuziehen, weil so eine unmittelbare pflichtkonstituierende Bindung zwischen dem handelnden Konzerngeschäftsleiter und der abhängigen AG begründet wird, während die beiden anderen Begründungswege auf eine Pflichtenbindung der verbundenen Unternehmen beschränkt wären. Damit könnte lediglich die Haftung nach § 317 Abs. 1 AktG dogmatisch erklärt werden, während eine Fokussierung auf die originäre Pflichtenbindung des veranlassenden Organwalters bei der Haftung gemäß § 317 Abs. 3 AktG ansetzt. Die daneben bestehende Verantwortlichkeit des herrschenden Unternehmens (§ 317 Abs. 1 AktG) folgt sodann aus allgemeinen Zurechnungserwägungen (§§ 31 analog, 278 BGB). Damit wird deutlich, dass aus haftungssystematischer Sicht die Geschäftsführung durch Veranlassung der Organmitglieder des herrschenden Unternehmens im Vordergrund steht, während die Haftung des Unternehmens eine Folge der Anwendung allgemeiner Zurechnungsgrundsätze darstellt.

§ 5: Pflichtenpluralismus, der zu ersetzende Schaden und der „innere Haftungsgrund“

Rechtsgrund der Haftung nach § 317 AktG ist eine Pflichtverletzung des Geschäftsleiters des herrschenden Unternehmens. Dabei kann es sich einerseits bereits um die Veranlassung zu einer nachteiligen Maßnahme handeln, wenn und weil nicht ein sofortiger Nachteilsausgleich gewährt wurde. Sofern in zulässiger Weise von der Suspendierung des Ausgleichs Gebrauch gemacht wurde, kommt ein pflichtwidriges Verhalten durch nicht rechtzeitigen, umfassenden Ausgleich in Betracht. Je nachdem, worin das pflichtverletzende Verhalten liegt, ist entweder der Schaden zu ersetzen, der aus der Veranlassung resultiert, oder derjenige, der aufgrund des Ausbleibens des Nachteilsausgleichs entsteht (§ 249 Abs. 1 BGB). Damit sind unterschiedliche Zeitpunkte und Verhaltensweisen potenziell pflichtbegründend, wie es für die Verantwortlichkeit eines Geschäftsleiters üblich ist.

Abzulehnen ist die Konstruktion einer „Schwebelage“. Danach erfolgt die nachteilige Veranlassung schwebend rechtmäßig, bis feststeht, dass ein Ausgleich geleistet wird oder ausbleibt. So könnte bezüglich der Schadensberechnung gleichwohl an die Veranlassung angeknüpft werden, weil dieser Ansicht nach die Voraussetzungen der Suspendierung rückwirkend entfallen sollen. Es wird dabei jedoch ignoriert, dass ein Verhalten der Geschäftsleiter zum Zeitpunkt der Vornahme als pflichtgemäß oder pflichtwidrig beurteilt werden muss. Sofern die Voraussetzungen des Aufschubs vorliegen, kann für die Frage der Pflichtwidrigkeit nicht an die Veranlassung angeknüpft werden. Pflichtwidrig kann in diesen Fällen nur das Unterlassen des notwendigen Ausgleichs sein.

3. Kapitel: Unbezifferte Nachteile und unbezifferter Nachteilsausgleich

§ 6: Ökonomische Hintergründe der unbezifferte Nachteile hervorrufenden Geschäftsleitungsmaßnahmen

Die Problematik der unbezifferten Nachteile findet ihren Ursprung in den zu quantifizierenden Auswirkungen von Geschäftsleitungsmaßnahmen. Im Schrifttum werden im Zusammenhang mit dem unbezifferten Nachteilsausgleich häufig konzernintegrative Strukturmaßnahmen genannt, die als Resultat der konzernstrategisch bedingten Gestaltung der Aufbauorganisation des Unternehmensverbundes durchgeführt werden und zur Verbesserung der Verbundrentabilität beitragen sollen. Integrative Entscheidungen und auf Segregation zielende Maßnahmen beinhalten genauso wie andere langfristig wirkende Maßnahmen prognostische Unsicherheitsmomente hinsichtlich ihres wirtschaftlichen Erfolgs. Der Geschäftsleiter des abhängigen Unternehmens ist deshalb zu einer autonomen unternehmerischen Ermessensentscheidung berufen, wenn es um die Frage der Durchführung jener Maßnahmen geht. Dies ist bei der Vollziehung einer Konzernstrategie insofern problematisch, als dass er zwar zur Geschäftsleitung befugt und verpflichtet (§ 76 AktG) ist, Schöpfer der umzusetzenden Idee eigentlich aber die Geschäftsleitung auf Ebene der Konzernspitze ist. Die Versagung jeglicher Kooperation ist häufig langfristig nicht durchführbar, so dass sich im Falle der Entscheidung für die Durchführung die Frage der Nachteiligkeit der Maßnahme und gegebenenfalls der Quantifizierung derselben stellt.

§ 7: Die Problematik der Bezifferung

Die Managemententscheidungen, die zu einem Nachteil für die abhängige AG gereichen können, sind Ausfluss der Problematik der Bezifferung. Ziel muss sein, einen angemessenen Wert für die einzelnen Maßnahmen zu finden. Dies stellt sich dann als unproblematisch dar, wenn Marktpreise existieren, was in den hier relevanten Konstellationen aber durchweg nicht der Fall sein wird. Folglich bleibt nur der Rückgriff auf betriebswirtschaftliche Kalkulationsprinzipien, die im Einzelfall eine Annäherung an einen Marktpreis erreichen können. Aufgrund des methodischen Ansatzes, nur eine Näherung an einen hypothetischen Marktpreis zu liefern, muss jedoch konstatiert werden, dass der methodengerecht gefundene Wert keine gleichwertige Substitution für den eigentlich gesuchten Wert darstellt. Damit entsteht eine bewertungsmethodische Unsicherheit, da den relevanten Wirtschaftsgütern kein exakter Wert zugemessen werden kann. Prononciert zu Tage tritt dieser Befund bei der Bewertung eines Unternehmens unter Heranziehung der Ertragswertmethode.

Es herrscht Einigkeit, dass einem Unternehmen kein „wahrer" Wert beigemessen werden kann. Die Methodik basiert darauf, unsichere Zahlungsströme zu prognostizieren und darauf aufbauend dem Unternehmen einen Wert zuzuschreiben. Die notwendige Hinnahme von Prognosen und Annahmen verdeutlicht die Unsicherheit, die jedes Ergebnis einer methodengerechten Bewertung in sich trägt. Ob diese Unwägbarkeiten im Zusammenhang mit §§ 311, 317 AktG hingenommen werden können, hängt von der Frage des Ausgleichs nur so bewertbarer Maßnahmen ab.

§ 8: Unbezifferte Nachteile und ihr Ausgleich in der Rechtsprechung

Die Rechtsprechung hat sich in zwei Entscheidungsreihen mit Problemen um unbezifferte Nachteile beschäftigt. Während ein unbezifferter Nachteilsausgleich in einem Fall für denkbar erachtet wurde, wurde eine nicht quantifizierte Gestaltung in einem anderen Fall vom selben Senat für unzulässig angesehen.

Im Rahmen des 3. Börsengangs der Deutschen Telekom AG klagte diese auf Ersatz von Schäden, die ihr im Zusammenhang mit Schadensersatzklagen wegen eines fehlerhaften Emissionsprospektes entstanden sind. Die Bundesrepublik Deutschland und die KfW als Altaktionäre verlagerten das Prospekthaftungsrisiko auf die Deutsche Telekom AG. Während das LG Bonn noch von der Quantifizierbarkeit der veranlassten Maßnahme (Risikoübernahme) ausging, erschien dieser Aspekt dem OLG Köln in der Berufung fraglich. In der Revisionsinstanz entschied der BGH schließlich, dass der Deutschen Telekom AG das Risiko in Form von ungewissen Verbindlichkeiten durch Abschluss einer Freistellungsvereinbarung durch die Altaktionäre hätte abgenommen werden können und müssen. Ein unbezifferter Nachteilsausgleich wäre folglich gebilligt worden.

Ein anderes Problem stellte sich im Zusammenhang mit der Veräußerung des Osteuropageschäftes der HVB an die sie faktisch beherrschende UniCredit. Der Unternehmenskauf erfolgte zu den Konditionen, die ein Bewertungsgutachten einer Wirtschaftsprüfungsgesellschaft lieferte. So sollte das Entstehen eines etwaigen Nachteils vermieden werden. Nachdem sich abzeichnete, dass das Geschäft gleichwohl mutmaßlich unter Wert vollzogen worden war, schlossen die HVB und die UniCredit eine Ausgleichsvereinbarung, wonach ein Nachteilsausgleich geleistet werden sollte, sofern ein Gericht rechtskräftig das Vorliegen eines Nachteils feststellen sollte. Das LG München I und das OLG München billigten diese Vereinbarung als Nachteilsausgleich im Sinne von § 311 Abs. 2 AktG, während der BGH die spätere Feststellung eines Nachteils als unzulässig ansah. Die Vereinbarung enthalte nicht mehr als ein Anerkenntnis, einen Ausgleich leisten zu müssen, wenn er rechtskräftig festgestellt werde.

§ 9: Unbezifferte Nachteile und ihr Ausgleich in der Literatur

Im Schrifttum besteht Einigkeit, dass unbezifferte Nachteile grundsätzlich nicht übernommen werden dürfen und eine Schadensersatzhaftung nach §§ 93, 317 AktG nach sich ziehen. Andernfalls würde der abhängigen AG ein nicht kalkulierbares Risiko aufgebürdet, was hinsichtlich der von §§ 311 ff. AktG geforderten Kontrollierbarkeit nicht hinnehmbar wäre, da ohne Bezifferung keine Abwägung der Vor- und Nachteile möglich wäre.

Überwiegend werden jedoch Ausnahmen von diesem Rechtswidrigkeitsverdikt zugelassen. Sofern ein Nachteilsausgleich mittels unbezifferter Ausgleichsgewährung möglich sei, stehe der Schutzzweck der §§ 311 ff. AktG einer solchen Gestaltung nicht entgegen. Für möglich gehalten wird erstens, dass der abhängigen AG für die Übernahme unbezifferter Nachteile ebenfalls unbezifferte Vorteile zugewendet werden, wenn diese Vorteile gegenüber den Nachteilen mindestens gleichwertig seien. Zweitens sei denkbar, dass das herrschende Unternehmen die unbezifferten Nachteile durch eine pauschale Risikoübernahme, etwa durch Gewährung einer Garantie oder eines Freistellungsanspruchs, kompensiere. Eine Mindermeinung erkennt einen Ausgleich nicht quantifizierbarer Nachteile nicht an.

Darüber hinaus wird erwogen, unbezifferte Nachteilsausgleichsvereinbarungen zu schließen, wonach ein später festzustellender Nachteil ausgeglichen werden soll. Teilweise wird dem entgegnet, dass bereits das anfängliche Risiko der Nachteilsentstehung auszugleichen sei und nicht erst später zu bestimmende Vermögensbeeinträchtigungen. Von einer Mindermeinung im Schrifttum wird eine Verpflichtung zum Ausgleich solcher Nachteile für denkbar erachtet, die ein Gericht rechtskräftig feststellt. Überwiegend wird diese bedingte Ausgleichsgewährung abgelehnt.

§ 10: Stellungnahme zum unbezifferten Nachteilsausgleich

Unabhängig davon, ob eine Bewertung methodisch gelingt oder nicht, ist die Einbeziehung prognostischer Elemente zu berücksichtigen. Kann ein Ausgleich dies gewährleisten, steht die Öffnung der §§ 311 ff. AktG für unbezifferte oder nur unter Inkaufnahme von Risiken bezifferbaren Maßnahmen grundsätzlich keinen Bedenken gegenüber.

Zur Klärung der Problematik des Ausgleichs dieser Nachteile bietet sich die Bildung von Fallgruppen an. Denkbar sind zunächst Fälle, in denen die Entstehung eines Nachteils ebenso unklar ist wie seine potenzielle Höhe (1. Fallgruppe). Übernimmt die abhängige AG dem herrschenden Unternehmen gegenüber das Risiko der Inanspruchnahme durch Dritte, wie beispielsweise im Falle des 3. Börsengangs der Deutschen Telekom AG, ist sowohl die Entstehung eines Nachteils unklar, weil die Inanspruchnahme nicht sicher ist, als auch die etwaige Höhe der daraus resultierenden Verpflichtungen. Zu bewerten ist allein das Risiko der Inanspruchnahme. Hierzu wird durchgängig das Kriterium der „konkreten Gefährdung" der Vermögens- und Ertragslage verwendet. Vorzugswürdig ist eine Anlehnung an die Kriterien, die im strafrechtlichen Zusammenhang (§§ 263, 266 StGB) zur Bejahung eines Schadens aufgrund schadensbegründender Vermögensgefährdung führen, ohne dass bereits eine messbare Beeinträchtigung verzeichnet werden kann. Die Übertragung der Grundsätze auf den Nachteilsbegriff bedeutet, dass, obschon keine rechnerisch messbare Beeinträchtigung der Vermögens- und Ertragslage vorliegt, von einem Nachteil im Sinne von § 311 AktG auszugehen ist, der einen Ausgleich erfordert. Anstatt von „konkreten Gefährdungen“ sollte von einer nachteilsbegründenden Vermögensgefährdung gesprochen werden. Ob sie vorliegt, ist anhand einer wertenden Betrachtung im Einzelfall zu beurteilen und hängt wesentlich davon ab, wie wahrscheinlich der Eintritt der ernsthaft zu erwartenden Vermögensbeeinträchtigung ist und welches Ausmaß sie gegebenenfalls annehmen würde. Gefährdungen, die keine nachteilsbegründende Vermögensgefährdung darstellen („abstrakte Gefährdung“), müssen, da sie sich außerhalb des Anwendungsbereichs der §§ 311 ff. AktG befinden, nicht ausgeglichen werden.

Eine Bezifferung der nachteilsbegründenden Vermögensgefährdungen scheitert daran, dass eine Übertragung der bilanziellen Prinzipien zur Bemessung einer zu bildenden Rücklage für ungewisse Verbindlichkeiten ausscheidet. Denn damit würden die prognostischen Ungewissheiten nicht beseitigt, sondern in Kauf genommen und auf die abhängige AG verlagert werden. Es liegt demnach im Falle der nachteilsbegründenden Vermögensgefährdung ein nicht quantifizierbarer Nachteil vor. Es bedarf, anders als bei der Rückstellungsbildung, nicht zwingend der „exakten“ Bezifferung, die aufgrund der der Maßnahme inhärenten Unwägbarkeiten immer unpräzise wäre. Deshalb ist es vorzugswürdig, eine Bezifferung in der 1. Fallgruppe nicht zuzulassen und von der Entstehung eines nicht quantifizierbaren Nachteils auszugehen.

Die 2. Fallgruppe bilden Konstellationen, in denen die Entstehung eines Nachteils nach oben beschriebenen Grundsätzen unklar ist, so dass eine nachteilsbegründende Vermögensgefährdung vorliegen kann. Das potenzielle Ausmaß steht jedoch anfänglich fest. Konkret geht es um Fälle, in denen die abhängige AG beispielsweise eine Bürgschaft oder Garantie in bestimmter Höhe übernimmt. Die Übertragung bilanzieller Ansätze zur Rücklagenbildung würde dazu führen, dass das herrschende Unternehmen das potenzielle Ausmaß des Risikos übernehmen müsste, so dass eine Bezifferung unter Rückgriff auf bilanzielle Erwägungen der Annahme des worst-case-Szenarios gleichkäme. Behandeln die verbundenen Unternehmen die Maßnahme dementsprechend, ist dagegen aus Schutzzweckgesichtspunkten nichts einzuwenden. Weil dies regelmäßig aber nicht gewollt sein wird, ist auch der Nachteil in der 2. Fallgruppe ein nicht bezifferbarer. Hinsichtlich der Unmöglichkeit der exakten Bezifferung gelten die selben Erwägungen wie in der 1. Fallgruppe.

Drittens sind Fälle denkbar, in denen die Entstehung eines messbaren Nachteils außer Frage steht, die konkreten Auswirkungen aber keiner Bezifferung zugänglich sind, etwa weil grundlegende Informationen zur Bewertung (noch) fehlen (3. Fallgruppe). Auch dieser Nachteil kann nicht beziffert werden.

Zu unterscheiden von diesen Varianten ist die Gestaltung, in der lediglich subjektive Ungewissheit über die Entstehung oder die Höhe des Nachteils herrscht (4. Fallgruppe). Das Risiko besteht in dieser Fallgruppe nicht in der Bewertung als solcher, die nach gängigen Kalkulationsprinzipien methodengerecht vollzogen werden kann, sondern in der Unsicherheit der Geschäftsleiter. Ob dieses Risiko ebenfalls durch eine Ausgleichsgestaltung beseitigt werden kann, ist fraglich. Im Grunde genommen ist der Nachteil konkret bewert- und damit bezifferbar.

Nachteile der 1. Fallgruppe (Entstehung und Höhe des Nachteils unklar) können nur durch Kompensation des übernommenen Risikos beseitigt werden. Diese Risikoeliminierung beseitigt die Gefahr der späteren Risikoaktualisierung. Umgesetzt werden kann ein Ausgleich, je nach Konstellation im Einzelfall, durch Freistellung der abhängigen AG oder Einräumung einer Garantie, verbunden mit einer möglichst konkreten Vereinbarung, die spezifiziert, wie mit potenziell entstehenden messbaren Beeinträchtigungen umgegangen wird. Dadurch wird das Risiko unbedingt beseitigt, denn die bedingten Ansprüche auf Leistung im Falle der Risikoaktualisierung beziehen sich auf möglicherweise zukünftig eintretende Gefahren, während die relevante (nachteilsbegründende) Gefahr durch Gewährung der Garantie oder des Freistellungsanspruchs unmittelbar und unbedingt eliminiert wird.

Ein Ausgleich durch Gewährung nicht bezifferbarer Vorteile kann möglicherweise das objektiv zu bestimmende Ungleichgewicht zwischen Nachteil und Vorteil nicht beseitigen. Deshalb bietet die Gestaltung, in der der abhängigen AG als Ausgleich für die Aufgabe einer Geschäftschance eine andere Chance gewährt wird, keinen zuverlässigen Ausgleich. Ob es zu einer Haftung der verantwortlichen Personen kommt, ist eine davon zu trennende Frage. Sie bestimmt sich im Einzelfall anhand von § 317 Abs. 2 AktG. So kann es bezüglich des herrschenden Unternehmens und seiner Geschäftsleiter zu einer Exkulpation kommen, während der Vorstand der abhängigen AG möglicherweise nicht pflichtwidrig gehandelt hat (§ 93 Abs. 1 Satz 2 AktG), obwohl dem abhängigen Unternehmen Nachteile verbleiben.

Nachteile der 2. Fallgruppe (Entstehung unklar, Höhe steht gegebenenfalls fest) können durch Vollkompensation der maximal zu erwartenden messbaren Beeinträchtigung ausgeglichen werden, weil das maßgebliche Risiko nicht höher zu bewerten sein kann. Weil diese Gestaltung regelmäßig am Willen des herrschenden Unternehmens scheitern wird, kommt auch hier eine Risikoeliminierung durch Verlagerung des Risikos weg von der abhängigen AG in Betracht. Insofern kann auf den Ausgleich in der 1. Fallgruppe verwiesen werden.

Hinsichtlich des Ausgleichs von Nachteilen der 3. Fallgruppe (Entstehung des messbaren Nachteils steht fest, Höhe unklar) ist zu differenzieren. Ist mit Erkenntnissen bezüglich der Bewertung im Laufe des Geschäftsjahres zu rechnen, kommt eine Ausgleichssuspendierung nach § 311 Abs. 2 AktG in Betracht. Es muss dann jedenfalls bereits eine Grundsatzvereinbarung zur Streckung des Ausgleichs geschlossen werden. Sofern mit Erkenntnissen nicht gerechnet werden kann, ist der Aufschub des Nachteilsausgleichs nicht zulässig. Auch eine Verpflichtung zum späteren Ausgleich von festzustellenden Nachteilen ist nicht möglich. Der maßgebliche Zeitpunkt der Nachteilsfeststellung würde verlagert werden. Zudem verlangt der Außenseiterschutz eine sofortige Zuführung von Vorteilen, was auch im Falle der Garantiezusage nicht gewährleistet ist. Denn dadurch werden für bestimmte Fälle Zahlungen zugesagt, die den Anforderungen von § 311 AktG nicht genügen. Ein unbezifferter Nachteilsausgleich muss ausscheiden, weil nicht lediglich ein Risiko eliminiert werden muss, sondern konkret messbare Beeinträchtigungen. Die Veranlassung hat folglich zu unterbleiben. Ob eine Haftung die Konsequenz der dennoch erfolgenden Durchführung ist, hängt wiederum von § 317 Abs. 2 AktG ab.

Die Möglichkeit des unbezifferten Nachteilsausgleichs muss auch dort ausscheiden, wo eine Bewertung möglich ist und lediglich subjektiv Ungewissheit hinsichtlich der zutreffenden Bezifferung besteht (4. Fallgruppe). Bezifferbare Nachteile sind durch bezifferte Vorteile auszugleichen. Ein prophylaktischer Nachteilsausgleich scheitert daran, dass die Voraussetzungen des Ausgleichsaufschubs nicht vorliegen, da eine Bewertung objektiv möglich ist, so dass ein Verweis auf späteren Ausgleich nach hier vertretenem Verständnis zu versagen ist. Zudem würde es sich um eine bedingte Vorteilsgewährung handeln (§ 158 Abs. 1 BGB). Im Falle der aufschiebenden Anspruchsbegründung entsteht der Rechtsanspruch jedoch erst mit Eintritt der Bedingung, was den Anforderungen von § 311 AktG nicht genügt. Anders als im Falle der Risikoeliminierung soll hier nicht zukünftigen, messbaren Beeinträchtigungen vorgebeugt werden, denn diese sind in den Konstellationen der 4. Fallgruppe bereits entstanden und müssen folglich durch konkrete Vorteile ausgeglichen werden. Darüber kann auch nicht die Bedingung des Ausgleichs durch eine rechtskräftige Gerichtsentscheidung hinweghelfen, im Rahmen derer über das Bestehen eines Nachteils geurteilt wird, weil eine solche Vereinbarung nicht mehr als ein Anerkenntnis enthält, auf eine rechtskräftige Verurteilung hin zu leisten. Diese Pflicht ergibt sich bereits aus der Gerichtsentscheidung.

Der subjektiven Unsicherheit ist in diesen Fällen durch Verortung der Problematik bei der subjektiven Vorwerfbarkeit der Fehleinschätzung zu begegnen (§ 317 Abs. 2 AktG), so dass eine Exkulpation erfolgen kann. Darüber hinaus kommt ausnahmsweise eine Berufung auf einen schuldausschließenden Rechtsirrtum in Betracht, insbesondere wenn sich die Geschäftsleiter auf die Expertise eines Sachverständigen verlassen haben und darauf verlassen durften. Insofern kann auf die allgemeinen Grundsätze zum unverschuldeten Rechtsirrtum im Rahmen der Organhaftung verwiesen werden.

Unter Berücksichtigung dieser Ergebnisse stellt sich die Entscheidungspraxis des II. Zivilsenats des BGH als kohärent dar. Denn ein unbezifferter Nachteilsausgleich mittels Freistellungsvereinbarung wäre nur in dem Fall anerkannt worden, in dem es um die Eliminierung eines der abhängigen AG aufgebürdeten Risikos ging (3. Börsengang). Dieses Risiko stellte eine nachteilsbegründende Vermögensgefährdung dar, die nur mittels unbezifferten Nachteilsausgleichs ausgeglichen werden kann. Hingegen war eine unbezifferte Ausgleichung im Falle HVB/UniCredit deshalb abzulehnen, weil nicht die Beseitigung einer Gefährdungssituation, sondern die Ausgleichung bezifferbarer Nachteile im Raume stand. Dass die Voraussetzungen der Suspendierung des Ausgleichs nicht vorlagen und auch die Bedingung der Nachteilsfeststellung durch ein rechtskräftiges Gerichtsurteil unzulässig war, ist insofern nicht mehr relevant, weil der unbezifferte Nachteilsausgleich unabhängig von der konkreten Ausgestaltung den Unternehmen in casu nicht offenstand.

Literaturverzeichnis

Anmerkung: Die hier aufgeführten Internetquellen sind mit dem Stand vom 1. Mai 2015, an dem sie zuletzt aufgerufen wurden, verwendet.

Abeltshauser, Thomas E.: Leitungshaftung im Kapitalgesellschaftsrecht: zu den Sorgfalts- und Loyalitätspflichten von Unternehmensleitern im deutschen und im US-amerikanischen Kapitalgesellschaftsrecht, Köln u. a. 1998 (zitiert: *Abeltshauser*, Leitungshaftung).

Adler, Hans/Düring, Walther/Schmaltz, Kurt: Rechnungslegung und Prüfung der Unternehmen. Kommentar zum HGB, AktG, GmbHG, PublG nach den Vorschriften des Bilanzrichtlinien-Gesetzes, 6. Aufl., Teilband 1, Stuttgart 1995; Teilband 4, Stuttgart 1997 (zitiert: A/D/S).

Albach, Horst: Die Rechtsverhältnisse verbundener Unternehmen, NB 1966, 203–206.

Altmeppen, Holger: Abschied vom „qualifiziert faktischen" Konzern: Verflechtungen im faktischen Unternehmensverbund und ihre Auswirkungen, Heidelberg 1991 (zitiert: *Altmeppen*, Abschied).

–: Cash Pooling und Kapitalerhaltung bei bestehendem Beherrschungs- oder Gewinnabführungsvertrag, NZG 2010, 361–368.

–: Cash Pooling und Kapitalerhaltung im faktischen Konzern, NZG 2010, 401–407.

–: Die Haftung des Managers im Konzern, München 1998 (zitiert: *Altmeppen*, Haftung).

–: Die historischen Grundlagen des Konzernrechts, in: Aktienrecht im Wandel, Band 2: Grundfragen des Aktienrechts (herausgegeben von Bayer, Walter/Habersack, Mathias), Tübingen 2007, S. 1027–1058.

–: Haftungsrisiken für Organwalter im Vorfeld der Konzerninsolvenz. Zugleich Besprechung BGH v. 9.10.2012 – II ZR 298/11, ZIP 2012, 2391, ZIP 2013, 801–810.

–: Interessenkonflikte im Konzern, ZHR 171 (2007), 320–341.

–: „Upstream-loans", Cash Pooling und Kapitalerhaltung nach neuem Recht, ZIP 2009, 49–56.

–: Versari in re illicita, in: Festschrift für Rolf Knütel zum 70. Geburtstag, Heidelberg u. a. 2009, S. 13–34.

–: Wirklich keine Haftung der Bundesrepublik Deutschland im Fall Telekom?, NJW 2008, 1553–1556.

–: Zur immer noch geheimnisvollen Regelung der faktisch abhängigen AG, in: Festschrift für Hans-Joachim Priester zum 70. Geburtstag, Köln 2007, S. 1–21.

–: Zur Vermögensbindung in der faktisch abhängigen AG, ZIP 1996, 693–698.

–/Roth Günter H.: Gesetz betreffend die Gesellschaften mit beschränkter Haftung (GmbHG). Kommentar, 7. Aufl., München 2012 (zitiert: *Bearbeiter*, in Roth/ Altmeppen).

Arnold, Michael/Aubel, Stephan: Einlagenrückgewähr, Prospekthaftung und Konzernrecht bei öffentlichen Angeboten von Aktien, ZGR 2012, 113–155.

–/Gärtner, Matthias: Konzerninterne Unternehmensveräußerungen im Spannungsfeld von § 311 Abs. 2 AktG und Beschlussmängelrecht, in: Festschrift für Eberhard Stilz zum 65. Geburtstag, München 2014, S. 7–23.

Austmann, Andreas: Integration der Zielgesellschaft nach Übernahme, ZGR 2009, 277–309.

Bachelin, Herwig: Der konzernrechtliche Minderheitenschutz, München 1968 (zitiert: *Bachelin*, Minderheitenschutz).

Bälz, Ulrich: Einheit und Vielfalt im Konzern, in: Funktionswandel der Privatrechtsinstitutionen. Festschrift für Ludwig Raiser zum 70. Geburtstag, Tübingen 1974, S. 287–338.

–: Verbundene Unternehmen, AG 1992, 277–311.

Ballerstedt, Kurt: Die Verfassung der Aktiengesellschaft und der Organschaft, DB 1957, 837–841.

Bamberger, Heinz Georg/Roth, Herbert (Hrsg.): Kommentar zum Bürgerlichen Gesetzbuch, Band 2, 3. Aufl., München 2012 (zitiert: *Bearbeiter*, in Bamberger/Roth).

Bandasch, Georg (Begr.): Gemeinschaftskommentar zum Handelsgesetzbuch mit UN-Kaufrecht (herausgegeben von Ensthaler, Jürgen), 8. Aufl., Köln 2015 (zitiert: *Bearbeiter*, in GK-HGB).

Barthel, Carl W.: Unternehmenswert. Gewichtung infolge Methodenpluralismus, DB 2011, 719–725.

Bartl, Harald u. a. (Hrsg.): GmbH-Recht, 7. Aufl., Heidelberg u. a. 2013 (zitiert: *Bearbeiter*, in HK-GmbH).

Baßeler, Ulrich/Heinrich, Jürgen/Utecht, Burkhard: Grundlagen und Probleme der Volkswirtschaft, 19. Aufl., Stuttgart 2010 (zitiert: *Baßeler/Heinrich/Utecht*, Volkswirtschaft).

Baumbach, Adolf (Begr.): Aktiengesetz, 12. Aufl., München 1965 (zitiert: *Bearbeiter*, in Baumbach/Hueck, Aktiengesetz, 12. Aufl. 1965); 13. Aufl., München 1968 (zitiert: *Bearbeiter*, in Baumbach/Hueck, Aktiengesetz, 13. Aufl. 1968).

– (Begr.): GmbHG. Gesetz betreffend die Gesellschaften mit beschränkter Haftung. Kommentar, 20. Aufl., München 2013 (zitiert: *Bearbeiter*, in Baumbach/Hueck).

Bayer, Walter/Engelke, Sylvia: Die Revision des Aktienrechts durch das Aktiengesetz von 1937, in: Aktienrecht im Wandel, Band 1: Entwicklung des Aktienrechts (herausgegeben von Bayer, Walter/Habersack, Mathias), Tübingen 2007, S. 619–669.

–/*Schmidt, Jessica*: BB-Gesetzgebungs- und Rechtsprechungsreport Europäisches Unternehmensrecht 2012, BB 2013, 3–16.

–: Überlagerungen des deutschen Aktienrechts durch das Europäische Unternehmensrecht. Eine Bilanz von 1968 bis zur Gegenwart, in: Aktienrecht im Wandel, Band 1: Entwicklung des Aktienrechts (herausgegeben von Bayer, Walter/ Habersack, Mathias), Tübingen 2007, S. 944–998.

Bayer, Walter/Selentin, Philipp: Related Party Transactions: Der neueste EU-Vorschlag im Kontext des deutschen Aktien- und Konzernrechts, NZG 2015, 7–14.

Beck, Lukas: Macht und die Berücksichtigung von Machtverhältnissen im Konzern, Der Konzern 2012, 301–308.

Bender, Karl: Die Bankenbeteiligung aus der Sicht des Konzernrechts, Düsseldorf 1979 (zitiert: *Bender*, Bankenbeteiligung).

Bergmann, Andreas: Die Geschäftsführung ohne Auftrag als Subordinationsverhältnis. Die Rechtsinstitute der negotiorum gestio in subordinationsrechtlicher Betrachtungsweise, Tübingen 2010 (zitiert: *Bergmann*, Geschäftsführung).

Beuthien, Volker: Art und Grenzen der aktienrechtlichen Haftung herrschender Unternehmen für Leitungsmachtmißbrauch, DB 1969, 1781–1785.

Binder, Jens-Hinrich: Anforderungen an Organentscheidungsprozesse in der neueren höchstrichterlichen Rechtsprechung – Grundlage einer körperschaftsrechtlichen Entscheidungslehre?, AG 2012, 885–898.

Bofinger, Peter: Grundzüge der Volkswirtschaftslehre. Eine Einführung in die Wissenschaft von Märkten, 3. Aufl., München 2011 (zitiert: *Bofinger*, Volkswirtschaftslehre).

Bollmann, Christian-Friedrich: Der Schadensersatzanspruch gemäß § 317 AktG bei Schädigung der abhängigen Eine-Person-AG, Berlin 1995 (zitiert: *Bollmann*, Schadensersatzanspruch).

Bommert, Rainer: Verdeckte Vermögensverlagerungen im Aktienrecht, Köln u. a. 1989 (zitiert: *Bommert*, Vermögensverlagerungen).

Bork, Reinhard/Schäfer, Carsten (Hrsg.): GmbHG. Kommentar zum GmbH-Gesetz, 2. Aufl., Köln 2012 (zitiert: *Bearbeiter*, in Bork/Schäfer).

Boujong, Karlheinz u. a. (Begr.): Handelsgesetzbuch (herausgegeben von Joost, Detlev/Strohn, Lutz), Band 1, 3. Aufl., München 2014 (zitiert: Bearbeiter, in E/B/J/S).

Bous, Ulrich: Die Konzernleitungsmacht im Insolvenzverfahren konzernverbundener Kapitalgesellschaften, Köln 2001 (zitiert: *Bous*, Konzernleitungsmacht).

Brachvogel, Gerrit: Leitungsmacht und Verantwortlichkeit im Konzern, München 1967 (zitiert: *Brachvogel*, Leitungsmacht).

Braun, Johann: Zur Auslegung der §§ 1365, 1369 BGB, in: Festschrift für Hans-Joachim Musielak zum 70. Geburtstag, München 2004, S. 119–139.

Brüggemeier, Gert: Die Einflußnahme auf die Verwaltung einer Aktiengesellschaft. Zur Struktur und zum Verhältnis der §§ 117 und 317 AktG, AG 1988, 93–102.

Buchner, Robert: Der Bericht des Vorstands über Beziehungen zu verbundenen Unternehmen nach dem neuen deutschen Aktienrecht und seine betriebswirtschaftliche Problematik, ZfbF 1967, 32–41.

Buchwald, Bruno: Die wirtschaftlichen Strukturwandlungen und die Reform des Aktienrechts, in: Der Britische Enquête-Ausschuß für Industrie und Handel (Balfour-Komitee). Ausschuß zur Untersuchung der Erzeugungs- und Absatzbedingungen der deutschen Wirtschaft (Enquête-Ausschuß). Verhandlungen und Berichte des Unterausschusses für allgemeine Wirtschaftsstruktur (I. Unterausschuß). 3. Arbeitsgruppe: Wandlungen in den wirtschaftlichen Formen, Erster Teil: Wandlungen in den Rechtsformen der Einzelunternehmungen und Konzerne, Berlin 1928, S. 89–125.

Buck-Heeb, Petra: Die Haftung von Mitgliedern des Leitungsorgans bei unklarer Rechtslage, BB 2013, 2247–2257.

Bürgers, Tobias/Körber, Torsten (Hrsg): Aktiengesetz, 3. Aufl., Heidelberg u. a. 2014 (zitiert: *Bearbeiter*, in Bürgers/Körber).

Bürkle, Jürgen: Aufsichtsrechtliches Legal Judgment, Sachlicher Anwendungsbereich und prozedurale Voraussetzungen, VersR 2013, 792–802.

Bundesministerium der Justiz (Hrsg.): Bericht über die Verhandlungen der Unternehmensrechtskommission, Köln 1980 (zitiert: Unternehmensrechtskommission).

–: Referentenentwurf eines Aktiengesetzes, Bonn 1959 (zitiert: RefE-Erl.).

Bundesverband der Deutschen Industrie, Bundesverband des privaten Bankgewerbes, Bundesvereinigung der Deutschen Arbeitgeberverbände, Deutscher Industrie- und Handelstag, Gesamtverband der Versicherungswirtschaft (Hrsg.): Gemeinsame Denkschrift zum Referentenentwurf eines Aktiengesetzes, Bergisch-Gladbach 1959 (zitiert: Spitzenorganisationen, Denkschrift RefE).

– (Hrsg.): Stellungnahme zu den Vorschriften über das Recht der verbundenen Unternehmen im Regierungsentwurf eines Aktiengesetzes und im Einführungsgesetzentwurf zum Aktiengesetz, Bergisch-Gladbach 1960 (zitiert: Spitzenorganisationen, Stellungnahme RegE).

Bungert, Hartwin/Wettich, Carsten: Die zunehmende Bedeutung des Börsenkurses bei Strukturmaßnahmen im Wandel der Rechtsprechung, in: Festschrift für Michael Hoffmann-Becking zum 70. Geburtstag, München 2013, S. 157–189.

Burgard, Ulrich: Das Wettbewerbsverbot des herrschenden Aktionärs, in: Deutsches und europäisches Gesellschafts-, Konzern- und Kapitalmarktrecht. Festschrift für Marcus Lutter zum 70. Geburtstag, Köln 2000, S. 1033–1051.

Bydlinski, Franz: Juristische Methodenlehre und Rechtsbegriff, 2. Aufl., Wien 1991 (zitiert: *Bydlinski*, Methodenlehre).

Cahn, Andreas: Pflichten und Haftung der Organe der Erwerbergesellschaft bei M&A Transaktionen, in: Festschrift für Eberhard Stilz zum 65. Geburtstag, München 2014, S. 99–110.

Das Bürgerliche Gesetzbuch: mit besonderer Berücksichtigung der Rechtsprechung des Reichsgerichts und des Bundesgerichtshofes / Kommentar (herausgegeben von Mitgliedern des Bundesgerichtshofes), Band 2, Teil 4, 12. Aufl., Berlin 1978 (zitiert: *Bearbeiter*, in RGRK).

Decher, Christian E.: Das Business Combination Agreement – ein verdeckter Beherrschungsvertrag oder sonstiger strukturändernder Vertrag?, in: Festschrift für Uwe Hüffer zum 70. Geburtstag, München 2010, S. 145–160.

–: Das Konzernrecht des Aktiengesetzes: Bestand und Bewährung, ZHR 171 (2007), 126–145.

Der Britische Enquête-Ausschuß für Industrie und Handel (Balfour-Komitee). Verhandlungen und Berichte, Allgemeiner Teil, Band 2 (Sonderveröffentlichung), Teil A, in: Ausschuß zur Untersuchung der Erzeugungs- und Absatzbedingungen der deutschen Wirtschaft (Enquête-Ausschuß), Berlin 1928 (zitiert: Balfour-Komitee).

Derlin, Thomas: Kommentar zu BGH, Urteil vom 26. Juni 2012 - II ZR 30/11, BB 2012, 2398–2399.

Dettling, Heinz-Uwe: Die Entstehungsgeschichte des Konzernrechts im Aktiengesetz von 1965, Tübingen 1997 (zitiert: *Dettling*, Entstehungsgeschichte).

Dierdorf, Josef: Herrschaft und Abhängigkeit einer Aktiengesellschaft auf schuldvertraglicher und tatsächlicher Grundlage, Köln u. a. 1978 (zitiert: *Dierdorf*, Herrschaft).

Dreger, Karl-Martin: Probleme des Gläubigerschutzes im Konzern, Mannheim 1966 (zitiert: *Dreger*, Gläubigerschutz).

Dreher, Meinrad: Die kartellrechtliche Bußgeldverantwortlichkeit von Vorstandsmitgliedern. Vorstandshandeln zwischen aktienrechtlichem Legalitätsprinzip und kartellrechtlicher Unsicherheit, in: Festschrift für Horst Konzen zum siebzigsten Geburtstag, Tübingen 2006, S. 85–107.

Drüke, Heiner: Die Haftung der Muttergesellschaft für die Schulden der Tochtergesellschaft, Köln 1989 (zitiert: *Drüke*, Haftung).

Drukarczyk, Jochen/Schüler, Andreas: Unternehmensbewertung, 6. Aufl., München 2009 (zitiert: *Drukarczyk/Schüler*, Unternehmensbewertung).

Drygala, Tim: Europäisches Konzernrecht. Gruppeninteresse und Related Party Transactions, AG 2013, 198–210.

–/Staake, Marco: Delisting als Strukturmaßnahme, ZIP 2013, 905–916.

Duden, Konrad: Die Diskussion über das Konzernrecht, BB 1957, 1230–1236.

Dürr, Boris: Verbot der Einlagenrückgewähr gilt im faktischen Konzern nur eingeschränkt, GWR 2010, 62.

Ederle, Anton: Verdeckte Beherrschungsverträge, Tübingen 2010 (zitiert: Ederle, Beherrschungsverträge).

Ekkenga, Jens: Neue Pläne der Europäischen Kommission für ein Europäisches Konzernrecht: Erste Eindrücke, AG 2013, 181–184.

Emmerich, Volker: Anmerkungen zur Bewertung von Unternehmen im Aktienrecht, in: Festschrift für Uwe H. Schneider zum 70. Geburtstag, Köln 2011, S. 323–331.

–: Kapitulation vor der Komplexität – Zur Praxis der Unternehmensbewertung in der aktuellen Rechtsprechung, in: Festschrift für Eberhard Stilz zum 65. Geburtstag, München 2014, S. 135–142.

–: Wie rechne ich mich arm? Kritische Anmerkungen zur gegenwärtigen Bewertungspraxis in Spruchverfahren, in: Recht und spontane Ordnung. Festschrift für Ernst-Joachim Mestmäcker zum achtzigsten Geburtstag, Baden-Baden 2006, S. 137–154.

–/Habersack, Mathias: Aktien- und GmbH-Konzernrecht. Kommentar, 7. Aufl., München 2013 (zitiert: *Bearbeiter*, in Emmerich/Habersack).

Dies: Konzernrecht. Ein Studienbuch, 10. Aufl., München 2013 (zitiert: *Emmerich/Habersack*, Konzernrecht).

Engelke, Sylvia/Maltschew, Reni: Weltwirtschaftskrise, Aktienskandale und Reaktionen des Gesetzgebers durch Notverordnung im Jahre 1931, in: Aktienrecht im Wandel, Band 1: Entwicklung des Aktienrechts (herausgegeben von Bayer, Walter/Habersack, Mathias), Tübingen 2007, S. 570–618.

Engisch, Karl: Einführung in das juristische Denken (herausgegeben von Würtenberger, Thomas), 11. Aufl., Stuttgart 2010 (zitiert: *Engisch*, Einführung).

Erman, Walter (Begr.): Bürgerliches Gesetzbuch. Handkommentar mit AGG, EGBGB (Auszug), ErbbauRG, LPartG, ProdHaftG, UKlaG, VBVG, VersAusglG und WEG (herausgegeben von Westermann, Harm Peter u. a.), Band 1, 14. Aufl., Köln 2014 (zitiert: *Bearbeiter*, in Erman).

Eschenbruch, Klaus: Konzernhaftung. Haftung der Unternehmen und der Manager, Düsseldorf 1996 (zitiert: *Eschenbruch*, Konzernhaftung).

Europäische Kommission: Mitteilung der Kommission an das Europäische Parlament, den Rat, den Europäischen Wirtschafts- und Sozialausschuss und den Ausschuss der Regionen. Aktionsplan: Europäisches Gesellschaftsrecht und Corporate Governance – ein moderner Rechtsrahmen für engagiertere Aktionäre und besser überlebensfähige Unternehmen, KOM(2012) 740/2, http://ec.europa.eu/internal_market/company/docs/modern/121212_company-law-corporate-governance-action-plan_de.pdf (zitiert: Europäische Kommission, EU-Aktionsplan 2012).

Europäische Kommission: Vorschlag für eine Richtlinie des Europäischen Parlaments und des Rates zur Änderung der Richtlinie 2007/36/EG im Hinblick auf die Förderung der langfristigen Einbeziehung der Aktionäre sowie der Richtlinie 2013/34/

EU in Bezug auf bestimmte Elemente der Erklärung zur Unternehmensführung, KOM(2014) 213 final, http://eur-lex.europa.eu/resource.html?uri=cellar:59fccf6c-c094-11e3-86f9-01aa75ed71a1.0002.01/DOC_1&format=PDF (zitiert: Europäische Kommission, Aktionärsrechterichtlinie).

Fikentscher, Wolfgang: Methoden des Rechts in vergleichender Darstellung, Bd. III: Mitteleuropäischer Rechtskreis, Tübingen 1976 (zitiert: *Fikentscher*, Methoden).

Filbinger, Hans: Die Schranken der Mehrheitsherrschaft im Aktienrecht und Konzernrecht, Berlin 1942 (zitiert: *Filbinger*, Mehrheitsherrschaft).

Fischbach, Jonas: Die Haftung des Vorstands im Aktienkonzern, Baden-Baden 2009 (zitiert: *Fischbach*, Haftung).

Fischer, Christian: Topoi verdeckter Rechtsfortbildungen im Zivilrecht, Tübingen 2007 (zitiert: *Fischer*, Topoi).

Flechtheim, Julius: Die Strukturwandlungen der Wirtschaft und das Aktienrecht, in: Der Britische Enquête-Ausschuß für Industrie und Handel (Balfour-Komitee). Ausschuß zur Untersuchung der Erzeugungs- und Absatzbedingungen der deutschen Wirtschaft (Enquête-Ausschuß). Verhandlungen und Berichte des Unterausschusses für allgemeine Wirtschaftsstruktur (I. Unterausschuß). 3. Arbeitsgruppe: Wandlungen in den wirtschaftlichen Formen. Erster Teil: Wandlungen in den Rechtsformen der Einzelunternehmungen und Konzerne, Berlin 1928, S. 5–43 (zitiert: *Flechtheim*, Strukturwandlungen).

Fleischer, Holger: Das Aktiengesetz von 1965 und das neue Kapitalmarktrecht, in: 40 Jahre Aktiengesetz. Festsymposium zu Ehren von Bruno Kropff aus Anlass seines 80. Geburtstags, Bonn 2005, S. 26–48.

–: Rechtsrat und Organwalterhaftung im Gesellschafts- und Kapitalmarktrecht, in: Festschrift für Uwe Hüffer zum 70. Geburtstag, München 2010, S. 187–203.

–: Vertrauen von Geschäftsleitern und Aufsichtsratsmitgliedern auf Informationen Dritter. Konturen eines kapitalgesellschaftsrechtlichen Vertrauensgrundsatzes, ZIP 2009, 1397–1406.

–/*Hüttemann, Rainer* (Hrsg.): Rechtshandbuch Unternehmensbewertung, Köln 2015 (zitiert: *Bearbeiter*, in Fleischer/Hüttemann, Unternehmensbewertung).

Fleischer, Holger/Thaten, Marlen: Einlagenrückgewähr und Übernahme des Prospekthaftungsrisikos durch die Gesellschaft bei der Platzierung von Altaktien, NZG 2011, 1081–1086.

Flume, Werner: Allgemeiner Teil des Bürgerlichen Rechts. Bd. 1, 2. Teil: Die juristische Person, Berlin u. a. 1983 (zitiert: *Flume*, BGB AT I/2).

–: Der Referentenentwurf eines Aktiengesetzes, Düsseldorf 1958 (zitiert: *Flume*, Referentenentwurf).

–: Grundfragen der Aktienrechtsreform. Bemerkungen zu dem Regierungsentwurf eines Aktiengesetzes, Düsseldorf 1960 (zitiert: *Flume*, Regierungsentwurf).

Förschle, Gerhart u. a. (Hrsg.): Beck'scher Bilanz-Kommentar: Handels- und Steuerbilanz (begründet von Budde, Dieter u. a.), 9. Aufl., München 2014 (zitiert: *Bearbeiter*, in BeckBilKomm).

Friedlaender, Heinrich E.: Konzernrecht, 2. Aufl., Berlin 1954 (zitiert: Friedlaender, Konzernrecht).

Gärtner, Matthias: Die rechtlichen Grenzen der Zulässigkeit des Cash Pooling, Baden-Baden 2011 (zitiert: *Gärtner*, Cash Pooling).

Gehrlein, Markus/Ekkenga, Jens/Simon, Stefan (Hrsg.): GmbHG. Gesetz betreffend die Gesellschaften mit beschränkter Haftung. Kommentar, 2. Aufl., Köln 2015 (zitiert: *Bearbeiter*, in Gehrlein/Ekkenga/Simon).

Geiler, Karl: Die wirtschaftlichen Strukturwandlungen und die Reform des Aktienrechts, in: Der Britische Enquête-Ausschuß für Industrie und Handel (Balfour-Komitee). Ausschuß zur Untersuchung der Erzeugungs- und Absatzbedingungen der deutschen Wirtschaft (Enquête-Ausschuß). Verhandlungen und Berichte des Unterausschusses für allgemeine Wirtschaftsstruktur (I. Unterausschuß). 3. Arbeitsgruppe: Wandlungen in den wirtschaftlichen Formen. Erster Teil: Wandlungen in den Rechtsformen der Einzelunternehmungen und Konzerne, Berlin 1928, S. 52–88 (zitiert: *Geiler*, Strukturwandlungen).

Gernhuber, Joachim (Hrsg.): Handbuch des Schuldrechts in Einzeldarstellungen, Band 1: Schadensersatz (von Lange, Herrmann/Schiemann Gottfried), 3. Aufl., Tübingen 2003 (zitiert: *Lange/Schiemann*, Schadensersatz); Band 8: Das Schuldverhältnis: Begründung und Änderung, Pflichten und Strukturen, Drittwirkungen (von Gernhuber, Joachim), Tübingen 1989 (zitiert: *Gernhuber*, Schuldverhältnis).

Geßler, Ernst: Die Haftung des Vorstandes für wirtschaftliche Fehlentscheidungen, NB 1972, 13–20.

–: Faktische Konzerne?, in: Recht und Rechtsleben in der sozialen Demokratie: Festgabe für Otto Kunze zum 65. Geburtstag, Berlin 1969, S. 159–175.

–: Leitungsmacht und Verantwortlichkeit im faktischen Konzern, in: Festschrift für Harry Westermann zum 65. Geburtstag, Karlsruhe 1974, S. 145–165.

–, Probleme des neuen Konzernrechts, DB 1965, 1691–1696 (Teil I), DB 1965, 1729–1731 (Teil II).

–, Stellungnahme von Prof. Dr. Gessler zu dem Korreferat von Prof. Dr. H. Albach über die Beziehungen zu verbundenen Unternehmen, NB 1966, 207.

Göllert, Kurt: Auswirkungen des Bilanzrechtsmodernisierungsgesetzes (BilMoG) auf die Bilanzpolitik, DB 2008, 1165–1171.

Grigoleit, Hans Christoph: Gesellschafterhaftung für interne Einflussnahme im Recht der GmbH, München 2006 (zitiert: *Grigoleit*, Gesellschafterhaftung).

– (Hrsg.): Aktiengesetz. Kommentar, München 2013 (zitiert: *Bearbeiter*, in Grigoleit).

Großfeldt, Bernhard: Recht der Unternehmensbewertung, 7. Aufl., Köln 2012 (zitiert: *Großfeldt*, Unternehmensbewertung).

Großkommentar zum Aktiengesetz (herausgegeben von Hopt, Klaus J./Wiedemann, Herbert), 2. Aufl., Berlin 1961 (zitiert: *Bearbeiter*, in GroßKommAktG, 2. Aufl. 1961).

Großkommentar zum Aktiengesetz (herausgegeben von Hopt, Klaus J./Wiedemann, Herbert), Band 2 (§§ 53a–75), 4. Aufl., Berlin 2008; Band 3 (§§ 76–94), 4. Aufl., Berlin 2008; Band 4 (§§ 291–410), 3. Aufl., Berlin 1975; Band 7, Teilband 2 (§§ 241–277), 4. Aufl., Berlin 2013; Band 8 (§§ 278–310), Berlin u. a. 2013; (zitiert: *Bearbeiter*, in GroßKommAktG).

Haarmann, Wilhelm: Der Begriff des Nachteils nach § 311 AktG, in: Max Hachenburg-Gedächtnisvorlesungen der Ruprecht-Karls-Universität Heidelberg. Vierter Vortrag am 23. Juni 2000 (herausgegeben von Hommelhoff, Peter/Rowedder, Heinz/Ulmer, Peter), Heidelberg 2001, S. 45–70.

Habersack, Mathias: Aufsteigende Kredite im Lichte des MoMiG und des „Dezember"-Urteils des BGH. Zugleich Besprechung der Entscheidung BGH ZIP 2009, 70 (MPS), ZGR 2009, 347–365.

–: Das Aktiengesetz und das Europäische Recht, in: 40 Jahre Aktiengesetz. Festsymposium zu Ehren von Bruno Kropff aus Anlass seines 80. Geburtstags, Bonn 2005, S. 8–24.

–: Die Legalitätspflicht des Vorstands der AG, in: Festschrift für Uwe H. Schneider zum 70. Geburtstag, Köln 2011, S. 429–441.

–: Die Umplatzierung von Aktien und das Verbot der Einlagenrückgewähr, in: Festschrift für Peter Hommelhoff zum 70. Geburtstag, Köln 2012, S. 303–321.

–: Geschäftschancen im Recht der verbundenen Aktiengesellschaft, in: Festschrift für Michael Hoffmann-Becking zum 70. Geburtstag, München 2013, S. 421–432.

–/Schürnbrand, Jan: Cash Management und Sicherheitenbestellung bei AG und GmbH im Lichte des richterrechtlichen Verbots der Kreditvergabe an Gesellschafter, NZG 2004, 689–696.

–: Modernisierung des Aktiengesetzes von 1965, in: Aktienrecht im Wandel, Band 1: Entwicklung des Aktienrechts (herausgegeben von Bayer, Walter/Habersack, Mathias), Tübingen 2007, S. 889–943.

Hachenburg, Max: Die Beziehungen zwischen dem geltenden Aktienrecht und der heutigen deutschen Wirtschaft, in: Der Britische Enquête-Ausschuß für Industrie und Handel (Balfour-Komitee). Ausschuß zur Untersuchung der Erzeugungs- und Absatzbedingungen der deutschen Wirtschaft (Enquête-Ausschuß). Verhandlungen und Berichte des Unterausschusses für allgemeine Wirtschaftsstruktur (I. Unterausschuß). 3. Arbeitsgruppe: Wandlungen in den wirtschaftlichen Formen. Erster Teil: Wandlungen in den Rechtsformen der Einzelunternehmungen und Konzerne, Berlin 1928, S. 44–51 (zitiert: *Hachenburg*, Beziehungen).

Hähnchen, Susanne: Obliegenheiten und Nebenpflichten. Eine Untersuchung dieser besonderen Verhaltensanforderungen im Privatversicherungsrecht und im allgemeinen Zivilrecht unter besonderer Berücksichtigung der Dogmengeschichte, Tübingen 2010 (zitiert: *Hähnchen*, Obliegenheiten).

Haesen, Wilfried: Der Abhängigkeitsbericht im faktischen Konzern, Köln 1970 (zitiert: *Haesen*, Abhängigkeitsbericht).

Harms, Wolfgang: Konzerne im Recht der Wettbewerbsbeschränkungen, Köln 1968 (zitiert: *Harms*, Konzerne).

Hasselbach, Kai/Ebbinghaus, Felix: Anwendung der Business Judgement Rule bei unklarer Rechtslage, AG 2014, 873–883.

Haußmann, Fritz: Die Tochtergesellschaft. Eine rechtliche Studie zur modernen Konzernbildung und zum Effektenkapitalismus, Berlin 1923 (zitiert: *Haußmann*, Tochtergesellschaft).

–: Grundlegung des Rechts der Unternehmenszusammenfassungen, Mannheim 1926 (zitiert: *Haußmann*, Unternehmenszusammenfassungen).

Heidel, Thomas: § 311 Abs. 2 AktG – wider die vollständige Entwertung einer gut gemeinten Norm, in: Festschrift für Wienand Meilicke, Baden-Baden 2010, S. 125–144.

– (Hrsg): Aktiengesetz und Kapitalmarktrecht, 4. Aufl., Baden-Baden 2014 (zitiert: *Bearbeiter*, in Heidel).

Hengeler, Hans/Kreifels, Max: Absicht und Wirklichkeit im Referentenentwurf eines Aktiengesetzes, in: Beiträge zur Aktienrechtsreform (herausgegeben von Hengeler, Hans), Heidelberg 1959, S. 11–41 (zitiert: *Hengeler/Kreifels*, in Aktienrechtsreform).

Henssler, Martin/Strohn, Lutz (Hrsg.): Gesellschaftsrecht, 2. Aufl., München 2014 (zitiert: *Bearbeiter*, in Henssler/Strohn).

Henze, Hartwig: Das Wettbewerbsverbot im außervertraglichen Aktienrechtskonzern, in: Festschrift für Uwe Hüffer zum 70. Geburtstag, München 2010, S. 309–327.

–: Die Treupflicht im Aktienrecht. Gedanken zur Rechtsprechung des Bundesgerichtshofes von „Kali und Salz“ über „Linotype“ und „Kochs Adler“ bis zu „Girmes“, BB 1996, 489–499.

Herders Conversations-Lexikon. Kurze aber deutliche Erklärung von allem Wissenswerthen aus dem Gebiete der Religion, Philosophie, Geschichte, Geographie, Sprache, Literatur, Kunst, Natur- und Gewerbekunde, Handel, der Fremdwörter und ihrer Aussprache, 2. Aufl., Freiburg i. Br. 1855 (zitiert: Herders Conversations-Lexikon).

Hölters, Wolfgang (Hrsg.): Aktiengesetz. Kommentar, 2. Aufl., München 2014 (zitiert: *Bearbeiter*, in Hölters).

– (Hrsg.): Handbuch Unternehmenskauf. Bewertung, Finanzierung, Steuern, Arbeitsrecht, Kartellrecht, Vertragsgestaltung, öffentliche Übernahmen. Besonderheiten bei Aktiengesellschaften, Immobilien, Insolvenz und im internationalen Rechtsverkehr. Vertragsbeispiele und Checklisten, 7. Aufl., Köln 2010 (zitiert: *Bearbeiter*, in Hölters, Handbuch Unternehmenskauf).

Hofer, Sibylle: Das Aktiengesetz von 1884 – ein Lehrstück für prinzipielle Schutzkonzeptionen, in: Aktienrecht im Wandel, Band 1: Entwicklung des Aktienrechts (herausgegeben von Bayer, Walter/Habersack, Mathias), Tübingen 2007, S. 388–414.

Hogh, Thomas: Die Nachteilsermittlung im Rahmen des § 311 I AktG. Möglichkeit einer Orientierung an dem Institut der verdeckten Gewinnausschüttung im Sinne des § 8 III 2 KStG, Frankfurt am Main u. a. 2004 (zitiert: *Hogh*, Nachteilsermittlung).

Hommelhoff, Peter: Aufsichtsrat-Unabhängigkeit in der faktisch konzernierten Börsengesellschaft, ZIP 2013, 1645–1650.

–: Die Konzernleitungspflicht, Köln u. a. 1982 (zitiert: *Hommelhoff*, Konzernleitungspflicht).

–: Die Unternehmensgruppe im Europäischen Binnenmarkt, in: Festschrift für Eberhard Stilz zum 65. Geburtstag, München 2014, S. 287–299.

–: Gesetzgebungsprojekte im Gesellschafts- und Unternehmensrecht für die kommende Legislaturperiode, ZIP 2013, 2177–2183.

–: Konzernmodelle und ihre Realisierung im Recht, in: Das St. Galler Konzernrechtsgespräch. Konzernrecht aus der Konzernwirklichkeit (herausgegeben von Druey, Jean Nicolas), Bern u. a., S. 107–127.

–: Zum Konzernrecht in der Europäischen Aktiengesellschaft, AG 2003, 179–184.

–/Lächler, Christoph: Förder- und Schutzrecht für den SE-Konzern, AG 2014, 257–267.

Honsell, Heinrich/Mayer-Maly, Theo/Selb, Walter: Römisches Recht, 4. Aufl., Berlin 1987 (zitiert: *Honsell/Mayer-Maly/Selb*, Römisches Recht).

Hopt, Klaus J.: Europäisches Gesellschaftsrecht im Lichte des Aktionsplans der Europäischen Kommission vom Dezember 2012. Hachenburg-Gedächtnisvorlesung am 26.10.2012 in Mannheim, ZGR 2013, 165–215.

Hüffer, Uwe: Unternehmenszusammenschlüsse: Bewertungsfragen, Anfechtungsprobleme und Integrationsschranken, ZHR 172 (2008), 572–591.

– (Begr.): Aktiengesetz, 10. Aufl., München 2012 (zitiert: *Hüffer*, 10. Aufl. 2012); 11. Aufl., München 2014 (zitiert: *Koch*, in Hüffer).

Hüttemann, Rainer: Der Entherrschungsvertrag im Aktienrecht – Zulässiges Gestaltungsinstrument oder Verstoß gegen die aktienrechtliche Kompetenzordnung?, ZHR 156 (1992), 314–329.

Ihde, Jens: Der faktische GmbH-Konzern. Leitungsbefugnis und Verantwortlichkeit gegenüber der abhängigen GmbH und im faktischen GmbH-Konzern. Darstellung und Kritik des Entwurfs eines GmbHG von 1973, Köln u. a. 1982 (zitiert: *Ihde*, GmbH-Konzern).

Immenga, Ulrich: Schutz abhängiger Gesellschaften durch Bindung oder Unterbindung beherrschenden Einflusses?, ZGR 1978, 269–285.

Institut der Wirtschaftsprüfer in Deutschland e.V. (Hrsg.): WP Handbuch 2006. Wirtschaftsprüfung, Rechnungslegung, Beratung. Band I, 13. Aufl., Düsseldorf 2006 (zitiert: WP Handbuch).

J. von Staudingers Kommentar zum Bürgerlichen Gesetzbuch mit Einführungsgesetz und Nebengesetzen. §§ 21–79, Berlin 2005; Einleitung zum Schuldrecht, §§ 241–243, Berlin 2015; §§ 249–254, Berlin 2005; §§ 362–396, Berlin 2011; §§ 657–704, Berlin 2006 (zitiert: *Bearbeiter*, in Staudinger).

Jaschinski, Susanne: Die Haftung von Schwestergesellschaften im GmbH-Unterordnungskonzern. Ein Beitrag zum Konzernverfassungsrecht, Frankfurt am Main u. a. 1997 (zitiert: *Jaschinski*, Schwestergesellschaften).

Jauernig, Othmar (Begr.): Bürgerliches Gesetzbuch mit allgemeinem Gleichbehandlungsgesetz (Auszug). Kommentar (herausgegeben von Stürner, Rolf), 15. Aufl., München 2014 (zitiert: *Bearbeiter*, in Jauernig).

Junker, Claudia/Biederbick, Jörn: Die Unabhängigkeit des Unternehmensjuristen. Dürfen Organmitglieder auf den Rat der Rechtsabteilung hören?, AG 2012, 898–906.

Kaser, Max/Knütel, Rolf: Römisches Privatrecht. Ein Studienbuch, 20. Aufl., München 2014 (zitiert: *Kaser/Knütel*, Römisches Privatrecht).

Kellmann, Christof: Schadensersatz und Ausgleich im Faktischen Konzern, BB 1969, 1509–1518.

–: Zum „faktischen Konzen" – Auslegungsfragen und Reformüberlegungen, ZGR 1974, 220–229.

Klausing, Friedrich: Gesetz über Aktiengesellschaften und Kommanditgesellschaften auf Aktien (Aktien-Gesetz) nebst Einführungsgesetz und „Amtlicher Begründung". Eingeleitet von Friedrich Klausing, Berlin 1937.

Köbler, Gerhard: Zielwörterbuch europäischer Rechtsgeschichte, 2. Aufl., Gießen-Lahn 2004 (zitiert: *Köbler*, Zielwörterbuch).

Köhler, Helmut: Der Schutz des abhängigen Unternehmens im Schnittpunkt von Kartell- und Konzernrecht, NJW 1978, 2473–2481.

Kölner Kommentar zum Aktiengesetz (herausgegeben von Zöllner, Wolfgang/Noack, Ulrich), Band 1, 3. Aufl., Köln 2012; Band 6, 3. Aufl., Köln u. a. 2004 (zitiert: *Bearbeiter*, in KK-AktG).

Kölner Kommentar zum Rechnungslegungsrecht (herausgegeben von Claussen, Carsten P./Scherrer, Gerhard), Köln 2011 (zitiert: *Bearbeiter*, in KK-RLR).

Koller, Ingo/Kindler, Peter/Roth, Wulf-Henning/Morck, Winfried: Handelsgesetzbuch. Kommentar, 8. Aufl., München 2015 (zitiert: *Bearbeiter*, in K/K/R/M).

Kronstein, Heinrich: Die abhängige juristische Person, München 1931 (zitiert: *Kronstein*, Abhängige juristische Person).

Kropff, Bruno: Aktiengesetz. Textausgabe des Aktiengesetzes vom 6.9.1965 und des Einführungsgesetzes zum Aktiengesetz vom 6.9.1965 mit Begründung des

Regierungsentwurfs, Bericht des Rechtsausschusses des Deutschen Bundestags, Düsseldorf 1965 (zitiert: *Kropff*, Begründung).

–: Benachteiligungsverbot und Nachteilsausgleich im faktischen Konzern, in: Kontinuität und Wandel. Beiträge zum Unternehmensrecht. Festschrift für Walther Kastner zum 90. Geburtstag, Wien 1992, S. 279–299.

–: Der „faktische Konzern" als Rechtsverhältnis, DB 1967, 2147–2153 (Teil I); DB 1967, 2204–2208 (Teil II).

–: Der GmbH-Beherrschungsvertrag: Voraussetzung für den Vorrang von Konzerninteressen?, in: Festschrift für Johannes Semler zum 70. Geburtstag am 28. April 1993, Berlin 1993, S. 517–540.

–: Einlagenrückgewähr und Nachteilsausgleich im faktischen Konzern, NJW 2009, 814–817.

–: Reformbestrebungen im Nachkriegsdeutschland und die Aktienrechtsreform von 1965, in: Aktienrecht im Wandel, Band 1: Entwicklung des Aktienrechts (herausgegeben von Bayer, Walter/Habersack, Mathias), Tübingen 2007, S. 670–888.

Küting, Karlheinz/Weber, Claus-Peter (Hrsg.): Handbuch der Konzernrechnungslegung. Kommentar zur Bilanzierung und Prüfung, 2. Aufl., Stuttgart 1998 (zitiert: *Bearbeiter*, in Küting/Weber, Konzernrechnungslegung).

Larenz, Karl: Lehrbuch des Schuldrechts. Zweiter Band: Besonderer Teil, 1. Halbband, 13. Aufl., München 1986 (zitiert: *Larenz*, Schuldrecht II/1).

–: Methodenlehre der Rechtswissenschaft, 6. Aufl., Berlin 1991 (zitiert: *Larenz*, Methodenlehre).

Larisch, Tobias/Bunz, Thomas: Der Entherrschungsvertrag als Mittel der Konzernvermeidung bei faktischen Hauptversammlungsmehrheiten, NZG 2013, 1247–1251.

Leipziger Kommentar zum Strafgesetzbuch. Großkommentar (herausgegeben von Laufhütte, Wilhelm/Rissing-van Saan, Ruth/Tiedemann, Klaus), 9. Band, 1. Teilband, 12. Aufl., Berlin u. a. 2012 (zitiert: *Bearbeiter*, in LK-StGB).

Leo, Hans-Christoph: Die Einmann-AG und das neue Konzernrecht, AG 1965, 352–359.

Leuschner, Lars: Öffentliche Umplatzierung, Prospekthaftung und Innenregress, NJW 2011, 3275–3277.

Lieder, Jan: Die 1. Aktienrechtsnovelle vom 11. Juni 1870, in: Aktienrecht im Wandel, Band 1: Entwicklung des Aktienrechts (herausgegeben von Bayer, Walter/Habersack, Mathias), Tübingen 2007, S. 318–387.

Linsmann, Hans Friedrich: Der Ausgleichsanspruch nach § 311 Abs. 2 des Aktiengesetzes, Bochum 1969 (zitiert: *Linsmann*, Ausgleichsanspruch).

Löbbe, Marc/Fischbach, Jonas: Die Business Judgment Rule bei Kollegialentscheidungen des Vorstands, AG 2014, 717–729.

Luchterhandt, Hans Friedrich: Leitungsmacht und Verantwortlichkeit im faktischen Konzern, ZHR 133 (1970), 1–60.

Lutter, Marcus: Die zivilrechtliche Haftung in der Unternehmensgruppe, ZGR 1982, 244–275.

–: Grenzen zulässiger Einflussnahme im faktischen Konzern, in: Festschrift für Martin Peltzer zum 70. Geburtstag, Köln 2001, S. 241–259.

–: Konzernphilosophie vs. Konzernweite Compliance und konzernweites Risikomanagement, in: Festschrift für Wulf Goette zum 65. Geburtstag, München 2011, S. 289–297.

–: Zur Aufgabe eines Konzernrechts. Schutz vor Missbrauch oder Organisationsrecht, in: Das St. Galler Konzernrechtsgespräch. Konzernrecht aus der Konzernwirklichkeit (herausgegeben von Druey, Jean Nicolas), Bern u. a. 1988, S. 225–233.

–: Zur Binnenstruktur des Konzerns, in: Festschrift für Harry Westermann zum 65. Geburtstag, Karlsruhe 1974, S. 347–368.

– (Hrsg.): Holding-Handbuch. Recht – Management – Steuern, 4. Aufl., Köln 2004 (zitiert: *Bearbeiter*, in Lutter, Holding-Handbuch).

–/*Hommelhoff, Peter* u. a. (Hrsg): GmbH-Gesetz: Kommentar, 18. Aufl., Köln 2012 (zitiert: *Bearbeiter*, in Lutter/Hommelhoff).

–/*Scheffler, Eberhard/Schneider, Uwe H.* (Hrsg.): Handbuch der Konzernfinanzierung, Köln 1998 (zitiert: *Bearbeiter*, in Konzernfinanzierung).

Marsch-Barner, Reinhard/Schäfer, Frank A. (Hrsg.): Handbuch börsennotierte AG: Aktien- und Kapitalmarktrecht, 3. Aufl., Köln 2014 (zitiert: *Bearbeiter*, in Marsch-Barner/Schäfer, HdbAG).

Martens, Klaus-Peter: Mehrheits-Minderheits-Konflikte innerhalb abhängiger Unternehmen, AG 1974, 9–16.

Mertens, Hans-Joachim: Der Nachteilsausgleich im faktischen Konzern. Nachlese zu Mannesmann/Vodafone, in: Max Hachenburg-Gedächtnisvorlesungen der Ruprecht-Karls-Universität Heidelberg. Vierter Vortrag am 23. Juni 2000 (herausgegeben von Hommelhoff, Peter/Rowedder, Heinz/Ulmer, Peter), Heidelberg 2001, S. 27–43.

Mestmäcker, Ernst Joachim: Verwaltung, Konzerngewalt und Rechte der Aktionäre, Karlsruhe 1958 (zitiert: *Mestmäcker*, Verwaltung).

–: Zur Systematik des Rechts der verbundenen Unternehmen im neuen Aktiengesetz, in: Das Unternehmen in der Rechtsordnung. Festgabe für Heinrich Kronstein aus Anlass seines 70. Geburtstages am 12. September 1967, Karlsruhe 1967, S. 129–150.

Meyers Großes Konversations-Lexikon, Ein Nachschlagewerk des allgemeinen Wissens, Band 7, 6. Aufl., Leipzig 1904 (zitiert: Meyers Großes Konversations-Lexikon, Bd. 7); Band 14, 6. Aufl., Leipzig 1906 (zitiert: Meyers Großes Konversations-Lexikon, Bd. 14).

Michalski, Lutz (Hrsg.): Kommentar zum Gesetz betreffend die Gesellschaften mit beschränkter Haftung (GmbH-Gesetz), 2. Aufl., München 2010 (zitiert: *Bearbeiter*, in Michalski).

Mielert, Bernhard: Grenzen der Leitungsbefugnis des herrschenden Unternehmens im faktischen Konzern, Frankfurt am Main 1969 (zitiert: *Mielert*, Leitungsbefugnis).

Möhring, Philipp: Zur Systematik der §§ 311, 317 AktG, in: Gesellschaftsrecht und Unternehmensrecht. Festschrift für Wolfgang Schilling zum 65. Geburtstag am 5. Juni 1973, Berlin u. a. 1973, S. 253–269.

Möschel, Wernhard: Aktienrechtliche Aspekte des Zusammenschlusses Thyssen/Rheinstahl, ZRP 1973, 162–164.

Mülbert, Peter O.: Aktiengesellschaft, Unternehmensgruppe und Kapitalmarkt. Die Aktionärsrechte bei Bildung und Umbildung einer Unternehmensgruppe zwischen Verbands- und Anlegerschutzrecht, 2. Aufl., München 1996 (*zitiert*: Mülbert, Aktiengesellschaft).

–/Leuschner, Lars: Aufsteigende Darlehen im Kapitalerhaltungs- und Konzernrecht – Gesetzgeber und BGH haben gesprochen, NZG 2009, 281–288.

Müller, Hans-Friedrich: Konzernrechtlicher Nachteilsausgleich bei Beschlüssen der Hauptversammlung, in: Festschrift für Eberhard Stilz zum 65. Geburtstag, München 2014, S. 427–438.

Müller, Klaus: Die Haftung der Muttergesellschaft für die Verbindlichkeiten der Tochtergesellschaft im Aktienrecht, ZGR 1977, 1–34.

Müller, Welf/Rödder, Thomas (Hrsg.): Beck'sches Handbuch der AG. Gesellschaftsrecht – Steuerrecht – Börsengang, 2. Aufl., München 2009 (zitiert: *Bearbeiter*, in BeckHdbAG).

Müller-Graff, Peter-Christian: Europäische Gesellschaftsrechtspolitik auf hoher See des Wettbewerbs, ZHR 177 (2013), S. 563–576.

Münchener Handbuch des Gesellschaftsrechts. Band 4: Aktiengesellschaft (herausgegeben von Hoffmann-Becking, Michael), 3. Aufl., München 2007 (zitiert: *Bearbeiter*, in MünchHdbAG).

Münchener Kommentar zum Aktiengesetz (herausgegeben von Goette, Wulf/Habersack, Mathias), Band 1, 3. Aufl., München 2008; Band 2, 4. Aufl., München 2014; Band 3, 3. Aufl., München 2013; Band 5, 3. Aufl., München 2010; Band 7, 3. Aufl., München 2012 (zitiert: *Bearbeiter*, in MünchKommAktG); Band 8, 2. Aufl. 2000 (zitiert: Bearbeiter, in MünchKommAktG, 2. Aufl. 2000).

Münchener Kommentar zum Bilanzrecht (herausgegeben von Hennrichs, Joachim u. a.), Band 2, München 2013 (zitiert: *Bearbeiter*, in MünchKommBilR).

Münchener Kommentar zum Bürgerlichen Gesetzbuch (herausgegeben von Säcker, Jürgen/Rixecker, Roland), Band 1, 6. Aufl., München 2012; Band 2, 6. Aufl., München 2012; Band 4, 6. Aufl., München 2012; Band 5, 6. Aufl., München 2013; Band 6, 6. Aufl., München 2013 (zitiert: *Bearbeiter*, in MünchKommBGB).

Münchener Kommentar zum GmbHG (herausgegeben von Fleischer, Holger/Goette, Wulf), Band 1, 2. Aufl., München 2010; Band 2, München 2012 (zitiert: *Bearbeiter*, in MünchKommGmbHG).

Münchener Kommentar zum Handelsgesetzbuch (herausgegeben von Schmidt, Karsten), Band 4, 3. Aufl., München 2013 (zitiert: *Bearbeiter*, in MünchKommHGB).

Münchener Kommentar zum Strafgesetzbuch (herausgegeben von Joecks, Wolfgang/Miebach, Klaus), Band 5, 2. Aufl., München 2014 (zitiert: *Bearbeiter*, in MünchKommStGB).

Münchener Kommentar zur Insolvenzordnung (herausgegeben von Kirchhof, Hans-Peter u. a.), Band 1, 3. Aufl., München 2013 (zitiert: *Bearbeiter*, in MünchKommInsO).

Münchener Kommentar zur Zivilprozessordnung: mit Gerichtsverfassungsgesetz und Nebengesetzen (herausgegeben von Rauscher, Thomas u. a.), Band 2, 4. Aufl., München 2012; Band 3, 4. Aufl., München 2013 (zitiert: Bearbeiter, in MünchKommZPO).

Mugdan, Benno (Hrsg.): Die gesamten Materialien zum Bürgerlichen Gesetzbuch für das Deutsche Reich, 2. Band, Berlin 1899 (zitiert: *Mugdan*).

Musielak, Hans-Joachim/Voit, Wolfgang (Hrsg.): Zivilprozessordnung mit Gerichtsverfassungsgesetz. Kommentar, 12. Aufl., München 2015 (zitiert: *Bearbeiter*, in Musielak/Voit).

Neuhaus, Jürgen: Die Grenzen der Konzernleitungsgewalt im faktischen Konzern und der Nachteilsbegriff des § 311 AktG 65, DB 1970, 1913–1919.

–: Die zivilrechtliche Organhaftung des Vorstands einer beherrschten Aktiengesellschaft im sogenannten „faktischen Konzern“ und im Vertragskonzern, Bochum 1969 (zitiert: *Neuhaus*, Organhaftung).

Nitsche, Sarah: Die Rechte der außenstehenden Aktionäre bei qualifizierten Nachteilszufügungen, Frankfurt am Main 2013 (zitiert: *Nitsche*, Nachteilszufügungen).

Nodoushani, Manuel: Verbotene Einlagenrückgewähr und bilanzielle Betrachtungsweise, ZIP 2012, 97–106.

Paehler, Otto Heinrich: Die Zulässigkeit des faktischen Konzerns. Nachteilsfeststellung gemäß § 311 AktG, Bielefeld 1972 (zitiert: *Paehler*, Zulässigkeit).

Pahlow, Louis: Aktienrecht und Aktiengesellschaft zwischen Revolution und Reichsgründung. Das Allgemeine Deutsche Handelsgesetzbuch von 1861, in: Aktienrecht im Wandel, Band 1: Entwicklung des Aktienrechts (herausgegeben von Bayer, Walter/Habersack, Mathias), Tübingen 2007, S. 237–286.

–: Das Aktienrecht im Handelsgesetzbuch von 1897, in: Aktienrecht im Wandel, Band 1: Entwicklung des Aktienrechts (herausgegeben von Bayer, Walter/ Habersack, Mathias), Tübingen 2007, S. 415–439.

Peemöller, Volker (Hrsg.): Praxishandbuch der Unternehmensbewertung. Grundlagen und Methoden. Bewertungsverfahren. Besonderheiten bei der Bewertung, 6. Aufl., Herne 2015 (zitiert: *Bearbeiter*, in Peemöller, Unternehmensbewertung).

Petersen, Karl/Zwirner, Christian/Brösel, Gerrit (Hrsg.): Handbuch Unternehmensbewertung. Funktionen, moderne Verfahren, Branchen, Rechnungslegung, Köln 2013 (zitiert: *Bearbeiter*, in Petersen/Zwirner/Brösel, Handbuch Unternehmensbewertung).

Pewerstorf, Adrian/Söllner, Sebastian/Tölle, Oliver: Polizei- und Ordnungsrecht. Berliner Kommentar, Köln 2009 (zitiert: *Bearbeiter*, in Pewerstorf/Söllner/Tölle, POR-BelKomm).

Picot, Gerhard (Hrsg.): Handbuch Mergers & Acquisitions: Planung, Durchführung, Integration, 5. Aufl., Stuttgart 2012 (zitiert: *Bearbeiter*, in Picot, Handbuch M&A).

– (Hrsg.): Unternehmenskauf und Restrukturierung, 4. Aufl., München 2013 (zitiert: *Bearbeiter*, in Picot, Unternehmenskauf).

Pierer's Universal-Lexikon der Vergangenheit und Gegenwart oder Neuestes encyclopädisches Wörterbuch der Wissenschaften, Zünfte und Gewerbe, Band 7, 4. Aufl., Altenburg 1859 (zitiert: Pierer's Universal-Lexikon, Bd. 7).

Pindyck, Robert/Rubinfeld, Daniel: Mikroökonomie, 8. Aufl., München 2013 (zitiert: *Pindyck/Rubinfeld*, Mikroökonomie).

Pleyer, Klemens: Aktienrecht und Unternehmenskonzentration, AG 1959, 39–43.

Raiser, Thomas/Veil, Rüdiger: Recht der Kapitalgesellschaften, 5. Aufl., München 2010 (zitiert: *Raiser/Veil*, Recht der Kapitalgesellschaften).

Rasch, Harold: Deutsches Konzernrecht, 2. Aufl., Köln 1955 (zitiert: *Rasch*, Konzernrecht, 2. Aufl. 1955); 4. Aufl., Köln 1968 (zitiert: *Rasch*, Konzernrecht, 4. Aufl. 1968); 5. Aufl., Köln u. a. 1974 (zitiert: *Rasch*, Konzernrecht, 5. Aufl. 1974).

Rathenau, Walther: Vom Aktienwesen, Berlin 1917 (zitiert: *Rathenau*: Aktienwesen).

Rautmann, Hans-Günther: Absicht und Wirklichkeit im Referentenentwurf eines Aktiengesetzes, in: Beiträge zur Aktienrechtsreform (herausgegeben von Hengeler, Hans), Heidelberg 1959, S. 159–196 (zitiert: *Rautmann*, in Aktienrechtsreform).

Reflection Group on the future of EU company law: Report of the Reflection Group on the future of EU company law, 5. April 2011, http://ec.europa.eu/ internal_market/company/docs/modern/reflectiongroup_report_en.pdf (zitiert: Reflection Group, Report).

Rehbinder, Eckard: Konzernaußenrecht und allgemeines Privatrecht. Eine rechtsvergleichende Untersuchung nach deutschem und amerikanischem Recht, Bad Homburg u. a. 1969 (zitiert: *Rehbinder*, Konzernaußenrecht).

Reichert, Jochem: Eigentumsschutz und Unternehmensbewertung in der Rechtsprechung des Bundesverfassungsgerichts, in: Festschrift für Eberhard Stilz zum 65. Geburtstag, München 2014, S. 479–499.

Renner, Moritz: Kollisionsrecht und Konzernwirklichkeit in der transnationalen Unternehmensgruppe, ZGR 2014, 452–486.

Reuter, Dieter: Die Personengesellschaft als abhängiges Unternehmen, ZHR 146 (1982), 1–29.

Riegger, Bodo: Kapitalgesellschaftsrechtliche Grenzen der Finanzierung von Unternehmensübernahmen durch Finanzinvestoren, ZGR 2008, 233–249.

–/Wasmann, Dirk: Ausnahmen von der Berücksichtigung des Börsenkurses bei der Ermittlung gesetzlich geschuldeter Kompensationen im Rahmen von Strukturmaßnahmen, in: Festschrift für Eberhard Stilz zum 65. Geburtstag, München 2014, S. 509–516.

Rowedder, Heinz: Bestandsschutz im faktischen GmbH-Konzern, ZGR Sonderheft Nr. 6, Entwicklungen im GmbH-Konzernrecht, 1986, 20–38.

– (Begr.): Gesetz betreffend die Gesellschaften mit beschränkter Haftung (GmbHG). Kommentar (herausgegeben von Schmidt-Leithoff, Christian), 5. Aufl., München 2013 (zitiert: *Bearbeiter*, in Rowedder/Schmidt-Leithoff).

Rüffer, Wilfried/Halbach, Dirk/Schimikowski, Peter (Hrsg.): Versicherungsvertragsgesetz. Handkommentar, 2. Aufl., Baden-Baden 2011 (zitiert: *Bearbeiter*, in Rüffer/Halbach/Schimikowski, VVG).

Rüthers, Bernd/Fischer, Christian/Birk, Axel: Rechtstheorie mit Juristischer Methodenlehre, 7. Aufl., München 2013 (zitiert: *Rüthers/Fischer/Birk*, Rechtstheorie).

Ruthardt, Frederik/Hachmeister, Dirk: Der Verkehrswert des Unternehmens als rechtliche Wertkategorie. Typisierungskonsequenzen und grundsätzliche Kritik, NZG 2014, 885–892.

Saenger, Ingo/Inhester, Michael (Hrsg.): GmbHG. Handkommentar, 2. Aufl., Baden-Baden 2013 (zitiert: *Bearbeiter*, in Saenger/Inhester).

Satzger, Helmut/Schluckebier, Wilhelm/Widmaier, Gunter (Hrsg.): Strafgesetzbuch. Kommentar, 2. Aufl., Köln 2014 (zitiert: *Bearbeiter*, in SSW-StGB).

Schacht, Ulrich/Fackler, Matthias (Hrsg.): Praxishandbuch Unternehmensbewertung. Grundlagen, Methoden, Fallbeispiele, 2. Aufl., Wiesbaden 2009 (zitiert: *Bearbeiter*, in Schacht/Fackler, Unternehmensbewertung).

Schäfer, Carsten: Einlagenrückgewähr und Risikoübernahme im faktischen AG-Konzern – was folgt aus der Telekom-Entscheidung des BGH?, in: Festschrift für Michael Hoffmann-Becking zum 70. Geburtstag, München 2013, S. 997–1008.

–/Fischbach, Jonas: Vorstandspflichten bei der Vergabe von Krediten an die Muttergesellschaft im faktischen Aktienkonzern nach „MPS", in: Festschrift für Hans-Jürgen Hellwig zum 70. Geburtstag, Köln 2010, S. 293–310.

Schall, Alexander: „Durchgriffshaftung" im Aktienrecht – haften Aktionäre für existenzvernichtende Eingriffe, qualifiziert faktische Konzernierung oder materielle Unterkapitalisierung?, in: Festschrift für Eberhard Stilz zum 65. Geburtstag, München 2014, S. 537–554.

Schatz, Stefan: Die Sicherung des Gesellschaftsvermögens und der Gläubigerinteressen im Deutschen Konzernrecht, Göttingen 1980 (zitiert: *Schatz*, Sicherung).

Scheffler, Eberhard: Konzernmanagement: betriebswirtschaftliche und rechtliche Grundlagen der Konzernführungspraxis, 2. Aufl., München 2005 (zitiert: *Scheffler*, Konzernmanagement).

–: Zur Problematik der Konzernleitung, in: Bilanz- und Konzernrecht. Festschrift zum 65. Geburtstag von Dr. Dr. h.c. Reinhard Goerdeler, Düsseldorf 1987, S. 469–485.

Schlegelberger, Franz: Die Erneuerung des deutschen Aktienrechts, Berlin 1935 (zitiert: *Schlegelberger*, Erneuerung).

–*/Quassowski, Leo* u. a. (Hrsg.): Aktiengesetz: Gesetz über Aktiengesellschaften und Kommanditgesellschaften auf Aktien vom 30. Januar 1937. Kommentar, 3. Aufl., Berlin 1939 (zitiert: *Schlegelberger/Quassowski*).

Schlieper, Marc-Roger: Leitungsintensität und Mehrfachfunktion im faktischen Aktienkonzern, Heidelberg 1996 (zitiert: *Schlieper*, Leitungsintensität).

Schmidbauer, Wilhelm/Steiner, Udo: Bayerisches Polizeiaufgabengesetz und Polizeiorganisationsgesetz. Kommentar, 3. Aufl., München 2011 (zitiert: *Bearbeiter*, in Schmidbauer/Steiner, Bay. PolR).

Schmidt, Benjamin: Die berechtigte Geschäftsführung ohne Auftrag. Eine Untersuchung der Voraussetzungen des gesetzlichen Schuldverhältnisses der §§ 677 ff. BGB, Berlin 2008 (zitiert: *B. Schmidt*, Geschäftsführung).

Schmidt, Karsten: Abhängigkeit und faktischer Konzern als Aufgaben der Rechtspolitik. Zu den Juristentagsgutachten von Druey und Hommelhoff, JZ 1992, 856–867.

–: Abhängigkeit, faktischer Konzern, Nichtaktienkonzern und Divisionalisierung im Bericht der Unternehmensrechtskommission, ZGR 1981, 455–486.

–: Gesellschaftsrecht, 4. Aufl., Köln 2002 (zitiert: *K. Schmidt*, GesR).

–: Handelsrecht. Unternehmensrecht I, 6. Aufl., Köln 2014 (zitiert: *K. Schmidt*, Handelsrecht).

–: Konzernunternehmen, Unternehmensgruppe und Konzern-Rechtsverhältnis. Gedanken zum Recht der verbundenen Unternehmen nach §§ 15 ff., 291 ff. AktG, in: Deutsches und europäisches Gesellschafts-, Konzern- und Kapitalmarktrecht. Festschrift für Marcus Lutter zum 70. Geburtstag, Köln 2000, S. 1167–1192.

–*/Lutter, Marcus* (Hrsg.): Aktiengesetz. Kommentar, 2. Aufl., Köln 2010 (zitiert: *Bearbeiter*, in K. Schmidt/Lutter).

Schmidt, Walter: Neueste Entwicklungen der Aktienreform in der konzernrechtlichen Regelung, AG 1960, 29–32.

Schmidt-Rimpler, Walter: Grundfragen einer Erneuerung des Vertragsrechts, AcP 147 (1941), 130–197.

Schmoeckel, Mathias u. a. (Hrsg.): Historisch-kritischer Kommentar zum BGB, Band 3, 2. Teilband, Tübingen 2013 (zitiert: *Bearbeiter*, in HKK-BGB).

Schmölder, Karl: Der Entwurf eines Gesetzes über Aktiengesellschaften und Kommanditgesellschaften auf Aktien, JW 1930, 2623–2633.

Schneider, Uwe Helmut: Anwaltlicher Rat zu unternehmerischen Entscheidungen bei Rechtsunsicherheit. Ein Beitrag zum Management der Organhaftung, DB 2011, 99–103.

–: Konzernleitung als Rechtsproblem, Überlegungen zu einem Konzernverfassungsrecht, BB 1981, 249–259.

–: Konzernleitung durch Weisungen der Gesellschafter der abhängigen GmbH an ihre Geschäftsführer. Ein Beitrag zur Konzerngründung und zur Konzernleitung im GmbH-Konzern, in: Festschrift für Michael Hoffmann-Becking zum 70. Geburtstag, München 2013, S. 1071–1083.

Schönke, Adolf (Begr.): Strafgesetzbuch. Kommentar (herausgegeben von Eser, Albin/Perron, Walter u. a.), 29. Aufl., München 2014 (zitiert: *Bearbeiter*, in Schönke/Schröder).

Scholz, Franz (Hrsg.): Kommentar zum GmbH-Gesetz: mit Anhang Konzernrecht, Band 1, 11. Aufl., Köln 2012 (zitiert: *Bearbeiter*, in Scholz).

Schubert, Werner: Zur Berichtspflicht über Beziehungen zu verbundenen Unternehmen nach dem neuen Aktienrecht, BFuP 1966, 223–234.

Schürnbrand, Jan: Organschaft im Recht der privaten Verbände, Tübingen 2007 (zitiert: *Schürnbrand*, Organschaft).

Schwerdtfeger, Armin (Hrsg.): Gesellschaftsrecht. Kommentar, 3. Aufl., Köln 2015 (zitiert: *Bearbeiter*, in Schwerdtfeger).

Selter, Wolfgang: Haftungsrisiken von Vorstandsmitgliedern bei fehlendem und von Aufsichtsratsmitgliedern bei vorhandenem Fachwissen, AG 2012, 11–20.

Semler, Johannes/Volhard, Rüdiger (Hrsg.): Arbeitshandbuch für Unternehmensübernahmen. Bd. 1: Unternehmensübernahme, Vorbereitung – Durchführung – Folgen. Ausgewählte Drittländer, München 2001 (zitiert: *Bearbeiter*, in Semler/Volhard).

Söllner, Alfred: Einführung in die römische Rechtsgeschichte, 5. Aufl., München 1996 (zitiert: *Söllner*, Rechtsgeschichte).

Soergel, Hans Theodor (Begr.): Bürgerliches Gesetzbuch mit Einführungsgesetz und Nebengesetzen / Kohlhammer Kommentar (herausgegeben von Siebert, Wolfgang), Band 1, 13. Aufl., Stuttgart 2000; Band 10, 13. Aufl., Stuttgart 2012 (zitiert: *Bearbeiter*, in Soergel).

Spindler, Gerald: Konzernfinanzierung, ZHR 171 (2007), 245–281.

–/Stilz, Eberhard (Hrsg.): Kommentar zum Aktiengesetz, 2. Aufl., München 2010 (zitiert: *Bearbeiter*, in Spindler/Stilz).

–: Kriegsfolgen, Konzernbildung und Machtfrage als zentrale Aspekte der aktienrechtlichen Diskussion in der Weimarer Republik, in: Aktienrecht im Wandel,

Band 1: Entwicklung des Aktienrechts (herausgegeben von Bayer, Walter/Habersack, Mathias), Tübingen 2007, S. 440–569.

–: Recht und Konzern, Tübingen 1993 (zitiert: *Spindler*, Recht und Konzern).

Stahl, Karl Eberhard: Das Verbot der Benachteiligung abhängiger Aktiengesellschaften. Ein Beitrag zur Konkretisierung des Begriffs „Nachteil" in § 311 des Aktiengesetzes unter Berücksichtigung von Anregungen aus dem Recht der Vereinigten Staaten, Freiburg i. Br. 1972 (zitiert: *Stahl*, Nachteil).

Staub, Hermann (Begr.): Handelsgesetzbuch. Großkommentar (herausgegeben von Canaris, Claus-Wilhelm u. a.), Fünfter Band, 5. Aufl., Berlin u. a. 2014 (zitiert: *Bearbeiter*, in GroßkommHGB).

Stilz, Eberhard: Unternehmensbewertung und angemessene Abfindung. Zur vorrangigen Maßgeblichkeit des Börsenkurses, in: Festschrift für Wulf Goette zum 65. Geburtstag, München 2011, S. 529–544.

Stöcklhuber, Gregor: Dogmatik der Haftung im faktischen AG-Konzern, Der Konzern 2011, 253–258.

Streyl, Annedore: Zur konzernrechtlichen Problematik von Vorstands-Doppelmandaten, Heidelberg 1992 (zitiert: *Streyl*, Doppelmandate).

Strohn, Lutz: Beratung der Geschäftsleitung durch Spezialisten als Ausweg aus der Haftung?, ZHR 176 (2012), 137–143.

–: Die Verfassung der Aktiengesellschaft im faktischen Konzern, Köln u. a. 1977 (zitiert: *Strohn*, Verfassung).

–: Pflichtenmaßstab und Verschulden bei der Haftung von Organen einer Kapitalgesellschaft, CCZ 2013, 177–184.

Studienkommission des Deutschen Juristentages: Untersuchungen zur Reform des Konzernrechts, in: Bericht der Studienkommission des Deutschen Juristentages: Zugleich Stellungnahme zu den Vorschriften über das Recht der Verbundenen Unternehmen im Entwurf 1960/1962 eines Aktiengesetzes und eines Einführungsgesetzes zum Aktiengesetz mit Hinweisen auf das Aktiengesetz 1965, Tübingen 1967 (zitiert: DJT-Konzernrecht).

Systematischer Kommentar zum Strafgesetzbuch (herausgegeben von Wolter, Jürgen), Bd. IV, 8. Aufl., Köln 2012 (zitiert: *Bearbeiter* in SK-StGB).

Teichmann, Christoph: Europäisches Konzernrecht. Vom Schutzrecht zum Enabling Law, AG 2013, 184–197.

–: Konzernrecht und Niederlassungsfreiheit. Zugleich Rezension der Entscheidung EuGH, Rs. 186/12 (Impacto Azul), ZGR 2014, 45–75.

Teichmann, Robert/Koehler, Walter (Hrsg.): Aktiengesetz. Gesetz über Aktiengesellschaften u. Kommanditgesellschaften auf Aktien vom 30. Januar 1937. Kommentar, 2. Aufl., Berlin 1939 (zitiert: *Teichmann/Koehler*, 2. Aufl. 1939).

– (Hrsg): Aktiengesetz. Gesetz über Aktiengesellschaften und Kommanditgesellschaften auf Aktien vom 30. Januar 1937, mit Einführungsgesetz,

Durchführungsverordnungen und dem D-Mark-Bilanzgesetz. Kommentar, 3. Aufl., Heidelberg 1950 (zitiert: *Teichmann/Koehler*, 3. Aufl. 1950).

Theisen, Dominik: Die Umplatzierung von Aktien durch öffentliches Angebot, Berlin 2014 (zitiert: *D. Theisen*, Umplatzierung).

Theisen, Manuel René: Der Konzern. Betriebswirtschaftliche und rechtliche Grundlagen der Konzernunternehmung, 2. Aufl., Stuttgart 2000 (zitiert: *M. R. Theisen*, Konzern).

Thole, Christoph: Managerhaftung für Gesetzesverstöße. Die Legalitätspflicht des Vorstands gegenüber seiner Aktiengesellschaft, ZHR 173 (2009), 504–535.

Tröger, Tobias: Anreizorientierte Vorstandsvergütung im faktischen Konzern, ZGR 2009, 447–473.

–: Treupflicht im Konzernrecht, Köln u. a. 1999 (zitiert: *Tröger*, Treupflicht).

–: Related Party Transactions mit Bockaktionären im europäischen Gesellschaftsrecht, AG 2015, 53–71.

Uhlenbruck, Wilhelm u. a. (Hrsg.): Insolvenzordnung: Kommentar, 13. Aufl., München 2010 (zitiert: *Bearbeiter*, in Uhlenbruck).

Ulmer, Peter: Das Sonderrecht der §§ 311 ff. AktG und sein Verhältnis zur allgemeinen aktienrechtlichen Haftung für Schädigungen der AG, in: Festschrift für Uwe Hüffer zum 70. Geburtstag, München 2011, S. 999–1016.

Verse, Dirk A.: Treuepflicht und Gleichbehandlungsgrundsatz, in: Aktienrecht im Wandel, Band 2: Grundfragen des Aktienrechts (herausgegeben von Bayer, Walter/Habersack, Mathias), Tübingen 2007, S. 579–622.

Vetter, Eberhard: Interessenkonflikte im Konzern: Vergleichende Betrachtungen zum faktischen Konzern und zum Vertragskonzern, ZHR 171 (2007), 342–375.

Vögele, Alexander/Borstell, Thomas/Engler, Gerhard: Verrechnungspreise: Betriebswirtschaft, Steuerrecht, 4. Aufl., München 2015 (zitiert: *Vögele*, Verrechnungspreise).

Vogel, Alexander: Die Haftung der Muttergesellschaft als materielles, faktisches oder kundgegebenes Organ der Tochtergesellschaft. Mit einer rechtsvergleichenden Übersicht über andere Konzernhaftungsansätze, Bern 1997 (zitiert: *Vogel*, Haftung).

Voigt, Hans-Christoph: Haftung aus Einfluss auf die Aktiengesellschaft (§§ 117, 309, 317 AktG), München 2004 (zitiert: *Voigt*, Haftung).

von Godin, Reinhard/Wilhelmi, Hans (Begr.): Aktiengesetz vom 6. September 1965. Kommentar, 4. Aufl., Berlin u. a. 1971 (zitiert: *von Godin/Wilhelmi*, 4. Aufl. 1971). 4. Aufl. 1971.

– (Begr.): Gesetz über Aktiengesellschaften und Kommanditgesellschaften auf Aktien (Aktiengesetz) vom 30. Januar 1937, Berlin 1937 (zitiert: *von Godin/Wilhelmi*, 1937), 2. Aufl., Berlin 1950 (zitiert: *von Godin/Wilhelmi*, 2. Aufl. 1950).

Voß, Wilhelm: Die obligatorische Revision im Rahmen der Reform des Aktienrechts, in: Gesellschaftsrechtliche Abhandlungen in Verbindung mit der Vereinigung für

Aktienrecht, Heft 4 (herausgegeben von Nußbaum, Arthur), Berlin 1927 (zitiert: *Voß*, Revision).

Wachter, Thomas (Hrsg.): AktG. Kommentar zum Aktiengesetz, 2. Aufl., Köln 2014 (zitiert: *Bearbeiter*, in Wachter).

Wackerbarth, Ulrich: Der Vorstand der abhängigen Aktiengesellschaft und die §§ 311 ff. AktG in der jüngeren Rechtsprechung des II. Senats. Teil 2/2, Der Konzern 2010, 337–349.

Wälde, Thomas: Die Anwendbarkeit des § 31 BGB und der Begriff des „gesetzlichen Vertreters" im Rahmen konzernrechtlicher Haftungstatbestände des faktischen Konzerns, DB 1972, 2289–2292.

Wagner, Jens: Die Rolle der Rechtsabteilung bei fehlenden Rechtskenntnissen der Mitglieder von Vorstand und Geschäftsführung, BB 2012, 651–658.

Weigl, Gerald: Die Haftung im (qualifizierten) faktischen Konzern. Insb. eine Analyse der Rechtsprechung und ihrer Übertragbarkeit auf den Schutz der Minderheitsaktionäre einer abhängigen AG bei fehlendem Abhängigkeitsbericht, Heidelberg 1996 (zitiert: *Weigl*, Haftung).

Werner, Winfried: Der erste Kommentar zum neuen Aktiengesetz (Zum Erscheinen der 3. Auflage des Kommentars von Godin-Wilhelmi zum Aktiengesetz 1965), AG 1967, 122–127.

Westermann, Harm Peter/Paefgen, Walter G.: Kritische Überlegungen zum Telekom III-Urteil des BGH und seinen Folgen, in: Festschrift für Michael Hoffmann-Becking zum 70. Geburtstag, München 2013, S. 1363–1386.

Wiedemann, Herbert: Gesellschaftsrecht. Band 1: Grundlagen, München 1980 (zitiert: *Wiedemann*, Gesellschaftsrecht).

Wiersch, Rachid René: Der Richtlinienentwurf zu Transaktionen mit nahestehenden Unternehmen und Personen – Sinnvolle Verstärkung des Minderheitenschutzes?, NZG 2014, 1131–1137.

Wilhelm, Alexander: Zur Gestaltung des Nachteilsausgleichs bei Unternehmensveräußerungen im faktischen Aktienkonzern. Zugleich eine Besprechung der HVB/UniCredit-Entscheidung des BGH, NZG 2012, 1287–1292.

Wilhelm, Jan: Kapitalgesellschaftsrecht, 3. Aufl., Berlin 2009 (zitiert: *J. Wilhelm*, Kapitalgesellschaftsrecht).

–: Rechtsform und Haftung bei der juristischen Person, Köln 1981 (zitiert: *J. Wilhelm*, Rechtsform).

Wimmer-Leonhardt, Susanne: Konzernhaftungsrecht. Die Haftung der Konzernmuttergesellschaft für die Tochtergesellschaften im deutschen und englischen Recht, Tübingen 2004 (zitiert: *Wimmer-Leonhardt*, Konzernhaftungsrecht).

Winnefeld, Robert: Bilanz-Handbuch. Handels- und Steuerbilanz – Rechtsformspezifisches Bilanzrecht – Bilanzielle Sonderfragen – Sonderbilanzen – IAS/US-GAAP, 4. Aufl., München 2006 (zitiert: *Winnefeld*, Bilanz-Hb).

Wirth, Gerhard: Unbezifferte Nachteilsausgleichsvereinbarungen im faktischen Konzern, in: Liber Amicorum für Martin Winter, Köln 2011, S. 775–785.

Wirtz, Bernd: Mergers & Acquisitions Management. Strategie und Organisation von Unternehmenszusammenschlüssen, 2. Aufl., Wiesbaden 2012 (zitiert: *Wirtz*, M&A Management).

Wlassak, Moritz: Zur Geschichte der negotiorum gestio. Eine rechtshistorische Untersuchung, Jena 1879 (zitiert: *Wlassak*, negotiorum gestio).

Wollschläger, Christian: Die Geschäftsführung ohne Auftrag. Theorie und Rechtsprechung, Berlin 1976 (zitiert: *Wollschläger*, Geschäftsführung).

Würdinger, Hans: Aktienrecht und das Recht der verbundenen Unternehmen, 4. Aufl., Heidelberg 1981 (zitiert: *Würdinger*, Aktienrecht).

–: Betrachtungen zum faktischen Konzern, DB 1973, 45–48.

–: Konzernrechtliche Abhängigkeit und Haftung der Konzernleitung, DB 1957, 961–964.

Zöllner, Wolfgang: Treupflichtgesteuertes Aktienkonzernrecht, ZHR 162 (1998), 235–248.

www.ingramcontent.com/pod-product-compliance
Ingram Content Group UK Ltd.
Pitfield, Milton Keynes, MK11 3LW, UK
UKHW021128041026
8980IPUK00033B/1211

9 783631 671597